Gesellschaft und Tiere

Birgit Pfau-Effinger · Sonja Buschka (Hrsg.)

Gesellschaft und Tiere

Soziologische Analysen zu einem
ambivalenten Verhältnis

 Springer VS

Herausgeber
Prof. Dr. Birgit Pfau-Effinger
M.A. Sonja Buschka

Universität Hamburg, Deutschland

ISBN 978-3-531-17597-3   ISBN 978-3-531-93266-8 (eBook)
DOI 10.1007/978-3-531-93266-8

Die Deutsche Nationalbibliothek verzeichnet diese Publikation in der Deutschen Natio-
nalbibliografie; detaillierte bibliografische Daten sind im Internet über http://dnb.d-nb.de
abrufbar.

Springer VS
© Springer Fachmedien Wiesbaden 2013

Springer VS ist eine Marke von Springer DE. Springer DE ist Teil der Fachverlagsgruppe
Springer Science+Business Media.
www.springer-vs.de

Danksagung

Dieses Buch wäre ohne die Unterstützung vieler Menschen nicht möglich gewesen. Ganz besonders danken möchten wir denjenigen, die uns organisatorisch oder mit kritischen und hilfreichen Anregungen bei der Überarbeitung der einzelnen Artikel und bei der Zusammenstellung des Buchs zur Seite gestanden haben. Hierbei danken wir insbesondere der *Group for Society and Animals Studies (GSA)* für ihre unermüdliche und kritische Diskussion und ihre organisatorische Hilfe sowie Christine Fischer und Macide Yurdakul für ihre Unterstützung bei der Formatierung. Ferner danken wir der Fakultät Wirtschafts- und Sozialwissenschaften der Universität Hamburg für ihren finanziellen Beitrag zur Überarbeitung und Editierung des Buches und seiner Inhalte.

Inhalt

Einleitung: Ambivalenzen in der sozialen Konstruktion der Beziehung
von Gesellschaft und Tieren

Birgit Pfau-Effinger und Sonja Buschka 9

I. Das Gesellschafts-Tier-Verhältnis als sozial konstruiertes Machtverhältnis

Hirnloser Affe? Blöder Hund? ‚Geist' als sozial konstruiertes
Unterscheidungsmerkmal

Sonja Buschka und Jasmine Rouamba 23

Die vergessenen ‚Anderen' der Gesellschaft – zur (Nicht-)Anwesenheit
der Mensch-Tier-Beziehung in der Soziologie

Julia Gutjahr und Marcel Sebastian 57

Das Tierbild der Agrarökonomie. Eine Diskursanalyse zum Mensch-Tier-
Verhältnis

Achim Sauerberg und Stefan Wierzbitza 73

Das Mensch-Tier-Verhältnis in der Kritischen Theorie
der Frankfurter Schule

Marcel Sebastian und Julia Gutjahr 97

II. Die soziale Beziehung der Gesellschaft zu ihren ‚Haustieren'

Der Hund in der Erwerbsarbeit der Dienstleistungsgesellschaft.
Eine Untersuchung der Merkmale und Bedingungen qualifizierter
Tätigkeiten von Tieren am Beispiel von Hunden

Katja Wilkeneit und Bärbel Schulz 123

Welchen kommunikativen Stellenwert haben Haustiere? Eine kommunikationssoziologische Betrachtung der Mensch-Tier-Beziehung

Judith Muster 165

Geschlecht als Prädiktor für Einstellungsunterschiede gegenüber eigenen Haustieren

Tom Töpfer und Anne Beeger-Naroska 193

Die soziale Konstruktion des Erziehungsverhältnisses am Beispiel der Erziehung von Kindern und Hunden in der Gegenwartsgesellschaft

Maren Westensee 219

III. Ausblick auf das Gesellschafts-Tier-Verhältnis

Tiere sind Lebewesen mit Geist. Und jetzt? Gesellschaftliche Konsequenzen eines neuen Umgangs mit Tieren

Sonja Buschka und Jasmine Rouamba 247

Herausgeberinnen, Autorinnen und Autoren 275

Einleitung: Ambivalenzen in der sozialen Konstruktion der Beziehung von Gesellschaft und Tieren

Birgit Pfau-Effinger und Sonja Buschka

1 Zur Vernachlässigung der Thematik in der soziologischen Forschung und Theorie

Die Soziologie befasst sich nicht nur mit dem Zusammenleben der Menschen, mit ihrem Verhältnis zu den Dingen und ihrer räumlichen Umwelt, sondern auch mit der Beziehung der Menschen zur Natur. Vor dem Hintergrund ist es erstaunlich, dass das Verhältnis der Menschen zu den Tieren, die oft der Natur zugerechnet werden, in der neueren deutschen Soziologie kaum thematisiert wird. Dagegen spielte es bei den „Vätern" der Soziologie wie Max Weber (1984: 33f.) und Theodor Geiger (1931) sowie in der Soziologie der Nachkriegszeit, insbesondere auch in theoretischen Arbeiten von Protagonisten der Frankfurter Schule wie Horkheimer und Adorno (2004) teilweise eine wichtige Rolle. Eine Erklärung für diese Ausblendung könnte darin liegen, dass die Soziologie auf einer westlich-okzidentalen Denkordnung beruht, die von der Annahme einer strikten Mensch-Tier-Dichotomie ausgeht (Gutjahr/Sebastian und Buschka/Rouamba in diesem Band; Mütherich 2005). Während in der American Sociological Association schon seit längerem eine Sektion „Animals and Society" existiert, die auch auf den Jahrestagungen präsent ist, wurde das Thema in Deutschland erstmals 2006 auf einem Soziologie-Kongress der Deutschen Gesellschaft für Soziologie behandelt.

Dabei ist das Zusammenleben mit Tieren ein wichtiger Bestandteil des Alltagslebens der Menschen: In knapp 30% der deutschen Haushalte, also in nahezu jedem dritten Haushalt, leben Hunde oder Katzen.[1] Tiere übernehmen auch Arbeiten im Dienst der Menschen: So arbeiten Hunde als Suchhunde und Blindenhunde, und Delphine werden für Therapiezwecke eingesetzt, und immer mehr Menschen verbringen ihre Freizeit mit Pferden. Diese Liste ließe sich beliebig verlängern. Aus soziologischer Sicht stellt sich in dem Zusammenhang insgesamt

---

1 Insgesamt leben in Deutschland über 8.2 Mio. Katzen, die sich auf 16,5 % der Haushalte verteilen, 5.4 Mio. Hunde, die sich auf 13.3 % der Haushalte verteilen, sowie 5.6 Mio. Kleintiere (vgl. Studie des Industrieverband Heimtierbedarf 2009; laut Mitteilung des Pressedienstes vom 04.05.2010).

die Frage, in welcher Weise die Gegenwartsgesellschaften ihr Verhältnis zu den
Tieren definieren und ausgestalten. Diese Frage steht im Zentrum des hier vorliegenden Bandes.

Adorno und Horkheimer, die beiden Sozialphilosophen der „Frankfurter Schule", haben in ihren Schriften in der Mitte des 20. Jahrhunderts herausgearbeitet,
dass die Beziehung der Menschen zu den Tieren von der modernen Gesellschaft
als eine asymmetrische angelegt ist und auf einer generellen Abwertung der Tiere
beruht. Tiere werden zwar einerseits in vielfältiger Hinsicht in die menschliche
Gesellschaft einbezogen, dort werden sie aber generell auf der untersten Stufe der
Hierarchie verortet; der Charakter des tierlichen Individuums als Subjekt wird
dabei negiert. Dieses Mensch-Tier-Verhältnis, so Adorno und Horkheimer, hat
seine Basis in der antiken Stoa, in der jüdischen und christlichen Religion sowie
im bürgerlichen Denken der Aufklärung und der Moderne, das durch Bestrebun-
gen, die Natur zu beherrschen und durch die Herausbildung instrumenteller Vernunft geprägt ist. Den beiden Sozialphilosophen zufolge unterdrücken Menschen
die Tiere und nehmen sich das Recht, Tiere für ihre Zwecke zu funktionalisieren
und zu töten. Dieses Vorgehen, so die beiden Theoretiker der „Frankfurter Schule", erscheint als ein Bestandteil der Naturaneignung und als ein legitimes Recht
der menschlichen Gesellschaft, über die „natürlichen" Ressourcen zu verfügen.
Indem dieses Verhältnis naturalisiert wird, verlieren die Menschen die Einsicht in
dessen Charakter als eine soziale Beziehung. Darin spiegelt sich, so Horkheimer
und Adorno, der generelle Charakter des Verhältnisses der Menschen zu ihrer
äußeren und inneren Natur im Zeitalter von Aufklärung und Rationalisierung
wider (Horkheimer/Adorno 2004; vgl. auch Mütherich 2004; Sebastian/Gutjahr
in diesem Band, Kapitel 5.).

Seitdem Adorno und Horkheimer diese Diagnose vorgelegt haben, hat sich
allerdings in den westlichen Industriegesellschaften ein tiefgreifender gesellschaftlicher Wandel vollzogen, der mit der Begrifflichkeit des Wandels von der
Industriegesellschaft zur postindustriellen Gesellschaft nur unzulänglich charakterisiert wird. Die Entwicklung war insbesondere auch von umfassenden Veränderungen in den kulturellen Werten und Lebensbedingungen der Menschen geprägt, die Prozesse der Individualisierung (Beck 1986), der Enthierarchisierung,
der Abkehr von einem autoritären Erziehungsstil und der Ausweitung der Partizipation der Bürger und ihrer Organisationen an politischen Entscheidungspro-
zessen umfassen. Allgemein wird ein Wandel zu postmodernen, eher liberalen
und partizipativen Werten konstatiert (Inglehart 1998). Auch wenn angesichts
aktueller Diskussionen um Überwachungsstrategien und die Aushöhlung von
Bürgerrechten die Frage umstritten ist, inwieweit liberale und partizipative Werte in den Gegenwartsgesellschaften wirklich eingelöst wurden (vgl. z.B. Brodocz/

Llanque/Schaal 2008), kann man doch davon ausgehen, dass diese Ideen in vielfältiger Weise zum Tragen kommen.

Auch das Verhältnis der Gesellschaft zu den Tieren erfuhr in dem Prozess einen Wandel. Tiere wurden in neuen Formen in das Alltagsleben der Menschen einbezogen. So hat es hat den Anschein, als werde zumindest den größeren Haustieren wie Hunden, Katzen und Pferden ansatzweise ein Status als Partner und Familienmitglied und damit auch ein größeres Maß an Partizipation und Selbstbestimmung eingeräumt. Dabei erscheint die Beziehung der Menschen zu den Tieren aber zutiefst ambivalent. Denn bei der „Haustierhaltung" überlagern sich zwei Dimensionen der Mensch-Tier-Beziehung in der Moderne in teilweise äußerst widersprüchlicher Art und Weise. Ist es einerseits möglich, von einer Inklusion und Individualisierung der Haustiere zu sprechen, so wird die Gestaltung ihres Lebens, ihrer Reproduktion und ihres Sterbens andererseits doch menschlichen Interessen untergeordnet; sie werden ihren menschlichen „Besitzern" bzw. „Haltern" im Rahmen eines speziesistischen Herrschaftsverhältnisses untergeordnet. So lässt sich etwa der Trend zu einer „artgerechten" Haltung von Reitpferden als Ausdruck einer erhöhten Bereitschaft der menschlichen Gesellschaft interpretieren, den Bedürfnissen von Tieren eine stärkere Beachtung zu schenken. Andererseits könnte sich darin auch eine anthropozentrische Sichtweise ausdrücken, bei der es darum geht, eine romantisierte, „natürliche" Umwelt des Menschen zu inszenieren, die den ästhetischen Bedürfnissen der aufgeklärten Bürgerinnen und Bürger der postindustriellen Gesellschaft des beginnenden 21. Jahrhunderts entgegenkommt. Dahinter bleibt die Tatsache bestehen, dass Reitpferde als Waren gehandelt werden und dass es im Ermessen ihrer Besitzerinnen und Besitzer liegt, über den Körper und das Leben der tierlichen Subjekte auf der Grundlage ihrer eigenen Interessen zu verfügen.

2 Überblick über den Stand der Forschung

Wie bereits angedeutet, findet das Verhältnis der Gesellschaft zu den Tieren und die Art, in der es sozial konstruiert ist, seine konkreten Ausformungen und die damit verbundenen Ambivalenzen in der soziologischen Forschung, in den führenden wissenschaftlichen Fachzeitschriften und in den Diskursen der Soziologie erstaunlich wenig Beachtung. Angesichts der großen Bedeutung, die diesem Verhältnis im Alltagsleben postindustrieller Gesellschaften zukommt, erscheint dies paradox. Selbst dort, wo sich internationale wissenschaftliche Zeitschriften mit Fragen der Mensch-Tier-Beziehung befassen, wie etwa in den interdisziplinär angelegten Fachzeitschriften „Animal", „Animal Welfare" oder „Animal Cognition" mangelt es im Allgemeinen an sozialwissenschaftlichen Texten. Soziologische Analysen zur Thematik finden sich vorwiegend nur in einigen wenigen Fachzeitschriften wie insbesondere in „Society and Animals".

Die überschaubare Zahl wissenschaftlicher Beiträge zum Thema im deutschsprachigen Raum stellt dabei vorwiegend theoretische, wissenschaftshistorische und sozialphilosophische Fragen in den Vordergrund. So arbeitet Birgit Mütherich in ihrem Buch „Die Problematik der Mensch-Tier-Beziehung in der Soziologie: Weber, Marx und die Frankfurter Schule" (2004) heraus, wie die Klassiker der Soziologie wie Karl Marx, Max Weber sowie Theoretiker der Frankfurter Schule wie insbesondere Adorno und Horkheimer das Verhältnis von Gesellschaft und Tieren theoretisch konzipiert und analysiert haben und welche neueren Ansätze in diesem Bereich entwickelt wurden. Auch die wissenschaftliche Arbeiten Rainer Wiedenmanns, eines weiteren Soziologen, der sich in seinen Analysen mit dem Verhältnis der Gesellschaft zu den Tieren befasst, sind vorwiegend theoretisch-historisch ausgerichtet. So untersucht er in seinem Buch „Die Tiere der Gesellschaft" (2002) den historischen Wandel zentraler Mensch-Tier-Beziehungsmuster und der sie stützenden Semantiken religiöser Ideen im Modernisierungs- und Zivilisationsprozess. In einem weiteren Buch „Tiere, Moral und Gesellschaft" (2008) entwickelt er anhand historischer Fallstudien einen systemtheoretischen Mehrebenen-Ansatz, der es ermöglichen soll, die Konstitutionsbedingungen, Typen und Verlaufsformen von Mensch-Tier-Beziehungen historisch zu erfassen. Ein kürzlich erschienener Sammelband „Human-Animal-Studies" (AK Chimaira 2011) befasst sich mit der Thematik in einer theoretischen sozialkonstruktivistischen Perspektive. In der anglo-amerikanischen Soziologie entwickelt sich seit einiger Zeit, anders als in der deutschen Soziologie, auch ein Feld der empirischen Forschung zum Thema des Verhältnisses der Gesellschaft zu den Tieren in der Gegenwartsgesellschaft. So befasst sich Turner mit der Frage, wie das Mensch-Tier-Verhältnis im Kontext unterschiedlicher religiöser Weltanschauungen in Gegenwartsgesellschaften konstruiert wird (Turner 2012). Cole und Stewart (2010) gehen der Frage nach, in welcher Weise Kinder mit der Ambivalenz im Verhältnis zu Haustieren einerseits, Nutztieren andererseits konfrontiert werden. Und Ruby und Heine (2012) fragen in einer konsumsoziologischen Perspektive danach, wie der Verzehr von Fleisch und die soziale Konstruktion von Männlichkeit miteinander verschränkt sind (vgl. auch Gutjahr 2012). Eine systematische Übersicht über die bisherigen, überwiegend englischsprachigen Beiträge zum Forschungsfeld, die auch Arbeiten zum gesellschaftlichen Umgang mit Nutztieren berücksichtigt, findet sich bei Buschka/Gutjahr/Sebastian (2012).

Der vorliegende Band ist im deutschen Kontext bisher insofern einzigartig, als er eher theoretisch angelegte Analysen und empirische Forschung zum Mensch-

Tier-Verhältnis in Gegenwartsgesellschaften miteinander verbindet. Im Zentrum steht die Frage danach, auf welche Art und Weise die Trennungslinie zwischen Gesellschaft und Tier in der Gegenwartsgesellschaft konstruiert wird, inwieweit es Tendenzen zur Erosion dieser Trennungslinie gibt und welche Ambivalenzen damit verbunden sind. Auf der Grundlage wird etwa anhand neuerer Ergebnisse der naturwissenschaftlichen Forschung zum Mensch-Tier-Verhältnis analysiert, inwieweit sich auf der Grundlage dieser Ergebnisse die Legitimation der Trennungslinie zwischen der Gesellschaft und den Tieren und der darauf gründende menschliche Herrschaftsanspruch noch aufrechterhalten lassen. Weiter werden Einstellungen und Umgangsweisen von Menschen in ihrem Verhältnis zu Haustieren und Nutztieren daraufhin untersucht, in welcher Weise die Trennungslinie zwischen Menschen und Tieren konstruiert und begründet wird und inwieweit das Verhältnis von Ambivalenzen geprägt ist. Auch wird analysiert, warum die Soziologie das Mensch-Tier-Verhältnis und seine Ambivalenzen in ihren Theorien und Analysen weitgehend ausblendet. Der vorliegende Band soll einen Beitrag dazu leisten, den theoretischen Rahmen und den Stand der theoriegeleiteten empirische Forschung zum Verhältnis der Gesellschaft zu den Tieren weiterzuentwickeln.

3   Erläuterung der Anlage des Bandes

Das Buch stellt die Ergebnisse einer mehrjährigen Forschungsarbeit von Studierenden und Absolventinnen und Absolventen der Soziologie am Institut für Soziologie der Universität Hamburg vor. Die Forschung wurde in einem ersten Schritt im Rahmen eines mehrsemestrigen Forschungsseminars, das von Birgit Pfau-Effinger geleitet wurde, von studentischen Kleingruppen durchgeführt, die jeweils zu einer spezifischen Fragestellung theoretisch oder empirisch geforscht haben. Die Autorinnen und Autoren, die zu diesem Sammelband beigetragen haben, haben auf der Grundlage ihrer Forschungsberichte Artikel verfasst und diese anschließend auf der Grundlage intensiver Diskussionen und von Überarbeitungsempfehlungen der Herausgeberinnen in mehreren Schritten weiterentwickelt. Ein Teil der Artikel wurde auch auf internationalen wissenschaftlichen Tagungen mit hochrangigen internationalen Expertinnen und Experten diskutiert und auf dieser Grundlage weiterentwickelt. Der Band greift dabei nicht auf eine ressourcenaufwendige und mit umfangreichen Drittmitteln finanzierte Forschung zurück, wie sie ansonsten in der Soziologie – und auch am Lehrstuhl der Herausgeberin – üblich ist. Die empirischen Beiträge beruhen in den meisten Fällen auf der Anwendung qualitativer Methoden der empirischen Sozialforschung und haben teilweise explorativen Charakter, da sie überwiegend keinen Anspruch auf Repräsentativität erheben. Eine wesentliche Zielsetzung dieses Bandes ist es, Ansätze und Hypothesen für die Weiterentwicklung der empirischen Forschung in diesem relativ neuen Forschungsfeld und einen Anstoß für weiterführende Forschungsvorhaben zu geben. Der folgende Teil gibt eine Übersicht über die Beiträge.

4   Übersicht über die Beiträge

Sonja Buschka und Jasmine Rouamba fragen in ihrem Beitrag *„Hirnloser Affe, blöder Hund? ‚Geist' als sozial konstruiertes Unterscheidungsmerkmal"* (Kapitel 2) danach, inwieweit sich auf der Grundlage neuerer naturwissenschaftlicher Erkenntnisse der Biologie die Konstruktion einer strikten Grenze zwischen Menschen und Tieren noch aufrechterhalten lässt. Dazu zeigen sie zunächst auf, wie in der Geistesgeschichte der westlichen Welt die Grenzziehung zwischen Menschen und Tieren beim Übergang zur Moderne konstruiert und legitimiert wurde. Im philosophischen Diskurs wird, auch wenn dies nicht unumstritten ist, seit der Antike „Geist" als zentrales Unterscheidungskriterium zwischen Mensch und Tier angesehen: Menschen verfügen demnach über Geist, die Tiere nicht. Hieraus resultiert der Ausschluss der Tieren aus der moralischen Gemeinschaft, der bis heute das Verhältnis der Menschen zu den Tieren prägt. Anhand neuerer Ergebnisse der biologischen Verhaltensforschung lässt sich die Annahme einer grundsätzlichen Differenz zwischen Menschen und Tieren nicht mehr ohne weiteres aufrechterhalten und legitimieren, so die Autorinnen. Dabei mangelt es anscheinend bisher an einer Auseinandersetzung der Biologie selbst mit dieser Frage, wie die beiden Autorinnen argumentieren.

Julia Gutjahr und Marcel Sebastian befassen sich in ihrem Beitrag (Kapitel 3) *„Die vergessenen Anderen der Gesellschaft"* mit der Frage, warum die Soziologie das Verhältnis der Gesellschaft zu den Tieren bisher aus ihrem Themenkanon weitgehend ausgeblendet hat und warum dies für die deutsche Soziologie stärker gilt als etwa für die US-amerikanische. Die Gründe für die Ausklammerung von Tieren aus dem Bereich dessen, was die Soziologie als ‚Soziales' definiert, sehen sie im Wesentlichen in dem vorherrschenden, Weltbild der Moderne und dessen inhärenten Wertungs- und Ordnungsmustern begründet, welche auf einer dichotomen Konstruktion des Mensch-Natur-Verhältnisses beruht. Zur Beantwortung der Frage, warum die soziologische Forschung zu der Thematik in den USA weiter entwickelt und stärker institutionalisiert ist, führt der Beitrag insbesondere zwei Gründe an. Zum einen sei von Bedeutung, dass die USA im Vergleich zu

Deutschland eine stärkere und machtvollere Tierrechtsbewegung aufweist. Und weiter sei die US-amerikanische Soziologie auch generell eher bereit, die Themen neuer sozialer Bewegungen wissenschaftlich aufzugreifen.

Achim Sauerberg und Stephan Wierzbitza gehen in ihrem Beitrag „*Das Tierbild der Agrarökonomie. Eine Diskursanalyse zum Mensch-Tier-Verhältnis*" der Frage nach, wie es sich erklären lässt, dass das systematische, industriell organisierte Töten sogenannter „Nutztiere" zum Zweck der Verwertung der Tiere für menschliche Bedürfnisse weitgehend unhinterfragt möglich ist (Kapitel 4). Sie argumentieren, dass die Verdinglichung in der Sprache ein wichtiges Mittel darstellt, den Charakter dieser Prozesse zu verbergen. Auf der Grundlage einer „Kritischen Diskursanalyse" (nach Foucault 2003) analysieren sie die internen Diskurse der Agrarökonomie anhand einer Analyse von Texten in agrarökonomischen Lehrbüchern und Fachzeitschriften. Weiter untersuchen sie die Art und Weise, in der sich die Agrarindustrie gegenüber den Verbraucherinnen und Verbrauchern darstellt, indem sie die Werbung verschiedener herkömmlicher und ökologisch ausgerichteter Agrarverbände analysieren. Es geht um die Frage, inwieweit es in den Texten jeweils deutlich wird, dass es sich bei den Tieren um fühlende Lebewesen handelt. Ihre Analysen zeigen, dass diese Tatsache mittels sprachlicher „Verdinglichung" aus den Diskursen der Agrarökonomie praktisch vollständig ausgegrenzt wird. Stattdessen wird den Tieren darin die Eigenschaft eines „Rohstoffs" zugesprochen. Anders als erwartet gilt dies auch für die externe Kommunikation mit den Verbraucherinnen und Verbrauchern. Das trifft sogar auch für die Werbung der Mehrheit der untersuchten ökologisch ausgerichteten Unternehmen zu, von denen eher man eher erwarten würde, dass sie Aspekte wie die Lebensqualität der Tiere in ihrer Werbung hervorheben würden.

In ihrem Beitrag „*Das Mensch-Tier-Verhältnis in der Kritischen Theorie der Frankfurter Schule*" analysieren und diskutieren Marcel Sebastian und Julia Gutjahr im Anschluss daran die Arbeiten der kritischen Theoretiker Adorno und Horkheimer im Hinblick auf die Thematisierung der Mensch-Tier-Beziehung (Kapitel 5). Deren wegweisende Beiträge zu diesen Fragen fanden bisher in der Soziologie nur wenig Beachtung. Adorno und Horkheimer haben dabei ihre Überlegungen zum Verhältnis der Gesellschaft zu den Tieren in ihre allgemeinen theoretischen Überlegungen zum Verhältnis der Gesellschaft der Moderne zur Natur eingeordnet. Dabei befassen sie sich, wie Sebastian und Gutjahr zeigen, vor allem mit Aspekten von Gewalt und Herrschaft, die ihrer Argumentation zufolge das Verhältnis der Gesellschaft zu den Tieren prägen.

Im zweiten Teil des Bandes geht es um die Art und Weise, wie Menschen das Verhältnis zu den Tieren in ihrem Alltag konkret ausgestalten. Uns interessiert vor allem, in welche Position sie dabei gegenüber den Menschen gesetzt werden, inwieweit sie als Akteure wahrgenommen werden und welche Möglichkeit sie haben, die Prozesse selbst als Akteure mit zu gestalten. Die empirischen Analysen beziehen verschiedene gesellschaftliche Bereiche ein, in denen Tiere in die Gesellschaft integriert werden, wie die Erwerbsarbeit, die Familie und die Erziehung.

Der Beitrag „*Der Hund in der Erwerbsarbeit der Dienstleistungsgesellschaft*" von Bärbel Schulz und Katja Wilkeneit setzt an dem sozialen Phänomen an, dass Tiere in einem erheblichen Umfang von Menschen ausgebildet und zu qualifizierter Arbeit eingesetzt werden, etwa als Blindenhunde, Lawinenhunde, Rettungshunde und Polizeihunde (Kapitel 6). Er fragt danach, welche soziale Stellung Tieren in der Arbeitswelt der postindustriellen Gesellschaft zugewiesen wird. Gelten sie lediglich als ein der Natur entnommenes Hilfsmittel im Arbeitsprozess, als „Maschinen unter der Hand eines der beiden gegensätzlichen Schöpfer. Gottes und des Menschen", wie Pierre Joseph Proudhon die Tiere in der Mitte des 19. Jahrhunderts (1847: 428) bezeichnet hat? Oder werden sie als qualifizierte Mitarbeiter und Kollegen des Menschen mit eigenen Bedürfnissen und eigenem Willen angesehen? Die Autorinnen untersuchen am Beispiel ausgebildeter Hunde die Merkmale und Bedingungen des Arbeitseinsatzes von Tieren und analysieren das Verhältnis zwischen Mensch und Hund im Rahmen der gemeinsam geleisteten Arbeitstätigkeit. Die Grundlage dieser Untersuchung bilden fünf qualitative, leitfadengestützte Interviews mit Personen, die Hunde ausbilden oder mit qualifizierten Tieren zusammenarbeiten. Als Ergebnis zeigt sich, dass das Verhältnis zwischen Menschen und ihren tierlichen Mitarbeitern hochgradig ambivalent ist. Einerseits ist die Arbeitstätigkeit von Hunden teilweise der der Menschen vergleichbar und ansatzweise ähnlich institutionalisiert, und dies wird von den Befragten auch konstatiert. Andererseits beruht das Verhältnis von Menschen, die gemeinsam mit Tieren arbeiten, zu diesen Tieren meist auf einer klaren hierarchischen Abstufung und beinhaltet eine weitreichende Verfügungsmacht der Menschen über die Person, den Körper und das Leben des Hundes.

Weitere Beiträge gehen verschiedenen Aspekten der sozialen Konstruktion des Mensch-Tier-Verhältnisses auf der Ebene der privaten Haushalte nach. Sie zeigen auf, inwieweit die Tiere dabei als Partner angesehen und behandelt werden.

So befasst sich Judith Muster im Kapitel 7 „*Welchen kommunikativen Stellenwert haben Haustiere? Eine kommunikationssoziologische Betrachtung der Mensch-Tier-Beziehung*" mit dieser Thematik in einer kommunikationstheoretischen Perspektive und überprüft theoretische Annahmen der Kommunikationswissenschaft. Soweit dort das Verhältnis der Menschen zu den Tieren überhaupt Gegenstand ist, geht man davon aus, dass Haustiere in Gesprächen als „Kommunikationsressource" behandelt werden. Das bedeutet, dass sie als Gesprächsgegenstand dienen und damit bestimmte Funktionen erfüllen, wie etwa die, Spannungen in Gesprächssituationen zu reduzieren. Weit weniger hat sich die Kommunikationswissenschaft damit befasst, inwieweit und in welcher Art und Weise Menschen direkt mit ihren Haustieren kommunizieren. Die Autorin untersucht anhand einer eigenen empirischen Untersuchung, inwieweit Tiere am Familientisch Gegenstand von Kommunikation sind und inwieweit sie direkt als Kommunikationspartner adressiert werden. Sie hat dazu teilnehmende Beobachtungen „am Familientisch" durchgeführt, bei denen sie die Kommunikation zweier Familien beim Essen, das Verhalten des Hundes und die gemeinsame Kommunikation verfolgt und protokolliert hat. Als Ergebnis ihrer Studie zeigt sie auf, wie das Tier jeweils im Wechsel als Kommunikationsressource und als Adressat von Kommunikation behandelt wird.

Weiter ist von Interesse, inwieweit sich diejenigen, die ihren Alltag mit Hunden oder Katzen teilen, im Hinblick darauf unterscheiden, wie sie die Mensch-Tier-Differenz sozial konstruieren. In ihrem Beitrag „*Geschlecht als Prädiktor für Einstellungsunterschiede gegenüber eigenen Haustieren*" (Kapitel 8) gehen Anne Beeger-Naroska und Tom Töpfer der Frage nach, inwieweit das Geschlecht in dieser Hinsicht von Bedeutung ist. Geschlechtsspezifische Einstellungen werden anhand der Konstruktion des Haustieres, der Ausgestaltung der emotionalen Beziehung und anhand des Aufwands an finanziellen Ressourcen untersucht. Sie knüpfen dabei an theoretische Überlegungen von Doris Janshen (1996) an, wonach sich in der Mensch-Tier-Beziehung geschlechtsspezifische soziale Normen und Konventionen reproduzieren. Sie gehen ihrer Forschungsfrage auf der Grundlage einer von ihnen durchgeführten repräsentativen Online-Befragung mit Hamburger Studierenden nach. Die Ergebnisse der Befragung zeigen, dass Frauen ihren Haustieren in stärkerem Maße sozio-emotionale Fähigkeiten zuschreiben und eher eine intensive kommunikative Beziehung zu ihnen aufbauen als Männer. Es wird jedoch auch deutlich, dass Geschlecht insgesamt nur bedingt Einstellungsunterschiede gegenüber den Haustieren erklären kann.

Ein weiterer Bereich, der in den Blick genommen wurde, ist der Bereich der Sozialisation. Kinder erlernen über ihre Sozialisation diejenigen Verhaltensweisen und Fähigkeiten, die sie benötigen, um den Status als vollwertige Gesellschaftsmitglieder zu erlangen. Soweit die Vermittlung von Fähigkeiten, Verhaltensweisen und Wissen in einem institutionalisierten Rahmen wie in der Familie oder im Bildungssystem erfolgt, werden dabei bestimmte Erziehungskonzepte zugrunde gelegt. Ein Konzept der „Erziehung" wird auch im Umgang der Menschen mit den Haustieren verfolgt, insbesondere mit Hunden. Ebenso wie im Bereich der Kindererziehung gibt es eine Fülle von Ratgebern, die den Hundehalterinnen und -haltern Wissen darüber vermitteln sollen, wie sie ihre Haustiere angemessen erziehen und ausbilden können. In ihrem Beitrag mit dem Titel „*Die soziale*

Konstruktion des Erziehungsverhältnisses in Bezug auf Kinder und Hunde im Vergleich" (Kapitel 9) wertet Maren Westensee die einschlägige Ratgeber-Literatur für Hundehalter auf der Grundlage einer Diskursanalyse aus. Dabei untersucht sie, welche Erziehungskonzepte diese jeweils für das – sozial konstruierte – Erziehungsverhältnis zwischen Eltern und Kindern einerseits, zwischen Hundehaltern und ihren Hunden andererseits vorsehen. Es zeigt sich, dass die Erziehungskonzepte deutliche Ähnlichkeiten aufweisen. Hunde werden in den Ratgebern tendenziell ebenso wie Kinder, als Lebewesen angesehen, für deren Integration in die menschliche Gesellschaft bestimmte Erziehungskonzepte notwendig sind. Während aber in der sozialen Konstruktion des Erziehungsverhältnisses von Eltern und Kind deutlich ein partnerschaftlicher Ansatz vorherrscht, wird ein solcher Ansatz nur von einem kleineren Teil der Erziehungsratgeber vertreten. Kindern wird eher als Hunden zugestanden, dass sie im Zuge ihrer Entwicklung allmählich in eine partnerschaftliche, gleichberechtigte Rolle hineinwachsen, allerdings gibt es eine Tendenz zur Annäherung in den Konzepten.

Die Analysen in den ersten beiden Teilen des Buches zeigen auf, wie tief das Verhältnis der Gesellschaft zu den Tieren von Ambivalenzen geprägt ist. Auch wird deutlich, dass sich die Annahme einer generellen Andersartigkeit, auf deren Basis die Ausgrenzung und Ausbeutung der Tiere bisher legitimiert wurde, immer weniger aufrechterhalten lässt. Vor dem Hintergrund geht es im dritten Teil um die Frage, welche Optionen den Gegenwartsgesellschaften zur Verfügung stehen, um das Verhältnis zu den Tieren zu verändern. Sonja Buschka und Jasmine Rouamba analysieren in ihrem Beitrag *„Tiere sind Lebewesen mit Geist. Und jetzt? Konsequenzen für den gesellschaftlichen Umgang mit Tieren"* (Kapitel 10) welche Konsequenzen es für die Gegenwartsgesellschaften hätte, wenn Tiere tatsächlich rechtlich in der Hinsicht gleichgestellt würden, dass ein Tötungsverbot für Tiere eingeführt würde.

Literatur

AK Chimaira (Hg.) (2011) Human-Animal-Studies. Berlin: Sigma

Berger, Peter/Luckmann, Thomas (2004): Die gesellschaftliche Konstruktion der Wirklichkeit: Eine Theorie der Wissenssoziologie. Frankfurt a.m.: Fischer

Buschka, Sonja/Gutjahr, Julia/Sebastian, Marcel (2012): Gesellschaft und Tiere – Grundlagen und Perspektiven der Human-Animal Studies. In: Aus Politik und Zeitgeschichte 8-9/2012

Geiger, Theodor (1931): Das Tier als geselliges Subjekt. In: Forschungen zur Völkerpsychologie und Soziologie, 10, 283-307.

Gutjahr, Julia (2012): Interdependenzen zwischen Tierausbeutung und Geschlechterverhältnis – Fleischkonsum und die soziale Konstruktion von Männlichkeit. Diplomarbeit. Hamburg

Horkheimer, Max/Adorno, Theodor W. (2004): Dialektik der Aufklärung – Philosophische Fragmente. Frankfurt a.M.: Suhrkamp

Inglehart, Ronald (1998): Modernisierung und Postmodernisierung. Kultureller, wirtschaftlicher und politischer Wandel in 43 Gesellschaften. Frankfurt a.M.: Campus-Verlag GmbH

Inglehart, Ronald (1989): Kultureller Umbruch. Wertewandel in der westlichen Welt. Frankfurt a.M.: Campus Verlag GmbH

Janshen, Doris (1996): Frauen, Männer und dann auch noch die Tiere. Zur kulturellen Integration des ‚Animalischen'. In: Modelmog, I./Kirsch-Auwerter, E. (Hrsg.): Kultur in Bewegung. Beharrliche Ermächtigungen. Freiburg i.Br.: Kore Verlag

Lemke, Thomas (2007): Biopolitik. Zur Einführung. Hamburg: Junius Verlag.

Mütherich, Birgit (2004): Die Problematik der Mensch-Tier-Beziehung in der Soziologie: Weber, Marx und die Frankfurter Schule. Münster : LIT

Mütherich, Birgit (2005): Die Soziale Konstruktion des Anderen – zur soziologischen Frage nach dem Tier. Hannover: aTaH

Ruby, M.B., & Heine, S.J. (2011). Meat, Morals, and Masculinity. Appetite, 56, 447-450.

Turner, Dennis C. (2012): Forschungsprojekt „Companion Animal Ethology and Human-Animal Relationships", Institute of Evolutionary Biology and Environmental Studies, Universität Zürich

Weber, Max (1984): Soziologische Grundbegriffe. 6. erneut durchges. Aufl., Tübingen: Mohr

Wiedenmann, Rainer E. (2008): Tiere, Moral und Gesellschaft. Wiesbaden: VS Verlag

Wiedenmann, Rainer E. (2002): Die Tiere der Gesellschaft. Analyse und Forschung, Band 7. Konstanz: UVK-Verlag

I. Das Gesellschafts-Tier-Verhältnis
als sozial konstruiertes Machtverhältnis

Hirnloser Affe? Blöder Hund? ‚Geist' als sozial konstruiertes Unterscheidungsmerkmal

Sonja Buschka und Jasmine Rouamba

Überblick

In der deutschen Gegenwartsgesellschaft herrscht die Ansicht vor, dass Menschen und Tiere sich grundlegend unterscheiden. Diese unterstellte Differenz und Grenzziehung bildet eine wesentliche Grundlage dafür, dass Praktiken der Funktionalisierung, Vermarktlichung und Tötung von Tieren gesellschaftlich akzeptiert werden. In einem Forschungsprojekt[1] sind wir der Frage nachgegangen, inwieweit sich die Annahme einer grundlegenden Differenz auf der Basis neuerer Erkenntnisse aus den Naturwissenschaften tatsächlich aufrechterhalten lässt. In einem ersten Schritt untersuchen wir, wie die Grenzziehung, die kennzeichnend für westliche Gesellschaften ist, begründet wird. Es zeigt sich, dass der den Tieren unterstellte Mangel an ‚Geist' eine zentrale Grundlage für die Begründung der Grenzziehung liefert. Weiter werten wir ausgewählte Studien der Forschung zum Verhalten von Tieren aus den letzten zehn Jahren im Hinblick darauf aus, zu welchen Ergebnissen sie in Bezug auf den Geist als behauptete Mensch-Tier-Differenz kommen. Tiere verfügen, so unsere Annahme, durchaus über beträchtlich geistige Vermögen, die – obwohl sie dem menschlichen geistigen Vermögen nicht immer gleich sind – keine gerechtfertigte Ableitung einer prinzipiellen geistigen Mensch-Tier-Differenz zulassen. Die Ergebnisse unterstützen diese Annahme. Im Folgenden stellen wir in einem ersten Schritt den theoretischen Hintergrund unserer Argumentation vor, indem wir den Prozess und die Funktionsweise sozialer Konstruktion im Allgemeinen erklären. In einem zweiten Schritt erläutern wir, welche Dimensionen wir der Analyse der sozialen Grenzziehung zwischen Menschen und Tieren zugrundegelegt haben und stellen die Ergebnisse dar. Im

---

1   Dieses Forschungsprojekt fand statt im Rahmen des soziologischen Projektseminars „Wandel im Verhältnis der Menschen zu ihren Haustieren und neue Tierrechte" bei Frau Prof. Birgit Pfau-Effinger an der Universität Hamburg; Teilnehmerinnen und Teilnehmer des Forschungsprojekts waren Christof Plichta, Jasmine Rouamba und Sonja Buschka.

Anschluss daran stellen wir die Ergebnisse der von uns untersuchten Studien zum Tierverhalten vor. Abschließend ziehen wir ein Fazit.

1 Theoretischer Hintergrund: Der Prozess der sozialen Konstruktion einer grundsätzlichen Mensch-Tier-Differenz

Die folgenden Ausführungen zeigen, dass und in welcher Art und Weise moderne Gesellschaften die menschliche Identität in Abgrenzung zum Tier definieren. Mit der Konstruktion einer grundsätzlichen Differenz geht dabei einher, dass *das Tier*[2] grundsätzlich abgewertet wird. Dabei spielt die Sprache als Repräsentationssystem eine entscheidende Rolle, weil durch sie Differenzbildungen sowie Dichotomien formuliert, eingeschrieben und in der menschlichen Gesellschaft reproduziert werden. Die Konsequenzen für die Behandlung von Tieren hängen dabei davon ab, für welchen menschlichen Nutzen eine bestimmte Kategorie von Tieren jeweils vorgesehen ist, ob etwa als *Nutztier, als Sporttier, als Versuchstier oder als Haustier.*

1.1 Differenzbildung und Dichotomien

Die soziale Konstruktion des gesellschaftlichen Mensch-Tier-Verhältnisses basiert auf einer Differenzbildung. Dies bedeutet, dass die menschliche Gesellschaft den Menschen als gegensätzlich *zum Tier* konstruiert und sich von diesem abgrenzt. Zum Zweck der Abgrenzung bildet sie die Kategorie *das Tier* und unterscheidet diese von der Kategorie Mensch, die sie als Norm setzt. Dem Ausdruck ,Mensch-Tier-Differenz' liegt diese Art der Differenzbildung zwischen Mensch und *Tier* zugrunde. Der Mensch versteht sich in diesem Kontext also nicht als tierliche Lebensform oder als Teil der Natur. Da die menschliche Gesellschaft über die Mittel verfügt, ihre Definition durchzusetzen, kann sie festlegen, was als menschlich und was als nicht-menschlich gilt. So lässt sich feststellen, dass der Begriff *des*

---

2   Bezeichnend für den sozialen Konstruktionsprozess ist die vollständige Homogenisierung und Zusammenfassung vielfältigster tierlicher Lebensformen unter dem Begriff ,das Tier', der eine real nicht existierende Gleichheit des zusammen Kategorisierten vortäuscht und so Grenzziehungs- und Differenzbildungsprozesse vereinfacht. Im Folgenden wird der Begriff ,das Tier' daher kursiv gesetzt, um auch bei der Widerspiegelung bestehender Diskurse auf die Nicht-Realität dieses Konstrukts hinzuweisen. Derselben Schreibweise bedienen wir uns auch, um auf weitere soziale Konstrukte hinzuweisen.

Tieres zum Gegenbegriff des Menschen geworden ist. Dem Tier werden dabei bestimmte Merkmale, die als zentral für das Wesen des Menschen gelten, abgesprochen. Dazu gehört, dass das Verhalten und die Handlungen von Tieren dort sprachlich verfremdet werden, wo sie dem menschlichen Verhalten sehr ähnlich oder gar identisch mit ihm sind. So wird Tieren beispielsweise zugeschrieben, dass sie *fressen* - Menschen hingegen *essen*; Tiere *werfen* und Menschen *gebären*; Tiere *saufen*, Menschen *trinken* (Mütherich 2005: 6). Kurz: Was als menschlich und was als tierlich angesehen wird, wird allein durch die menschliche Gesellschaft bestimmt. Die den Tieren zugeschriebenen Verhaltensweisen und Merkmale konstruieren dabei eine geistige und moralische Unterlegenheit des Tieres. So werden Metaphern verwendet, die tierliches Verhalten als moralisch verwerflich, schmutzig, böse, gewalttätig oder abartig abbilden. Eine bekanntes Beispiel stellen hier das ,*stinkende* und *schmatzende* Schwein', der ,*böse* Wolf' aus dem Märchen Rotkäppchen oder der ,*Killer*wal', der brutal Robben tötet, dar. In der Logik der dichotomen Differenzbildung bedeutet dies, dass Menschen sich selbst in Abgrenzung zum *Tier* als höherwertig, moralisch integer, sauber, gut, nicht gewalttätig und nicht abartig konstruieren. Mit solchen Zuschreibungen setzt die Gesellschaft den Menschen als die Norm und konstruiert die *Tiere* als die ,Anderen', wodurch eine Trennlinie zwischen Mensch und *Tier* errichtet und legitimiert wird. Diese dient als Grundlage einer Verobjektivierung *des Tieres*, mit der gerechtfertigt wird, dass *Tiere* als Objekte behandelt und abgewertet werden:

> Solch ein Begriff von „Differenz" hat nichts mit der Einmaligkeit jedes Individuums – ob Mensch oder nicht-menschliches Tier – zu tun, vielmehr wird mittels dieses entschiedenen und absoluten Trennungsstriches zwischen den Menschen und den nicht-menschlichen Tieren ein Begriff von Differenz oder Andersartigkeit hergestellt und benutzt, bei dem „der Mensch" als Norm gesetzt wird und alle nicht-menschlichen Tiere als ganz anders als diese Norm gesetzt werden. (Rogausch 1999: 9)

Die Mensch-Tier-Differenz wird damit sozial festgeschrieben und durch soziale Praktiken reproduziert. Tiere werden durch die Gesellschaft *zum Tier* gemacht, auf der Grundlage von ihres Bedürfnisses und ihrer Definitionsmacht.

Mit der Verwendung von Dichotomien in Differenzierungsprozessen konstruiert die Gesellschaft den ,Anderen', um ein dagegen abgrenzbares Selbstbild zu entwerfen. Das heißt, der Mensch braucht *das Tier*, um Mensch sein zu können: Würde er *das Tier* nicht als geistlos konstruieren, könnte er sich selbst nicht als geistvoll gegen *das Tier* abgrenzen; er konstruiert sich selbst als moralisch, was durch die Konstruktion *des Tieres* als nicht-moralisch und instinktgesteuert ermöglicht wird; außerdem kann der Mensch sich als vernünftig und empfindsam repräsentieren, indem er *das Tier* als vernunft- und empfindungslos konstruiert. Durch eine solche Konstruktion rechtfertigt und legitimiert er seine Handlungspraktiken gegenüber *Tieren* und entzieht sich einer moralischen Verurteilung, welche die Folge gleicher Handlungspraktiken gegenüber vernünftigen und empfindungsfähigen Lebewesen wäre.

1.2   Sprache

Die Sprache und ihre Repräsentationsmacht spielen in der sozialen Konstruktion der Mensch-Tier-Differenz eine tragende Rolle. Mit Hilfe von Sprache werden Differenzbildungen und dichotome Gegensatzpaare formuliert, in Diskurse sowie soziale Praktiken eingeschrieben und reproduziert. Im gesellschaftlichen Sprachgebrauch gibt es viele Beispiele dafür, wie Tiere konstruiert werden: Als *Nutztier, Zuchtvieh, Haustier* und vieles mehr. Diese Natürlichkeit vorspiegelnden sprachlichen Zuschreibungen verleihen den entsprechenden Handlungspraxen eine scheinbar biologisch begründete Legitimation. Dass Tiere *fressen* und nicht *essen*, wird durch die Sprache als ein grundlegendes Merkmal der Differenz konstruiert. Dies macht deutlich, dass Differenzbildungen, die durch Dichotomien begründet, legitimiert und durch Sprache reproduziert werden, einen maßgeblichen Einfluss auf das menschliche Handeln ausüben. Nachkommenden Generationen werden dichotome Gegensatzpaare zwischen Mensch und *Tier* vermittelt, die von ihnen als biologische Tatsachen gesehen werden. Dadurch wird die entsprechende Behandlungsweise von Tieren als gerechtfertigt angesehen oder gar nicht erst als problematisch wahrgenommen. Dies macht deutlich, welche starke Repräsentationsmacht Sprache hat und wie durch sie Konstruktionen formuliert, in den Wortschatz des Menschen eingeschrieben und reproduziert werden. *Tierliche* Zuschreibungen und vermeintliche Verhaltensweisen werden als Stereotypen und Klischees verinnerlicht und sozial vererbt.

1.3   Macht durch Differenzbildung und ihre Effekte

Dadurch, dass der Mensch sich von *dem Tier* abgrenzt und es über die Bildung von Dichotomien abwertet, stellt er ein hierarchisches Verhältnis zwischen Mensch und *Tier* her. Das heißt, dass die Gesellschaft durch die Konstruktion *des Tieres* und der ihm zugeschriebenen Eigenschaften und Verhaltensweisen die menschliche Herrschaft über *das Tier* legitimiert. Diese hierarchische Beziehung wird dazu genutzt, Tiere in verschiedensten Bereichen in ihren Bedürfnissen zu unterdrücken und zu benutzen, um menschliche Bedürfnisse zu befriedigen. Die soziale Konstruktion des Mensch-Tier-Verhältnisses wird somit auf Grund von gesellschaftlichen Machtstrukturen festgeschrieben und reproduziert:

> Tiere sind von Anfang an nicht nur fremdbenannt, sondern damit auch fremd*be-stimmt* worden. So erweist sich das Benennen des Tieres näher als Herrschaftsanspruch des Menschen über das Tier. (Linnemann 2000: 6f; Kursivsetzung im Original)

Es finden Wesensverfremdungs- und Versachlichungsprozesse von Tieren statt: Ausdrücke wie *Nutz-* oder *Versuchstier* sind Beispiele für Zuschreibungspraktiken, die implizieren, dass *Tiere* nutzbar sind und gleichzeitig ausblenden, dass Tiere leidensfähige Wesen sind. Der Begriff ‚*Nutztier*‘ impliziert, dass *Tiere* benutzt werden dürfen, zu welchem Zwecke auch immer. Ein dramatisches Beispiel stellt hier die Massentierhaltung dar. Durch die Implikation des Nutzens wird in einer Reihe von Beispielen darauf verzichtet, Tiere artgerecht leben zu lassen oder gar sie überhaupt als Lebewesen zu sehen. Sie werden verdinglicht und wie Gegenstände behandelt. Bei dem *Versuchstier* verhält es sich ebenso. Tiere werden durch diese Begriffszuschreibung und die damit verbundene Bedeutung dazu bestimmt als Versuchsobjekte gesehen und behandelt zu werden. *Tiere* werden zu Objekten, denen Gewalt zugefügt, die ausgegrenzt und in ihren Bedürfnissen unterdrückt werden dürfen:

> Gemäß diesem Subjekt-Objekt-Denken sind nicht menschliche Tiere instrumentalisiert und dementsprechend nach Nützlichkeitskategorien, die als ihre Wesens-Wahrheiten ausgegeben werden, eingeteilt und benannt worden: Als Schlachtvieh, als Nutztiere, als Versuchstiere, als Pelztiere, als Heimtiere, (...). (Rogausch 1999: 12f)

Die soziale Konstruktion der Mensch-Tier-Differenz wird somit dazu verwendet, Tiere als funktional für die Erfüllung menschlicher Interessen anzusehen und zu behandeln. Ökonomische Interessen spielen dabei eine herausragende Rolle. Es gibt die verschiedensten Zweige, in denen sich viel Geld durch die (Aus)Nutzung von Tieren verdienen lässt: Als *Nahrungs-* und *Kleidungsmittel*, *Versuchsobjekt* und *Sportgegenstand* sowie als *Ausstellungsstück* und vieles mehr.

2   Analyse der Konstruktion der Mensch-Tier-Differenz in der Philosophie

In folgenden Teil stellen wir die Ergebnisse einer Analyse philosophischer Schriften einflussreicher Philosophen der frühen Neuzeit und des 20. Jahrhunderts vor, die sich mit der Mensch-Tier-Differenz befasst haben. Uns ging es dabei um die Frage, wie die Konstruktion dieser Differenz begründet wird.

Wir haben dazu vorwiegend Schriften aus der frühen Neuzeit von René Descartes als Begründer des modernen frühneuzeitlichen Rationalismus und von Michel de Montaigne als früher Vertreter des Humanismus und Skeptiker gegenüber der Annahme menschlicher Überlegenheit sowie Schriften aus der Philosophie des 20. Jahrhunderts von Donald Davidson und John Searle einbezogen, die sich der Thematik von der Philosophie des Geistes und der Sprache nähern. Ausschlaggebend für die Auswahl war dabei, dass sich diese Philosophen explizit zum Mensch-Tier-Verhältnis und zur Frage von Denken und Geist bei Tieren geäußert haben und die Aussagen ihrer Schriften für das Mensch-Tier-Verhältnis „moderner" westlicher Gesellschaften bedeutsam sind. Dabei ist natürlich zu berücksichtigen, dass zwischen den zeitlich früheren und den zeitlich späteren Texten eine erhebliche Entwicklung im generellen philosophischen Denken stattgefunden hat, wobei sich die prinzipielle Basis für die Annahme oder Ablehnung einer grundsätzlichen Mensch-Tier-Differenz jedoch kaum verändert hat.

Als Ergebnis der Analyse zeigt sich, dass sich acht verschiedenen Dimensionen voneinander unterscheiden lassen, die für die Definition von ‚Geist' und somit der Begründung der angenommenen Mensch-Tier-Differenz von besonderer Bedeutung sind:

1. Allgemeiner Ansatz
2. Art des Bewusstseins
3. Intentionalität und Repräsentationen
4. Sprache
5. Lernen
6. Theorie des Geistes (Repräsentationen zweiter Ordnung)
7. Denken und logisches Schließen
8. Erinnerungsvermögen, Zeitverständnis und Planungsvermögen

2.1.1   Erste Dimension: Allgemeiner Ansatz

Diese Dimension bezieht sich auf die grundsätzliche Herangehensweise an die Konstruktion *des Tieres* im jeweiligen Text. Hierbei ist zwischen zwei Typen von Ansätzen – dem assimilationistischen Ansatz und dem differenzialistischen

Ansatz – zu unterscheiden. Bei einem Vorgehen nach dem assimilationistischen Ansatz wird keine grundlegende Differenz zwischen Mensch und *Tier* vorausgesetzt, während die Eigenschaften von *Tieren* und Menschen untersucht werden. Bei einem Vorgehen nach dem differenzialistischen Ansatz hingegen wird bei der Untersuchung tierlicher und menschlicher Eigenschaften bereits vorausgesetzt, dass diese sich grundlegend voneinander unterscheiden. Assimilationistinnen und Assimilationisten erscheint es einleuchtend, dass der menschliche Geist sich evolutionär aus niedrigeren Stufen des Geistes heraus entwickelt haben muss. Differenzialistinnen und Differenzialisten betonen, dass auf diesem Weg die Eigenart des menschlichen Geistes verkannt wird (vgl. Perler/Wild 2005: 73). Aus dem jeweils gewählten Ansatz lässt sich somit bereits eine erste Einschätzung ableiten, zu welchem Ergebnis die Autorinnen und Autoren hinsichtlich des geistigen Lebens von Tieren und Menschen kommen werden. Vertreter beider Ansätze finden sich in unterschiedlichen historischen Kontexten. So zählen zu den Vertretern des assimilationistischen Ansatzes etwa der französische Philosoph Michel de Montaigne (1588/1999) und John Searle (2005); zu den Vertretern des differenzialistischen Ansatzes gehören unter anderem René Descartes (Abschnitt V, 1637/1960) und Donald Davidson (2005).[3]

2.1.2   Zweite Dimension: Art des Bewusstseins

Bei dieser Dimension geht es darum, ob Tieren in einem Text ein phänomenales Bewusstsein zu- oder abgeschrieben wird. Der Begriff ‚Phänomenales Bewusstsein' bezieht sich darauf, ob ein Lebewesen Erlebnisse hat, das heißt, ob sich Ereignisse für es auf eine bestimmte Art und Weise anfühlen. So fühlt es sich zum Beispiel für einen Menschen auf eine bestimmte Weise an, wenn sie oder er berührt werden, etwas hört oder etwas riecht. Auch die Empfindung von Schmerz fällt (mindestens) in diese Dimension. Aus der Zuschreibung eines phänomenalen Bewusstseins folgt nicht notwendigerweise, dass auch das Vorhandensein von Repräsentationen der Innen- oder Außenwelt angenommen wird.[4] Während Descartes (Abschnitt V, 1637/1960) Tieren noch *ein* phänomenales Bewusstsein absprach, gehen Philosophen heute eher davon aus, dass Tiere über ein phänomenales Bewusstsein verfügen, wie etwa Dennett (1987, 2005) und Searle (2005).[5]

---

3   Siehe Buschka/Plichta/Rouamba (2007)
4   Der Begriff ‚Phänomenales Bewusstsein' ist vom Begriff ‚Bewusstsein' abzugrenzen. Letzterer wird je nach Diskursbeitrag verschieden als ‚Phänomenales Bewusstsein', ‚Geist' oder ‚Selbstbewusstsein' gedeutet. Um Missverständnisse zu vermeiden, wird der Begriff ‚Bewusstsein' im Folgenden nicht verwendet.
5   Siehe Buschka/Plichta/Rouamba (2007)

2.1.3   Dritte Dimension: Intentionalität und Repräsentationen

Schreibt man einem Tier Intentionalität zu, so bedeutet dies, dass man annimmt, dass dieses Tier in der Lage ist, auf Gegenstände, Gedanken und Zustände Bezug zu nehmen und diese mental zu repräsentieren.[6] Diese Bezugnahme muss dabei nicht verbal erfolgen. Das Vorhandensein mentaler Repräsentationen und die Fähigkeit zur intentionalen Bezugnahme wird in den meisten analysierten Texten philosophischer Autorinnen und Autoren als notwendige Bedingung für das Vorliegen von Geist[7] oder Denken angesehen. Proust (1997, 2005) behandelt die Zuschreibung von mentalen Repräsentationen zu Lebewesen nicht als eine „Alles-oder-Nichts-Frage" und schlägt stattdessen ein vierstufiges Modell der Zuschreibung vor: Die erste Stufe bezeichnet sie als „Nullstufe des Informationsgebrauchs": Informationen der Umwelt werden genutzt, ohne, dass dies Annahmen oder Wissen über diese Umwelt voraussetzt. Die zweite Stufe bezeichnet sie als „ersten tatsächlichen Grad der Informationsnutzung oder Protorepräsentation": Hier empfangen Lebewesen Informationen auf verschiedenen Sinneskanälen und speichern diese in einem Kurzzeitgedächtnis. Auf der dritten Stufe treten Kategorisierungen der Umwelt zu den Protorepräsentationen hinzu: Ereignisse und Dinge der Umwelt werden in Kategorien eingeteilt, worauf unterschiedliche Reiz-Reaktionsmuster folgen. Erst auf der vierten Stufe des Modells spricht Proust von ,echten' mentalen Repräsentationen: Hier ist die nutzbar gemachte Information speicherbar und kann auf andere Situationen übertragen werden. Proust zufolge ist es möglich, dass bestimmte Tierarten mentale Repräsentationen und Intentionalität haben können, während andere Tierarten bestimmte Vorstufen zu mentalen Repräsentationen und zu Intentionalität aufweisen. Nach Searle verfügen viele Tierarten über Intentionalität (Searle 2005: 132). Seiner Meinung nach lässt sich daraus, dass es einige intentionale Zustände gibt, die Tiere nicht haben können, nicht folgern, dass Tiere grundsätzlich keine intentionalen Zustände haben können. Die Gegenmeinung wird von Davidson vertreten, nach dessen Ansicht es ohne Sprache keine angemessene Grundlage für die Zuschreibung jener allgemeinen Überzeugungen geben kann, die erforderlich sind, um irgendeinem

---

6   Mentale Repräsentationen sind geistige Entitäten, die einem Lebewesen Informationen aus seiner Umwelt zur Verhaltenssteuerung zur Verfügung stellen (Perler/Wild 2005: 71).

7   Der Begriff „Geist" wird im Diskurs von verschiedenen Autoren unterschiedlich definiert. Eine Erläuterung des jeweilig verwendeten Begriffs findet sich in den Abschnitten über die jeweiligen Autorinnen und Autoren. Perler/Wild zum Beispiel (2005: 10ff) haben als eine mögliche Definition von Geist die folgenden Bedingungen vorgeschlagen: (1) Phänomenales Bewusstsein, (2) intentionale Zustände, (3) Sprache und (4) logisches Denken.

Gedanken Sinn zu geben und intentionale Gehalte anzunehmen. Da Tiere seiner Auffassung nach nicht über Sprache verfügen, verfügen sie folglich auch nicht über intentionale Gehalte. (2005: 123).[8]

2.1.4   Vierte Dimension: Sprache

Die Zuschreibung von Sprache zu Lebewesen ist auf zwei Ebenen von Bedeutung: Zum einen ist die Frage wesentlich, ob Autorinnen bzw. Autoren davon ausgehen, dass Tiere über Sprache verfügen – was je nach der Definition von „Sprache" stark differieren kann. Zum anderen ist die Frage wesentlich, ob Sprache als notwendige Bedingung dafür angesehen wird, dass Lebewesen über Geist und über die Fähigkeit des Denkens verfügen können. Descartes sprach zu seiner Zeit Tieren noch jegliches Sprachvermögen ab. Seiner Argumentation zufolge sind Tiere auf bestimmte Laut- und Bewegungsmuster festgelegt, die auch von Maschinen erbracht werden könnten. Tiere können zwar Laute äußern, die auch etwas mitteilen, sind jedoch nicht in der Lage, Worte kreativ zu kombinieren, was Descartes als notwendige Bedingung für das Vorliegen von Sprache gilt (Descartes: 1637/1960: V, 276f). Das Argument findet sich teilweise auch in der Philosophie der Gegenwart. So ist Davidson (2005: 118-130) zufolge Sprache eine notwendige Bedingung für Denken und somit für Geist. Da Tiere seiner Annahme zufolge nicht über Sprache verfügen, haben sie auch keinen Geist (Davidson).[9] Ein anderer Vertreter der neueren Philosophie, Searle, kritisiert diese Sichtweise. Soweit den Tieren die Fähigkeit zum Denken abgesprochen wird, liegt dem ein bestimmtes Argumentationsmuster zugrunde, so Searle: „Menschen erfüllen beim Denken eine notwendige Bedingung, die Tiere weder erfüllen noch erfüllen können". Als diese notwendige Bedingung wird zumeist Sprache konstruiert: Der menschliche Besitz von Sprache macht menschliches Denken möglich und das Fehlen von Sprache bei Tieren macht tierliches Denken unmöglich (Searle 2005: 136). Ob Searle nun annimmt, dass Tiere oder zumindest einige Tierarten über Sprache verfügen, geht aus seinen Diskursbeiträgen nicht eindeutig hervor. Grundsätzlich sieht er jedenfalls das Vorhandensein von Sprache nicht als eine notwendige Bedingung für die Fähigkeit zum Denken und die Existenz von Geist. Tiere könnten somit durchaus über Geist und die Fähigkeit zu denken verfügen, unabhängig davon, ob

---

8   Siehe Buschka/Plichta/Rouamba (2007)

9   Davidsons Ansicht, dass Tiere keine Sprache besitzen, ist durchaus umstritten. So legen Ergebnisse der kognitiven Verhaltensforschung nahe, dass Schimpansen, Bonobos und vielleicht Papageien elementare sprachliche Fähigkeiten erwerben können – was den „Anti-Geist"-Argumenten, die auf fehlender Sprache bei Tieren beruhen, eine wichtige Prämisse nehmen würde (Savage-Rumbaugh/Lewin: 1994; Savage-Rumbaugh et al.: 1998; Pepperberg: 1999).

sie über eine Sprache verfügen. Glock, ein anderer Philosoph der Gegenwart, teilt diese Auffassung. Er geht davon aus, dass Tiere durchaus Gedanken „einfacher Art" haben können, wobei er unter Gedanken „einfacher Art" solche versteht, die auch mit einem nicht-sprachlichen Verhalten ausgedrückt werden können (Glock 2005: 159f).

2.1.5   Fünfte Dimension: Lernen

In dieser Dimension geht es darum, ob die Fähigkeit zum Lernen als eine begriffliche oder als eine konditionierte Fähigkeit konstruiert wird. In philosophischen Texten wird die Fähigkeit zu begrifflichem Lernen als Ausdruck von Intelligenz und der Fähigkeit zu denken und somit von Geist angesehen. Konditioniertes Lernen liegt dann vor, wenn Intelligenz und die Fähigkeit zu denken fehlen. Descartes betrachtete zu seiner Zeit das Verhältnis zwischen sensorischer Stimulation und Verhalten bei Tieren als ein vollkommen mechanisches Verhältnis. Seinem Ansatz zufolge sind Tiere zu begrifflichem Lernen nicht imstande[10], sondern – wenn überhaupt – nur zu Reiz-Reaktions-vermitteltem konditioniertem Lernen (Descartes 1637/1960: V: 345). Den in der kognitiven Ethologie gegenwärtig vertretenen Auffassungen[11] liegt demgegenüber eine deutlich differenziertere Sichtweise der Entstehung von Geist zugrunde. Ihre Vertreterinnen und Vertreter gehen davon aus, dass der Geist kognitive Aufgaben nicht dank eines generellen Mechanismus wie dem des Reiz-Reaktions-Musters oder der Assoziation bewältigt. Der Geist besteht demnach vielmehr aus vielen autonomen, in sich geschlossenen, spezialisierten Systemen, die für die kompetente und schnelle Bewältigung spezialisierter Aufgaben wie zum Beispiel Wahrnehmung, Gesichtserkennung oder Spracherwerb zuständig sind. Der Geist wird als ein teilweise angeborenes Aggregat verschiedener Mechanismen betrachtet, der mentale Repräsentationen verarbeitet und sowohl zu konditioniertem als auch zu begrifflichem Lernen fähig ist. In diesem Sinne können auch Tiere über Geist verfügen (Perler/Wild 2005: 47ff).

---

10 Dies folgt auch schon daraus, dass nach Descartes Tiere nicht denken können und Denken eine Voraussetzung für Begriffsbildung zu sein scheint.

11 Unter kognitiver Ethologie wird die vergleichende, evolutionäre und ökologische Erforschung des Geistes nicht-menschlicher Tiere verstanden, was Denkprozesse, Überzeugungen, Vernunft, Informationsverarbeitung und Bewusstsein als Forschungs-Gegenstände einschließt (Bekoff 1998: 371ff). Nach Griffin (1978: 527ff) sollen in der kognitiven Ethologie Speziesgrenzen überschritten und versucht werden, befriedigende Informationen darüber zu sammeln, was andere Spezies denken und fühlen mögen. Im Gegensatz dazu beschäftigt sich klassische Ethologie mehr mit Instinktverhalten als mit der Frage von Bewusstsein, Denken oder Überzeugungen bei Tieren.

2.1.6 Sechste Dimension: Theorie des Geistes

Wenn einem Tier eine Theorie des Geistes zugeschrieben wird, wird ihm nicht nur die Fähigkeit zugeschrieben, sich selbst und Gegenstände seiner Umwelt zu repräsentieren, sondern auch die Fähigkeit, die geistigen Zustände seiner Artgenossen *als geistige Zustände* zu repräsentieren (Repräsentationen zweiter Ordnung).[12] Es geht hier nicht um die soziale Kompetenz von Tieren, Artgenossen oder andere Lebewesen in ihrem Verhalten zu beeinflussen, sondern explizit darum, ob Tiere ihre Artgenossen ebenfalls als Wesen mit geistigen Zuständen wahrnehmen und über die psychologische Kompetenz verfügen, deren Denken zu beeinflussen. Diese Fähigkeit wird von vielen der Philosophinnen und Philosophen, deren Arbeiten zum Mensch-Tier-Verhältnis wir analysiert haben, als Ausdruck von Denken und Geist angesehen. Nach Proust, einer Vertreterin der neueren Philosophie, stellt sich die Frage nach einer Theorie des Geistes bei Tieren nur für die großen Primaten und Meeressäuger wie Delfine und Wale, da ihrer Ansicht nach nur diese sozialen Tiere auch über die entsprechenden kognitiven Fähigkeiten verfügen (Proust 2005: 240). Sterelny, einem anderen Vertreter der neueren Philosophie zufolge, ist die wesentliche Frage nicht die, ob Lebewesen generell über Geist verfügen oder nicht. Vielmehr müsse man davon ausgehen, dass Lebewesen über mehr oder weniger Geist verfügen. Ein Lebewesen verfügt demnach umso stärker über eine Theorie des Geistes, (1) je mehr Zustände anderer es aufspüren kann, (2) je mehr es davon eher repräsentieren als aufspüren kann und (3) je weitreichender seine Verhaltenskompetenzen in Bezug auf die aufgespürten Zustände sind (Sterelny 2005: 385). Demnach verfügen individuelle Menschen und verschiedene Tiere bzw. Tierarten jeweils in unterschiedlichem Maß über Geist.

2.1.7 Siebte Dimension: Denken und logisches Schließen

Die Fähigkeit zum Ziehen logischer Schlussfolgerungen wird im philosophischen Diskurs meist als eine zentrale Grundlage der Fähigkeit zum Denken angesehen, und beides zusammen gilt als eine entscheidende Grundlage für das Vorliegen von Geist. Wird unterstellt, dass ein *Tier* zwar über eine basale Form des Denkens verfügt, jedoch nicht zum Ziehen logischer Schlüsse in der Lage ist, so wird daraus gefolgert, dass das Tier nicht über Geist verfügt. Descartes ging zu seiner Zeit noch davon aus, dass Tiere keine Gedanken haben, da Gedanken Akte der

---

12 Dies muss nicht unbedingt bedeuten, dass die einzelnen geistigen Zustände der Mitlebewesen differenziert auseinandergehalten und zum Beispiel bestimmten Stimmungen zugeordnet werden können, sondern erst einmal nur, dass die Mitlebewesen überhaupt als Lebewesen mit eigenen geistigen Zuständen erkannt werden.

immateriellen Seele (des Geistes) seien, über die Tiere gemäß dem cartesianischen Leib-Seele-Dualismus nicht verfügen. Alle Akte des Tieres sind somit dem Körper zuzuschreiben. Tiere zeigen infolgedessen nur Reiz-Reaktions-Muster und keine kognitiven Aktivitäten (Descartes 1637/1960: V 27, VIII 7). Auch Davidson, ein Vertreter der neueren Philosophie, geht davon aus, dass Tiere nicht über ein Denkvermögen und demnach auch nicht über Geist verfügen. Das Denkvermögen sei an die Fähigkeit zur Sprache gekoppelt, die Tiere Davidson zufolge nicht besitzen. Auch Stich, ein anderer Philosoph, sieht Tiere als Lebewesen ohne Gedanken und ohne Geist (Stich 2005: 110f). Stich zufolge unterscheiden sich die Überzeugungen und Hintergrundüberzeugungen von *Tieren* so radikal von denen der Menschen, dass der Gehalt ihrer Überzeugungen nicht spezifizierbar ist. Dies läuft für Stich auf das Eingeständnis hinaus, dass Tiere keine Überzeugungen haben, weil es sinnlos sei, Tieren Überzeugungen und Gedanken zuzuschreiben, wenn man nicht angeben kann, welche Überzeugungen sie haben oder worauf sie sich beziehen.[13] Eine gegenteilige Meinung vertritt Searle in dieser Diskussion. Er hält die genannten Argumente für wenig plausibel und geht davon aus, dass viele Tierarten über Gedankenprozesse verfügen (Searle 2005: 132, 136).

2.1.8   Achte Dimension: Erinnerungsvermögen, Zeitverständnis und Planungsvermögen

In dieser Dimension geht es darum, ob Tieren die geistige Repräsentation verschiedener Zeiten – Gegenwart, Vergangenheit und Zukunft – sowie die Fähigkeit der Planung und das Vermögen der Erinnerung zugeschrieben wird, wobei das Vorhandensein von Planungsvermögen für die Fähigkeit zur Repräsentation verschiedener Zeiten spricht. Das Verfügen über diese Fähigkeiten wird im philosophischen Diskurs zumeist als Indiz für das Vorliegen von Geist und Denken konstruiert, während man umgekehrt davon ausgeht, dass ihr Fehlen darauf verweist, dass Geist und Denken nicht vorhanden sind. In den von uns analysierten Texten wurde diese Frage im Allgemeinen nicht behandelt. Da sie jedoch für die Einordnung der neueren Forschungsergebnisse im nächsten Kapitel relevant ist, wird die Dimension hier dennoch genannt.

---

13 Es ist hier gegenüber Stich kritisch anzumerken, dass aus der kognitiven menschlichen Begrenztheit, den Gehalt tierischer Überzeugungen spezifizieren zu können, logisch nicht folgt, dass Tiere keine Überzeugungen haben.

2.2 Zusammenfassung der Analyse in einer Typologie sozialer Tierkonstruktionen

Abschließend sollen nun die Ergebnisse unserer Analyse philosophischer Texte im Hinblick darauf, welche Dimensionen für die Konstruktion der Mensch-Tier-Differenz bedeutsam sind, noch einmal zusammengefasst werden. Es werden drei unterschiedliche Typen von Tierbildern konstruiert: Im ersten Typ wird *das Tier* als geistiges Wesen konstruiert, im zweiten wird es als graduell geistiges Wesen und im dritten als geistloses Wesen konstruiert. Bevor diese Typen nun erläutert werden, soll noch einmal angemerkt sein, dass Aussagen zum Vorhandensein bzw. zum Nicht-Vorhandensein von Geist bei Tieren mit erheblichen Problemen methodologischer, begrifflicher und referenzieller Art[14] behaftet sind und die Aussagen, die sich in den oben genannten Texten finden, in der Regel nicht in Auseinandersetzung mit empirischen Daten entstanden sind. Damit wird ihr Charakter als soziale Konstruktionen deutlich, der aber von den analysierten Autorinnen und Autoren selbst nicht reflektiert wird. Weiterhin soll darauf hingewiesen werden, dass von der Frage, ob Tiere als geistige Lebewesen konstruiert

---

14   Als methodologische Probleme sind die kognitive Begrenztheit, die Interpretationsbedürftigkeit von Beobachtungen und die Neigung zum Anthropomorphismus zu nennen (Perler/Wild 2005: 13ff). Unter dem Problem der kognitiven Begrenztheit ist zu verstehen, dass wir alle Zu- bzw. Abschreibungen von Eigenschaften zu Tieren aus unserer Sichtweise vornehmen und mit unseren kognitiven Ressourcen, von denen angenommen werden darf, dass sie nicht annähernd perfekt sind. Niemand garantiert, dass Tiere nur genau das haben, was wir an ihnen feststellen können. Ihre Innenwelt ist uns prinzipiell unzugänglich. Auch Searle weist zutreffend darauf hin, dass in vielen Diskursbeiträgen kontinuierlich die ontologische Ebene (nämlich ob Tiere geistige Phänomene haben) mit der epistemologischen Ebene (nämlich, ob und wie wir Menschen etwas darüber wissen können) verwechselt oder vermischt werden, wodurch leicht Fehlschlüsse entstehen (Searle 2005: 46).
    Unter begrifflichen Problemen wird verstanden, dass empirische Arbeiten das Zutreffen bzw. Nichtzutreffen bestimmter Kriterien nur nachweisen können, wenn diese Kriterien begrifflich klar gefasst sind und es einen gewissen Konsens über den Begriffsinhalt gibt. Genau dies fehlt jedoch meist – so gibt es zum Beispiel keine einheitliche, weithin geteilte Definition von Begriffen wie ‚Geist‘, ‚Sprache‘ oder ‚Intentionalität‘. Ob (oder inwieweit) Tieren diese Fähigkeiten zugesprochen werden, hängt davon ab, wie hoch die Messlatte angesetzt wird (Perler/Wild 2005: 21ff).
    Mit referenziellen Problemen ist gemeint, dass oft unklar ist, auf wen sich Zu- oder Abschreibungen von Eigenschaften beziehen. Sollen sie sich auf alle Tiere beziehen oder nur auf bestimmte Tierarten? Häufig ist diese Abgrenzung nicht vorhanden, schwammig oder willkürlich (Perler/Wild 2005: 17ff).

werden oder nicht, weitere Fragen abhängen: Wenn Tieren Geist zugeschrieben wird, muss ihnen dann in ethischer Hinsicht ein ähnlicher Status wie Menschen zugesprochen werden? Sind sie dann als Personen mit Rechten zu betrachten? Wenn *Tieren* kein Geist zugeschrieben wird, sind sie dann als bloße Objekte zu betrachten oder ist ihnen trotzdem ein besonderer Status zuzubilligen? Ist also die Zuschreibung bzw. Nicht-Zuschreibung von Geist überhaupt ein moralisch relevantes Kriterium?

1. Typ: *Tiere* werden als geistige Wesen konstruiert:

Beim Vorliegen dieses Typs werden *Tiere* prinzipiell als geistige Lebewesen konstruiert – eine Einschränkung auf bestimmte *Tierarten* wurde im analysierten Material nicht vorgenommen, auch wenn zumeist von Säugetieren und Primaten die Rede ist. Hier wird Tieren nicht nur phänomenales Bewusstsein zugesprochen, sondern auch die Fähigkeit zu intentionaler Bezugnahme, zu begrifflichem Lernen, zu Denken und zu logischer Schlussfolgerung. Die Vertreter dieser Argumentationsrichtung gehen davon aus, dass Tiere entweder über ein Sprachvermögen verfügen oder dieses wird nicht als eine notwendige Bedingung für das Vorhandensein von Geist angesehen. Grundlegend für diese Typisierung ist eine assimilationistische Herangehensweise an die Frage, ob es eine Mensch-Tier-Differenz hinsichtlich des Geistes gibt. *Tiere* werden in diesem Typ hinsichtlich des Geistes als nicht prinzipiell verschieden von Menschen konstruiert. Vertreter dieses zweiten Konstruktionstyps sind beispielsweise Montaigne im Kontext des Denkens des 16. Jahrhunderts sowie Philosophen der Gegenwart wie Searle und Glock.

2. Typ: *Tiere* werden als graduell geistige Wesen konstruiert:

Bei diesem Typ wird das Verfügen über ‚Geist' nicht als Dichotomie konstruiert. Vielmehr sind danach graduelle Abstufungen denkbar, die die Unterschiede zwischen verschiedenen Tierarten berücksichtigen. Bei einer graduellen Konstruktion können verschiedene kognitive Formen unterschieden werden, die von Nullstufen und Vorformen zu zunehmend komplexen geistigen Fertigkeiten und Vermögen reichen. Das Konzept beruht demnach auf der Idee einer gestuften Ordnung kognitiver Systeme. Menschliche und tierliche Individuen lassen sich auf einem breiten Spektrum zwischen der Fähigkeit zum propositionalen Denken und der Abwesenheit jeglicher Denkfähigkeit verorten. Gemeinsam ist diesen Positionen, dass sie von einem eher assimilationistischen Ansatz ausgehen und dass sie etliche Tierarten – insbesondere Säugetiere, Rabenvögel und Primaten – als geistig nicht prinzipiell verschieden vom Menschen betrachten. In der Philosophie der Gegenwart gibt es einige Vertreterinnen und Vertreter dieser Denkrichtung, wie etwa Perler/Wild, Proust, Dennett und Sterelny.

3. Typ: *Tiere* werden als geistlose Wesen konstruiert:

In diesem Typ werden *Tiere* prinzipiell als geistlose Lebewesen konstruiert, denen zwar je nach Philosoph noch ein phänomenales Bewusstsein oder Intentionalität zugeschrieben wird, denen ansonsten aber geistige Fähigkeiten wie das Vermögen zur Sprache, zu begrifflichem Lernen, zu Denken und zur logischen Schlussfolgerung sowie zum Besitz einer Theorie des Geistes abgesprochen werden. Grundlegend für diese Art der Konstruktion ist, dass das Verfügen über Sprache als notwendige Bedingung für das Vorhandensein von Geist angesehen wird, und dass *Tieren* sprachliches Vermögen abgesprochen wird. Unterschiede zwischen verschiedenen Tierarten werden in der Regel nicht gemacht. *Tiere* werden in diesem Typ hinsichtlich ihres Geistes bzw. Nicht-Geistes als prinzipiell verschieden von Menschen betrachtet; das Unterscheidungskriterium ,Geist' zwischen Mensch und *Tier* bleibt unangetastet erhalten und wird reproduziert. Vertreter dieses Konstruktionstyps sind beispielsweise Descartes, der diese Auffassung im Kontext des Denkens des 17. Jahrhunderts vertreten hat, aber auch Philosophen der Gegenwart wie Davidson und Stich.

Tabelle 1 Verortung philosophischer Texte nach dem Typ der Konstruktion von Tierbildern

Tiere sind konstruiert als ...	Philosophische Texte im Hinblick auf die vertretene Position
... prinzipiell geistig (Typ 1)	Glock (2005) Montaigne (1588) Searle (2005)
... graduell geistig (Typ 2)	Dennett (1987, 2005) Perler/Wild (2005) Proust (1997, 2005) Sterelny (2005)
... prinzipiell geistlos (Typ) 3)	Davidson (2005) Descartes (1637, 1641, 1644) Stich (2005)

3 Ergebnisse neuerer Studien zum Tierverhalten

Wir haben im zweiten Teil untersucht, wie die Differenz zwischen Menschen und Tieren in philosophischen Texten konstruiert wird und welche Dimensionen dafür relevant sind. In diesem Teil wollen wir überprüfen, welche der Aussagen durch die Ergebnisse der neueren Forschung zum Verhalten von Tieren unterstützt werden. Dazu haben wir neun Studien aus dem Gebiet der biologischen Forschung zum Tierverhalten ausgewertet, die sich entweder direkt auf die geistigen Fähigkeiten von Tieren oder auf einzelne der im zweiten Teil vorgestellten Dimensionen beziehen. Da nicht jede Studie Informationen zu jeder Dimension liefert, beschränken wir uns jeweils auf die Studien, die für die einzelnen Dimensionen besonders relevant sind.[15]

3.1.1 Ergebnisse zur ersten Dimension: Allgemeiner Ansatz

Die Psychologen Povinelli et al. (2000) vertreten mit ihrer Studie *„Gegen eine Theorie des Geistes: Wie man dem Analogie-Argument entkommt"* tendenziell einen differenzialistischen Ansatz. Ihrer Argumentation zufolge führen die meisten Studien der vergleichenden Psychologie zum Vergleich von Menschen und Tieren zu falschen oder unbefriedigenden Ergebnissen, weil sich die Forscher zu sehr auf die Ähnlichkeiten zwischen Menschen und Tieren konzentrieren anstatt die Unterschiede zwischen ihnen zu erforschen. Nach Povinelli et al. lassen sich aus Ähnlichkeiten im Verhalten von Menschen und Tieren keine Schlussfolgerungen auf psychologische Ähnlichkeiten ziehen; die Differenzen überwiegen ihrer Auffassung nach (Povinelli et al. 2000: 510f, vgl. auch 3.1.6).

Der Biologe Matsuzawa (2001) betrachet die Annahme einer Dichotomie von Mensch und Tier demgegenüber als nicht gerechtfertigt. Der Unterschied zwischen Schimpansen und Menschen sei nicht prinzipieller, sondern gradueller Natur. Dabei vertritt er einen assimilationistischen Ansatz. Er beschreibt Menschen als eine Spezies des Tierreichs. Menschen und Affen haben dieselben Vorfahren und gehörten, so der Verfasser, in der Vergangenheit einmal derselben Art an. Dabei sei insbesondere der Schimpanse dem Menschen genetisch ähnlich. Während die genetische Differenz zwischen Affen[16] und Menschen 9% bis 10% betrage, betrage die genetische Differenz zwischen Menschen und der Menschenaffenart Schimpanse nur 1,7% der DNA-Sequenzen (Matsuzawa 2001: IXff). Sie sei damit

---

15 Für eine Besprechung der Gestaltung und der Zielsetzung der einzelnen Studien sowie eine vollständige Kommentierung jeder Dimension siehe Buschka/Plichta/Rouamba (2007).

16 Es wird hier zwischen Affen und Menschenaffen unterschieden.

geringer als die zwischen Zebra und Pferd: „If you think that zebras are „horses that have black and white stripes", chimpanzees must be seen as „humans that are fully covered by black hair" (Matsuzawa 2001: X).

Soweit sich Menschen und Schimpansen in ihrer Intelligenz unterscheiden, sei dies nicht auf das Fehlen spezifischer kognitiver Module, sondern auf eine geringere Tiefe der hierarchischen Stufen der Kognition bei den Schimpansen zurückzuführen, die durch die geringe Hirnmasse des Schimpansen gegenüber dem (heutigen) Menschen bedingt sei (Matsuzawa 2001: 22).

Die Biologen Segerdahl et al. (2005) verfolgen in ihrer Studie „*Kanzis primäre Sprache*" ebenfalls einen assimilationistischen Ansatz, was unter anderem daran deutlich wird, dass sie die „Kultur" nicht für eine einzigartig menschliche Errungenschaft halten. Kultur ist in ihren Augen ein natürlicher Besitz, den Menschen mit vielen anderen tierlichen Spezies teilen (Segerdahl et al. 2005: 1f). Sie bezeichnen die Auffassung, dass sich Menschen und Schimpansen hinsichtlich Kultur und Sprache grundlegend unterscheiden, da Menschen über beides verfügen, Schimpansen aber nicht, als einen Mythos, der nur entsteht, wenn man Sprache als isolierte ‚zweite' Sprache und nicht als ‚primäre' Sprache[17] auffasst (Segerdahl et al. 2005: 6, 28; vgl. 3.2). Auf der Grundlage vergleichender Studien zur Kognition bei Menschen und bei nicht-menschlichen Primaten zeigen sie, dass zwischen Menschen und Schimpansen überwältigende Ähnlichkeiten und eine nahe Verwandtschaft bestehen (Segerdahl et al. 2005: 201).

3.1.2   Ergebnisse zur zweiten Dimension: Art des Bewusstseins

Die meisten von uns einbezogenen Wissenschaftlerinnen und Wissenschaftler haben die Frage nach dem Bewusstsein von Tieren nicht ausdrücklich untersucht. Lediglich Segerdahl et al. (2005) kommen auf der Grundlage ihrer Studie „*Kanzis primäre Sprache*" explizit zu dem Ergebnis, dass Zwergschimpansen eindeutig über ein phänomenales Bewusstsein verfügen. Sie verfügen demnach über Emotionen wie Angst und Freude (Segerdahl et al. 2005: 84).

---

17 Der Erwerb der ‚primären' Sprache erfolgt in der Regel im Kindesalter und ist nicht auf das Lernen von Ausdrücken, Symbolen und grammatischer Satzformen fokussiert, sondern darauf, Dinge gemeinsam zu tun, miteinander zu (er-)leben und durch Gesten, Blicke, Berührungen, Zeigen und sprachliche Ausdrücke in Situationen des echten Lebens zu kommunizieren. Erst die ‚zweite' Sprache bzw. die Formalisierung der ersten Sprache wird durch Stillsitzen und das Erledigen vorstrukturierter Aufgaben erlernt (vgl. 3.1.2).

3.1.3   Ergebnisse zur dritten Dimension: Intentionalität und Repräsentationen

In ihrer Studie zum Sozialverhalten von Meerkatzen, die Cheney und Seyfarth (1990) Ende der 1980er Jahre durchgeführt haben, kamen die Autoren zu dem Ergebnis, dass individuelle Meerkatzen eine Reihe unterschiedlicher Strategien verfolgen, sich um Kontakte zu Familienmitgliedern und ranghöheren Gruppenmitgliedern bemühen und mit den Mitgliedern ihrer Gruppe nach dem Prinzip der gegenseitigen Kooperation zusammenarbeiten (Cheney/Seyfarth 1990: 134). Das Forscher-Team folgert daraus, dass Meerkatzen über mentale Repräsentationen und Intentionalität verfügen: Sie sind fähig, Beziehungen nach einer oder mehreren abstrakten Eigenschaften zu klassifizieren, mentale Repräsentationen der sozialen Beziehungen zu erzeugen und diese Beziehungen auf der Basis mentaler Repräsentationen zu vergleichen (Cheney/Seyfarth 1990: 135).

Die Biologin Inoue-Nakamura (2001) hat in einer Studie in den 1990er Jahren die Repräsentation des Selbst bei nicht-menschlichen Primaten untersucht. Es wurde getestet, ob diese in der Lage sind, ihr Spiegelbild als Repräsentation ihrer selbst zu erkennen. Dem Ergebnis der Untersuchung zufolge durchlaufen Schimpansenkinder ebenso wie Menschenkinder eine dreistufige Entwicklung bei der Erkennung ihres eigenen Spiegelbilds. Im ersten Stadium zeigen die Schimpansen soziales Verhalten wie ruckartige Bewegungen, stimmliche Laute und Drohgebärden gegenüber dem Spiegelbild, was jedoch nach wenigen Tagen abflaut. Im zweiten Stadium beginnen sie, selbstgerichtetes Verhalten zu zeigen wie die Pflege von Körperteilen, die ihnen ohne Blick in den Spiegel visuell nicht zugänglich sind. Im dritten Stadium zeigen sie ein komplexes Verhaltensmuster, bei dem sie verschiedene spiegelabhängige Verhaltensweisen simultan durchführen und sich dabei im Spiegel beobachten. Die Reaktionen der Schimpansen in Bezug auf Selbsterkennung im Spiegel wie auch der dreistufige Verlauf ähneln damit denen der Menschenkinder in hohem Maß (Inoue-Nakamura 2001: 298ff).[18] Eine andere Studie des Verhaltensforschers Itakura (2001) ergab, dass Schimpansen zusätzlich zur Selbsterkennung im Spiegel dazu fähig sind, die Symbole von Personal- und Possessivpronomen zu verstehen, was diese Autoren ebenfalls als einen Aspekt des Verfügens über ,Selbst' bzw. ,Selbstbewusstsein' ansehen (Itakura 2001: 326f).

---

18   Laut Inoue-Nakamura konnte Selbsterkennung im Spiegel und selbstgerichtetes Verhalten nicht bei Fischen, Vögeln und Säugetieren, die keine Primaten sind (ausgenommen Delphine), festgestellt werden (Inoue-Nakamura 2001: 305ff). Die Ursache vermutet Inoue-Nakamura im wesentlich größeren Gehirnvolumen von Menschen und Menschenaffen gegenüber anderen Tierarten (Inoue-Nakamura 2001: 309).

3.1.4   Ergebnisse zur vierten Dimension: Sprache

Verschiedene Studien zur Kommunikation von Lemuren auf der Grundlage von Tonbandaufnahmen, die Ende der 1990er Jahre durchgeführt wurden, kommen zu dem Ergebnis, dass einige rudimentäre Eigenschaften der menschlichen Sprache in der stimmlichen Kommunikation nicht-menschlicher Primaten aufzufinden sind (Oda 2001: 115). So wurde zum Beispiel referenzielles Signalgeben, das auch eine wichtige Eigenschaft menschlicher Sprache ist, in einigen stimmlichen Kommunikationen nicht-menschlicher Primaten gefunden (Cheney/Seyfarth 1990). Es ist feststellbar, dass viele Tierarten sowohl mit ihren Artgenossen als auch mit Mitgliedern anderer Spezies akustisch kommunizieren. So formen zum Beispiel Vögel und Primaten gemischte Sprachgruppen und warnen einander vor Feinden (Oda 2001: 119f). Ähnlich wie bei Menschen hat die stimmliche Kommunikation bei in Gruppen lebenden Primaten auch die Funktion, den sozialen Zusammenhalt aufrecht zu erhalten (Oda 2001: 121f). Nach einer Definition von Grice (1989) findet ‚echte' Kommunikation jedoch erst statt, wenn sowohl der Sender als auch der Empfänger einer Nachricht den mentalen Zustand des anderen berücksichtigen – mit anderen Worten: Es wird eine Theorie des Geistes als notwendige Bedingung für ‚echte' Kommunikation konstruiert. Ob Oda die Grice'sche Ansicht darüber teilt, was ‚echte' Kommunikation ist, wird in seiner Studie nicht erwähnt. Oda spricht den untersuchten Primaten jedoch auf jeden Fall ein erhebliches stimmliches Kommunikationsvermögen zu und hält es für möglich, dass sich die sprachlichen und geistigen Fähigkeiten der Primaten weiterentwickeln und menschliches Niveau erreichen können.[19]

Diese Annahme wird von den Ergebnissen der Untersuchung von Segerdahl et al. (2005) zur Sprache von Zwergschimpansen unterstützt. Das Forscher-Team stellte entgegen den von ihnen vorher formulierten Erwartungen fest, dass die Sprache ein wesentlicher Bestandteil der alltäglichen Aktivitäten und Interaktionen der Schimpansen und Menschen und damit dessen, was sie als eine sich entwickelnde „Affen-Mensch-Kultur" bezeichnen, ist. Diese Entdeckung war ihnen dadurch möglich, so Segerdahl et al., dass sie in ihrem Untersuchungsdesign von einem anthropozentrischen Verständnis von Sprache Abstand nahmen, das früheren Untersuchungen mit Affen zugrunde gelegt wurde. In solchen früheren Untersuchungen hatte man die Fähigkeit der Affen zum Spracherwerb daran gemessen, inwieweit sie die menschliche Sprache in Labor- und anderen künstlichen Situationen erlernen können. Zur Entwicklung ihres neuartigen Sprach-

---

19   Vgl. Untersuchungsergebnisse zum Vorkommen von Spiegel-Neuronen bei Menschen und Affen, die als Vorboten zu der Fähigkeit gelten, sich mentale Perspektiven vorstellen und eine Theorie des Geistes entwickeln zu können (Gallese/Goldman 1998).

modells kam die Gruppe von Segerdahl und anderen durch die Entdeckung, dass
der Zwergschimpanse Kanzi Sprache auf eine völlig ungeplante und unforcierte
Art erlernt hatte – nämlich ähnlich wie ein menschliches Kleinkind spontan und
ohne Training (Segerdahl et al. 2005: 4f): Im Forschungszentrum wurden trag-
bare Tastaturen mit Lexigrammen[20] genutzt und die Affen wurden trainiert, auf
diese Lexigramme zu zeigen um zu kommunizieren. Der junge Zwergschimpanse
Kanzi wurde nicht mit dieser Tastatur trainiert, weil er als zu jung für den Sprach-
unterricht angesehen wurde; seine Mutter Matata war diejenige, die im Umgang
mit der Tastatur mit dem Ziel des Spracherwerbs unterrichtet wurde, was jedoch
ohne großen Erfolg blieb. Eines Tages begann Kanzi plötzlich und aus eigener
Initiative auf Lexigramme zu zeigen, allerdings in einer spontaneren und aus-
drucksvolleren Weise als ältere, darauf trainierte Affen. Er suchte Blickkontakt
mit den Forschern und antwortete mittels der Tastatur erstaunlich korrekt auf
an ihn gerichtete englischsprachige Äußerungen. Daraufhin begannen die Forschenden, spontaner mit Kanzi und seiner Schwester Panbanisha zu interagieren.
Englisch wurde zusammen mit der Tastatur zur Kommunikation über diejenigen
alltäglichen Aktivitäten und Interaktionen eingesetzt, die für die Affen von Interesse waren, wie beispielsweise das Streifen durch die Wälder und die Suche nach
Nahrung. Kanzi wurde nie wie andere Affen dazu genötigt, in einem Labor still
zu sitzen und eine Menge von Fragen zu beantworten, die aus seiner Perspektive
bedeutungslos sein mussten, nur um sich ein bisschen Nahrung zu verdienen.
Kanzis Verständnis des Englischen erweiterte sich schnell und überschritt schon
bald die durch die Tastatur gebotenen Kommunikationsmöglichkeiten (Segerdahl
et al. 2005: 6, 16f). Auch in untrainierten, kontrollierten Tests unter Einsatz technischen Equipments sind Kanzis sprachliche Leistungen beeindruckend. So kann
er zum Beispiel angemessen auf englischsprachige Äußerungen wie „Bitte bring
den Fernseher nach draußen" oder „Bitte leg Dein Shirt in den Kühlschrank" reagieren. Mithilfe dieser Tests wurde nachgewiesen, dass Kanzis Sprachverständnis eine große Ähnlichkeit mit dem menschlichen Sprachverständnis aufweist.
Die Tests ergaben zudem, dass Kanzi menschliche Sprache auch in einem von
Linguisten geforderten „formalen" Sinn versteht, indem er Worte und das, wofür
sie stehen, versteht und in der Lage ist, angemessen auf eine Vielzahl neuer Sätze
zu antworten (Segerdahl et al. 2005: 14f). Dass Kanzis frühe sprachliche Interaktionen nicht aus Stillsitzen und Fragen beantworten bestand, scheint aus Sicht von
Segerdahl et al. gerade eine besonders wichtige Eigenschaft des primären Spracherwerbs zu sein. Kanzis Umwelt bestand aus einem informellen, entspanntem
Setting, in dem er mit anderen Affen die Gelegenheit hatte, Menschen sprechen

---

20 Lexigramme sind abstrakte Symbole.

zu hören und zu sehen. Diese Gelegenheiten wurden nicht experimentell strukturiert, sondern traten spontan beim gemeinsamen Streifen der Affen und der Forschenden durch die Wälder bei der Nahrungssuche auf.

Diese Art Sprache zu lernen hat auffällige Parallelen zum Spracherwerb bei Menschen. Kanzis Spracherwerb wurde in einer Weise produziert, in der auch Kleinkinder ihre primäre Sprache erwerben: Der Erwerb der primären Sprache ist nicht auf das Lernen von Ausdrücken, Symbolen und grammatischen Satzformen fokussiert, sondern darauf, Dinge gemeinsam zu tun, miteinander zu leben und durch Gesten, Blicke, Berührungen, Zeigen und sprachliche Ausdrücke in Situationen des echten Lebens zu kommunizieren. Erst die zweite Sprache bzw. die Formalisierung der ersten Sprache wird durch Stillsitzen und das Erledigen vorstrukturierter Aufgaben erlernt. Andere Sprachexperimente mit Affen wie zum Beispiel Terraces Experiment mit dem Schimpansen Nim (Terrace 1979) scheiterten aus Sicht von Segerdahl et al. daran, dass Nim unterrichtet wurde, als ob er eine zweite Sprache bzw. die Formalien seiner primären Sprache lernen sollte – ein Unternehmen, das nur Erfolgsaussicht bei jemandem haben kann, der bereits eine primäre Sprache erworben hat, was bei Nim – bezogen auf die menschliche Sprache – nicht der Fall war (Segerdahl et al. 2005: 6, 16ff, 21ff). Segerdahl et al. fassen ihre Ergebnisse hinsichtlich Kanzis primären Spracherwerb in drei Punkte zusammen: Erstens wird *primäre* Sprache spontan und durch Beobachtung erworben und nicht durch gezieltes Training. Sie ist durch und durch damit verknüpft, wie wir spontan miteinander agieren, so dass sie nicht durch geplante und explizite Instruktionen, sondern nur durch Zusammenleben gelernt werden kann. Zweitens geht das Verständnis von Sprache der Produktion von Sprache voraus und steuert den primären Spracherwerb. Sprachliche Ausdrücke haben bestimmte Funktionen und sind eng mit dem spezifischen kulturellen Kontext verbunden, so dass ein Kind oder ein Affe zuerst eng mit der Kultur der ihn umgebenden Gesellschaft vertraut sein muss, bevor er oder sie in der Lage ist, diese Ausdrücke angemessen einzusetzen. Und drittens ist wesentlich für den frühen Spracherwerb, dass ein Mitglied einer Gruppe bzw. Gesellschaft der Sprache schon in jungem Alter ausgesetzt ist. Kultur ist nichts Externes, sondern konstituiert die Art zu sein, so Segerdahl et al.. Daher kann ein erwachsener Affe, der bereits ohne menschliche Sprache eine Art zu sein entwickelt hat, möglicherweise nur in einem begrenzten Umfang die menschliche Sprache erlernen (Segerdahl et al. 2005: 7, 9).

3.1.5   Ergebnisse zur fünften Dimension: Lernen

Biro und Matsuzawa (2001) haben die numerische Kompetenz von Schimpansen untersucht. Sie kommen zu dem Ergebnis, dass die Fähigkeit zum Zählen und zu anderen mathematischen Leistungen nicht auf Menschen begrenzt ist. Auch nicht-menschliche Subjekte verfügen demnach über erhebliche numerische Fähigkeiten. Eine Vielzahl von Spezies ist etwa dazu in der Lage, auf Mengen beruhende Unterscheidungen zu treffen. Dazu zählen Ratten, Waschbären, Papageien und Primaten wie Totenkopfaffen, Makaken, Gorillas und Schimpansen. Die Wissenschaftlerinnen und Wissenschaftler konnten die Schimpansin Ai darauf trainieren, numerische, ordinale und kardinale[21] Aufgaben zu lösen. Die Lösung aller drei Aufgabengebiete gilt nach Gelman und Gallistel (1978) als ‚echtes' Zählen.

Weiter sind Schimpansen auch dazu in der Lage, mit Proportionen umzugehen[22] und Additionen durchzuführen.[23] Sie können Objekte, Farben und Zahlen mit einer Trefferquote von 94% benennen, Mengen aus heterogenen Reizen wie beispielsweise verschiedene Objekte in verschiedenen Farben nach geringem Training mit einer sehr hohen Trefferquote numerisch bearbeiten, Zahlen und Gegenstände ordinal und kardinal bearbeiten und diese Fähigkeiten nicht nur auf Objekte der realen Welt, sondern auch auf computergenerierte Reize mit einer Trefferquote von über 80% anwenden (Biro/Matsuzawa 2001: 202-213). Ein Vergleich der Antwortzeiten zwischen menschlichen und Schimpansen-Probanden ergab, dass Schimpansen numerische Aufgaben generell schneller beantworten. Weiterhin zeigte sich, dass sich bei einem Anstieg der Zahl der zu zählenden Gegenstände die Antwortzeiten bei Menschen stärker verlängerten als bei Schimpansen (Biro/Matsuzawa 2001: 207). Ferner können Schimpansen, wenn auch erst nach einiger Übung, mit dem Konzept der Null umgehen, „was eine Fähigkeit ist, die sie den Einwohnerinnen und Einwohnern des antiken Roms voraushaben" (Biro/Matsuzawa 2001: 199). Aus ihrer Untersuchung folgern Biro und Matusuzawa, dass bei Schimpansen rezeptive und produktive mathematische Fähigkeiten vorhanden und durch Lernen ausbaubar sind (Biro/Matsuzawa 2001: 200f).

---

21 Bei numerischen Aufgaben soll beispielsweise die größere von mehreren Zahlen gewählt werden, wohingegen bei ordinalen Aufgaben Zahlen in die richtige Reihenfolge nach größer oder kleiner gebracht werden sollen. Bei kardinalen Aufgaben soll einer Menge von Objekten ein Symbol zugeordnet werden, das der Anzahl der Objekte entspricht (Biro/Matsuzawa 2001: 200).
22 vgl. Woodruff/Premack (1981)
23 vgl. Rumbaugh (1987)

Auf der Grundlage ihrer Studien zur Objekterkennung mit wild lebenden Klammeraffen kommen Jitsumori und Delius (2001) zu dem Ergebnis, dass diese in der Lage sind, ihre Partner und eine große Zahl von anderen Artgenossen unabhängig von ihrem räumlichen Standpunkt treffsicher individuell zu erkennen und von anderen Spezies zu unterscheiden (Jitsumori/Delius 2001: 269). Sie lernen also, ihre Partner und Artgenossen anhand bestimmter Kriterien zu kategorisieren und diese Kategorisierungen zur Erkennung zu nutzen. Dies ist ein Fall von begrifflichem Lernen, welches als ein wichtiger Bestandteil des Geistes angesehen wird. Viele Tierarten sind auch in der Lage, Objekte unabhängig von ihrer jeweils im Raum rotierten Position zu erkennen. So können zum Beispiel Tauben, Paviane und Delphine problemlos beliebig rotierte geometrische Figuren sowie deren Spiegelbilder erkennen und einander korrekt zuordnen, wobei sie sogar schneller als menschliche Probanden sind (vgl. Hollard/Delius 1982; Jitsumori/Delius 2001: 270f). Weiterhin sind viele Tierarten wie beispielsweise Tauben, Stumpfschwanzmakaken, Rhesusaffen, Kapuzineräffchen und Schimpansen in der Lage, bislang unbekannte Bilder anhand ihrer Eigenschaften bestimmten Kategorien zuzuordnen (Jitsumori/Delius 2001: 274). Das bedeutet, dass sie zum begrifflichen Lernen imstande sind, was als ein Fall von Denken klassifiziert wird. Zudem wurde gezeigt, dass Tiere wie Schimpansen und andere Affenarten ähnliche Wahrnehmungsreize kategorisieren, ohne dass sie darauf hin trainiert wurden (Jitsumori/Delius 2001: 276). Tiere wie zum Beispiel Tauben können dazu auch Objekte nach funktionaler Äquivalenz kategorisieren und Objekte zu gemeinsamen Klassen zusammenzufassen, auch wenn diese unterschiedliche Wahrnehmungsreize senden (Jitsumori/Delius 2001: 281ff).

3.1.6   Ergebnisse zur sechsten Dimension: Theorie des Geistes

Povinelli et al. (2000) vertreten auf der Grundlage von Experimenten mit Schimpansen die Auffassung, dass Schimpansen zwar durchaus mentale Zustände haben, dass eine Theorie des Geistes aber allein Menschen vorbehalten sei (Povinelli et al. 2000: 509). Ihrer Meinung nach kann die Vielzahl und Komplexität sozialer Verhaltensweisen, die bei Menschen und Tieren als ähnlich beobachtet werden, allein durch intentionale Zustände/Repräsentationen erster Ordnung generiert werden. Nur menschliche Kleinkinder ab vier Jahren seien aber in der Lage, die visuelle Aufmerksamkeit anderer im Zusammenhang mit deren mentalen Zuständen zu interpretieren; sie verstehen demnach, dass andere etwas sehen und entsprechende Überzeugungen und Wissen haben, wenn sie ihre visuelle Aufmerksamkeit auf etwas richten (Povinelli et al. 2000: 512). Die Autoren folgern aus ihren Experimente mit Schimpansen zum Verfolgen von Blicken und zum Zeigen, dass Schimpansen diese Fähigkeiten der Kleinkinder nicht teilen. Zwar wären Schimpansen durchaus in elaborierter Form in der Lage, die Blickrichtung anderer zu erkennen und diese Blickrichtung visuell zu verfolgen (Povinelli et al. 2000: 514), ihr diesbezügliches Verhalten ließe sich aber ‚viel besser durch ein Modell niedrigerer Ebene' erklären, Demnach wäre ihre Verfolgung des Verhaltens anderer mit dem Blick eine automatische Reaktion, die durch eine Interaktion zwischen bestimmten endogenen und exogenen Faktoren, aber ohne Einbezug von Repräsentationen zweiter Ordnung hervorgerufen werde (Povinelli et al. 2000: 518, 523). ‚Objektive' Bewertungen früherer Studien von Verstehen und Nichtverstehen bei Schimpansen haben nach Povinelli et al.'s Meinung gezeigt, dass deren Verhalten besser in Begriffen über ihr Nachdenken über beobachtbare Vorkommnisse als in Begriffen des Verstehens nicht-beobachtbarer Repräsentationen zweiter Ordnung erklärt werden könne (Povinelli et al. 2000: 530f). Tiere verfügen dieser Position zufolge demnach nicht über eine Theorie des Geistes.

In der Hinsicht kommen Segerdahl et al. (2005) auf der Grundlage einer Studie zur Kommunikation von und mit Schimpansen allerdings zu anderen Ergebnissen. Demzufolge gibt es Hinweise darauf, dass Zwergschimpansen über eine Theorie des Geistes verfügen. So sind der von ihnen in ihre Untersuchung einbezogene Zwergschimpanse Kanzi und seine Schwester Panbanisha etwa in der Lage, den „Falsche-Überzeugungen-Test"[24] zu bestehen und somit zu verstehen, dass eine Person Überzeugungen hat und dass diese Überzeugungen sich durchaus davon unterscheiden können, wie die Dinge tatsächlich sind. Panbanisha und Kanzi sind ebenfalls in der Lage, andere Personen zu täuschen, was darauf hinweist, dass sie ihnen Überzeugungen zuschreiben und versuchen, diese Überzeugungen zu manipulieren. Diese Ergebnisse zeigen zum einen, dass Zwergschimpansen über eine Art Wahrheitsbegriff verfügen und zum anderen, dass sie anderen Personen in ihrer Umgebung ein geistiges Leben zuschreiben, indem sie ihnen Überzeugungen zuschreiben. Nach Ansicht der Verfasserinnen und Verfasser der Studie sind viele bisherige Tests zum Vorliegen einer Theorie des Geistes deshalb fehlgeschlagen, weil sie bei Affen durchgeführt wurden, die nicht über eine primäre Sprache verfügen und denen der Sinn der abstrakten Testsituation deshalb nicht erklärt werden konnte, so dass sie auf den Test nicht in der von ihnen erwarteten Weise reagierten.[25] Ohne Berücksichtigung der kulturellen Grundlage des

---

24 Im englischen Original wird der „Falsche-Überzeugungen-Test" mit „False-Belief-Task" bezeichnet. Dieser spielt in der Forschung die Rolle eines „Lackmustests" für das Vorliegen einer Theorie des Geistes.

25 „Stellen Sie sich drei plötzlich auftauchende Menschen vor: Der erste beginnt, Futter zu verstecken, der zweite sieht ihm dabei zu und der dritte Mensch steht mit einer Tüte über dem Kopf herum. Was können Affen vernünftigerweise aus einer solchen Szene machen? Wenn die erste Person weggeht, bestehen die Affen den Test, wenn sie die

Spracherwerbs und der Sprache selbst, die für klare Testsituationen unerlässlich ist, bleiben ihrer Argumentation zufolge kognitive Potenziale von Menschenaffen unentdeckt (Segerdahl et al. 2005: 41f).

Aus Sicht von Segerdahl et al. wären die von Povinelli et al. durchgeführten Tests ein Paradebeispiel für Testsituationen, deren Pointe für die Testteilnehmerinnen und -teilnehmer kaum durchschaubar ist und aus deren Bestehen oder Nicht-Bestehen keine zulässigen Schlüsse auf das Vorliegen oder Nicht-Vorliegen einer Theorie des Geistes gezogen werden können. Die Zurückführung der Leistungen der Affen auf die Regel „Zeige auf die Person, die Dir ihr Gesicht und ihre Augen zeigt" durch Povinelli u.a. könnte nach Segerdahl u.a. damit zu erklären sein, dass die Affen die Intentionen des Tests missverstanden haben, aber es wäre kein Beleg dafür, dass sie nicht über eine Theorie des Geistes verfügen.

3.1.7 Ergebnisse zur siebten Dimension: Denken und logische Schlüsse

Im Zusammenhang mit Matsuzawas Studie (2001) über den Werkzeuggebrauch bei nicht-menschlichen Primaten und fossilen Menschen lassen sich aus dem Umgang mit Werkzeugen Schlussfolgerungen auf ihr Denken und logisches Schließen ziehen. Matsuzawa definiert Werkzeuggebrauch als ein Set menschlicher oder tierlicher Verhaltensweisen, die Objekte nutzen, um ein Ziel zu erreichen (Matsuzawa 2001: 6). Die Ergebnisse der Studie zeigen, dass Schimpansen durch den langen Prozess der Sozialisation gelernt haben, Werkzeuge herzustellen und sie zu nutzen. Dies tun sie auf eine Weise, die oft einzigartig für jede Gruppe von Schimpansen ist (Matsuzawa 1991: 4). Matsuzawa unterscheidet zwischen verschiedenen Stufen des Werkzeugeinsatzes: Auf der ersten Stufe wird ein Ziel direkt mit einem Werkzeug in Verbindung gebracht. Auf der zweiten Stufe wird das Ziel durch die Kombination von zwei Werkzeugen erreicht. Die komplexeste Form von Werkzeuggebrauch, die jemals bei Schimpansen beobachtet wurde, besteht auf der dritten Stufe in der Konstruktion von Meta-Werkzeugen. So wurde zum Beispiel beobachtet, dass Schimpansen, die eine Nuss zerschlagen wollen und deren „Amboss-Stein" eine Schräge aufweist (so dass die Nuss herunter rollt bevor der Schimpanse mit dem „Hammer-Stein" zuschlagen kann), zuerst einen weiteren „Keil-Stein" suchen und diesen zur Begradigung unter den

---

zweite und nicht die dritte Person mit der Tüte über dem Kopf auffordern, ihnen das versteckte Futter zu geben, weil nur die zweite Person gesehen hat, wo das Futter versteckt ist. Aber wenn die Affen den Test nicht bestehen, welche Folgerungen können wir dann daraus ziehen, da die Pointe des Spektakels kaum selbstevident ist?" (Segerdahl et al. 2005: 41).

„Amboss-Stein" legen bevor sie mit dem „Hammer-Stein" zuschlagen, damit die Nuss nicht weg rollen kann. Zu dieser komplexen Aktivität sind Schimpansen erst im Alter von etwa 6 Jahren imstande, was ungefähr dem Alter entspricht, in dem Menschenkinder derartige Operationen erstmals auszuführen lernen (Matsuzawa 2001: 14f). Matsuzawa zeigt, dass Schimpansen im Werkzeuggebrauch sowohl anderen Affenarten als auch dem Australopithecus Afarensis[26] deutlich überlegen sind. Mit dem heutigen Menschen haben sie die Fähigkeit zum Werkzeuggebrauch bis zur dritten Stufe, die Abwehr von Feinden durch Gegenstände, die Bearbeitung des eigenen Körpers mit Gegenständen und den Einsatz sozialer Werkzeuge gemeinsam (Matsuzawa 2001: 17). Auch im Hinblick auf soziale Intelligenz sind Schimpansen nach Matsuzawa dem Menschen durchaus ähnlich: So hat der Schimpanse ebenso wie der Mensch die Fähigkeit, Werkzeuge in sozialen Kontexten einzusetzen, Augenkontakt herzustellen, sich im Spiegel zu erkennen, Essen aktiv und passiv zu teilen, Handlungen umgehend zu imitieren und koordinierte Handlungen zur Erreichung eines Ziels auszuführen. Menschen haben zusätzlich noch die Fähigkeit, spontan Handlungsabfolgen zwischen verschiedenen Akteurinnen und Akteuren zu erkennen und einzuhalten, Spiele vorzutäuschen und aktiv zu unterrichten. Matsuzawa führt die nur dem Menschen eigenen Fähigkeiten auf dessen wesentlich größere Gehirnmasse zurück (Matsuzawa 2001: 19ff). Der Unterschied zwischen Schimpansen und Menschen ist nach Matsuzawa also nicht prinzipieller, sondern gradueller Natur: Die Hauptdifferenz zwischen Menschen und Schimpansen im Hinblick auf ihre Intelligenz liegt nicht in einem kompletten Fehlen spezifischer kognitiver Module, sondern in der Tiefe der hierarchischen Stufen der Kognition (Matsuzawa 2001: 22).

3.1.8   Ergebnisse zur achten Dimension: Erinnerung, Zeitverständnis und Planungsvermögen

Kawai und Matsuzawa (2001) kommen auf der Grundlage ihrer Forschung anhand verschiedener Tierarten zu deren Erinnerungsvermögen zu dem Ergebnis, dass das Erinnerungsvermögen vieler Tierarten dem menschlichen Erinnerungsvermögen sehr ähnlich ist. So ähneln sich etwa Menschen und Tierarten wie Tauben, Kapuzineräffchen und Rhesusaffen sehr stark im Hinblick darauf, wie die Stärke der Erinnerung von der Position von Gegenständen auf einer Liste abhängt (Kawai/Matsuzawa 2001: 226). Auch hinsichtlich der Dauer der Erinnerung ähneln sich Menschen und Tiere stark. Zudem sind viele Tierarten wie auch

---

26 Der Australopithecus Afarensis ist eine heute ausgestorbene Vormenschen-Gattung der Familie Hominidae, zu der auch der heutige Mensch (homo sapiens) zählt, und möglicherweise ein direkter Vorfahre der Gattung Homo.

Menschen nicht nur zur Wiedererkennung, sondern auch zur anspruchsvolleren Aufgabe der Reproduktion von Objekten aus dem Gedächtnis in der Lage (Kawai/ Matsuzawa 2001: 226f). Die Untersuchung ergab, dass Schimpansen in einigen Gedächtnisaufgaben dem Menschen sogar überlegen sind: So erzielen Schimpansen bei der Aufgabe, eine ihnen gezeigte Figur nach einer bestimmten Zeit zu rekonstruieren, bei jedem Zeitintervall eine bessere Leistung hinsichtlich der Korrektheit ihrer Rekonstruktionen als menschliche Probandinnen und Probanden (Kawai/Matsuzawa 2001: 229). Weiterhin zeigte sich, dass Schimpansen in der Lage sind, mindestens fünf Gegenstände oder Informationen gleichzeitig zu erinnern, während erwachsene menschliche Probandinnen und Probanden nur bis zu vier Gegenstände zuverlässig gleichzeitig erinnern können (siehe auch Luck/ Vogel 1997; Cowan 2001). Somit übersteigt die Gedächtnisspanne des Schimpansen die des Menschen (Kawai/Matsuzawa 2001: 233; Biro/Matsuzawa 2001: 222). Nach den Ergebnissen der Forschung von Kawai und Matsuzawa haben Schimpansen also eine Gedächtniskapazität, die mit der des Menschen vergleichbar und ihr teilweise sogar überlegen ist. Daraus ziehen sie den Schluss, dass die kognitive Differenz zwischen Menschen und Schimpansen weit geringer ist als dies bisher angenommen wurde (Kawai/Matsuzawa 2001: 233).

3.2 Abgleich der Studienergebnisse mit der Typologie zur sozialen Konstruktion von *Tieren*

In diesem Abschnitt analysieren wir nun, inwieweit die Forschungsergebnisse zum Verhalten und den Fähigkeiten von Tieren die Annahme einer grundlegenden Mensch-Tier-Differenz, die auf das Fehlen von ,Geist' bei Tieren zurückgeführt wird, in Frage stellen. Die Ergebnisse unserer Analyse philosophischer Schriften hatten gezeigt, dass es im Hinblick auf die Annahme zur Mensch-Tier-Differenz drei verschiedene Argumentationsfiguren gibt: *Das Tier* wird entweder als geistloses Lebewesen, oder umgekehrt als geistiges Lebewesen oder aber als graduell geistiges Lebewesen dargestellt.

Die Tabelle 2 zeigt nun, zu welchen Schlussfolgerungen die Verhaltensbiologinnen und –biologen gelangen, die das Verhalten und die Fähigkeiten von Tieren empirisch untersucht haben.

Tabelle 2 Tierbilder auf der Grundlage von empirischer Verhaltensforschung

Tiere sind konstruiert als...	Autorinnen und Autoren der Studien
... prinzipiell geistig (Typ 1)	Biro/Matsuzawa (2001) Inoue-Nakamura (2001) Jitsumori/Delius (2001) Kaiwa/Matsuzawa (2001) Matsuzawa (1985, 2001) Segerdahl et al. (2005)
... graduell geistig (Typ 2)	Oda (2001) Povinelli et al. (2000)
... prinzipiell geistlos (Typ 1)	./.

Typ 1: *Tiere* werden als geistige Wesen dargestellt:

Matsuzawa (2001) kommt auf der Grundlage seiner empirischen Studien zu dem Ergebnis, dass Schimpansen geistige, dem Menschen sehr ähnliche Lebewesen sind, auch wenn ihre kognitiven Fähigkeiten von denen des Menschen übertroffen werden. Gemäß Segerdahl et al. (2005) erscheint eine Einordnung des Schimpansen Kanzi und seiner Artgenossen als „geistige Lebewesen" gerechtfertigt, da die Zwergschimpansen in allen Dimensionen, die für den Geist als wesentlich gelten, zu erstaunlichen kognitiven Leistungen fähig waren. Die Autorinnen und Autoren sprechen ihnen dementsprechend auch zu, dass sie über eine Theorie des Geistes verfügen. Biro und Matsuzawa (2001) schließen aus ihrer Forschung mit Schimpansen und einigen anderen Tierarten, dass diese über numerische kognitive Fähigkeiten verfügen, die bisher als Fähigkeiten galten, über die ausschließlich Menschen verfügen. Daher lässt sich ihre Position dem Typ „Tiere als geistige Lebewesen" zuordnen. Das gilt auch für die Schlussfolgerungen, die Inoue-Nakamura (2001) aus seinen Forschungsergebnissen zieht. Demnach lassen sich Tiere als „geistige" oder zumindest als „graduell geistige Lebewesen" einordnen, da sie über kognitive Fähigkeiten zur Selbsterkennung im Spiegel und zum Verstehen von Personal- und Possessivpronomen verfügen, welche wichtige Grundlagen für die Erkennung des „Selbst" und von „Selbstbewusstsein" bilden, die wiederum wesentlich für den Begriff des Geistes sind. Auch Jitsumori und Delius (2001) unterstützen mit ihren Forschungsergebnissen die Annahme, Tiere seien „geistige Lebewesen" oder zumindest „graduell geistige Lebewesen" , da sie über erhebliche kognitive Fähigkeiten im Bereich begrifflichen Lernens und logischer Schlussfolgerungen verfügen. Kaiwa und Matsuzawa (2001) kommen insgesamt zu dem Ergebnis, dass die geistige Lücke zwischen Schimpansen und Menschen wesentlich geringer ist, als man bislang angenommen hat und dass zumindest Schimpansen in mancher Hinsicht sogar den Menschen in ihren kognitiven Leistungen überlegen sind; auch sie sprechen den von ihnen untersuchten Tieren also zu, dass es sich um geistige Lebewesen handelt.

Typ 2: *Tiere* werden als graduell geistige Wesen dargestellt:

Einer der von uns einbezogenen Forscherinnen und Forscher, Oda (2001), zieht keine Schlussfolgerungen aus seiner Untersuchung im Hinblick darauf, ob Primaten über Geist verfügen. Es kann jedoch gemäß seinen Ergebnissen festgehalten werden, dass nicht-menschliche Primaten in vielen Dimensionen, die eng mit dem Vorliegen von Geist verknüpft sind, erfolgreich sind und dass diese Fähigkeiten möglicherweise evolutionär ausbaufähig sind. Von daher deuten die Forschungsergebnisse von Oda darauf hin, dass es sich bei nicht-menschlichen Primaten zumindest um graduell geistige Lebewesen handelt.

Die Ergebnisse der Studien zeigen insgesamt, dass es zwar teilweise Unterschiede zwischen dem geistigen Vermögen von Menschen und dem der einbezogenen Tierarten gibt. Diese sind jedoch meist nur gradueller Natur und insgesamt längst nicht so grundsätzlich sind, wie dies in den analysierten philosophischen Texten und dem üblichen gesellschaftlichen Alltagsverständnis oftmals behauptet wird und dass sie vor allem nicht prinzipieller Natur sind. Vielmehr hat die Forschung aufgedeckt hat, dass auch Tiere über Fähigkeiten verfügen, die bisher einzig den Menschen zugeschrieben wurden. Daraus ergibt sich, dass die behauptete prinzipielle Mensch-Tier-Differenz hinsichtlich des Geistes nicht grundsätzlicher Natur, sondern höchstens graduell sein kann. Die Behauptung einer prinzipiellen Mensch-Tier-Differenz in Bezug auf den Geist kann anhand dieser neueren Forschungsergebnisse nicht aufrechterhalten werden.

Typ 3: *Tiere* **werden als geistlose Wesen dargestellt:**
Alle einbezogenen Studien kommen zu dem Ergebnis, dass die untersuchten Tierarten zumindest über ein phänomenales Bewusstsein und die Fähigkeit zu Intentionalität und Repräsentationen erster Ordnung verfügen sowie über ein Erinnerungsvermögen. In den meisten Studien wurden bei den Tieren noch sehr viel weiter reichende geistige und intellektuelle Fähigkeiten entdeckt. Positionen, wie sie in der Philosophie von Descartes, Davidson und Stich vertreten werden, sind demnach empirisch zumindest für die einbezogenen Tierarten nicht haltbar.

4   Fazit

Im ersten Kapitel haben wir den allgemeinen Prozess sozialer Konstruktionen erläutert, die wesentliche Rolle von Differenzbildung anhand von Dichotomien und die Rolle der Sprache als wesentliche Eckpfeiler sozialer Konstruktionen herausgearbeitet. Ferner haben wir die aus ihnen abgeleiteten Legitimierungsmuster gesellschaftlich konstituierter Macht- und Herrschaftsverhältnisse gegenüber Tieren dargestellt. Generell lässt sich feststellen, dass das Verfügen über ,Geist' die zentrale Grundlage für die behauptete Differenz zwischen Menschen und Tieren bildet und damit auch als Legitimation dafür dient, dass Tiere als den Menschen untergeordnet angesehen und behandelt werden. Im zweiten Kapitel haben wir die Dimensionen und die Ergebnisse unserer Analyse des philosophischen Diskurses über eine behauptete prinzipielle geistige Mensch-Tier-Differenz vorgestellt und in eine Typologie überführt. Im dritten Kapitel haben wir dann anhand der Auswertung von Ergebnissen der naturwissenschaftlichen Forschung zum Verhalten und den Fähigkeiten von Tieren untersucht, inwieweit die Annahmen zur Mensch-Tier-Differenz haltbar sind, die in der wissenschaftlich-philosophischen Diskussion gängig sind. Die Ergebnisse unserer Auswertung der Studien zeigen, dass die Annahme, nur Menschen verfügten über ,Geist', nicht haltbar ist. Somit ist unsere Forschungsfrage „Welche Ergebnisse zeigen neuere Studien zum Tierverhalten in Bezug auf den Geist als behauptete prinzipielle Mensch-Tier-Differenz?" dahingehend beantwortet, dass eine prinzipielle geistige Differenz zwischen Menschen und Tieren nicht wissenschaftlich gerechtfertigt werden

kann, sondern dass die teilweise bestehenden kognitiven Differenzen höchstens
gradueller Natur sind.

Literatur

Biro, Dora/Matsuzawa, Tetsuro (2001): Chimpanzess Numerical Competence: Cardinal
and Ordinal Skills, in: Matsuzawa, Tetsuro (Hrsg.) (2001): Primate Origins of Human
Cognition and Behaviour, Tokio: Springer Verlag.
Boysen, S./Berntsen, G. (1989): Numerical Competence in a Chimpanzee, in: J. Comp. Psy-
chology 103: 23-31
Bublitz, Hannelore (1998): Geschlecht, in: Korte, Hermann/Schäfers, Bernd (Hrsg.) (1998):
Einführung in die Hauptbegriffe der Soziologie, Opladen: Leske + Budrich Verlag
Buschka, Sonja/Rouamba, Jasmine/Plichta, Christof (2007): Ergebnisse neuerer Studien
zum Geist als behauptete prinzipielle Mensch-Tier-Differenz und deren Konsequenzen,
Forschungsbericht zum Projektseminar „Wandel im Verhältnis der Menschen zu ihren
Haustieren und neue Tierrechte" bei Frau Prof. Birgit Pfau-Effinger an der Universität
Hamburg.
Call, J./Tomasello, M. (1999): A Nonverbal False Belief Task: The Performance of Children
and Great Apes, in: Child Development 70: 381-395
Cheney, Dorothy/Seyfarth, Robert (1990): How Monkeys see the World, Chicago: Univer-
sity of Chiago Press
Cheney, Dorothy Seyfarth, Robert (1994): Wie Affen die Welt sehen: Das Denken einer
anderen Art, München: Hanser Verlag
Cheney, Dorothy/Seyfarth, Robert (2001): Foreword, in: Matsuzawa, Tetsuro (Hrsg.)
(2001): Primate Origins of Human Cognition and Behaviour, Tokio: Springer Verlag
Cowan, Nelson (2001): The Magical Number Four in Short-Term Memory: A Reconsidera-
tion of Mental Storage Capacity, in: Behavioural and Brain Sciences 24: 87-185
Davidson, Donald (2005): Rationale Lebwesen, in: Perler, Dominik/Wild, Markus (Hrsg.)
(2005): Der Geist der Tiere. Philosophische Texte zu einer aktuellen Diskussion, Frank-
furt/Main: Suhrkamp Verlag
Davis, H. (1984): Discrimination of the Number Three by a Raccoon, in: Anmial Learning
Behaviour 12: 409-413
Davis, H./Bradford, S. (1986): Counting behaviour by Rats in a Simulated Natural Envi-
ronment, in: Ethology 73: 265-280
Dennet, D. (1987): The Intentional Stance, Cambridge, MA: MIT Press
Dennett, Daniel (2005): Das Bewusstsein der Tiere: Was ist wichtig und warum?, in: Perler,
Dominik/Wild, Markus (Hrsg.) (2005): Der Geist der Tiere. Philosophische Texte zu
einer aktuellen Diskussion, Frankfurt/Main: Suhrkamp Verlag
Descartes, René (1637): Discours de la Méthode, franz..-dt: Von der Methode des richtigen
Vernunftgebrauchs und der wissenschaftlichen Forschung, Philosophische Bibliothek
261, übersetzt und herausgegeben. von Lüder Gäbe (1960), Hamburg
Descartes, René (1641): Meditationen über die Erste Philosophie, übersetzt und herausge-
geben von Gerhart Schmidt (1986), Stuttgart: Philipp Reclam jun.

Descartes, René (1644): Die Prinzipien der Philosophie, Hamburg (1999): Felix Meiner Verlag

Gallese, V./Goldman, A. (1998): Mirror Neurons and the Simulation Theory of Mind-Reading, in: Trends of Cognitive Science 2: 493-501

Gelman, C./Gallistel, C. (1978): The Child's Understanding of Numbers, Cambridge MA: Harvard University Press

Glock, Hans-Joachim (2005): Begriffliche Probleme und Probleme des Begrifflichen, in Perler, Dominik / Wild, Markus (2005): Der Geist der Tiere. Philosophische Texte zu einer aktuellen Diskussion, Suhrkamp Verlag Frankfurt/Main

Grice, H. (1989): Studies in the Way of Words, Cambridge MA: Harvard University Press

Hollard, D./Delius, J. (1982): Rotation Invariance in Visual Pattern Recognition by Pigeons and Humans, in: Science 218: 804-806

Hornscheidt, Antje (2005): (Nicht)Benennungen: Critical Whiteness Studies und Linguistik, in: Eggers/Kilomba/Piesche/Arndt (Hrsg.): Mythen, Masken und Subjekte. Kritische Weiß-seinsforschung in Deutschland: 464-478, Münster: UnRast Verlag

Inoue-Nakamura, Noriko (2001): Mirror Self-Recognition in Primates: An Ontogenetic and a Phylogenetic Approach, in: Matsuzawa, Tetsuro (Hrsg.) (2001): Primate Origins of Human Cognition and Behaviour, Tokio: Springer Verlag

Itakura, Shoji (2001): The Level of Self-Knowledge in Nonhuman-Primates: From the Perspective of Comparative Cognitive Science, in: Matsuzawa, Tetsuro (Hrsg.) (2001): Primate Origins of Human Cognition and Behaviour, Tokio: Springer Verlag

Jitsumori, Masako/Delius, Juan (2001): Object Recognition and Object Categorization in Animals, in: Matsuzawa, Tetsuro (Hrsg.) (2001): Primate Origins of Human Cognition and Behaviour, Tokio: Springer Verlag

Kawai, Nobuyuki/Matsuzawa, Tetsuro (2001): Reproductive Memory Processes in Chimpanzees: Homologous Approaches to Research on Human Working Memory, in: Matsuzawa, Tetsuro (Hrsg.) (2001): Primate Origins of Human Cognition and Behaviour, Tokio: Springer Verlag

Linnemann, Manuela (2000): Brüder, Bestien, Automaten. Das Tier im abendländischen Denken Erlangen: Fischer Verlag

Luck, S./Vogel, E. (1997): The Capacitry of Visual Working Memory for features and Conjunctions, in: Nature 390: 279-281

MacDonald, S. (1994): Gorillas' Spatial Memory in a Foraging Task, in: Journal Comp. Psychology 108: 107-113

Malcolm, Norman (2005): Gedankenlose Tiere, in: Perler, Dominik/Wild, Markus (Hrsg.) (2005): Der Geist der Tiere. Philosophische Texte zu einer aktuellen Diskussion, Frankfurt/Main: Suhrkamp Verlag

Matasaka, N. (1983): Categorical Responses to Natural and Synthesized Alarm Calls in Goeldi's Monkeys, in: Primates 24: 40-51

Matsuzawa, Tetsuro (1985): Use of Numbers by a Chimpanzee, in: Nature 315: 57-59

Matsuzawa, Tetsuro (2001): Primate Foundations of Human Intelligence: A View of Tool Use in Nonhuman Primates and Fossil Hominids, in: Matsuzawa, Tetsuro (Hrsg.) (2001): Primate Origins of Human Cognition and Behaviour, Tokio: Springer Verlag

Montaigne, Michel de (1588): Apologie für Raimond Sebond, in ders.: Essais II, 12 , Paris (1999): Villey

Mütherich, Birgit (2005): Die soziale Konstruktion des Anderen - Zur soziologischen Frage nach dem Tier, in: PraxisSoziologie: Zwischen angewandter Sozialforschung und neuen Organisationskulturen, Verhandlungen der XII. Tagung für angewandte Soziologie des Berufsverbandes Deutscher Soziologinnen und Soziologen in Dortmund 2003, CD-ROM, Recklinghausen

Nobuyuki, Kawai / Matsuzawa, Tetsuro (2001): Reproductive Memory Processes in Chimpanzees: Homologous Approaches to Research on Human Working Memory, in: Matsuzawa, Tetsuro (Hrsg.) (2001): Primate Origins of Human Cognition and Behaviour, Tokio: Springer Verlag

Oda, Ryo (2001): Lemur Vocal Communication and the Origin of Human Language, in: Matsuzawa, Tetsuro (Hrsg.) (2001): Primate Origins of Human Cognition and Behaviour, Tokio: Springer Verlag

Olthoff, A./Iden, C./Roberts, W. (1997): Judgements of ordinality and Summation of Number Symbols by Squirrel monkeys, in: Journal of Experimental Psychology [Animal Behaviour] 23: 325-339

Pepperberg, I. (1987): Evidence für Conceptual Quantitative Abilities in the African Grey Parrot: Labeling of Cardinal Sets, in: Ethology 75: 37-61

Pepperberg, I. (1999): The Alex Studies, Cambridge MA: Harvard University Press

Perler, Dominik/Wild, Markus (2005) : Der Geist der Tiere. Philosophische Texte zu einer aktuellen Diskussion, Frankfurt/Main: Suhrkamp Verlag

Povinelli, Daniel/Bering, Jesse/Giambrone, Steve (2000): Toward a Science of Other Minds: Escaping the Argument by Analogy, in: Cognitive Science 24: 509-541

Proust, Joelle (1997): Comment l'Esprit vient aux Bêtes, Paris : Gallimard Verlag

Proust, Joelle (2005): Das intentionale Tier, in: Perler, Dominik/Wild, Markus (Hrsg.) (2005): Der Geist der Tiere. Philosophische Texte zu einer aktuellen Diskussion, Frankfurt/Main: Suhrkamp Verlag

Rogausch, Günther (1999): Innerhalb einer Kultur des Schlachthofs. Jenseits von Fleisch. Eine Exkursion entlang der Speziesgrenze oder ein kurzer Ausflug zwischen Warenwelt und wahrer Welt, Tierrechts Aktion Nord (TAN) Reader: 3-28, zusammengestellt aus Diplomarbeit Rogausch, Günther (1996): Zwischen Tierschutz, Tierliebe und Tierquälerei: Eine soziologische Untersuchung zum Gewaltparadigma

Rumbaugh, D./Savage-Rumbaugh, E./Hegel, M. (1987): Summation in a Chimpanzees, in: Journal of Experimental Psychology [Animal Behaviour] 13: 107-115

Savage-Rumbaugh,S./Lewin, R. (1994): Kanzi, London: Doubleday Verlag

Savage-Rumbaugh, S./Shanker, S./Taylor, T. (1998): Apes, Language and the Mind, Oxford: Oxford University Press

Searle, John R. (2005): Der Geist der Tiere, in: Perler, Dominik/Wild, Markus (Hrsg.) (2005): Der Geist der Tiere. Philosophische Texte zu einer aktuellen Diskussion, Frankfurt/Main: Suhrkamp Verlag

Segerdahl, Pär/Fields, William/Savage-Rumbaugh, Sue (2005): Kanzi's Primal Language. The Cultural Initiation of Primates into Language, New York: Palgrave MacMillan

Singer, Peter (2006) Praktische Ethik, Stuttgart: Reclam Verlag

Sterelny, Kim (2005): Primatenwelten, in Perler, Dominik/Wild, Markus (2005): Der Geist der Tiere. Philosophische Texte zu einer aktuellen Diskussion, Suhrkamp Verlag Frankfurt/Main

Stich, Stephen P. (2005): Haben Tiere Überzeugungen?, in: Perler, Dominik/Wild, Markus (Hrsg.) (2005): Der Geist der Tiere. Philosophische Texte zu einer aktuellen Diskussion, Frankfurt/Main: Suhrkamp Verlag

Sugiura, H. (1993): Temporal and Acoustic Correlates in Vocal Exchange of Coo Calls in Japanese Macaques, in: Behaviour 124: 207-225

Sugiura, H. (1998): Matching of Acoustic Features during the Vocal Exchange of Coo Calls by Japanese Macaques, in Animal Behaviour 55: 673-687

Terrace, H. (1979): Nim, New York: Knopf

Terrell, D./Thomas, R. (1990): Number-Related Discrimination and Summation by Squirrel Monkeys on the Basis of the Number of Sides of Polygons, in: Journal of Comp. Psychology 104: 238-247

Thomas, R./Fowlkes, D./Vickery, J. (1980): Conceptual Numerousness Judgements by Squirrel Monkeys, in American Journal of Psychology 93: 247-257

Washburn, D./Rumbaugh, D. (1991): Ordinal Judgements of Numerical Symbols by Macaques, in Psychol. Science 2: 190-193

Wild, Markus (2006): Die anthropologische Differenz. Der Geist der Tiere in der frühen Neuzeit bei Montaigne, Descartes und Hume, Berlin: Walter de Gruyter Verlag

Woodruff, G./Premack, D. (1981): Primitive Mathematical Concepts in the Chimpanzee: Proportionality and Numerosity, in: Nature 293: 568-5

Die vergessenen ‚Anderen' der Gesellschaft – zur (Nicht-)Anwesenheit der Mensch-Tier-Beziehung in der Soziologie

Julia Gutjahr und Marcel Sebastian

Im Gedenken an Birgit Mütherich († 16.11.2011)

Einleitung

> Jeder Mensch hat Beziehungen zu Tieren, auch wenn er sich dessen oft nicht bewusst ist, weil es keine Beziehungen zu einzelnen oder individuell erkennbaren Tieren sind, sondern Beziehungen existenzieller […] oder Beziehungen kollektiver Art. (Teutsch 1975: 41).

Auch wenn in dieser Gesellschaft individuelle wie kollektive Beziehungen zwischen Menschen und Tieren allgegenwärtig sind, wird die Problematik des Mensch-Tier-Verhältnisses bisher in der Soziologie weitestgehend ausgeblendet. Angesichts des gewaltigen Ausmaßes der Nutzung und Instrumentalisierung tierlicher Individuen und der hohen Relevanz und Vielfalt der kulturellen und sozialen Funktionen von Tieren für die menschliche Gesellschaft halten wir eine genauere Erörterung der Gründe für die weitgehende Abwesenheit dieses gesellschaftlichen Problemfeldes in der gegenwärtigen deutschsprachigen Soziologie für sinnvoll.

In diesem Beitrag gehen wir daher der Frage nach, warum die Analyse der (individuellen wie kollektiven und strukturellen) Beziehungen zwischen Menschen und Tieren innerhalb der Mainstream-Soziologie bisher eine derart marginale Rolle spielt. Weiter stellen wir dar, mit welchen thematischen Schwerpunkten die wenigen Beiträge der deutschen Soziologie das Verhältnis der Gesellschaft zu den Tieren bisher erschlossen hat. Dazu stellen wir einige wesentliche soziologische Ansätze zu diesem Thema vor.[1]

---

1   Einen Überblick über den derzeitigen State of the Art soziologischer Forschung zum Mensch-Tier-Verhältnis bieten Buschka/Gutjahr/Sebastian 2012.

1   Über die Mensch-Tier-Beziehung als Gegenstand geistes- und sozialwissenschaftlicher Forschung

Die Analyse der Mensch-Tier-Beziehung ist in der deutschsprachigen Soziologie und Sozialwissenschaft bisher überaus vernachlässigt worden. Die wenigen Ansätze, die dazu entwickelt wurden, werden bisher kaum rezipiert. Tiere werden auch nicht als Akteure sozialen Handelns, als Opfer von Gewalt oder als Teilnehmer an einer gemeinsamen Kultur mit Menschen berücksichtigt (vgl. Wiedenmann 2003: 6). Im englischen Sprachraum, insbesondere in den USA, hat sich die Thematik demgegenüber zunehmend als Teilbereich der soziologischen Forschung und Lehre etabliert.[2] Darüber hinaus hat sich dort ein interdisziplinäres Feld der Human-Animal-Studies als wissenschaftliches Forschungsfeld herausgebildet, zu dem auch die Soziologie einen Beitrag leistet.[3] In den Human-Animal-Studies stehen die gesellschaftliche und kulturelle Rolle von Tieren sowie die Interaktionen und Beziehungen zwischen tierlichen und menschlichen Akteuren im Vordergrund (vgl. Buschka/Gutjahr/Sebastian 2012a).

Mögliche Gründe für die Ausblendung der Gesellschaft-Tier-Beziehungen in der deutschen Soziologie

Es stellt sich die Frage, warum der Thematik des Verhältnisses der Gesellschaft zu den Tieren in der deutschsprachigen Soziologie insgesamt eine so geringe Bedeutung beigemessen wird. Die Gründe hierfür sind unseres Erachtens vor allem im Selbstverständnis der soziologischen Wissenschaft und ihrer theoretischen Grundlagen zu suchen.

---

2   So existiert beispielsweise seit 1993 die Zeitschrift „Society and Animals", in der Beiträge aus dem Feld der Human-Animal Studies veröffentlicht werden. Darüber hinaus besteht seit einigen Jahren eine „Section on Animals and Society" der American Sociological Association. Einen kurzen Überblick über die Publikationslandschaft der Mensch-Tier-Soziologie in den USA bietet Clinton R. Sanders (2006). Ebenso gibt es eine „Animal/Human Studies Group (AHSG)" innerhalb der British Sociological Association. ‚Etabliert' bedeutet in diesem Zusammenhang jedoch nicht, dass dem Thema der Mensch-Tier-Beziehung im Vergleich zu anderen soziologischen Themengebieten eine hohe Relevanz beigemessen wird (vgl. Wiedenmann 2003).

3   Unter den Disziplinen, die sich im Bereich der Human-Animal-Studies betätigen, finden sich neben der Soziologie unter anderem die Psychologie, die Erziehungswissenschaft, die Philosophie, die Anthropologie, die Kulturwissenschaft, die Geschichtswissenschaft und die Literaturwissenschaft.

Seit jeher hat sich die Soziologie als eine Humanwissenschaft[4] verstanden. Nicht nur das Verhältnis der Gesellschaft zu den Tieren, sondern das Verhältnis der Menschen zur Natur im Allgemeinen wird weitgehend aus dem Themenkanon der Soziologie ausgeschlossen (Lemke 2007, Mütherich 2004: 16). Die traditionell dem Bereich der ‚Natur‘ zugeordneten Tiere werden damit den Naturwissenschaften, z.b. der Biologie, überlassen, und damit ihre gesellschaftlichen Funktionen und Bedeutungen ausgeklammert. Somit erkennt die Soziologie nichtmenschliche Tiere bisher kaum als soziale Akteure bzw. Interaktionspartnerinnen und -partner an und betrachtet die sich auf diese beziehenden sozialen Praxen, Institutionen und kollektiven Denkmuster als nicht untersuchungsrelevant.

Unser Argument ist also, dass die Ausklammerung von Tieren aus dem Bereich des ‚Sozialen‘ unter anderem im Zusammenhang mit dem westliche Denkordnungen nach wie vor strukturierenden Natur-Kultur-Dualismus und dessen inhärenten Wertungs- und Ordnungsmuster steht. Innerhalb des Natur-Kultur-Dualismus spielt die dichotome Konstruktion einer Mensch-Tier-Differenz (vgl. Mütherich 2003, vgl. Horkheimer/Adorno 2004)[5] eine zentrale Rolle. Tiere wurden historisch und ideengeschichtlich aus der Sphäre der Kultur ausgeklammert und dem Bereich des ‚Natürlichen‘ zugeordnet. Diese gesellschaftlich tief verwurzelte Vorstellung einer fundamentalen und kategorischen Differenz von ‚Mensch‘ und ‚Tier‘ prägt auch die soziologische Wissenschaft.

Die Ausklammerung der ‚Natur‘ aus dem Gegenstandsbereich der Soziologie wird von Dunlap/Catton (1993) auch als ‚Human Exemptionalist Paradigm‘ beschrieben. Diesem zufolge haben sich die Menschen von den Naturzwängen befreit und nehmen damit eine außergewöhnliche Stellung ein, weswegen gesellschaftliche Naturverhältnisse in der Soziologie kaum beachtet würden. Auch Feldmann (1993) betont, dass vielen soziologischen Texten ein implizit evolutionistisches Paradigma zu Grunde läge. Dieses besteht in der Annahme, dass sich die Menschen mittels Industrialisierung und Demokratisierung von den Naturkräften befreit haben. Diese Argumente korrespondieren mit Wiedenmanns The-

---

4 So war bei der Etablierung der Soziologie als eigenständiger Wissenschaft die Ausgrenzung ‚der Natur‘ aus sozialen Prozessen von Bedeutung (vgl. Lemke 2007: 248). Dass die Beziehung zwischen Gesellschaft und Natur eine entscheidende Rolle für die Konstitution des Sozialen spielt und die eindeutige Zuordnung der nichtmenschlichen Tiere zu ‚der Natur‘ überdies fragwürdig ist, wird hierbei allerdings ausgeklammert.

5 So schreiben Horkheimer und Adorno in dem in der Dialektik der Aufklärung enthaltenen Aphorismus „Mensch und Tier“: „Die Idee des Menschen in der europäischen Geschichte drückt sich in der Unterscheidung vom Tier aus. Mit seiner Unvernunft beweisen sie die Menschenwürde." (Horkheimer/Adorno 2004: 262)

se einer hegemonialen, industrialistischen Fokussierung (2003: 4) der soziologi-schen Gesellschaftskonzepte. Die moderne Gesellschaft wurde von der Soziologie demnach lange weithin mit ‚der Industriegesellschaft' identifiziert, wobei letztlich die bloße Überwindung bzw. Umkehrung der Merkmale ‚traditionaler' Gesellschaften als wesentliche Charakteristika analysiert wurden. Damit wurden jedoch insbesondere symbolische oder religiöse Beziehungen zu Tieren außer Acht gelassen, da diese als im Widerspruch zur ‚aufgeklärten Gesellschaft' stehend verstanden wurden (ebd.).

Es ist weiter auch zu berücksichtigen, dass die Soziologie als Bereich des gesellschaftlichen Teilsystems Wissenschaft ähnlichen Mechanismen wie denen der Gesamtgesellschaft unterworfen ist. Das bedeutet, dass auch die Soziologie nicht frei von Denkmustern und Vorannahmen ist, welche im gegenwärtigen Mensch-Tier-Verhältnis vorherrschend sind. So spricht etwa Joy (2010: 30) von einem kulturellen Glaubenssystem, auf dessen Grundlage Menschen eine Präferenz für den Verzehr von Fleisch entwickeln und aufrechterhalten, das sie als „Carnismus" bezeichnet. „Carnism is a belief system in which eating certain animals is considered ethical and appropriate. […] Carnists eat meat, not because they need to, but because they choose to, and choices always stem from beliefs. Carnism's invisibility accounts for why choices appear not to be choices at all." (Joy 2010: 30)

Es ist denkbar, dass auf der Grundlage solcher Präferenzen ein Forschungsinteresse nicht entwickelt oder realisiert wird, das der zugrunde liegenden Werteorientierung entgegensteht.

Mögliche Gründe für den Vorsprung der US-amerikanischen Soziologie in der Forschung zum Gesellschaft-Tier-Verhältnis

Es stellt sich nun die Frage, warum die Entwicklung der Soziologie beispielsweise in den USA im Hinblick auf die Etablierung und Institutionalisierung der Thematik der Mensch-Tier-Beziehungen als soziologischer Teilbereich deutlich weiter fortgeschritten ist.

Von Bedeutung für die Erklärung könnte sein, dass die soziale Bewegung für Tierrechte und Tierbefreiung in den USA erheblich größer und einflussreicher ist als in Deutschland. Sie hat entscheidend dazu beigetragen, dass sich die soziologischen Human-Animal-Studies schon in den 1990er Jahren als eigener Forschungsbereich etabliert haben (vgl. Wiedenmann 2009: 36, Shapiro 1993: 2, 2002: 336). Bei der Tierrechts- und Tierbefreiungsbewegung in Deutschland handelt es sich hingegen noch um eine vergleichsweise kleine und junge Bewegung, die bisher nur sehr wenig Einfluss auf die öffentlichen Diskurse, auf die sozialen Praktiken im Umgang der Gesellschaft mit den Tieren und auf die Institutionalisierung einer neuen akademischen Teildisziplin ausüben konnte.

Weiter trägt vermutlich zur Erklärung bei, dass in den USA insgesamt eine starke Tradition existiert, die darin besteht, dass aus sozialen Bewegungen heraus neue Wissenschaftsdisziplinen gegründet werden und sich langfristig etablieren. So gingen aus der Bürgerrechtsbewegung die African American Studies hervor (vgl. Rojas 2007), und die Entstehung der Gay/Lesbian/Queer Studies wurde wesentlich von der Schwulen- und Lesbenbewegung beeinflusst. Das Beispiel der Frauen- und Geschlechterforschung zeigt, dass auch in Deutschland eine starke soziale Bewegung einen wesentlichen Beitrag zur Etablierung einer wissenschaftlichen Teildisziplin leisten kann; so geschehen im Fall der sogenannten Zweiten Frauenbewegung in den 1970er und 1980er Jahren[6] (vgl. Becker-Schmidt/Axeli-Knapp 2007). Der Fall stellt für Deutschland aber eher eine Ausnahme dar.

Eine weitere Begründung, die wir lediglich in Form einer These formulieren möchten, und für deren Verifizierung noch weitere Forschungsarbeit nötig ist, könnte in den unterschiedlichen Wissenschaftssystemen und -kulturen zwischen der BRD und den USA liegen. Die US-Amerikanische Soziologie ist inhaltlich und methodisch stark von der US-Amerikanischen Geschichte geprägt. Anders als in Deutschland steht hier eher die empirische Sozialforschung anstelle großer Gesellschaftstheorien im Vordergrund (Kruse 2008: 103). Die deutschsprachige Soziologie ist im Vergleich dazu stärker an sozialtheoretischen Fragen und an der Philosophie orientiert (vgl. Müller/Sigmund 2000: 20). Daher ist sie in ihren grundlegenden Konzepten und Annahmen möglicherweise nachhaltiger von traditionell westlich-philosophischen Konzepten wie etwa dem Mensch-Tier-Dualismus geprägt als die US-Amerikanische Soziologie. Des Weiteren gilt bezüglich der inhaltlichen Gegenstandsbereiche die US-Amerikanische Soziologie als pluralistischer und ausdifferenzierter als die deutsche (ebd.: 18), der Anteil an speziellen Soziologien ist hier besonders hoch (Krekel-Eiben 1990: 130). Daraus lässt sich schließen, dass in den USA generell eine höhere Aufgeschlossenheit für neue Forschungsthemen existiert, auch dann, wenn diese zunächst unkonventionell erscheinen.

---

6 Zum Beispiel im Rahmen der Etablierung des eigenen Studienfaches Gender-Studies an mehreren Universitäten in Deutschland.

2   Ansätze zur Integration des Mensch-Tier-Verhältnisses in die soziologische Theoriebildung und Forschung

Den zentralen Untersuchungsgegenstand der Soziologie bildet ‚das Soziale'. Darüber, was ‚das Soziale' genau meint, wie es sich konstituiert, was es ausmacht und zusammenhält, existieren unterschiedliche sozialtheoretische Ansätze, von denen nichtmenschliche Lebewesen bisher weitestgehend exkludiert wurden. Viele der innerhalb der Soziologie als paradigmatisch geltenden Ansätze und deren zentrale Begriffe können dabei jedoch bei genauerer Betrachtung von ihrem interhumanen Fokus auf die Mensch-Tier-Beziehung ausgeweitet und auf diese angewandt werden. Dies soll im Folgenden kurz an Webers Begriff des sozialen Handelns deutlich gemacht werden:

Für die Untersuchung sozialer Phänomene entwickelte Weber u.a. den Begriff des sozialen Handels, der innerhalb seiner Theorie einen zentralen Platz einnimmt und ein Handeln beschreibt, „welches seinem von dem oder den Handelnden gemeinten Sinn nach auf das Verhalten *anderer* bezogen wird und daran in seinem Ablauf orientiert ist." (Weber 1980: 1, Herv. im Orig.) Diese Begriffsdefinition des sozialen Handelns ließe sich auch auf eine Mensch-Tier-Interaktion, z.B. im Rahmen einer Kommunikationssituation zwischen einem Hund und seiner menschlichen Bezugsperson, anwenden. Innerhalb dieser alltäglichen Interaktionen spielen non-verbale oder verbale Adressierungen wie beispielsweise die Frage „Spazierengehen?" eine zentrale Rolle bei der interspezifischen Interaktion. Dabei hat der Hund die Bedeutung dieses Wortes bereits verinnerlicht und signalisiert durch bestimmte Verhaltensweisen seine Bereitschaft für einen Spaziergang bzw. seine Nichtbereitschaft. In dieser fiktiven, jedoch alltäglichen Situation beziehen beide Akteure ihre Handlungen und Reaktionen sowie die damit verbundenen Erwartungen wechselseitig aufeinander. Dies schließt zwangsläufig auch beiderseitige Fähigkeit mit ein, einen Perspektivenwechsel vorzunehmen sowie Relevanzstrukturen zu generieren (vgl. Wiedenmann 2002: 21).

Weber selbst problematisiert bei seiner Definition soziologischer Grundkategorien an einer Stelle kurz seinen rein anthropozentrischen Zugang, ohne daraus jedoch Konsequenzen für seinen Ansatz zu ziehen: „Inwieweit auch das Verhalten von Tieren uns sinnhaft, ‚verständlich' ist und umgekehrt: – beides in höchst unsicherem Sinn und problematischem Umfang, – und inwieweit also theoretisch es auch eine Soziologie der Beziehungen des Menschen zu Tieren (Haustieren, Jagdtieren) geben könne (viele Tiere ‚verstehen' Befehl, Zorn, Liebe, Angriffsabsicht und reagieren darauf offenbar vielfach nicht ausschließlich mechanistisch-instinktiv, sondern irgendwie auch bewusst sinnhaft und erfahrungsorientiert), bleibt hier völlig unerörtert." (Weber 1980: 7). In Anschluss daran konstatiert er, dass es auch bei Tieren sehr unterschiedliche Formen der Vergesellschaftung gebe (ebd.: 7f.).[7]

2.1 Zur Mensch-Tier-Beziehung in der deutschsprachigen Soziologie

Im Folgenden wollen wir nun einige theoretische Beiträge zu einer Soziologie der Mensch-Tier-Beziehung in der deutschsprachigen Soziologie vorstellen. Wir haben dabei ältere und neuere Arbeiten einbezogen, die charakteristisch für die wenigen Arbeiten sind, die in der deutschen Soziologie und Sozialphilosophie dazu vorliegen. Es handelt sich um Arbeiten zu den folgenden soziologischen und sozialphilosophischen Aspekten:

- Die frühen mikrosoziologischen Ansätze
- Hierarchie und Ausgrenzung im Mensch-Tier-Verhältnis in einer neueren sozialphilosophischen Perspektive
- Das Mensch-Tier-Verhältnis in einer gewaltsoziologischen Perspektive
- Der Ansatz des gesamtgesellschaftlichen „humananimalischen Sozialverhältnisses" (Wiedenmann)

Von hoher Relevanz sind weiter auch die Arbeiten von Theodor W. Adorno und Max Horkheimer als Vertreter der Kritischen Theorie der Frankfurter Schule. Deren Einbettung der Kritik der Tierbeherrschung in eine umfassende Kritik der Naturbeherrschung erörtern wir ausführlich an anderer Stelle (Kapitel „Das Mensch-Tier-Verhältnis in der Kritischen Theorie der Frankfurter Schule" in diesem Band).

Die frühen mikrosoziologischen Ansätze

Geiger analysiert die Möglichkeiten einer sozialen Beziehung zwischen tierlichen und menschlichen Individuen, wobei er zu der Ansicht kommt, dass eine solche Beziehung auf der Grundlage der gegenseitigen Anerkennung als „Du-Evidenz" (Geiger 1931: 293) und damit als Beziehung zwischen zwei Wesen mit Subjektqualität aufgebaut ist. Die Unterschiede seien lediglich durch die „Niveauspannung" (ebd.: 297) zwischen den verschiedenen kognitiven oder physischen Fähigkeiten der Arten definiert, welche bereits eine „hinlängliche Ähnlichkeit der besonderen

---

7   Zur Mensch-Tier-Beziehung bei Max Weber vgl. Mütherich 2004.

psychischen Strukturen der Subjekte" (ebd: 296f.) beinhalte. Geiger beschreibt überdies verschiedene soziale Beziehungsformen zwischen Menschen und Tieren, die er als „asoziale[s] Beute-Verhältnis" (ebd.: 299), „Werk-Leistungsverbindungen" (ebd.) oder auch als *Ausbeutungsverhältnis* des Menschen zum Nutztier" (ebd., Herv. im Orig.) bezeichnet. Da Geiger von der grundlegenden Möglichkeit einer sozialen Beziehung zwischen Menschen und Tieren ausgeht, insistiert er darauf, diese Beziehung als soziologisches Thema zu behandeln.

Eine ähnliche Auffassung vertritt auch Teutsch, der in seiner Studie „Soziologie und Ethik der Lebewesen" (1975) die Ausgrenzung der Mensch-Tier-Beziehung aus dem soziologischen Diskurs, gerade angesichts der umfassenden und interessanten Forschungsmöglichkeiten, welche sich in diesem Themenfeld bieten, kritisiert. Bisher sei, so Teutsch, „der Fundus soziologischer Aussagen zur Möglichkeit interspezifischer Sozialbeziehungen [...] äußerst bescheiden" (ebd.: 24). Er plädiert für einen umfassend konzipierten Soziologie-Begriff, der auch die Fragen nach den (Sozial-)Beziehungen zwischen Lebewesen verschiedener Arten integriert (ebd.: 16f.). Dabei sei neben der Anwendung traditioneller Kategorien der Humansoziologie auch eine Erweiterung dieser Kategorien notwendig, damit die Soziologie der Diversität an außermenschlichen Sozialbeziehungen gerecht werden könne (ebd.: 30). Prägend für seine Untersuchung sind vor allem Erkenntnisse aus der Verhaltensforschung und Tierpsychologie, welche mit soziologischen Ansätzen verbunden und verglichen werden.

Von einer sozialen Beziehung zwischen einem Menschen und einem Tier könne gesprochen werden, wenn – und hier bezieht sich Teutsch auf den Ansatz von Geiger – eine gegenseitige oder zumindest einseitige Du-Evidenz gegeben sei (ebd.: 41). Teutsch entwirft nun eine Systematik der potenziellen Mensch-Tier-Beziehungen, ausgehend von verschiedenen Aspekten einer Du-Evidenz-Bereitschaft und Du-Evidenz-Fähigkeit (ebd.: 49f.). Neben der tendenziell möglichen interartlichen Kommunikation sei es vor allem „die Gemeinsamkeit im Sozialverhalten, die uns hilft, das Tier als ein uns verwandtes Wesen zu erkennen und zu akzeptieren" (ebd.: 57), und welche soziale Beziehungen zwischen Menschen und Tieren ermögliche.

Des Weiteren entwirft Teutsch eine Typologie konkreter Erscheinungsformen und Aspekte der Mensch-Tier-Beziehung, welche sich unter anderem an den gegenwärtigen Rollenfunktionen von Tieren in der menschlichen Gesellschaft orientiert. Im Bereich der kollektiven Beziehungen sei ‚das Tier' beispielsweise „als Objekt in der Forschung" (ebd.: 56) und unter dem „Aspekt der menschlichen Ernährung" (ebd.) sowie angesichts seines Symbolcharakters von Bedeutung. Eine individuelle Du-Evidenz sei hier nicht gegeben, es werde „das jeweils andere Wesen [...] als einzelnes Exemplar einer Kategorie" (ebd.) wahrgenommen. Hier wird die Disparität zwischen den von Teutsch analysierten Potenzialen tierlichen Handelns (Du-Evidenz-Fähigkeit) und der sozialen Stellung von Tieren deutlich. Während eine Anerkennung als zur Du-Evidenz fähiges Wesen eine Form von Individualität voraussetzt, lassen sich die sozialen Praktiken gegenüber Tieren (z.B. ihre Benutzung für Forschungszwecke und Ernährung) nur durch eine vorhergehende Entindividualiserung dieser vollziehen.

Teutsch analysiert die Mensch-Tier-Beziehung auch bezüglich ihres Charakters als Herrschaftsverhältnis. Bezugnehmend auf die Leidensfähigkeit von Tieren kritisiert er bestimmte Ausformungen des gegenwärtigen Mensch-Tier-Verhältnisses und bezeichnet diese als Ausprägungen einer „inhumane[n] Herrschaft des Menschen" (ebd.: 80), welche „auf dem Hintergrund allgemeiner Gleichgültigkeit entstehen" (ebd.: 81). Hier zeige sich außerdem das paradoxe Phänomen, dass eine soziale und emotionale Verhärtung gegenüber dem Leiden von Tieren entstehe, obwohl jene zunehmend auch als empfindsame und zu respektierende Lebewesen angesehen würden.

Hierarchie und Ausgrenzung im Mensch-Tier-Verhältnis in einer neueren sozialphilosophischen Perspektive

Die neueren Arbeiten zur Soziologie der Mensch-Tier-Beziehungen setzen sich meist kritisch mit diesem Verhältnis auseinander. Dabei knüpfen sie vielfach an die Arbeiten der Theoretiker der Frankfurter Schule an, insbesondere von Adorno und Horkheimer.[8]

Durch ihre Arbeiten im Rahmen der Soziologie der Mensch-Tier-Beziehung zählt Birgit Mütherich zu den Wegbereiterinnen dieser Disziplin in Deutschland. (Mütherich 2004). Ihr Erkenntnisinteresse gilt vor allem der sozialen Konstruktion der Mensch-Tier-Dichotomie. Tiere, bzw. die symbolische Deutung von Tierbildern und Tierkonstruktionen, sind laut Mütherich seit jeher elementarer und prägender Bestandteil menschlicher Kultur und Gesellschaft. Sie würden als Elemente der „Produktion symbolischer Ordnungen" (Mütherich 2003: 1) eine wesentliche Rolle spielen, so zum Beispiel bei der Definition des ‚Eigenen' und des ‚Anderen', und Fragen von Subjektivität, (kollektiver/menschlicher) Identität und der (Re-)Produktion menschlicher Gesellschaft, beispielsweise in der Nutzbarmachung der natürlichen Umwelt, aufwerfen. Die Konstruktion des Mensch-Tier-Dualismus sei dabei eine Grundlage der Legitimationsideologie, die Gewalt an Tieren sowie deren Unterdrückung rechtfertige. Dabei werde der Idee des

---

8 Zu den Arbeiten von Adorno und Horkheimer zum Verhältnis der Gesellschaft zu den Tieren siehe das Kapitel „Das Mensch-Tier-Verhältnis in der Kritischen Theorie der Frankfurter Schule" von Sebastian/Gutjahr in diesem Band.

vernünftigen, kulturschaffenden, männlichen Menschen auf der einen Seite der Differenzkonstruktion ‚Mensch-Tier' das „eindimensional[e]" Tier auf der entgegengesetzten Seite gegenübergestellt, das als „auf Körperlichkeit reduzierte, jeder Subjekthaftigkeit entbehre [...] ‚lebende Materie'" (ebd.: 5, vgl. auch Fischer 2001: 170f) dargestellt würde.

Diese beiden Pole seien als Extrema basale Idealtypen für die abendländische Ordnungsstruktur des Denkens, innerhalb derer die ‚Kategorie Tier' gleichsam als Negativfolie wirke, um eine Abgrenzung des Menschen zu ermöglichen. Zur Identitätsbildung des ‚Eigenen' diene also die permanente Abgrenzung vom als naturnah und tierhaft konstruierten ‚Anderen', welches als Projektionsfläche für die eigenen, unerwünschten Fähigkeiten und Charakteristika fungiere (ebd.: 7). Die Kategorie ‚Tier' sei dabei nach Mütherich stets eine „fiktive Kategorie" (ebd.: 1), denn ‚das Tier' existiere nur in seiner symbolischen Deutung als ein einzelner Akteur, der als Stellvertreter einer homogenen Tiermenge fungiere. Ein Beispiel für die vom Mensch-Tier-Dualismus ausgehenden und ihn reproduzierenden Differenzierungs- und Dissoziationspraktiken auf der symbolischen Ebene seien pejorative, sprachliche Formen und Zeichen. Beispielhaft betont Mütherich die „pejorative Konnotation des Bedeutungsfeldes ‚Tier' [...] in der Alltagssprache" (Mütherich 2003: 3). In Bezeichnungen wie ‚dumme Kuh', ‚Schwein' oder ‚dreckiger Hund' werde, so Mütherich, rhetorische Distanz zum Tier eingenommen sowie der unterlegene Status des Tieres als „per Definitionem minderwertig[es] Opfer" (ebd.) bestätigt.

Indem das Tier als „das Andere" konstruiert wird, werde es auch als untergeordnete Spezies in einer Mensch-Tier-Hierarchie verortet. Es werde zum „antithetischen Konstrukt des menschlichen Selbstbildes" (ebd.: 2) und bilde die Grundlage für „hierarchische Wirklichkeitskonstruktionen, Höher- und Minderwertigkeits-Zuordnungen und Legitimationsschemata für Ausgrenzungs-, Unterdrückungs- und Gewaltformen auch im innerhumanen Bereich." (ebd.) Viele Ausgrenzungsverhältnisse zwischen Menschen rekurrieren laut Mütherich implizit oder explizit auf die Kategorie ‚Tier' als notwendig minderwertige Deklassierungs-Stufe (ebd.: 8). Dabei gehe ein Exklusivitätsanspruch der hegemonialen Gruppe einher, welche die Unterdrückung der in die ‚Naturnähe' gerückten Menschen mit dieser Konstruktion legitimiere. Tiere würden laut Mütherich in diesem Zusammenhang gemeinhin als legitime, zu beherrschende Opfer anerkannt, denn „als Symbol für zweckgebunden produziertes, warenförmiges, minderwertiges Leben und als Repräsentant des Unterlegenen und als naturhaft stigmatisierten bildet das Tier tiefenkulturell den Prototyp des Anderen, den es zu beherrschen gilt, und dient damit gleichzeitig als Modell für hierauf bezogene Handlungsformen [...]" (Mütherich 2003: 22, Herv. im Orig.).

Das Mensch-Tier-Verhältnis in einer gewaltsoziologischen Perspektive[9]

Fischer analysiert das Mensch-Tier-Verhältnis primär aus einer gewaltsoziologischen Perspektive. Er geht davon aus, dass Tiere leidensfähig sind, weshalb sie auch von Gewalthandlungen und Zwang betroffen sein können (Fischer 2001: 173f.). Er orientiert sich hier vor allem an Popitz' Gewaltbegriff (ebd.: 175), welcher Gewalt als „Machtaktion, die zur absichtlichen körperlichen Verletzung anderer führt" (Popitz 2004: 48) definiert. Unter diesem Aspekt beschreibt er das Verhältnis der Gesellschaft zu den Tieren als eine Ausgrenzung der Tiere aus dem Sozialen, die sich als ein „sozial weitgehend gebilligtes System millionenfacher Einsperrung, Verletzung und Tötung" (Fischer 2001: 171) präsentiere.

Die Asymmetrie im Mensch-Tier-Verhältnis der Gegenwartsgesellschaft stehe im Wiederspruch zu dem Selbstverständnis einer sich als modern und fortschrittlich definierenden Gesellschaft (ebd.), gleichzeitig sei der gegenwärtige Umgang mit Tieren aber durch spezifische Mechanismen der Rationalisierung und Bürokratisierung gekennzeichnet und damit als ein Phänomen gewaltbefördernder Züge der Moderne zu verstehen. Dieser systemische Zugang eröffnet die Möglichkeit, Gewalthandlungen gegen Tiere nicht als individuelle Akte, sondern als sozial vermittelt und organisiert zu analysieren. Fischer verwendet in dem Zusammenhang das Konzept einer „Gewaltherrschaft über Tiere":

> wir [müssen] die kulturelle Tradition institutionalisierter Gewalt und besonders das heutige System professionalisierter, rechtlich geregelter, bürokratisch organisierter und staatlich subventionierter, also im Sinne der Entpersonalisierung, der Formalisierung und der Integrierung in die soziale Ordnung hochgradig institutionalisierter Gewalt gegen Tiere eine Gewaltherrschaft über Tiere nennen. (ebd.: 175).

Auch Bujok analysiert das Mensch-Tier-Verhältnis aus einer gewaltsoziologischen Perspektive. Sie arbeitet heraus, dass sich die menschliche Gewalt gegen Tiere in weiten Teilen von der gegen Menschen unterscheidet. Es gehört laut Bujok zu den Spezifika der menschlichen Herrschaft über Tiere, dass Tiere im Unterschied zu Menschen den auf sie einwirkenden sozialen Zwang nicht im Sinne des Weberschen Herrschaftsbegriffs verinnerlichen und als legitim anerkennen. Vielmehr werde dieser Zwang mittels verschiedener Techniken und Einflussnahmen auf die Körper der tierlichen Subjekte ausgeübt (ebd.: 370) und sei durch „nackte Gewalt" (ebd.: 326) gekennzeichnet, da er nicht die „notwendigen Bedingungen einer legitimen Herrschaft erfüllt" (ebd.: 329). Bujok nennt weiter eine Reihe von Mecha-

---

9   Ein systematischer Überblick über Gewalt an Tieren findet sich auch bei Buschka/Gutjahr/Sebastian 2013.

nismen, die diese Gewalt ermöglichen. Dazu zählt sie: Das Verbergen der Gewalt-
ausübung in öffentlich nicht zugänglichen Räumen, die „Neutralisierung" des
Gewaltverhältnisses mittels der Sprache, die Verschleiereung der Gewalt durch
„Naturalisierung".

Der Ansatz des gesamtgesellschaftlichen „humananimalischen Sozialverhältnisses" (Wiedenmann)

Wiedenmann, einer der wenigen gegenwärtig zum Mensch-Tier-Verhältnis arbeitenden Soziologen, hat einen Ansatz entwickelt, der das Mensch-Tier-Verhältnis
auf der gesellschaftlichen Makroebene in den Vordergrund stellt. Der Analyse des
Mensch-Tier-Verhältnisses auf der gesellschaftlichen Makroebene legt er den Ansatz der „humanimalischen Sozialverhältnisse" zugrunde (Wiedenmann 2009:
15), der Tiere ebenso wie Menschen als Akteure konzipiert und auf einem systemtheoretischen Zugang beruht. Dieser theoretische Ansatz bildet eine Grundlage
für die Analyse von Entstehungsbedingungen, Typen und Wandlungsprozesse
verschiedener Mensch-Tier-Sozialverhältnisse.

Wiedenmann geht dabei auch der Frage nach, von welchen Faktoren die Herausbildung „tiermoralischer", insbesondere „tierfreundlicher" (ebd.: 57) gesellschaftlicher Verhaltensmuster und -orientierungen abhängig sind. Ziel seiner Untersuchungen ist ein Entwurf eines „sozialtheoretische[n] Instrumentarium[s]"
(ebd.: 119) mit dem sich verschiedene Typen von Mensch-Tier-Beziehungen voneinander unterscheiden lassen. Um seine theoretischen Überlegungen exemplarisch darzustellen und deren Praxistauglichkeit zu überprüfen, wendet Wiedenmann diese schließlich in zwei historisch-vergleichenden Fallstudien an: Anhand
der Herausbildung spezifischer Tiermoralkonzepte in den frühneuzeitlichen Milieus der höfischen Gesellschaft sowie anhand des protestantischen Bürgertums.

3   Fazit und Ausblick: Anknüpfungspunkte und Möglich-keiten einer Soziologie der Mensch-Tier-Beziehung

Fazit

Wie wir in diesem Beitrag dargestellt haben, ist die Mensch-Tier-Beziehung in-nerhalb der Soziologie ein bisher stark marginalisiertes Thema. Dies scheint an-gesichts der Tatsache, dass die Beziehung von Menschen und Tieren bzw. abstra-hiert in Form der Beziehung von Gesellschaft und Natur, einen hohen Stellenwert in der Organisation (und Reproduktion) menschlicher Gesellschaft einnimmt, paradox. Es wurde gezeigt, dass sich die Vernachlässigung der Thematik auf der Grundlage des spezifischen Wissenschaftsverständnisses der deutschen Soziolo-gie ergibt, in der Natur und Tiere als das grundsätzlich „Andere" konzipiert ist, das nicht Gegenstand von Analysen des Sozialen sein kann.

Auf der Grundlage des Vergleichs mit den USA, in denen sich die Soziologie der Mensch-Tier-Beziehungen schon als eine eigenständige und relevante sozio-logische Disziplin etabliert hat, haben wir zwei weitere Gründe ermittelt: Zum Einen scheint die US-amerikanische Soziologie offener dafür, in Korrespondenz mit sozialen Bewegungen aktuelle gesellschaftliche Thematiken wissenschaftlich zu erforschen. Zum Anderen ist die soziale Bewegung für Tierrechte und Tierbe-freiung in den USA bisher deutlich einflussreicher als in Deutschland.

Weiter haben wir analysiert, mit welchen Themenfeldern sich wesentliche Bei-träge unter den wenigen theoretischen Arbeiten der Soziologie zum Verhältnis der Gesellschaft zu den Tieren befassen. Als Ergebnis zeigt sich, dass frühere Ar-beiten der Soziologie sich stärker in einer mikrosoziologischen Perspektive mit der Frage befasst haben, welches die Basis für soziale Beziehungen von Menschen mit Tieren ist. Die neueren Arbeiten thematisieren demgegenüber vor allem die Gewaltförmigkeit des Verhältnisses. Einen erweiterten Zugang bietet der Ansatz von Wiedenmann, der es erlaubt, verschiedene Dimensionen des Verhältnisses der Gesellschaft theoretisch zu erfassen und zu typisieren.

Ausblick

Bisher ignoriert die Soziologie einen zentralen Bestandteil des Sozialen. Will sie im Hinblick auf die Analyse des Sozialen tatsächlich umfassend vorgehen, so be-deutet das, dass sie das Verhältnis der Gesellschaft zu den Tieren in den Kanon ihrer Teildisziplinen einbeziehen muss. Das würde voraussetzen, dass sie einen Paradigmenwechsel einleitet, indem sie die wissenschaftlich nicht weiter haltba-re Position aufgibt, Tiere als jenseits des Sozialen verortete Wesen zu begreifen. Lemke spricht in diesem Zusammenhang von einem Abschied vom anthropozentrischen Paradigma (Lemke 2007: 251). Dieser Abschied würde voraussetzen, dass die Soziologie sich kritisch mit ihren eigenen wissenschafts- und sozialtheoretischen Grundlagen sowie mit ihren axiomatischen Begrifflichkeiten, Konzepten und Annahmen in Bezug auf nichtmenschliche Tiere auseinandersetzt. Es ginge um Grundkonzepte und Begriffe der soziologischen Wissenschaft wie die der Interaktion, der Subjektivität, der Kommunikation, der Gewalt und Herrschaft, und um das Konzept von Gesellschaft, die auf ihren bisherigen, anthropozentrischen Bedeutungsgehalt überprüft werden müssten.

Wie aus den unterschiedlichen hier vorgestellten Perspektiven auf das Mensch-Tier-Verhältnis deutlich wird, stellt dieses ein so komplexes Feld dar, dass die Etablierung eines eigenständigen Forschungsbereiches und –ansatzes der Soziologie des Mensch-Tier-Verhältnisses eine sinnvolle und notwendige Entwicklung innerhalb der Soziologie wäre.

Um der Komplexität des gesellschaftlichen Mensch-Tier-Verhältnisses gerecht zu werden, würde sich ein multidimensionaler Ansatz anbieten, welcher dieses Verhältnis auf der gesellschaftlichen Mikro-, Meso- und Makroebene sowie auf der materiellen und der symbolisch-diskursiven Ebene untersucht. Hieraus ergibt sich eine Fülle an möglichen Forschungsfragen und Untersuchungsgegenständen. So sind die in den modernen Gegenwartsgesellschaften immer deutlicher hervortretenden Ambivalenzen zwischen der teilweise erfolgenden Inklusion von Tieren – etwa in Form persönlicher Beziehungen zu ihnen – auf der einen Seite und dem System der institutionalisierten Gewalt auf der anderen Seite erklärungsbedürftig und bieten Ansätze für soziologische Forschung.

Literatur

Becker-Schmidt, Regina/Axeli-Knapp, Gudrun (2007): Feministische Theorien zur Einführung. Hamburg: Junius

Bujok, Melanie (2007): Zur Verteidigung des tierlichen und menschlichen Individuums. Das Widerstandsrecht als legitimer und vernünftiger Vorbehalt des Individuums gegenüber dem Sozialen. In: Witt-Stahl (2007): 310-343

Buschka, Sonja/Gutjahr, Julia/Sebastian, Marcel (2012): Gesellschaft und Tiere - Grundlagen und Perspektiven der Human-Animal Studies. In: Aus Politik und Zeitgeschichte 62 (8-9). 20- 26

Buschka, Sonja/Gutjahr, Julia/Sebastian, Marcel (2013, i.E.): Gewalt an Tieren, in: Gudehus, Christian/Christ, Michaela (Hrsg.): Gewalt. Ein interdisziplinäres Handbuch. Stuttgart/Weimar: Verlag J.B. Metzler

Dunlap, R./Catton W. Jr. (1993): Toward an Ecological Sociology. In: Annals of the International Institute of Sociology 3. 263-84

Feldmann, Klaus (1993): Eco-Sociology: inside and outside of the cocoon. In: Innovation in Social Sciences Research No. 4, Vol 6. 287-39

Fischer, Michael (2001): Differenz, Indifferenz, Gewalt: Die Kategorie „Tier" als Prototyp sozialer Ausschließung. In: Kriminologisches Journal 33. 3. 170-187

Geiger, Theodor (1932): Das Tier als geselliges Subjekt. In: Forschungen zur Völkerpsychologie und Soziologie Bd. 10. Jg. 1932. 283-307

Horkheimer, Max/Adorno, Theodor W. (2004): Dialektik der Aufklärung – Philosophische Fragmente. Frankfurt a.M. : Fischer Taschenbuch Verlag

Joy, Melanie (2009): Why We Love Dogs, Eat Pigs, and Wear Cows: An Introduction to Carnism, San Francisco: Conari Press

Krekel-Eiben (1990): Soziologische Wissenschaftsgemeinschaften. Ein struktureller Vergleich am Beispiel der Fachpublikationen in der Bundesrepublik Deutschland und den USA. Deutscher Wissenschaftsverlag: Wiesbaden

Kruse, Volker (2008): Geschichte der Soziologie. Konstanz: UVK

Lemke, Thomas (2007): Die Natur der Soziologie. Versuch einer Positionsbestimmung. In: Leviathan. Berliner Zeitschrift für Sozialforschung 35. Jg. Nr. 2. 248-255

Müller, Hans-Peter/Sigmund, Steffen (Hrsg.) (2000): Zeitgenössische amerikanische Soziologie. Opladen: Leske und Budrich

Mütherich, Birgit (2003): Die Soziale Konstruktion des Anderen – zur soziologischen Frage nach dem Tier. In: PraxisSoziologie: Zwischen angewandter Sozialforschung und neuen Organisationskulturen, Verhandlungen der XII. Tagung für angewandte Soziologie des Berufsverbandes Deutscher Soziologinnen und Soziologen in Dortmund 2003, CD-ROM, Recklinghausen

Mütherich, Birgit (2004): Die Problematik der Mensch-Tier-Beziehung in der Soziologie: Weber, Marx und die Frankfurter Schule. Münster: LIT-Verlag

Popitz, Heinrich (2004): Phänomene der Macht. Tübingen

Rojas, Fabio (2007): From Black Power to Black Studies: How a Radical Social Movement Became an Academic Discipline. Baltimore: Johns Hopkins University Press

Ryder, Richard (2010): Speciesism Again: the original leaflet. In: Critical Society, Vol 2. 2010. 1-2

Sanders, Clinton R. (2006): The Sociology of Human-Animal Interaction and Relationships. Internetpublikation auf h.net.org, 2006 [abgerufen unter http://www.h-net. org/~animal/ruminations_sanders.html am 30.01.2010]

Sebastian, Marcel: Arbeitssituation und Umgangsweisen von Arbeitern in der Fleischindustrie. Magisterarbeit. Hamburg 2012

Shapiro, Kenneth J. (1993): Editor's Introduction to Society and Animals. In: Society and Animals, Vol.1, No.1. 1-4

Shapiro , Kenneth (2002): Editor's Introduction . The State of Human-Animal Studies: Solid, at the Margin! In: Society and Animals, Vol 10, No. 4. 331-337

Teutsch, Gotthard Martin (1975): Soziologie und Ethik der Lebewesen. Eine Materialsammlung. Frankfurt am Main/Bern: Lang

Weber, Max (1980): Wirtschaft und Gesellschaft. Tübingen: Mohr

Wiedenmann, Rainer E. (2002): Die Tiere der Gesellschaft. Konstanz: UVK Verlagsgesellschaft

Wiedenmann, Rainer E. (2003): Tiervergessenheit in der Soziologie. in: BDS-Berufsverband Deutscher Soziologinnen und Soziologen (Hrsg.), PraxisSoziologie: Zwischen angewandter Sozialforschung und neuen Organisationskulturen (CD-Dokumentation zur XII. Tagung für angewandte Soziologie), Recklinghausen

Wiedenmann, Rainer E. (2009): Tiere, Moral und Gesellschaft. Elemente und Ebenen humanimalischer Sozialität. Wiesbaden: VS Verlag für Sozialwissenschaften

Witt-Stahl, Susann (2007) (Hrsg.): Das steinerne Herz der Unendlichkeit erweichen. Beiträge zu einer kritischen Theorie für die Befreiung der Tiere. Aschaffenburg: Alibri Verlag.

Das Tierbild der Agrarökonomie. Eine Diskursanalyse zum Mensch-Tier-Verhältnis

Achim Sauerberg und Stefan Wierzbitza

1 Problemstellung und Forschungsfragen

„Kein anderes Lebewesen hat es fertig gebracht der Welt ihren Stempel so aufzu-drücken wie der Mensch." (Marx 1962: 323). Diese These von Karl Marx hebt den Menschen aus der Natur hervor und definiert ihn als selbstbestimmtes Wesen, das sich von andern Lebewesen darin unterscheidet, dass es in der Lage ist, sei-ne Umgebung und die Natur bewusst zu gestalten. Friedrich Engels wiederum sieht den wesentlichen Unterschied zwischen Menschen und Tieren darin, dass das Tier die äußere Natur lediglich benutzt und nicht aktiv darauf einwirkt. Im Unterschied dazu eigne sich der Mensch die Natur an, mache sie sich dienstbar und beherrsche sie (Engels 1867: 10). Diese allgemeine Aussage bezeichnet das Verhältnis der Menschen der westlichen Gegenwartsgesellschaften zu den Tieren, das den Charakter eines Herrschaftsverhältnisses hat (vgl. Gutjahr/Sebastian in diesem Band).

Dieses Herrschaftsverhältnis drückt sich unmittelbar in unserer Sprache aus. Zur Entschlüsselung der Mensch-Tier-Beziehung bildet die Sprache deshalb ei-nen wichtigen Zugang. Als Trägerin und Vermittlerin unseres Wissens legt sie unsere gesellschaftliche Wirklichkeit und darin eingelassene Hierarchien und Herrschaftsbeziehungen offen. Eine genauere Analyse des sprachlichen Umgangs unserer Gesellschaft mit dem Mensch-Tier-Verhältnis kann deshalb weitreichen-de Aufschlüsse über die Art dieses Verhältnisses geben. Eine Analyse der Sprache ermöglicht auch Rückschlüsse auf die ökonomische Bedeutung unterschiedli-cher Tierarten. So hat in einer Reihe europäischer Sprachen das Wort für (Rind-) „Vieh" dieselben Wurzeln wie das Wort „Kapital". Das lateinische Wort „pecu-nia", dessen Bedeutung für Geld steht, stammt vom Wort „pecus" ab, was so viel wie Vieh bedeutet. Auch in anderen Quellen unseres kulturellen Erbes, den Nie-derschriften der Nomadengesellschaften des vorderen Orients, geht es häufig um Tiernutzung, vor allem von Schafen und Eseln. Die Mensch-Tier-Relation scheint dabei von Beginn an eine Objektivierung von Tieren zu Waren beinhaltet zu ha-ben. Tiere wurden nicht nur als Nahrung, sondern zugleich als Zahlungsmittel zum Austausch von Waren benutzt. Das Tier tritt in diesem Prozess den Menschen nicht als ein Subjekt, ein handelndes Wesen, entgegen, sondern bildet das objektivierte Dritte im Austauschprozess. Die Eigenschaften des nichtmenschlichen Subjekts haben beim Tauschgeschäft keine oder zumindest kaum Relevanz. Das Subjekt Tier hört offenbar auf zu existieren, sobald es auf dem Markt als Ware getauscht wird. Hier zählt nur die objektivierbare Verwertbarkeit des Tieres, welche sich im Tauschwert ausdrückt. Dabei ist das Herrschaftsverhältnis zwischen Menschen und Tieren so beschaffen, dass die menschliche Gesellschaft die Tiere als minderwertig und untergeordnet einordnet, allein mit der Begründung ihrer Andersartigkeit (vgl. Kapitel 2). Diese bildet die Grundlage für institutionalisierte Alltagspraktiken der menschlichen Gesellschaft, in denen Tiere regelmäßig und in großen Zahlen getötet und ihre Leiber als menschliche Nahrung und für andere Zwecke verwendet werden.

Dieses Verhältnis stellt sich als ein höchst ambivalentes Konstrukt dar. Denn die menschliche Gesellschaft verfügt gleichzeitig über ein Wissen darüber, dass es sich bei Lämmern, Kälbern, Kühen, Schweinen und Kaninchen um fühlende Lebewesen handelt, und sie begegnet ihnen in anderen Kontexten als tierliche Subjekte mit Empathie, wie etwa in Kinderbüchern oder in ihrer Rolle als Haustiere. Die massenhafte Tötung dieser Tiere erfolgt deshalb in eigens dafür eingerichteten Schlachthöfen, die nicht allgemein zugänglich und sichtbar sind.

Die Fragestellung dieses Kapitels richtet sich darauf, wie die Gesellschaft mit der Tatsache, dass Tiere massenhaft als Schlachtvieh benutzt werden, angesichts dieser Ambivalenzen umgeht. Um diese Fragen zu klären, haben wir die Darstellung der Tiere durch die Agrarökonomie analysiert, also die Wissenschaft, die unter anderem dazu dient, geeignete Konzepte und Methoden zur Produktion und zur Verwertung von Tierkörpern durch die Menschen zu entwickeln und diese weiter zu entwickeln. Wir haben gefragt: Wie kommuniziert die Agrarökonomie über Tiere, und inwieweit verdeckt sie dabei die Nutzung tierlicher Lebewesen als „Rohstoffe" bzw. „Rohstofflieferanten" für ihre Produkte? Inwieweit bestehen dabei Unterschiede zwischen dem fachlichen, professionellen Diskurs und dem nach außen gerichteten Diskurs, etwa in der Werbung?

Wir gehen dabei von der Annahme aus, dass es in der Agrarökonomie in der Hinsicht zwei differierende Diskurse gibt – einen internen und einen externen. Wir nehmen an, dass in der Sprache im nach außen gerichteten Diskurs eine verfälschende und romantisierende Sprache von den „glücklichen Tieren" vorherrscht, die als Individuen und Subjekte ihr Leben genießen können, und die wahren Verhältnissen der Fleischproduktion damit verdeckt.

Das würde bedeuten, dass die Agrarindustrie nach Außen eine artgerechte und saubere Haltung propagiert, um die Konsumenten nicht mit der wahren Situation des massenhaften Tötens der Tiere und dem damit verbundenen Leiden zu konfrontieren, was zu einer Abneigung gegen den Konsum der Fleischprodukte führen könnte. Das heißt, dass wir annehmen, dass in der Außendarstellung der Agrarindustrie bewusst der Umstand der Tötung ausgeklammert und das Leiden der Tiere verdeckt wird, um das Konsumverhalten der Käufer zu beeinflussen und positive Emotionen zu fördern. Nach innen, im fachlichen und wissenschaftlichen Diskurs der Agrarökonomie steht dagegen, so unsere Annahme, einseitig eine Sichtweise der Tiere als Objekte und als Gegenstand der Verwertung und Gewinnmaximierung im Zentrum.

2   Der methodologische Ansatz der Untersuchung

2.1   Die Diskursanalyse als Methode

„Die Wirklichkeit ist diskursiv", stellt Siegfried Jäger fest und wirft gleichzeitig die Frage auf: „Wie kommt die Welt eigentlich in unseren Kopf?" (Jäger 1996) Sein Ziel ist es herauszufinden, wie die Wirklichkeit und das Bewusstsein zusammenkommen. Seine Antwort liegt in der Sprache und im Diskurs. Will man die Welt verstehen, muss man die Diskurse analysieren.

Jäger orientiert sich in seiner Kritischen Diskursanalyse (KDA) an Michel Foucaults Diskurstheorie. Im Zentrum dieser Methode stehen Fragen wie die, „was (jeweils gültiges) Wissen überhaupt ist, wie es zustande kommt, wie es weitergegeben wird, welche Funktion es für die Konstituierung von Subjekten und die Gestaltung von Gesellschaft hat und welche Auswirkungen dieses Wissen für die gesamte gesellschaftliche Entwicklung hat" (Jäger 2000). Eine Definition des Begriffs „Wissen" umfasst in der KDA alle Arten von Bewusstseinsinhalten und von Bedeutungen, mit denen jeweils historische Menschen die sie umgebende Wirklichkeit deuten und gestalten. Dieses „Wissen" beziehen die Menschen aus den jeweiligen diskursiven Zusammenhängen, in die sie hineingeboren werden und in denen sie während ihres gesamten Daseins leben.

Diskursanalyse, erweitert zur Dispositivanalyse, zielt darauf ab, das jeweils gültige Wissen der Diskurse zu ermitteln, den jeweiligen Zusammenhang von Wissen und Macht zu erkunden und diesen einer Kritik zu unterziehen (Foucault, 2003). Diskursanalyse bezieht sich sowohl auf Alltagswissen, das über Medien, alltägliche Kommunikation, Schule und Familie etc. vermittelt wird, als auch auf dasjenige Wissen, das durch die Wissenschaften produziert wird (Jäger 2000).

Die Diskursanalyse versucht die Machtverhältnisse innerhalb der Diskurse zu ermitteln, indem sie den Problemkomplex „Wissen und Macht" in das Zentrum der Analyse stellt. Der Diskurs wird bei dieser Art der Analyse nicht als eine notwendig falsche Ideologie der Gesellschaft aufgefasst, wie sie etwa im marxistischen Sinne verstanden wird. Diskurse werden stattdessen als eine eigene Wirklichkeit angesehen, die gegenüber der „wirklichen Wirklichkeit" eigene Materialität besitzt. Die Diskursanalyse beschreibt primär die diskursive Produktion sozialer Realität und Machtverhältnisse, die sich in den materiellen Zuständen widerspiegeln kann. Mithilfe der Diskursanalyse lässt sich zeigen, in welcher Weise die Ausübung von Macht gegenüber den Tieren begründet und legitimiert wird, die dazu genutzt wird, das Tier und seinen Körper vollständig menschlichen Interessen an seiner optimalen Verwertung zu unterwerfen.

2.2   Auswahl von Texten und Operationalisierung

Um unsere Forschungsfrage zu beantworten, wie die Agrarökonomie über Tiere kommuniziert, haben wir Texte aus agrarwissenschaftlichen Lehrbüchern analysiert.

Für unsere Analyse operationalisierten wir die Diskursanalyse nach dem teilstandartisierten Analyseverfahren Jägers (Jäger 2000). Wir unterscheiden dabei zwischen der internen und der externen Kommunikation. Dabei vermuteten wir, dass in den internen Diskursen und nach Außen jeweils ein unterschiedliches Tierbild vermittelt wird. Der interne Diskurs der Agrarökonomie, so unsere Hypothese, unterliegt einem ökonomischen Primat, das heißt, Tiere werden hier als Sachen, als Objekte wirtschaftlicher Verwertung anstatt als Subjekte mit Leidensfähigkeit und Handlungsoptionen dargestellt.[1]

Nach Außen, in der Werbung dagegen, so unsere zweite Hypothese, wird die Tatsache, dass Tiere für die Fleischerzeugung leiden müssen und ihr Leben verlieren, in der Weise verschleiert, dass sie in einer romantisierenden Art und Weise als lebende, glückliche Wesen dargestellt werden und ihr Sterben negiert wird. Wir erwarteten die Darstellung einer Bauernhofidylle, die die Realitäten der Massentierhaltung, tödlicher Ausbeutung in Schlachthöfen und tierquälerischen Tiertransporten[2] bewusst ausgeklammert, um ein „schlechtes Gewissen" des Verbrauchers gegenüber dem leidenden Tier zu vermeiden.

Jäger folgend unterzogen wir die von uns analysierten Diskursstränge einer Grob- und einer Feinanalyse. Als Diskursstränge werden bei Jäger Untergruppen von Diskursen gefasst, die untereinander verwoben, aber analytisch trennbar

---

1   Wir beschränken unsere Analyse auf Schweine und Rinder.
2   Wie sie zum Beispiel von Tierrechtsgruppen skandalisiert werden.

sind. In unserem Falle sind es der interne und der externe Diskurs. Die Grobanalyse diente dazu, das vorhandene Material eines Diskursstranges aufzuarbeiten und so ein Gesamtbild vom Diskursstrang zu bekommen, die Feinanalyse beinhaltete die sprachliche und inhaltliche Analyse einzelner Diskursfragmente.

Um den *internen Diskurs* der Agrarökonomie zu erfassen haben wir uns auf Standardwerke der wissenschaftlichen Literatur über sog. *Nutztiere* beschränkt. Diskursfragmente wie zum Beispiel Werbung von Deckzentren oder von Stallausrüstern würden durchaus noch interessante Daten liefern, diese wurden aber aufgrund der notwendigen quantitativen Beschränkung der Daten ausgelassen. Die Auswahl der einbezogenen wissenschaftlichen Literatur erfolgte anhand des Kriteriums, dass es sich um Standardwerke handeln sollte, die in der Lehre der Agrarwissenschaften (Universität und Ausbildung) eine breite Anwendung finden.[3] Man kann davon ausgehen, dass das in solchen Werken vermittelte Bild über Tiere einen entscheidenden Einfluss auf das Tierbild der Agrarökonominnen und Agrarökonomen hat.

Die Analyse des wissenschaftlichen Diskursstrangs ist aber darüber hinaus auch fruchtbar, da er als Expertendiskurs eine besonders wichtige Stellung im Dispositiv hat. Jäger zufolge fließen ständig Elemente der wissenschaftlichen Diskurse (Spezialdiskurse) in den Interdiskurs, also den nicht-wissen-schaftlichen Diskurs ein (Jäger 2000).

Um Standardwerke auszuwählen, haben wir zwei Professoren der Agrarökonomie um Mithilfe gebeten: Prof. Dr. Joachim Krieter von der Abteilung Tierhaltung und Produktqualität des Instituts für Tierzucht und Tierhaltung der Christian-Albrechts-Universität Kiel und Prof. Dr. agr. Robby Andersson mit dem Schwerpunkt Tierhaltung und Produkte der Fakultät für Agrarwissenschaften der Fachhochschule Osnabrück. Beide Professoren haben uns dankenswerterweise Standardwerke der Tierzucht/Tierhaltung genannt, die sie und ihre Studierenden regelmäßig nutzen. Aus diesen Vorschlägen wählten wir die folgenden fünf Bücher für unsere Analysen aus:

- Haiger, Alfred/Storhas, Richard; Bartussek, Helmut (1988): Naturgemäße Viehwirtschaft. Zucht, Fütterung, Haltung von Rind und Schwein
- Sambraus, Hans Hinrich (Hrsg.) (1978): Nutztierethologie - Das Verhalten landwirtschaftlicher Nutztiere- Eine angewandte Verhaltenskunde für die Praxis
- Jungbluth, Thomas/Büscher, Wolfgang/Krause, Monika (2005): Technik Tierhaltung – UTB Grundwissen Bachelor

---

3   Über die geläufigen Standardwerke kann der „state of the art" eines Feldes gut abgedeckt werden.

- Weiß, Jürgen/Pabst, Wilhelm/Strack, Karl Ernst/Granz, Susanne (2000): Tier-produktion
- Von Lengerken, Gerhard/Ellendorff, Franz/von Lengerken, Jürgen (Hrsg.) (2006): Tierzucht

Diese Bücher schienen uns in einer Vorauswahl den größtmöglichen Bereich der Agrarwissenschaften abzudecken, da sowohl konventionelle als auch ökologische und technikorientierte Tierhaltung besprochen werden. Jedes dieser Bücher stellt in der Analyse einen Diskursstrang dar. Ein Diskursstrang bezeichnet dabei ei-nen thematisch einheitlichen Diskursverlauf im gesellschaftlichen Diskurs (Jäger 2000).

Für die Analyse des externen Diskurses wählten wir Texte aus den Internetauf-tritten der größten Bauernverbände aus. Diese Verbände unterscheiden sich im Hinblick auf die Art ihrer Bedeutung und auf die Gruppen von Landwirten, die sie repräsentieren, Damit deckt unsere Analyse ein breites Spektrum der Agrar-wirtschaft ab. Wir wählten als Datenquelle das Medium Internet, da es den ver-schiedenen Verbänden die Möglichkeit gibt, gleichberechtigt nebeneinander zu sprechen. Weil wir in der Analyse vor allem auf die Selbstdarstellung der eigenen „Produktionsweise" Wert legen und ganz explizit die Werbung, die die Agrarin-dustrie für sich macht, mit einschließen, ist das Internet als Datenmaterial hinrei-chend. Das Internet als öffentliches Medium, im Sinne einer fehlenden Zugangs-beschränkung, eröffnet die Möglichkeit, ein sehr breites Spektrum an Aussagen zu analysieren. Die verschiedenen Reichweiten der Aussagen, die über Werbung im Fernsehen oder in Printmedien transportiert werden, kommen im Internet nicht zur Geltung. Unserer Meinung nach ist es damit am besten geeignet, um den externen Diskurs der Agrarökonomie zu repräsentieren. Wir haben Texte zur Außendarstellung der folgenden Agrarverbände einbezogen:

- Konventionelle Verbände der deutschen Landwirtschaftsbranche:
- Deutscher Bauernverband (DBV)
- CMA (Centrale Marketing-Gesellschaft der deutschen Agrarwirtschaft)
- Biologisch-ökologische Verbände der deutschen Landwirtschaftsbranche:
- Bioland
- Demeter
- Naturland

Dabei vertreten die CMA und der DBV die große Mehrheit der Landwirtinnen und Landwirte, während Naturland, Bioland und demeter nur eine vergleichsweise kleine Gruppe repräsentieren.[4]

Um die Innen- und Außenkommunikation der Agrarindustrie abzudecken, mussten wir jeweils unterschiedliche Arten von Texten analysieren. Die externe Kommunikation ist vor allem durch die Werbung geprägt, während der interne Diskurs entscheidend durch den wissenschaftlichen Diskurs geprägt ist. Interne und externe Kommunikation sind also deutlich verschieden. Der interne Diskurs ist viel spezifischer und durch lange, wissenschaftliche Ansprüchen geprägt, während die Außenkommunikation vor allem werbenden Charakter hat und deshalb durch kurze Texte und einen hohen Visualisierungsgrad gekennzeichnet ist.

Um die Diskursposition des internen Diskurses herauszuarbeiten, haben wir eine Kategorisierung aller Artikel der analysierten Bücher vorgenommen. Dies diente dem Ziel, eine Diskursposition zu extrahieren. Dies wird exemplarisch anhand der Feinanalyse eines Artikels verdeutlicht.

Aufgrund des primär Charakters der externen Kommunikation besteht die Grobanalyse in einer Darstellung des jeweiligen Werbers und die Feinanalyse in der Analyse von Texten aus dessen Werbung.

2.3   Kategorienbildung für die Grobanalyse

Mit der Diskursanalyse wollten wir das Tierbild der Agrarökonomie analysieren. Dazu haben wir die Daten einer Grobanalyse unterzogen und einen möglichst repräsentativen Artikel für eine Feinanalyse ausgewählt. Für die Grobanalyse ist es wichtig, die ausgewählten Artikel in Kategorien zu unterteilen, um die Daten untereinander vergleichbar zu machen und eine in der Empirie fußende Aussagen über das Tierbild eines Diskursfragmentes zu erhalten.

Unter einem Diskursfragment verstehen wir einen in sich geschlossenen Teil als Beitrag zu einem Diskurs. Dies kann beispielsweise ein Artikel aus einem Buch oder einer Zeitschrift, eine Anzeige oder ein wissenschaftlicher Text sein.

---

4   Die Central Marketing-Gesellschaft setzte sich bis 2009 aus 41 Spitzenverbänden der deutschen Landwirtschaftsbranche und Lebensmittelindustrie zusammen. Somit vertrat die CMA zum Zeitpunkt der Studie die Mitgliedermehrheit in der Branche. Im Deutschen Bauernverband (DBV) sind die 46 größten Verbände und Vereine der deutschen Landwirtschaftsbranche vereint. Im Gegensatz dazu zählte bspw. Naturland 2008 international 46.000 Bauern und verarbeitende Betriebe als Mitglieder. Allein der (Deutsche Landfrauenverband DLV) als Mitglied des DBV zählte 2008 ca. 550.000 Mitglieder.

Jedes Diskursfragment wird im Hinblick auf ein Set von Kategorien klassifiziert, welche jeweils eine typische Kommunikation über Nutztiere (Rinder und Schweine) repräsentieren. Wir differenzieren zwischen sieben Kategorien, die sich vor allem danach unterscheiden, inwieweit sie von der Leidensfähigkeit und Subjekthaftigkeit von Tieren abstrahieren.

Die Kategorien

1. Nutztiere als Produkte bzw. Produktionsmittel:
Zu dieser Kategorie gehören Texte, die Tiere vorwiegend als Produkte darstellen. Charakteristisch sind etwa Artikel, in denen von Input-/Output-Verhältnissen oder von Energiewerten in der Ernährung die Rede ist. Diese Art und Weise der Kommunikation und der Wahl von Terminologien ist typisch für den betriebswirtschaftlichen Diskurs, der aufs engste mit dem Diskurs der Tierhaltung verwoben ist. Auch Beiträge über technische Optimierungen der jeweiligen Tierhaltungssysteme, welche primär auf einen größeren Gewinn der Landwirte zielen, werden unter diese Kategorie gefasst

2. Zoologie (Physiologie von Rind und Schwein):
In diese Kategorie fallen Texte, soweit sie Tiere vornehmlich unter physiologischen Aspekten, unter genetischen Aspekten, im Sinne einer Einteilung nach „Rassen" oder nach Krankheitsbildern behandeln. Es geht um eine biologisch-funktionale Beschreibung, die anderen objektivierenden Beschreibungen wie etwa Bedienungsanleitungen ähnelt. Weil sie von der Subjekthaftigkeit von Tieren vollständig abstrahiert, findet sie sich an zweiter Stelle der Kategorien-Einteilung.

3. Nutztiere und ihre körperlichen „Bedürfnisse" (Futter, Stall, Klima etc.):
Hier geht es um körperliche Bedürfnisse der Tiere, wie sie von der Agrarökonomie definiert werden und auf die sie reagiert. Die Erfüllung der Bedürfnisse der Tiere und damit die Verbesserung ihrer Lebensqualität ist allerdings nicht Selbstzweck, sondern dient der Optimierung ihrer Verwertung für ökonomische Ziele. Dazu zählen etwa angenehme Stall-Temperaturen oder eine gute Qualität des Futters, die etwa als Grundlage für eine hohe Leistungsfähigkeit von Milchkühen angesehen werden.

4. Nutztiere im deutschen Recht und Tierrecht:
Die Kategorie des Rechts bildet die Mitte der Kategorieneinteilung. Das Recht als institutionelles System vermittelt zwischen bestimmten Aspekten des Schutzes von Nutztieren und betriebswirtschaftlichen Interessen.

5. Verhalten von Nutztieren:
In der mit „Verhalten von Nutztieren" bezeichneten Kategorie, werden Inhalte aufgenommen, die eine Beurteilung des Verhaltens von Tieren durch den Menschen charakterisieren. Der Begriff Verhalten meint in diesem Zusammenhang die Charakterisierung des Tieres als Lebewesen mit eigenem individuellem und sozialem Handeln.

6. Nutztiere als Partner in der Entwicklung:
Dieser Kategorie werden Artikel zugeordnet, soweit sie die Rolle der Tiere in der Gesellschaft (kritisch) reflektieren. Dazu zählen etwa die Darstellung der Ko-Evolution von Menschen und *Nutztieren*, Aspekte der Nachhaltigkeit im Umgang mit Tieren oder zu deren Bedeutung als Bestandteil der Natur.

7. Tiere als Subjekte:
Diese Kategorie betrifft Texte, soweit diese die Tiere als beseelte Wesen darstellen. Merkmal für diese Kategorie sind beispielsweise Inhalte, in denen individuelle Präferenzen oder Abneigungen von Tieren abgehandelt werden.
Die Artikel in der ersten Kategorie konstruieren dabei ein Tierbild, welches stark verobjektivierend ist. Von den Tieren wird primär als Ware, Handelsgut oder Produktionsmittel gesprochen – sie werden nicht individualisiert. Das andere Extrem bildet die siebente Kategorie. In den Artikeln, die dieser Kategorie zugeordnet werden, werden Tiere tendenziell als fühlende, leidensfähige Subjekte und als individuelle Akteure mit unterschiedlichen Vorlieben und Präferenzen dargestellt,
Wir haben dabei auch eine quantitative Zuordnung der untersuchten Textfragmente zu Kategorien vorgenommen. Dies dient der besseren Vergleichbarkeit der Diskursfragmente und zeigt, welchen relativen Stellenwert die verschiedenen Tierbilder und die charakteristischen Diskurspositionen haben. Die Einordnung der Artikel in bestimmte Kategorien ist dabei nicht immer problemlos. So sind die Grenzen zwischen den Kategorien teilweise fließend. Ein Beispiel ist die Ausrüstung eines Stalles: Der optimale Temperaturbereich wird unter körperliche Bedürfnisse gefasst, Heuballen, die für die Schweine zum Spielen eingegeben werden, zielen aber auf den Bereich des Verhaltens. Zudem gibt es keine Signalwörter, aufgrund derer ganze Artikel in Kategorien eingeteilt werden können. Wir versuchen in unserer Darstellung der Ergebnisse, diese Probleme angemessen zu reflektieren.

Nummerierung der Kategorien und Gewichtung

Da die Kategorien im Prozess der Forschung entwickelt wurden, ist die Nummerierung in den Listen der erfassten Artikel vorläufig und spiegelt nicht die abschließende und in diesem Methodenteil vorgestellte Nummerierung wieder.

Jeder Artikel wurde bis zu vier Kategorien zugeordnet. Die Zuordnung zu Kategorien erfolgte dabei auf der Grundlage eines Rankings in ihrer der relativen Bedeutung für den Artikel. Wurde ein Artikel den Kategorien 1, 2, 4 zugeordnet, so ergibt das in der Endwertung vier Nennungen für Kategorie 1 drei Nennung für Kategorie 2 und zwei Nennungen für Kategorie 4. Wurde ein Artikel nur einer Kategorie zugeordnet so bekommt diese vier Nennungen. Einige besonders umfangreiche und exponierte Artikel wurden, um ihre besondere Stellung im Buch und damit im Diskursstrang wiederzugeben, doppelt gewertet.

2.4   Feinanalyse

Mit der Feinanalyse haben wir eine tiefergehende Analyse der Texte durchgeführt. Dazu haben wir Artikel ausgewählt, die jeweils für die verschiedenen Typen von Diskursen exemplarisch sind. Die Auswahl erfolgte auf der Grundlage der folgenden Kriterien: Sprachlich-rhetorische Mittel, Text-,Oberfläche', Inhaltlich-ideologische Aussagen, sonstige Auffälligkeiten, und Zusammenfassung (Jäger 2000). Darüber hinaus wird gezeigt, welche Diskursposition in dem Artikel vorherrscht.

Anhand der Analyse der Sprache, des Stils, des Aufbau des Textes, seiner inneren Logik und seinen Verknüpfung mit anderen Themengebieten wurde die Verschränkung der Diskurse ermittelt. Zudem sollte durch die Analyse herausgearbeitet werden, wie durch sprachliche Mittel eine bestimmte Sicht auf Tiere und damit verschiedene Tierbilder konstruiert werden.

Diese Methode arbeitet vor allem interpretativ. Die Analyse erfolgt auf der Basis allgemeiner Rahmenbedingungen, die das Vorgehen nicht genau vorgeben. Das heißt, die Verarbeitung der Texte lässt den Forscherinnen und Forschern in der Analyse einen gewissen Spielraum für individuelle Gestaltungsmöglichkeiten.

3   Ergebnisse der Diskursanalyse

3.1   Der interne Diskursstrang

Bei den ausgewählten Texten handelt es sich ausnahmslos um wissenschaftliche Literatur, die für Landwirtinnen und Landwirte oder Auszubildende in landwirtschaftlichen Berufen konzipiert ist. Allen untersuchten Texten ist eine starke Fixierung auf den ökonomischen Aspekt der Tierhaltung gemein, und die Mehrheit aller Texte bezieht sich auf die ökonomische Relevanz der Tiere. Das heißt, die Tiere werden im Wesentlichen auf ökonomische Aspekte reduziert; ihr Charakter als lebendige, fühlende Lebewesen und darauf bezogene Fragen ihrer Lebensqualität kommen so gut wie nicht vor. Der Diskurs vermittelt also ein Tierbild, welches von der ökonomischen Verwertbarkeit geprägt ist. Rinder und Schweine gelten primär als Produkt. Das Lehrbuch „Technik Tierhaltung – UTB Grundwissen Bachelor" von Jungbluth, Thomas/Büscher, Wolfgang/Krause, Monika (2005) kann in der Hinsicht als exemplarisch gelten; Tiere werden ganz überwiegend als Produkte landwirtschaftlicher Produktion konstruiert (vgl. Schaubild 1).

Schaubild 1 Die relative Bedeutung der verschiedenen Kategorien im Buch: „Technik Tierhaltung"

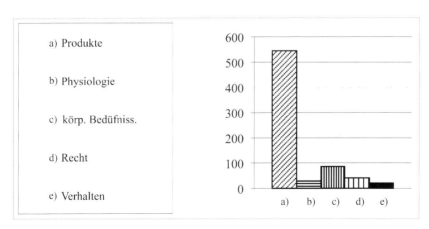

Es ist jedoch festzuhalten, dass der Diskurs innerhalb der Agrarökonomie, so wie er sich in den Diskursfragmenten darstellt, nicht als einheitlich bewertet werden kann. Die wichtigste Unterscheidung kann zwischen der so genannten konventionellen Tierhaltung und der ökologischen Tierhaltung festgestellt werden. Wir haben in die Auswahl unserer Texte allerdings nur ein Diskursfragment aus dem Bereich der ökologischen Landwirtschaft einbezogen, das Buch „Naturgemäße Viehwirtschaft – Zucht, Fütterung, Haltung von Rind und Schwein" von Haiger, Alfred/Storhas, Richard/Bartussek, Helmut (1988). Es stellt die biologisch-dynamische Sichtweise dar und veranschaulicht damit nur einen Teil des „ökologischen Diskurses". Der ökologische Diskurs ist deshalb möglicherweise insgesamt etwas unterrepräsentiert.

Das Tierbild, das in dem Buch aus dem ökologischen Diskurs vertreten wird, ist deutlich komplexer angelegt. Neben der ökonomischen Komponente der Tierhaltung werden auch Aspekte angesprochen, die wir in der Grobanalyse der Kategorie „Partner in der Entwicklung" zugerechnet haben. Das heißt, es wird das Tier-Mensch-Verhältnis reflektiert, und Tiere werden auch als „Partner" gesehen (vgl. Schaubild 2). Dennoch dominiert hier eine Sichtweise auf das Tiere als „Produkt".

Schaubild 2 Die relative Bedeutung der ausgewählten Kategorien im Buch: „Naturgemäße Viehwirtschaft – Zucht, Fütterung, Haltung von Rind und Schwein".

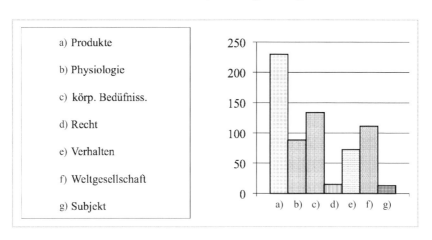

Eine deutliche Abweichung von der Mehrheit der Texte stellt das Buch „Nutztierethologie" dar. Dieses Standardwerk aus dem Jahre 1978 befasst sich mit dem Verhalten der Nutztiere. Als seltene Ausnahme verzichtet das Werk in seiner Sprache darauf die Charakterisierung des Tieres als Produkt in den Vordergrund zu stellen (vgl. Schaubild 3).

Schaubild 3 Die relative Bedeutung der verschiedenen Kategorien im Buch: „Nutztierethologie – Das Verhalten landwirtschaftlicher Nutztiere – Eine angewandte
Verhaltenskunde für die Praxis"

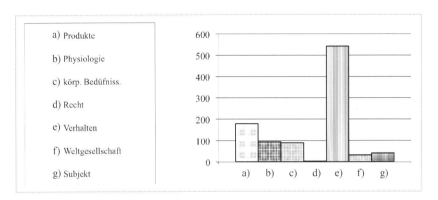

Insgesamt zeigt sich als Ergebnis unserer Analyse wissenschaftlicher Texte der
Agrarökonomie, dass im Diskurs der Agrarökonomie eine Diskurspositionen
deutlich dominiert, in der Tiere als Produkte landwirtschaftlicher Arbeit konstruiert werden. Anderen Diskurspositionen kommt offenbar eher nur eine marginale Position zu.

Wie in der Begründung zur Auswahl des Feinanalyseartikels dargestellt, sind
sich zwei Bücher besonders ähnlich. Dabei handelt es sich gleichzeitig um die
Lehrbücher, die von den von uns befragten Experten als die am weitesten verbrei-
teten mit dem größten Einfluss angesehen werden. Auf dieser Grundlage lässt sich
die in der Agrarökonomie vorherrschende Diskursposition zusammenfassen:

Die *Nutztiere* werden in den Büchern vor allem als Produkte bzw. Produktionsmittel besprochen. Auffällig ist eine Objektivierung der Tiere, indem über sie
vor allem unter Kosten-Nutzen-Abwägungen diskutiert wird. Die Kosten umfassen dabei Futtermittel, „geeignete" Ställe und sogar Kosten für die Umweltbelas-
tung durch die Tiere. Der Nutzen zeigt sich für die Agrarindustrie ausschließlich im Verkauf des Fleisches und der Milch. Andere Arten von Nutzen, wie etwa
die Rolle der Tiere als Bewahrer einer Kulturlandschaft, sind in der Diskussion
weitgehend irrelevant. Es wird also versucht, mit und durch die Tiere maximale
Gewinne zu erzielen, das nichtmenschliche Individuum tritt hinter dieser Zielsetzung vollkommen zurück. Ansätze von Subjektivierung, wie zum Beispiel in
der Namensnennung eines Rindes in mehreren Fotounterschriften, werden durch
die gleichzeitige Angabe der jeweiligen Kennnummer abgeschwächt. Differenzen
zwischen individuellen Tieren werden nur im Hinblick darauf thematisiert, dass

einzelne Tiere im Hinblick auf ihre Qualität als Produktionsmittel als besonders „profitabel" dargestellt werden. Das betrifft etwa die Eignung individueller Rinder als Zuchtbullen für Nachkommen mit hoher „Milchleistung". Dabei spielt die Wahl von Begriffen aus den normierenden Bereichen der Wirtschaft wie Leistung, Prüfung, Bewertung, Milchmenge, Qualität und Produktion von Rindern eine große Rolle. Die Sprache, die in dem Diskurs verwendet wird, weist hohe Ähnlichkeiten mit der für die Analyse von Produktion und Märkten verwendeten Sprache in der Betriebswirtschaft auf. Insgesamt deutet die Sprache so eine permanente Verdinglichung der Tiere als Produktionsmittel an, indem sie die Haltung von Tieren mit der Produktion von Waren in betrieblichen Wertschöpfungsketten gleichsetzt. Die Subjektivität und Einzigartigkeit der Individuen tritt in diesem Zusammenhang völlig zurück. Das Lebewesen wird in der Sprache zum vermarkteten Produkt der Nahrungsindustrie, dessen Optimierer die betriebswirtschaftlichen Wissenschaften sind.

Eine besondere Beachtung findet in der „Produktion" der Tiere der Begriff „Qualität". Dem Selbstverständnis der Agrarökonomie nach setzen die Bauern „Massenprodukt" ab, welches als „natürliches" Produkt im Vergleich zu maschinellen Produkten schwer standardisierbar ist. Über die Betonung der kontrollierten Qualität wird so nicht nur ein Produkt erzeugt, sondern auch eine Marke kreiert, in deren gleich bleibender Qualität die Konsumentinnen und Konsumenten Vertrauen gewinnen sollen.

3.2   Der externe Diskursstrang[5]

Auch im externen Diskursstrang unterscheiden wir zwischen der Grob- und Feinanalyse. Wie bereits beschrieben, diente die Grobanalyse dazu, einen umfassenden Überblick über das Datenmaterial zu bekommen. Wir haben damit den externen Diskursstrang die Internetauftritte der größten Bauernverbände analysiert. Auf diese Weise wird ein breites Spektrum der Agrarwirtschaft wiedergegeben. Dabei haben wir konventionelle und ökologisch orientierte Verbände einbezogen.

---

5   Im Voraus muss darauf hingewiesen werden, dass der Einfluss zur Meinungsbildung in der Öffentlichkeit bei der CMA und des Deutschen Bauernverband wesentlich größer gewichtet werden muss als bei den übrigen untersuchten Herstellern und Vertrieben. Die Bioprodukte und -hersteller füllen eher Nischenbereiche mit ihren Informationen aus. Insofern müssten bei der Frage, welcher Verband das Mensch-Tier Verhältnis in der Öffentlichkeit im großen Umfang beeinflusst, der DBV und die CMA hervorgehoben werden.

In der Feinanalyse wurden gezielt Texte aus den Internetauftritten untersucht, die als repräsentativ für den insgesamt Typ von Verbänden im Internet vertretene Position gelten können. Die Ergebnisse der Analyse werden im Folgenden kurz skizziert.

Bereits bei der Grobanalyse zeichnen sich klare Positionen der Bauernverbände ab. Bei der Analyse der Diskurspositionen im Vergleich zwischen den konventionellen und den ökologisch ausgerichteten Verbänden ergeben sich eher nur marginale Differenzen zwischen den Verbänden. Die folgenden Kernsätze charakterisieren die mehrheitlich von den Verbänden und den Lobbys[6] vertretenen Positionen.

Die konventionellen Verbände:

„Die Tiere sind Produkte, die vermarktet werden." CMA (http://www.cma.de Stand: 13.12.2007)

„Das Tier ist Teil der Produktion im Landwirtschaftsbetrieb." DBV (http://www.bauernverband.de Stand: 14.12.2007)

Die biologisch-ökologisch ausgerichteten Verbände:

„Das Tier ist ein Produkt, das unter ökologischen Bedingungen hergestellt wird, um eine hohe Qualität für den Verbraucher zu gewährleisten." Bioland (http://www.bioland.de Stand: 18.12.2007)

„Ökologische Tierhaltung wird bevorzugt, weil sie die Qualität des Produktes steigert und ökonomisch gewinnbringend ist." Naturland (http://www.naturland.de Stand: 16.12.2007)

„Das Tier muss aus einem anthroposophischen Verständnis als Subjekt behandelt und deswegen artgerecht gehalten werden. Allerdings bedeutet die Subjektivierung des Tieres kein Tötungsverbot, sondern die Legitimierung zum Schlachten." demeter (http://www.demeter.de Stand: 07.12. 2007)

Die Verbände der Fleischproduktion zeichnen sich in ihrer Außenwirkung durch unterschiedliche Strategien und Vorgehensweisen aus, wobei sie in der Art ihrer Außendarstellung primär zwei unterschiedliche Vorgehensweisen und

---

6   Als Lobby ist in diesem Zusammenhang der DBV gemeint, der unter anderen Büros in Bonn und Brüssel unterhält, um die Interesse der Landwirtschaftsbranche auf politischer Ebene zu vertreten.

Strategien verfolgen. So steht in der Selbstdarstellung der beiden konventionellen Lobbyisten der Fleisch- und Bauernindustrie CMA und DBV im Internet die Darstellung der Tiere als landwirtschaftlich erzeugte Fleischprodukte im Vordergrund. Sie führen den Diskurs sozusagen stellvertretend für die Bauern, deren Vertretung sie sind.

Schaubild 4 Die relative Bedeutung der verschiedenen Kategorien auf der Homepage von CMA (Stand 13. Dezember 2007)

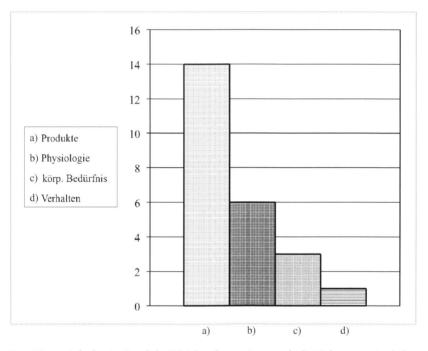

Das Tier wird als ein Produkt/Objekt, das getötet und als Nahrungsmittel der Menschen verwertet wird, so gut wie nie in Frage gestellt. Entgegen unserer Annahme legen die stärker ökologisch ausgerichteten Verbände den Schwerpunkt ihres Diskurses auch nicht sehr viel anders. Eine gewisse Ausnahme bildet demeter. Dieser Verband entwickelt auf der Grundlage einer anthroposophischen Weltanschauung ein grundlegend anderes Tier- und Menschenbild in seiner Selbstdarstellung im Internet. In einem eklatanten Widerspruch dazu wird die Legitimation zur Schlachtung des Viehs nicht in Frage gestellt. Die Tötung und

Vermarktung der Tiere geschieht trotz der explizit geäußerten Erkenntnis, dass Tiere eine Seele besitzen und somit Subjekte sind.

Bezeichnenderweise liegt bei der Selbstdarstellung aller Verbände, der konventionellen (DBV, CMA) wie auch der ökologisch ausgerichteten (Naturland und Bioland), der Schwerpunkt auf der Konstruktion der Tiere als „Produkt". Das Tier wird als Objekt und als konsumierbares Gut dargestellt. Tierrechte, die Individualität und Subjekthaftigkeit der Tiere werden nicht thematisiert. Vielmehr wird mit der Verobjektivierung der Tiere und mit der Distanzierung von ihnen das Schlachten und ihre Vermarktung umfassend legitimiert.

Die Unterschiede liegen bei Naturland und Bioland allein darin, dass sie ihre im Vergleich zu den anderen Verbänden höheren Preise der Erzeugnisse mit der ‚artgerechten Haltung' begründen. Anders als von uns ursprünglich angenommen, wird die „artgerechte Haltung" in deren externem Diskurs nicht auch als Vorteil im Hinblick auf die Lebensqualität der Tiere und damit als ethischer Vorteil dargestellt. Vielmehr wird die artgerechte Haltung der Tiere und deren darin begründete höhere Lebensqualität im Vergleich zur konventionellen Haltung nur als Argument dafür herangezogen, dass die Qualität der Produkte höher sei, was den höheren Preis rechtfertige. Der Argumentation zufolge wird das Produkt durch artgerechte Tierhaltung veredelt, damit der Verbraucher ein gesünderes Nahrungsmittel erhält.

Schaubild 5 Die relative Bedeutung der verschiedenen Kategorien auf der Homepage von demeter (Stand 07. Dezember 2007)

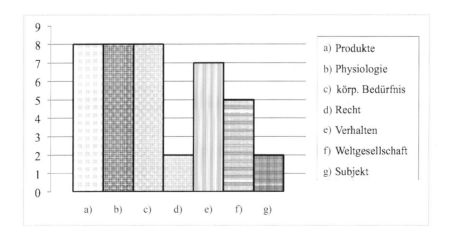

Ähnlich argumentieren aber auch die Verbände der konventionellen Erzeuger, der CMA und der DBV. Die Einhaltung von Tierrechten in Form artgerechter Tierhaltung, die der Gesetzgeber vorschreibt, erhöhe die Qualität des Produktes und sei vorteilhaft für die Gesundheit des Menschen.

Auf allen analysierten Internetseiten, mit Ausnahme der von demeter, dominiert die Darstellung des Tieres als Objekt der Produktion und als Produkt der Herstellung. Es wird in Texten wie auf Bildern primär als Ware dargestellt, das dem Menschen in seiner Nahrungsaufnahme zur Verfügung steht. Erstaunlicherweise wird in keinem der Texte das Motiv der landschaftlichen und bäuerlichen Idylle zur Grundlage der Außendarstellung und Werbung gemacht. Dabei ist herauszustellen, dass in den Texten betont wird, dass die Rücksichtnahme auf tierliche Bedürfnisse lediglich aus Gründen der Ökonomie geschieht. Das Tier erhält im betrieblichen Ablauf und in der Werbung keine subjektive Stellung, sondern seine Lebensqualität und seine Existenz werden den Bedürfnissen des Menschen untergeordnet, der als Konsument ein qualitativ gutes Endprodukt für seine Ernährung nachfragt.

Unsere anfänglich aufgestellte Hypothese von einer idyllischen Parallelwelt in der Außendarstellung und Werbung der Agrarverbände muss in Anbetracht der erhobenen Daten verworfen werden. Selbst in der Werbung blieben die Tiere Produkt/Objekt der Agrarökonomie. Eine Subjektivierung findet nicht statt. Auch das Leiden und das Töten der Tiere werden nicht explizit dargestellt, was auch nicht anders zu erwarten war. Die Tiere werden ausschließlich unter dem Aspekt ihres Nutzen betrachtet; ihr Leben soll dazu dienen, als ein gutes Qualitätsprodukt in der Nahrungskette des Menschen zu enden und dem Hersteller hohe Gewinne zu verschaffen. Diese Verhältnisse werden in den öffentlichen Auftritten der Bauernverbände nicht verschwiegen, sondern offen zur Sprache gebracht. Die Verbände verschleiern in ihrer Außendarstellung somit nicht die tatsächlichen Verhältnisse, sondern legen das Machtverhältnis zwischen Mensch und Tier offen. Das Mittel dazu ist die Darstellung der Tiere als Sachen anstatt als fühlende und handelnde Subjekte.

Allein in der Außendarstellung des Bauernverbandes demeter wird dies ein Stück weit relativiert, indem Elemente der Darstellung der Tiere als Lebewesens und deren Bedürfnisse mit in die Darstellung einbezogen werden.

4   Zusammenfassung und kritische Interpretation der Ergebnisse

Die Grobanalyse beider Diskursstränge ergibt eine Fixierung auf die ökonomische Bedeutung des Tieres. Im internen wissenschaftlichen Diskurs der Agrarökonomie, soweit er in deren zentralen Lehrbüchern geführt wird, findet sich fast ausschließlich eine Darstellung, die die Tiere als Sachen behandelt, deren Lebensweise und Existenz den menschlichen Bedürfnisse unterworfen werden. Wir hatten anfangs die Hypothese aufgestellt, dass diese Verhältnisse in der Außendarstellung der Verbände verschleiert wird, da das Verhältnis der Gesellschaft zu den Tieren sehr ambivalent ist. Wir hatten erwartet, dass in der Werbung eine romantisierende Darstellung des ländlichen Lebens auf dem Bauernhof überwiegen würde. Diese Hypothese wurde aber nicht bestätigt; die Außendarstellung ist im Wesentlichen ebenso auf eine Versachlichung der Tiere und am Primat der Ökonomie der Fleischproduktion ausgerichtet.

Dies war hinsichtlich der Sprache in der wissenschaftlichen Kommunikation innerhalb der Agrarökonomie zu erwarten. Zwar ließen sich diese Bilder vereinzelt in deren Werbung der Biobranche finden. Diese trägt, gemessen an der Bedeutung der konventionellen Agrarindustrie, nur zu einem sehr kleinen Teil zur Fleischproduktion bei. Und es dient im Marketing nur dazu, die bessere Qualität der biologisch erzeugten Produkte hervorzuheben. Das bessere Befinden der Tiere ist dabei nur ein Nebeneffekt. So wird das von absoluter Herrschaft gekennzeichnete Verhältnis zwischen Menschen und Tieren nicht in Frage gestellt. Die Agrarökonomie präsentiert eine Ware, von der sie nicht verschweigt, dass sie vom geschlachteten Tier stammt. Das Ausbeutungsverhältnis den Tieren gegenüber dem Menschen wird nicht als problematisch empfunden; eine besondere Notwendigkeit, es zu legitimieren, wird nicht gesehen.

Obwohl der innere und äußere Diskursstrang unterschiedliche Adressaten haben und von der Sprache her (Werbung vs. wissenschaftlicher Diskurs) sehr verschieden sind, kann doch festgehalten werden, dass neben dem Produkt „Tier" ein weiterer wichtiger Schlüsselbegriff beständig auftaucht: Der Begriff der Qualität. Er ist unabhängig vom Adressaten; Verbraucher, Bauer, Händler oder Schlachter. Dieser Begriff kann als Brücke zwischen Innen- und Außenkommunikation interpretiert werden.

Gerade in diesem Begriff offenbart sich die Objektivierung der tierlichen Individuen, denn er bezieht sich immer auf ein Produkt und nicht auf das lebende Tier. Während ein Mensch Qualitäten als ein spezielles Individuum haben kann, wird die Qualität des Körpers eines Tieres an der „Sicherheit" des Nahrungsmittels festgemacht. Es kann davon ausgegangen werden, dass der Diskurs der

Agrarökonomie deshalb besonders vom Begriffe der Sicherheit/Qualität geprägt ist, weil viele Lebensmittelskandale den Verbraucher verunsichert haben. Diese Skandale (wie BSE oder „Gammelfleisch") sind wichtige diskursive Ereignisse im agrarökonomischen Diskurs. Über den Begriff der Qualität und dabei mit Verweis auf bestehende Richtlinien für die Tierhaltung und –schlachtung versucht die Agrarökonomie, die Verbraucher zu beruhigen (Werbung mit Qualitätssiegeln nach Außen).

Es kann festgehalten werden, dass das Tierbild in beiden Diskurssträngе vor allem durch eine Objektivierung der Tiere gekennzeichnet ist. Sie werden nicht als Individuen mit eigenem Charakter gesehen, sondern als Produkt, dessen Konsum legitim ist.

Dieser Diskurs spiegelt wichtige Aspekte des aktuellen Standes des Verhältnisses der Gesellschaft zu den Tieren wider. Umgekehrt kann man davon ausgehen, dass eine solche Objektivierung im Diskurs Rückwirkungen auf das Verhältnis der Menschen zu den Tieren hat und die bestehenden Praktiken stabilisiert.

Der Diskurs ist nach Jäger „als ein Fluss von Wissen bzw. sozialen Wissensvorräten durch die Zeit" zu begreifen, „der individuelles und kollektives Handeln und Gestalten bestimmt, wodurch er Macht ausübt" (Jäger 2000). Der Diskurs ist also nicht nur Ergebnis eines Machtverhältnisses, sondern reproduziert dieses gleichzeitig.

Erklären lassen sich das Tierbild und das sich darin ausdrückende Machtverhältnis vor allem durch eine Verquickung der verschiedenen Diskurse. Für die Agrarökonomie scheint zu gelten, was Foucault an Teilen der Wissenschaft kritisiert hat, dass sie keine reinen Wissenschaften sind, sondern vor allem ein Auswurf der Ideologie der politischen Ökonomie. Dabei liegt die Ideologie nicht außerhalb der Wissenschaftlichkeit, deswegen ist dies „kein Grund, um die Gesamtheit ihrer Aussagen dem Irrtum, dem Widerspruch und dem Fehlen von Objektivitäten zuzuschlagen" (Foucault 2002: 168). Jedoch spiegelt sich in ihren theoretischen Mängeln und Widersprüchen das ideologische Funktionieren wieder. Erkennt die Wissenschaft oder der Diskurs diese Irrtümer, kann sie ihre Stränge zur politischen Ökonomie lösen und ihre Falschheiten korrigieren. Im Hinblick auf die Agrarwissenschaft würde dies bedeuten, dass sie das Verhältnis der Menschen zu den Tieren, und die Legitimität der Unterwerfung der Tiere und ihres Lebens unter die menschlichen Bedürfnisse kritisch reflektiert. Die Agrarwissenschaft ist allerdings so eng mit der Ökonomie verbunden, dass die Verknüpfung der Stränge kaum zu übersehen ist.[7] Gerade in der Ökonomisierung des Lebenden liegt

---

7   Als relativ junge Wissenschaft setzt sich die Agrarökonomie aus der Wirtschaftwissenschaft und der Landwirtschaft zusammen.

der Grund dafür, dass Tiere im Diskurs nicht Subjekt, sondern Objekt sind. Für die Agrarwissenschaft scheinen ethische Probleme außer Frage zu stehen. Ob das Tier ein Bewusstsein hat oder inwieweit es leidet und ob es „artgerecht" gehalten wird, ist für sie von geringer Bedeutung, vielmehr steht der Aspekt ihrer Warenförmigkeit im Zentrum, der sie zu Objekten macht (Heinrich 2005: 87-90).

Die Verwertung des Tieres regelt sich nach dem Gewinn, der für das Produkt abfällt. So stellt sich für die Tierhaltung nicht die Frage nach dem Wohlergehen und gar dem Überleben der Tiere, sondern sie beschränkt sich auf die Frage nach der höchsten Gewinnspanne. Hierin unterscheidet sich die Kommunikation nach innen nur oberflächlich von der Außenkommunikation. Während in der Außenkommunikation vor allem die Gesundheit tierischer Lebensmittel und ihr Nutzen für den Menschen kommuniziert werden, steht nach Innen die Gewinnorientierung im Zentrum: „Die wichtigsten Geräte für den Schweinemäster sind Waage und Rechenstift" (Weiß et al. 2000: 598) Beiden Argumentationslinien liegt derselbe Gedanke zu Grunde. Verbindendes Glied des inneren und äußeren Diskurses ist die menschliche Wahrnehmung des Tieres als Produkt und damit als Mittel zur Erzielung von Gewinnen.

Die Agrarwirtschaft, die in ihren theoretischen Wurzeln auf der Agrarwissenschaft fußt, propagiert nach Außen, dass nur gesunde und glückliche Tiere gute und schmackhafte Nahrung für den Menschen abgeben; in der Realität leiden die Tiere aber weiter, unübersehbar in der Massentierhaltung wie auch bei damit verbundenen Tiertransporten (Singer 1976). Die Tatsache, dass diese einseitige Fokussierung der Werbung der Agrarwirtschaft von den Konsumentinnen und Konsumenten akzeptiert wird, verweist darauf, dass die Konstruktion der „Tiere" als Ware und der Umgang mit ihnen, als seien sie eben nur Objekte ohne jegliche Empfindungsfähigkeit und ohne Recht auf Leben, nach wie vor auf eine hohe gesellschaftliche Akzeptanz stößt. In der Gesellschaft herrscht offenbar ein sehr weitgehender Konsens darüber, dass die so genannten „Nutztiere" für menschliche Bedürfnisse getötet werden können.

Die Theoretiker aus der kritischen Theorie der Frankfurter Schule haben sich explizit und umfassend mit dem Leiden der Tiere befasst (siehe auch Sebastian/ Gutjahr in diesem Band). Zwar steht im Zentrum der Arbeiten der Frankfurter Schule das „beschädigte Leben" des Menschen in der inhumanen kapitalistischen Industriegesellschaft. Doch die Opfer, die Tiere für die funktionale Wissenschaft in der „falschen Gesellschaft" erbringen müssen, finden eine umfangreiche Anerkennung in der kritischen Theorie. Horkheimer hebt die natürliche (Seelen-)Verwandtschaft zwischen Menschen und Tieren und die Verknüpfung der leidsamen Schicksale hervor. Das Tier als emotional empfindendes Lebewesen stehe dem Menschen überaus nah. Am Beispiel der Schmerzwahrnehmung zeigt Horkheimer, dass sich die herkömmliche Grenzziehung zwischen Menschen und Tieren nicht aufrechterhalten lässt (Horkheimer 1933: 184ff).

Auf der Grundlage dieser theoretischen Überlegung folgert Horkheimer (ebd.), dass die Solidarität der Menschen untereinander unter dem Aspekt des Leidens auf die Tiere zu erweitern wäre; Ziel wäre die Leidensverminderung für alle Lebewesen. Adorno bestimmt Mindestbedingungen für das moralische Verhalten der Menschen: Es soll alles unterlassen werden, was verhinderbares Unrecht und Leiden erzeugen könnte. Basis eines „richtigen Handelns" sei die Einsicht in das Scheitern der bisherigen soziokulturellen Evolution. Diese sei durch eine verfehlte Individuation der Menschen gekennzeichnet, die sich ausschließlich auf der Grundlage der Selbsterhaltung und somit auf die Nichtachtung des Leidens der anderen herausgebildet habe (Adorno 1997).

Das Leiden sei das untrügliche Zeichen des Tributs, der dem ungezügelten Trieb zur Selbsterhaltung zivilisatorisch entrichtet werden muss. Nur eine Moral, die diese Erkenntnis konsequent verinnerlicht, könne die versöhnende Kraft der „Solidarität mit den quälbaren Körpern", den naturhaften allen Menschen innewohnenden mimetischen Impuls freisetzen. Adorno meint mit der Solidarität das einfühlsame Nachempfinden wie zum Beispiel das tiefe Mitgefühl, das Kinder beim Anblick des stummen Leidens von Tieren zum Ausdruck bringen und das im Verlauf ihrer Individualisierung durch internalisierte Sozialzwänge verdrängt und vergessen wird.

Im gesellschaftlichen Umgang mit den Tieren drücken sich laut Horkheimer die Folgen der auf Naturbeherrschung ausgerichteten Logik der gesellschaft-lichen Entwicklung der Moderne aus. Auf der untersten Stufe des kapitalistischen Unterdrückungsapparats, die den Tieren zugewiesen worden sei, zeige sich auf bestialische Weise der wahre Charakter der kapitalistischen Gesellschaft. Der Mangel an verspürter Solidarität und an Mitleiden gegenüber unnötigen Qualen in den Abgründen der „Tierhölle" zum Wohle des menschlichen Konsumbedürfnisses beleuchte die gesellschaftlichen Verhält-nisse hinter ihrer Fassade (Horkheimer 1974).

Horkheimer und Adorno stellen ihre Kritik am Umgang der Gesellschaft mit den Tieren in den allgemeinen Kontext ihres Umgangs mit der Natur, der auf deren Beherrschung und Verdinglichung ausgerichtet sei. Die Instrumentalisierung der Natur reflektiere die Selbstinstrumentalisierung des Menschen durch die Unterdrückung ihrer eigenen inneren Natur (Horkheimer/Adorno 1988: 50-88).

Sie kritisieren die Dominanz des Konzepts der „Vernunft" in der Moderne. Der totalitäre Anspruch der instrumentellen Vernunft stützt sich, Adorno und Horkheimer zufolge, auf die Unterdrückung der Tiere und der Natur, dessen Teil der Mensch selber ist. Eine Verwischung des Bildes der realen Verhältnisse in der Fleischproduktion ist aus Sicht der kritischen Theorien nicht notwendig. Der Mensch sieht sich in seinem Herrschaftsverhältnis zum Tier als legitimierter Vollstrecker. Aus diesem Grund bedarf die Agrarökonomie in ihrer Außenwirkung keines romantisierenden Bildes. Die Menschen wissen vielmehr wie die Bedingungen für Tiere in Transporten, Schlachthäusern und Experiment aussehen. Wichtig ist, dass diese Bedingungen durch die ökonomische Ideologie im Sinne der instrumentellen Vernunft legitimiert sind.

Die Ergebnisse unserer Diskursanalyse weisen genau auf diesen Umstand hin. Unsere Annahme, die Agrarökonomie müsste ihre Produktionsweisen sprachlich oder visuell vertuschen, ließ sich deshalb nicht empirisch unterstützen, so unsere Annahme, weil das Problem nicht in einer etwaigen Blendung oder Manipulierung der Gesellschaft liegt, sondern in den Geltungsansprüchen der instrumentellen Vernunft.

Wir die Ergebnisse unserer Diskursanalyse zeigen, wird der Diskurs primär durch den Diskursstrang der Ökonomie bestimmt. Hier macht es definitiv keinen Unterschied, ob der Diskurs nach Innen oder nach Außen gewandt ist. In beiden Bereichen folgen die Menschen relativ kritiklos der Annahme eines Primats ökonomischer Prinzipien. Da hilft auch nicht die Aufklärung über die extremen Bedingungen, unter denen die Tiere leiden. Die Agrarökonomie kommuniziert über Tiere als Produkte und Objekte, weil es in der Logik der Wirtschaft keine andere Beziehung zu den Dingen und Subjekten geben kann. Ein Bewusstsein für Leiden und Ungerechtigkeit gegenüber Tieren kann sich erst dann entwickeln, wenn man diese Logik und die damit konstruierten Machtverhältnisse im Mensch-Tier-Verhältnis hinterfragt. Das Problem besteht darin, dass die ökonomische Macht allgemein akzeptiert wird. Ob Bio- oder konventioneller Bauer, Wissenschaftler oder Konsument, sie alle sehen sich legitimiert, die Tiere als Objekte zu definieren, zu deren Tötung die Gesellschaft legitimiert ist und deren Lebensqualität und Leben ökonomischen Interessen unterzuordnen.

Literaturverzeichnis

Adorno, Theodor (1997): Minima Moralia. Reflexionen aus dem beschädigten Leben. 23. Auflage. Frankfurt a.M.: Suhrkamp

Bach, Peter/Hüffmeier, Heinrich (2005): Die Landwirtschaft/Wirtschaftslehre. München: BLV Verlagsgesellschaft

Foucault, Michel (2002): Archäologie des Wissens. Frankfurt a. M.: Suhrkamp

Foucault, Michel (2003): Die Ordnung der Dinge. Frankfurt a. M.: Suhrkamp

Haiger, Alfred/ Storhas, Richard/Bartussek, Helmut (1988): Naturgemäße Viehwirtschaft – Zucht, Fütterung, Haltung von Rind und Schwein. Stuttgart: Ulmer Eugen Verlag

Harringer, Susi (2005): Einige Gedanken über die Tiere in unserer Sprache. In: Tierbefreiung, Ausgabe 49

Hennenberg, Ilse (Hrsg.) (2000): Vom Namen zur Nummer. Bremen: Donat

Horkheimer, Max (1933): Materialismus und Moral. In: Zeitschrift für Sozialforschung, Jg. 2, Heft 2

Horkheimer, Max (1992): Traditionelle und kritische Theorie. Frankfurt a. M.: Suhrkamp

Horkheimer, Max (1974): Notizen 1950 bis 1969 und Dämmerungen. Notizen aus Deutschland. Frankfurt a. M.: Suhrkamp

Horkheimer/Adorno (2006): Dialektik der Aufklärung. Frankfurt a.m.: Fischer

Jäger, Siegfried (1996): Die Wirklichkeit ist diskursiv. Vortrag auf dem DISS-Sommer-Workshop vom 13.-15. Juni 1996 in Lünen

Jäger, Siegfried (2000): Theoretische und methodische Aspekte einer Kritischen Diskurs- und Dispositivanalyse. In: Reiner Keller/Andreas Hirseland/Werner Schneider/Willy Viehöver (Hrsg.) (2000): Handbuch Sozialwissenschaftliche Diskursanalyse. Opladen: Leske + Budrich

Jäger, Siegfried (1999): Kritische Diskursanalyse. Eine Einführung. Duisburg: DISS-Studien

Jungbluth, Thomas/Büscher, Wolfgang/Krause, Monika (2005): Technik Tierhaltung – UTB Grundwissen Bachelor. Stuttgart: Utb

Marx, Karl (1976): Grundrisse der Kritik der politischen Ökonomie MEW Bd. 42. Berlin: Dietz

Marx, Karl (1976): Das Kapital 3. Band. Berlin: Dietz

Mütherich, Birgit (2004): Die Problematik der Mensch-Tier-Beziehung in der Soziologie. Weber, Marx und die Frankfurter Schule. Münster: Lit Verlag

Heinrich, Michael (2005): Kritik der politischen Ökonomie. Stuttgart: Schmetterling Verlag

Sambraus, Hans Hinrich (Hrsg.) (1978): Nutztierethologie. Das Verhalten landwirtschaftlicher Nutztiere. Eine angewandte Verhaltenskunde für die Praxis. Berlin/Hamburg: Blackwell Wissenschaft

Schwarte, Ludger (2004): Einführung: Animalität – Wie werden wir zum Tier. In: Böhme, Gottwald (Hrsg.) (2004): Tiere. Eine andere Anthropologie. Köln: Böhlau

Singer, Peter (1976): Die Befreiung der Tiere. München: F. Hirthammer Verlag GmbH

Paskoski, Dimce (2003): Foucaults Archäologie und der Diskurs der Literatur. Dissertation, Universität Konstanz

von Lengerken, Gerhard/Ellendorff, Franz/von Lengerken Jürgen (Hrsg.) (2006): Tierzucht. Stuttgart: Ulmer

Weiß, Jürgen/Pabst, Wilhelm/Strack, Karl Ernst/Granz, Susanne (2000): Tierproduktion. 12. Auflage. Stuttgart: Parey bei MVS

Internetverweise

http://www.bauernverband.de (Stand: 14. Dezember 2007)
http://www.bioland.de (Stand: 18. Dezember 2007)
http://www.cma.de (Stand: 13. Dezember 2007)
http://www.demeter.de (Stand: 07. Dezember 2007)
http://www.naturland.de (Stand: 16. Dezember 2007

Das Mensch-Tier-Verhältnis in der Kritischen Theorie der Frankfurter Schule

Marcel Sebastian und Julia Gutjahr

Theodor W. Adorno und Max Horkheimer als Theoretiker der Frankfurter Schule haben einen wesentlichen Beitrag zur theoretischen Fassung des Verhältnisses der Gesellschaft zu den Tieren geleistet.

In der Rezeption der Kritischen Theorie gehört dieser Teil der Arbeit zu den am wenigsten erhellten Elementen.[1] In der jüngeren Zeit findet diese Problematik jedoch vereinzelte Berücksichtigung innerhalb der Sozialwissenschaften, etwa bei Jacques Derrida, der mit Blick auf die Analysen der Frankfurter Schule zum Mensch-Tier-Verhältnis schreibt, dass dies ein Thema sei, über

> das zu schreiben ich die größte Lust hätte, weil es den Weg nähme, der noch am wenigsten betreten, ja überhaupt gebahnt wurde, der aber, wie mir scheint, zu den entscheidensten einer künftigen Lektüre Adornos zählt. Es geht um das, was man mit einem Generalsingular, der mich stets schockiert hat, ,das Tier' nennt. (Derrida 2002).

Im englischsprachigen Diskurs der Human-Animal-Studies wurden die Ansätze Max Horkheimers und Theodor W. Adornos bisher kaum rezipiert.[2]

Im deutschsprachigen Bereich gibt es jedoch einige Arbeiten, die die Thematik der Mensch-Tier-Beziehung in der Kritischen Theorie aufgegriffen und zum Teil weiterentwickelt haben (vgl. u.a. Witt-Stahl 2007, Mütherich 2004). Mit diesem Artikel wollen wir die verschiedenen Texte, Aphorismen und Randbemerkungen zur Mensch-Tier-Beziehung in Adornos und Horkheimers Kritischer Theorie systematisieren und anhand verschiedener Dimensionen darstellen. Erstmalig

---

1 Zur Abwesenheit der Analyse der Mensch-Tier-Beziehung in der Kritischen Theorie innerhalb der bisherigen Rezeption dieser vgl. Mütherich (2004: 139, 147, 150f.). Wir möchten die Gelegenheit nutzen, um an dieser Stelle Birgit Mütherich, Carsten Haker (2007) und Susann Witt-Stahl unseren besonderen Dank für die Inspirationen, die wir aus ihren Arbeiten gewonnen haben und für ihre Unterstützung bezüglich der Analyse und Exegese des Mensch-Tier-Verhältnisses in der Kritischen Theorie aussprechen.

2 Zu den wenigen bisherigen englischsprachigen Veröffentlichungen zählen Maurizi 2012, sowie Gerhardt 2011 und Mendieta 2011.

wurden hierfür die posthum veröffentlichten Briefwechsel, Tagebuchblätter und Novellen Max Horkheimers ausgewertet.

Die durch das Frankfurter Institut für Sozialforschung repräsentierte Kritische Theorie kann als eine der einflussreichsten soziologischen und philosophischen Theorien des 20. Jahrhundert verstanden werden. Zu den bekanntesten Vertretern der *Frankfurter Schule* gehören Theodor W. Adorno, Max Horkheimer und Herbert Marcuse. Ihre Ansätze sind unter anderem beeinflusst durch Karl Marx' Kritik der politischen Ökonomie und den historischen Materialismus, die dialektische Philosophie Georg Wilhelm Friedrich Hegels, die Psychoanalyse Sigmund Freuds und der Philosophie Immanuel Kants.

Das Wissenschaftsverständnis der Kritischen Theorie basiert auf einer Kritik an bisherigen, vor allem soziologischen Forschungsparadigmen und plädiert für eine interdisziplinäre Wissenschaft. In seinem 1937 verfassten programmatischen Aufsatz „Traditionelle und Kritische Theorie", entwickelt Max Horkheimer in wissenschaftskritischer Abgrenzung zur traditionellen Theorie das Gegenbild einer Kritischen Theorie. Ziel einer solchen kritischen wissenschaftlichen Forschung sei es, soziale Phänomene nicht isoliert zu betrachten, sondern die Gesellschaft in ihrer Totalität zu durchschauen. Diese Totalität drücke sich vor Allem in den Dimensionen der Unfreiheit und der Unterdrückung aus, zu deren Aufrechterhaltung die traditionelle Wissenschaft einen entscheidenden Beitrag leiste. Zentraler Anspruch der Kritischen Theorie sei es, das gesellschaftliche Unrecht aufzuheben: „zielt sie nirgends bloß auf die Vermehrung des Wissen als solchen ab, sondern auf die Emanzipation des Menschen aus versklavten Verhältnissen." (Horkheimer 1992c: 263).

In ihrer frühen Phase (etwa bis zur Zeit des Nationalsozialismus) stand die Kritische Theorie stark in einer marxistischen Denktradition. Im Unterschied zu einem dogmatischen Marxismus wurden anderen Elementen der Vergesellschaftung, wie Kunst und Kultur sowie subjektiv-sozialpsychologischen Dynamiken jedoch größere Aufmerksamkeiten geschenkt (Görg 1999: 116) und nicht als reine, ‚Überbau-Phänomene' vernachlässigt. Ein Marxscher Geschichtsoptimismus, basierend auf einer Entfaltung der Produktivkräfte und rationaler Naturbeherrschung, wurde doch zunächst nicht aufgeben und auch die Rolle der Arbeiterklasse als revolutionäres Subjekt nicht angezweifelt. Es bedurfte erst der Erfahrung des Nationalsozialismus' und des industriellen Massenmordes an den europäischen Jüdinnen und Juden, der Adorno und Horkheimer den von Marx vertretenen Fortschrittsoptimismus fundamental hinterfragen (Görg 1999: 117f.), ihre vorigen Annahmen revidieren und sie zu einem weitaus pessimistischeren

Bild bei der Beurteilung gesellschaftlicher Modernisierung und Naturverhältnisse gelangen ließ.[3]

Ein noch optimistischer Begriff der Naturbeherrschung und des geschichtlichen Fortschritts, wie er sowohl in der Aufklärungsphilosophie als auch bei Marx zu finden ist, verwandelt sich im Zuge des Rückfalls in die Barbarei, welcher für Horkheimer und Adorno in Auschwitz kulminiere, in eine skeptische Haltung gegenüber der Laufbahn der abendländischen Zivilisation. In den Mittelpunkt treten – vor allem analysiert in der *Dialektik der Aufklärung* - die Kritik der Beherrschung der Natur, die immanente Kritik der westlichen (Aufklärungs-)Philosophie, die Auseinandersetzung mit Genese und Ideologie des Faschismus sowie die Analyse der Vergesellschaftungsformen der spätkapitalistischen Gesellschaft.

Das Denken Max Horkheimers und Theodor W. Adornos eröffnet eine kritisch-theoretische Betrachtung der menschlichen Zivilisationsgeschichte auch im Hinblick auf das in ihr zugrunde liegende Verhältnis der Menschen zu ihrer inneren und äußeren Natur und somit auch zu den Tieren. Tiere spielen im Denken Adornos und Horkheimers eine besondere Rolle. Sie treten bei ihnen unter anderem als Opfer gesellschaftlich vermittelter Gewalt, ‚unversöhnte Naturanteile' im Menschen und Träger utopischer Momente auf. Von besonderer Bedeutung sind unter anderem der Aphorismus „Mensch und Tier" und das Eingangskapitel der *Dialektik der Aufklärung* (1947), der Aufsatz „Revolte der Natur" in Horkheimers *Kritik der instrumentellen Vernunft* (1947), Adornos *Minima Moralia* (1951)[4] sowie ein Essay Horkheimers mit dem Titel „Erinnerung", der 1959 im Organ des „Bund gegen den Mißbrauch der Tiere" namens „Das Recht der Tiere" abgedruckt wurde. Vor allem in Horkheimers Gesamtwerk taucht das Leiden der Tiere als wiederkehrendes Motiv auf und ist zudem auch privat für ihn bedeutsam, wie im Folgenden anhand von Tagebucheinträgen und privaten Briefen verdeutlicht wird. Bereits im Jahr 1916, im Alter von 21 Jahren, notierte Horkheimer in seinem Tagebuch: „Stehe vom Tische auf, wo man dir ein Mahl serviert, und werfe einen Blick in das Schlachthaus. Von weitem schon wirst du an herzzerreißendem Schmerzgebrüll erkennen, wie furchtbar es ist, ein Mensch zu sein. Bist Du etwa besser als der blutige Schlachtergeselle, weil Du nur den Genuss und nicht die Arbeit seines

---

3 Nichtsdestotrotz blieben beide weiterhin von den Gedanken Marx' beeinflusst was unter anderem durch die Relevanz zentraler Marxscher Kategorien auch der späteren Kritischen Theorie zum Ausdruck kommt (vgl. Negt 2006)

4 Hier vor allem die Aphorismen „Woher der Storch die Kinder bringt", (Adorno 2003d: 98f.), „Darf ich's wagen" (ebd. 101f.), „Menschen sehen dich an" (ebd.: 118f.), „Mammut" (ebd.: 130f.), „Groß und klein" (ebd.: 141f.), „Sur l'eau", (ebd.: 177-179), „Immer langsam voran" (ebd.: 184f.), „Prinzessin Eidechse" (ebd.: 192-194), „Regression" (ebd.: 226-228) sowie „Kaufmannsladen", (ebd.: 259-261).

Berufes kennst?" (Horkheimer 1988b: 169). In einem Brief an Getrude Isch vom 22. Mai 1935 berichtet Horkheimer von seiner „Ablehnung von allem, was den Menschen über das Tier hinausheben könnte." (Horkheimer 1995: 354) Die Reflektion des Leidens der Tiere war für Horkheimer ein ständiger Begleiter, was folgende Passage eines Briefes aus dem Urlaub an Friedrich Pollock vom 29. Januar 1956 verdeutlicht: „Maiden [Horkheimers Frau] freilich leidet unter dem Leid der Kreatur (…). Auch ich traure darum, aber es ist das Wissen das Prinzip unserer ganzen geistigen Existenz, es ist immer da, nicht bloß wenn es der Dinge leichter ansichtig wird, wie hier. Da wird es nur quälend, wenn die Möglichkeit auftaucht, zu helfen (…). Jedenfalls ist es gut, die Dinge wieder einmal mit eigenen Augen zu sehen und nicht bloß hinter Schlachthof-, Laboratoriums-, Nervenkliniks- und Gefängnismauern ungesehen hinzunehmen." (Horkheimer 1996b: 343f.)

Tiere spielten auch im privaten Umgang Horkheimer und Adornos eine bedeutende Rolle, was unter anderem darin seinen Ausdruck fand, dass Adorno seine engsten Bezugspersonen – Eltern, Ehefrau und enge Freunde – mit Tiernamen als Kosenamen bedachte. So war Horkheimer für Adorno das „Mammut" (Horkheimer1996a: 97), während der jüngere Adorno sich selbst als „Nilpferdkönig" bezeichnete (Adorno 2003f: 166). Adornos Frau Gretel ihrerseits wurde liebevoll als „Giraffe Gazelle" benannt (Horkheimer 1996a: 97). Die Identifikation mit Tieren ging dabei jedoch über reine Kosenamen hinaus. In einem bekannten Brief Adornos an Horkheimer vom 14. Februar 1965 schreibt dieser: „Du hast es von keiner Erziehung Dir abgewöhnen lassen, die Welt so wahrzunehmen wie die Kreatur. […] Einmal hast Du mir gesagt, ich empfände die Tiere wie Menschen, Du die Menschen wie Tiere. Etwas ist daran." (Horkheimer 1996b: 596)

Horkheimers Engagement für Tiere wird von seinen Biographen bisher weitgehend ignoriert oder als Marginalie behandelt, wobei es eine bemerkenswerte Rolle in seinem Leben spielte. So war Horkheimer in den 1930er Jahren Mitglied der ‚Society for the Prevention of Cruelty to Animals' in New York (Abromeit 2011: 242) und schrieb für den bereits erwähnten ‚Bund gegen den Missbrauch der Tiere' (Horkheimer 1959). Angesichts der Tatsache, dass Horkheimer vom „überwältigen Leiden der Kreatur, in das wir mit ihm hineingerissen sind (…)" (Horkheimer 1996a: 760) spricht und betont, dass ihn das Leid der Tiere „noch mehr als die Misere der Menschen bedrückt (…)" (ebd.: 797) scheint es unverständlich, wieso dieses für Horkheimer zentrale Thema bisher so wenig Beachtung fand. Es wird also deutlich, dass durch das Gesamtwerk Adornos und Horkheimers hindurch die Herrschaft der Menschen über Tiere und ihre Gewalt gegen diese analysiert und kritisiert wird. Im Folgenden werden nun einige zentrale Erkenntnisse für eine Soziologie der Mensch-Tier-Beziehung vorgestellt, die der methodologische und theoretische Zugang der Kritischen Theorie ermöglicht.

Instrumentelle Vernunft, Zivilisationsdialektik und Naturbeherrschung

In der dialektischen Zivilisationstheorie der Kritischen Theorie spielen die Kritik der Vernunft und der Aufklärung eine bedeutende Rolle. Aufklärung hat in der Kritischen Theorie zwei Bedeutungen, die der historischen Epoche der Aufklärung, und die einer sich transhistorisch vollziehenden Loslösung der Menschen aus der Natur und der sich entwickelnden Vernunft. Diese transhistorische Entwicklung bestehe bis heute fort und sei Bedingung der Zivilisation, da das gesamte Zivilisationsprojekt auf der Aneignung der Natur als Voraussetzung der eigenen Reproduktion basiere. Hieraus folge notwendigerweise eine Abspaltung von Natur, um diese beherrschen zu können (vgl. Horkheimer/Adorno 2004: 11-15).

Die Beherrschung der Natur nimmt dabei im Prozess der Zivilisationsgeschichte laut Horkheimer und Adorno historisch verschiedene Formen an: von der Magie der Schamanen, die mimetisch die Natur nachahmen, um sie zu beherrschen, über die Verwandlung der Magie in den Mythos, der die Natur begrifflich fassbar macht und damit ordnet, bis hin zur industrialisierten und rationalisierten „Vergewaltigung dessen, was draußen ist" (Horkheimer 1959: 7) in der modernen Gesellschaft. Im Zuge dieser „Entzauberung der Welt" (Horkheimer/Adorno 2004: 9)[5] verwandelt sich die Vernunft, Adorno und Horkheimer zufolge, als treibende Kraft der Loslösung aus dem Naturzustand unter den Vorzeichen der voranschreitenden und immer absoluter werdenden Möglichkeit der Naturbeherrschung zu instrumenteller Vernunft, die „alles, dem sie begegnet, auf ein bloßes Werkzeug" (Horkheimer 1991: 105) zur Beherrschung der inneren und äußeren Natur reduziere. Dabei forme die instrumentelle Vernunft auch die von ihr betrachteten Gegenstände nach ihrem Sinne und schaffe ein verdinglichendes Verhältnis zwischen Mensch und Natur und damit zwangsläufig zu den Tieren: „Die Menschen distanzieren denkend sich von Natur, um sie so vor sich hinzustellen, wie sie zu beherrschen ist." (Horkheimer/Adorno 2004: 46). Zweck der Aufklärung sei es, „im umfassenden Sinn fortschreitenden Denkens (...) von den Menschen die Furcht zu nehmen und sie als Herren einzusetzen" (Horkheimer/Adorno 2004: 9). Im Zuge des Zivilisationsprozesses gehe „der Mythos (...) in Aufklärung über, die Natur in bloße Objektivität" (ebd: 15). Durch diese Verdinglichung und die mit der Vernunft einhergehende Fetischisierung des Fortschrittsdenkens als paradigmatisches Motiv der Zivilisation, gelte „aufs Tier zu achten nicht mehr bloß als sentimental, sondern als Verrat am Fortschritt" (ebd: 270).

---

5   Der Begriff der Entzauberung der Welt geht auf Max Weber zurück und bezeichnet den abendländisch-aufklärerischen Geschichtsprozess der Rationalisierung und Versachlichung, der im industriellen Kapitalismus kulminiert und das mythologische Weltverständnis überwinden möchte.

Tiere würden vor allem dieses destruktive Potenzial der Vernunft erfahren, so Horkheimer und Adorno, die in einer ironischen und gleichsam sarkastischen Verwendung des Vernunft-Begriffs resümieren, wenn „in Krieg und Frieden, Arena und Schlachthaus, vom langsamen Tod des Elefanten, den die primitiven Menschenhorden auf Grund der ersten Planung überwältigten, bis zur lückenlosen Ausbeutung der Tierwelt heute, (…) die unvernünftigen Geschöpfe stets Vernunft erfahren" (ebd: 262). Auch in der Jagd offenbare sich die „bedrohliche Vernunft" (Adorno 2003c: 308), wenn die Jäger durch Fütterung „ihre Beute am Leben erhalten, bis sie ihnen vor die Büchse liefe" (ebd.).

Der moralische Impuls, das Mitleid mit den Schwachen, werde zu Gunsten der Moderne und ihres Fortschritts ausgesetzt. Die Vivisektoren, die „in ihren scheußlichen Laboratorien wehrlosen Tieren" (Adorno/Horkheimer 2004: 262) aus ihren „verstümmelten Tierleibern" (ebd.) Schlüsse ziehen, stehen hier als Sinnbild für Subjekte, die Gefühlsregungen der Identifikation mit dem Leiden anderer verdrängen, um dem übergeordneten Zweck zu dienen. Dass die Theoretiker mit ihrer Analyse dieses Verhältnisses wesentliche Aussagen über die moderne Industriegesellschaft treffen wollten, in der die Gewalt gegen Tiere mit zweckrationalen Argumenten legitimiert wird, wird deutlich, wenn Horkheimer und Adorno argumentieren, dass die Ergebnisse „nicht auf das Tier in Freiheit, sondern auf den Menschen heute" (ebd.) anzuwenden seien. In den Figuren des menschlichen Experimentators und des Tiers spiegele sich der Widerstreit zwischen Vernunft und Natur wider: „Dem Menschen gehört die Vernunft, die unbarmherzig abläuft; das Tier, aus dem er den blutigen Schluss zieht, hat nur das unvernünftige Entsetzen, den Trieb zur Flucht, die ihm abgeschnitten ist" (ebd.)[6]

Die instrumentelle Vernunft drücke sich vor allem durch die Ordnung und Katalogisierung der zu beherrschenden Natur aus, denn „obgleich die Menschen nicht fragen mögen, wofür der Mond Reklame machen soll, neigen sie dazu, an ihn zu denken in Vorstellungen der Ballistik oder zurückzulegender Himmelsentfernung" (Horkheimer 1991: 113). Natur werde zum „Objekt totaler Ausbeutung, die kein von der Vernunft gesetztes Ziel und daher keine Schranke kennt" (ebd.: 119), wobei hervorgehoben werden muss, dass unter dem Begriff der ‚Natur' auch stets die Tiere fallen, die als Negativfolie konstitutiv für die positive Bestimmung des Menschen fungieren (vgl. Horkheimer/Adorno 2004: 262).

Neben der Beherrschung der äußeren Natur sei das ‚aufgeklärte Subjekt' ebenso zur Beherrschung der inneren Natur gezwungen. Die Unterjochung der inneren Natur sei dabei eine Notwendigkeit zur bürgerlichen Subjektivierung in der

---

6   Tierversuche werden in der Dialektik der Aufklärung mehrfach thematisiert (vgl. Horkheimer/Adorno 2004: 243f, 255.)

Moderne: „Jedes Subjekt hat nicht nur an der Unterjochung der äußeren Natur, der menschlichen und der nichtmenschlichen, teilzunehmen, sondern muss, um das zu leisten, die Natur in sich selbst unterjochen" (Horkheimer 1991: 106). Der Triebhaushalt, die Notwendigkeit der eigenen Reproduktion und das ‚Unvernünftige' im menschlichen Wesen gelten den Autoren als Beispiele für die Naturanteile des Menschen, die nicht vollends beherrscht und unterdrückt werden können. Diese Unmöglichkeit habe zur Folge, dass das Ideal bürgerlicher Subjektivität nie vollends erreicht werden könne. Das dialektische Verständnis von Natur und Gesellschaft wird deutlich, wenn Horkheimer und Adorno den Umschlag von Naturbeherrschung in Herrschaft über Menschen beschreiben: „Der Mensch teilt im Prozess seiner Emanzipation das Schicksal der übrigen Welt. Naturbeherrschung schließt Menschenbeherrschung ein." (ebd.)

In der Herrschaft über Menschen drückt sich laut Horkheimer und Adorno die ‚Verdoppelung der Natur' aus. Die sozialen Verhältnisse, in denen innerhumane Gewalt auftritt, seien Fortschreibungen der Naturverhältnisse, da diese nicht durch kritische Reflexion als Teil der Sozialverhältnisse erkannt und befriedet würden. Das bedeute unter anderem, dass aus ihnen das ‚naturwüchsig'-gewalttätige Moment der reinen Selbsterhaltung nicht entfernt sei und somit die gesellschaftlichen Verhältnisse nicht der Emanzipation der Subjekte dienten. Vielmehr haben sich laut Horkheimer und Adorno lediglich die Mittel der Naturbeherrschung fortentwickelt; die Menschen befinden sich in einer stetigen Konkurrenz und einem Kampf gegeneinander mit dem Ziel, ihr (Über-)leben zu sichern. Diese ‚blinde' Fortschreibung der Naturverhältnisse im Sozialen sei das Resultat der Dialektik von Zivilisationsprozess und *blinder Naturbeherrschung* und richte sich auch gegen die eigene, ‚innere Natur'. Horkheimer resümiert schliesslich, dass „die Geschichte der Anstrengungen des Menschen, die Natur zu unterjochen, (...) auch die Geschichte der Unterjochung des Menschen durch den Menschen" (ebd. 116) sei. Und weiter schlussfolgern Adorno und Horkheimer, dass „jeder Versuch, den Naturzwang zu brechen, indem Natur gebrochen wird, (...) nur um so tiefer in den Naturzwang hinein [führt]. So ist die Bahn der europäischen Zivilisation verlaufen." (Horkheimer/Adorno 2004: 19). Dies sei jedoch keine ‚natürliche Konstante' oder anthropologische Determinante, sondern Resultat gesellschaftlichen und historischen Handelns der Menschen: „(...) so leitet sich der totalitäre Angriff der menschlichen Gattung auf alles, was sie von sich ausschließt, mehr aus Beziehungen zwischen Menschen her als aus eingeborenen menschlichen Qualitäten" (Horkheimer 1991: 119).

Diesen Zusammenhang zwischen der Ausbeutung der Tiere und der Menschen betont Horkheimer in bemerkenswerter Weise in einem Brief vom 22. März 1945, in welchem er sich eindringlich beim Kongressabgeordneten Ned. R. Healy für dessen Votum für ein Gesetz gegen Tierversuche einsetzt: „Vivisektion an Tieren ist ein schreckliches Symptom für unsere Unfähigkeit, die technischen Mittel der Selbsterhaltung auf die Zwecke abzustimmen, denen sie dienen sollen. (...) Das Vivisektionslabor ist ein Übungsfeld für die Todeslager. Der Impuls totalitärer Sadisten, ihre künftigen Opfer als Mitglieder fremder Rassen zu etikettieren, war dadurch motiviert, daß Rasse als eine natürliche statt soziale Kategorie galt. Da der moderne Mensch es gewohnt ist, sich alles Natürliche zu unterwerfen, als bloßes Mittel für seine Zwecke zu behandeln, da die Natur sozusagen rechtlos ist, werden auch Menschen, die man einer fremden Rasse zuordnet, aller Rechte beraubt, (...) Daher ist der Kampf gegen die Vivisektion, der Kampf für das Tier, auch ein Kampf für den Menschen (...)." (Horkheimer 1996a: 629).[7]

Auch wenn die Menschen laut Horkheimer prinzipiell unfähig sind, die innere Natur vollständig zu beherrschen, haben die Beherrschung, Kontrolle, Verwaltung und Zurichtung der äußeren Natur seiner Argumentation zufolge eine verhängnisvolle Totalität erreicht: „Der Sieg der Zivilisation ist zu vollständig um wahr zu sein" (Horkheimer 1991: 112). Die Beherrschung der äußeren Natur sei so weit fortgeschritten, dass die Reproduktion des Menschen weitestgehend gesichert sei. Es werde deutlich, dass eine Ausdifferenzierung der Gesellschaft und die anwachsende, den Menschen frei zur Verfügung stehende Zeit mit einer immer komplexer werdenden Beherrschung der Natur und der Entwicklung der Produktivkräfte einhergehe. Auf Grundlage dieser Überlegungen Adornos und Horkheimers kann der Schlachthof als Ort der industriellen und bis ins letzte Detail geplanten und verwalteten Tötung von Tieren als Spezifikum der Moderne sinnbildlich für das Zusammenwirken instrumenteller, naturbeherrschender Vernunft und der ‚fortschrittlichen' Nutzung der technischen Möglichkeiten verstanden werden.

Als Repräsentanten der Natur dienen Tiere, so Horkheimer und Adorno, als Gegenentwurf zum Menschen: „Die Idee des Menschen in der europäischen Geschichte drückt sich in der Unterscheidung vom Tier aus. Mit seiner Unvernunft

---

7   Dieses Zitat ist nicht als eine Gleichsetzung der Vivisektion mit der Gewalt in Konzentrationslagern zu verstehen, da Horkheimer hier dezidiert auf die Funktion der Naturbeherrschung als Grundlage für Gewalt an Menschen eingeht, diese jedoch nicht gleichsetzt. Dies muss unter anderem deshalb betont werden, da in Tierschutzkreisen ein vermeintliches Zitat Adornos (‚Auschwitz beginnt da, wo einer in den Schlachthof geht und sagt, es sind ja nur Tiere') kursiert, für welches es jedoch keinerlei Nachweis gibt. Es ähnelt zwar einer Passage des später noch zitierten Aphorismus' ‚Menschen sehen dich an', muss aber als freie Erfindung betrachtet werden. Eine solche plumpe Gleichsetzung von Holocaust und Tierausbeutung wäre überdies für Adorno und Horkheimer höchst unüblich.

beweisen sie die Menschenwürde" (Horkheimer/Adorno 2004: 262).[8] Gleichzeitig sei die Ausbeutung der Natur und insbesondere der Tiere bestimmendes und gestaltendes Element für das bürgerliche Subjekt. Durch deren hemmungslose Ausbeutung „zieht die Gesellschaft (...) Stumpfheit und Borniertheit, Leichtgläubigkeit und Anpassungsbereitschaft ans jeweilige Mächtige und Zeitgemäße als herrschende Gemütsverfassung groß" (Horkheimer 1959: 7). Die ‚bürgerliche Kälte' spiegelt sich in der Behandlung von Tieren wider. Diese Kälte beschreibe eine grundlegende, fehlende Solidarität mit und Liebe zu den Mitmenschen, jenseits des engsten Kreises der Anvertrauten, die aus der generellen, durch die gesellschaftlichen Bedingungen sich speisende Unfähigkeit der Menschen zu lieben und geliebt zu werden, hervorgehe. Sie sei „ein Grundzug der Anthropologie, also der Beschaffenheit der Menschen, wie sie in unserer Gesellschaft tatsächlich sind" (Adorno 2003a: 687) und schlage sich folglich in den Beziehungen der Menschen untereinander und im Verhältnis zu den Tieren nieder.

Das bürgerliche Subjekt sei gezwungen, sich an das jeweils herrschende Gesellschaftsparadigma anzupassen, Gewalt als naturgegeben in Kauf zu nehmen und gegenüber den Opfern der gesellschaftlich produzierten Gewalt in kalter Distanzierung zu verhärten, anstatt ihnen mit Empathie und Mitleid zu begegnen:

> In der Blindheit gegen das Dasein der Tiere hat sich in der bisherigen europäischen Gesellschaft die gehemmte Entwicklung der Intelligenz und Instinkte gezeigt. Ihr Los in unserer Zivilisation spiegelt die ganze Kälte und Borniertheit des vorherrschenden menschlichen Typus wider. (Horkheimer 1992a: 118)

So gelte es für das bürgerliche Subjekt, dessen zivilisationsgeschichtliche Entstehung vor allem in den ersten zwei Kapiteln der *Dialektik der Aufklärung* nachvollzogen wird, als eines der größten Tabus, in den Tierstatus zurückzufallen, nachdem es sich unter größten Anstrengungen aus dem Zustand der totalen Naturverfallenheit ‚befreit' hat:

8　Vgl. hierzu ebenfalls Adornos Kritik an der kantischen Ethik, die als eine philosophische Grundlage für die dichotome Differenzbestimmung gilt: „Die Fähigkeit der moralischen Selbstbestimmung wird dem Menschen als absoluter Vorteil – als moralischer Profit zugeschrieben und insgeheim zum Anspruch der Herrschaft gemacht – (...). Die ethische Würde bei Kant ist eine Differenzbestimmung. Sie richtet sich gegen die Tiere (...) Fürs Mitleid lässt sie keinen Raum. Nichts ist dem Kantianer verhasster als die Erinnerung an die Tierähnlichkeit des Menschen." (Adorno 2004: 123, Hervorhebungen im Original).

Rein natürliche Existenz, animalische und vegetative, bildete der Zivilisation die absolute Gefahr. Mimetische, mythische, metaphysische Verhaltensweisen galten nacheinander als überwundene Weltalter, auf die hinabzusinken mit dem Schrecken behaftet war, daß das Selbst in jene bloße Natur zurückverwandelt werde, der es sich mit unsäglicher Anstrengung entfremdet hatte, und die ihm eben darum unsägliches Grauen einflößte. Die lebendige Erinnerung an die Vorzeit, schon an die nomadischen, um wie viel mehr an die eigentlich präpatriarchalischen Stufen, war mit den furchtbarsten Strafen in allen Jahrtausenden aus dem Bewußtsein der Menschen ausgebrannt worden. (Horkheimer/Adorno 2004: 37)

Die Beherrschung der inneren Natur impliziert auch die Tabuisierung mimetischer Impulse. Die Mimesis, also die instinktive Nachahmung, gilt als Relikt der als überwunden gedachten ‚tierlichen Natur' und ist demnach ein soziales Tabu (vgl. ebd. 15f). Die negative Aufladung des Tierstatus und die Bedrohung, dem aufklärerischen Imperativ, der vernünftigen Beherrschung der Welt nicht Folge leisten zu können, fände ihren Ausdruck auch in den Märchen. Darin kehre

(…) die Verwandlung von Menschen in Tiere als Strafe wieder. In einen Tierleib gebannt zu sein, gilt als Verdammnis. (…) Die stumme Wildheit im Blick des Tiers zeugt von demselben Grauen, das die Menschen in solcher Verwandlung fürchteten. Jedes Tier erinnert an ein abgründiges Unglück, das in der Urzeit sich ereignet hat. Das Märchen spricht die Ahnung der Menschen aus. Wenn aber dem Prinzen dort die Vernunft geblieben war, so daß er zur gegebenen Zeit sein Leiden sagen und die Fee ihn erlösen konnte, so bannt der Mangel an Vernunft das Tier auf ewig in seine Gestalt, es sei denn, daß der Mensch, der durch Vergangenes mit ihm eins ist, den erlösenden Spruch findet und durch ihn das steinerne Herz der Unendlichkeit am Ende der Zeiten erweicht. (ebd. 264)

Tiere als Gewaltopfer in der modernen Gesellschaft

Dass Tiere in der Kritischen Theorie als Lebewesen angesprochen werden, die Opfer von Gewalt und gesellschaftlich organisierter Herrschaft werden und nicht lediglich als ‚Metapher' für den Menschen gelten (vgl. Mütherich 2004: 151, 163), wird besonders in Horkheimers Beschreibung des Gesellschaftsbaus als Wolkenkratzer deutlich:

…unterhalb der Räume, in denen millionenweise die Kulis der Erde krepieren, wäre dann das unbeschreibliche, unausdenkliche Leiden der Tiere, die Tierhölle in der menschlichen Gesellschaft darzustellen, der Schweiß, das Blut, die Verzweiflung der Tiere. (…) Dieses Haus, dessen Keller ein Schlachthof und dessen Dach eine Kathedrale ist, gewährt in der Tat aus den Fenstern der oberen Stockwerke eine schöne Aussicht auf den gestirnten Himmel. (Horkheimer 1974: 287f.)

Horkheimer analysiert den gesellschaftlichen Platz der Tiere als ‚ganz unten‘, in einer von Menschen erschaffenen Tierhölle. Dies ist nicht nur im metaphorischen Sinne zu verstehen, denn die Gesellschaft erscheine als eine „unermeßliche Aktiengesellschaft zur Ausbeutung der Natur" (Adorno 1996: 215f.), die auch die Ausbeutung der Tiere erfasst. Wichtig ist hierbei, dass Tiere nicht als ‚natürliche Rohstoffe‘, die durch die Aneignung der Natur mittels der Naturbeherrschung legitimerweise benutzt werden dürfen, betrachtet werden, sondern, dass ihnen ein Opferstatus zugesprochen wird, mit dem Parteinahme und Solidarität einhergehen. So schreibt Horkheimer:

> die Solidarität der Menschen ist (...) ein Teil der Solidarität des Lebens überhaupt. Der Fortschritt in der Verwirklichung jener wird auch den Sinn für diese stärken. Die Tiere bedürfen des Menschen. (Horkheimer 1988a: 136)

Der enthaltene Imperativ, Solidarität mit dem Leben auf tierliche Individuen auszuweiten, kann als Teil der Kritik an der bürgerlichen Kälte, der durch ihre Instrumentalität gekennzeichneten ‚aufklärerischen Vernunft‘ und an dem Herrschaftsparadigma der bürgerlichen Gesellschaft betrachtet werden.

Es wird also deutlich, dass eine moralische Berücksichtigung der Tiere auf Grund ihres Status als Opfer menschlicher, gesellschaftlich organisierter Gewalt und Ausbeutung in einem Widerspruch zu den Strukturmerkmalen moderner Gesellschaft steht, da Tiere nicht als Opfer anerkannt werden können, solange der Wolkenkratzer, der die Organisation der Gesellschaft versinnbildlicht, auf ihrer Ausbeutung basiert. Exemplarisch dafür beschreibt Horkheimer das Verdrängen von Tieren aus ihren natürlichen Lebensräumen als zivilisatorische Notwendigkeit einer auf blinder Naturbeherrschung gegründeten Gesellschaft. In seinem Beispiel müssen Elefanten dem Fortschritt, das heißt der menschlichen Zivilisation, weichen, um Landebahnen für Flugzeuge zu bauen; „Die Tiere werden hier einfach als Verkehrshindernisse betrachtet" (Horkheimer 1991: 115). Weiter beschreibt er an derselben Stelle die Funktion christlicher Doktrin als historisch prägendes Vorbild für eine schier grenzenlose Naturbeherrschung, die keinerlei Berücksichtigung für Tiere ermögliche. Menschen haben Horkheimer zufolge laut den „hervorragendsten religiösen Denker[n] (...) keineswegs irgendeine Verpflichtung (...) gegenüber den anderen Kreaturen. Nur die Seele des Menschen kann gerettet werden; Tiere haben nur das Recht zu leiden" (ebd.). Dieses „Recht zu leiden" ist die ironische Wendung ihrer Rechtlosigkeit, die in die Pflicht, Opfer des gesellschaftlichen Fortschritts und der Produktivkräfte zu sein, umschlägt. Die (industrielle) Ausbeutung von Tieren sei dabei eine soziale Praxis, die zwar von dem Großteil der Gesellschaft abgeschottet durchgeführt werde, es sei jedoch nicht mehr notwendig, diese Praxis zu legitimieren: „Es ist kein Terror gegen die Menschen nötig, damit sie den unnötigen gegen die Tiere dulden, die Gewohnheit tut das ihre von selbst" (Horkheimer 1959: 7).

Beispielhaft spricht Horkheimer davon, dass Tiertransporte „Bei Nacht" durchgeführt werden. „Bei Nacht im doppelten Sinne, denn nur wenige wissen davon. Würde es sich ändern, wenn alle davon wüssten? Ich zweifle daran." (ebd.) Betrachterinnen und Betrachtern der grenzenlosen Ausbeutung bleibe wenig Handlungsspielraum: „Wie vermöchte die Stimme des einzelnen, der sich zum Sprecher der Tiere macht, gegen die massiven Interessen ihrer Herren sich durchsetzen?" (ebd.).

Es handle sich um eine „Genialität der Produktion, die keine Zeit zum Denken lässt" (ebd.). An dieser Stelle wird die Relevanz der ökonomischen Bedeutung der Tierausbeutung für die bürgerlich-kapitalistische Gesellschaft deutlich. So steht der Möglichkeit der Abschaffung von Leiden lediglich die ökonomische Notwendigkeit dieses Leidens für die Kapitalakkumulation entgegen (vgl. auch Zuckermann 2005: 22). Adorno und Horkheimer zufolge ist „die reale Geschichte aus dem realen Leiden gewoben (...), das keineswegs proportional mit dem Anwachsen der Mittel zu seiner Abschaffung geringer wird (...)" (Horkheimer/Adorno 2004: 45).

Horkheimer und Adorno zufolge gibt die Gesellschaft den ökonomischen Interessen derjenigen, die von der Ausbeutung der Tiere profitieren, Vorrang gegenüber den Interessen der beherrschten Tiere. Diese Ausbeutung zeigt sich als Verdinglichung von Tieren zu Fleischproduzenten (Horkheimer 1988b: 169), „auf endlosen Fahrten in die Schlachthäuser" (Horkheimer 1996a: 797); in den „scheusslichen Laboratorien" (Adorno/Horkheimer 2004: 262), in denen die Tiere der Wissenschaft zum Opfer fallen oder als Versklavung von Tieren in Zoo und Zirkus. Besonders in der sozialen Funktion von Zoos und Zirkussen als Formen der Inszenierung bürgerlich-aufklärerischer Überlegenheit über die Natur verberge sich die Gewalt der Naturbeherrschung unter ihrem massenkompatiblen, ,tierfreundlichen' Schein:[9]

> Mit Peitsche und Eisenhaken wird das bedächtige Tier hereingeführt. Es hebt auf Kommando den rechten, linken Fuß, den Rüssel, dreht sich im Kreise, legt sich mit Mühe nieder, und schließlich steht es, unter Peitschengeknall, auf zwei Beinen, die

---

9   Der Begriff des ,tierfreundlichen Scheins' wird hier benutzt, da entgegen der Darstellung in den Zitaten Horkheimers und Adornos die gängige Inszenierung von Zirkussen und vor allem von Zoos dergestalt ist, dass sie als Orte erscheinen, an denen Tiere gerne und zufrieden leben und von ,tierlieben Menschen betreut' werden.

den schweren Leib kaum halten können. Das ist seit vielen hundert Jahren, was der Elefant zu tun hat, um den Menschen zu gefallen. (Horkheimer 1974: 54f.)

Diese „Versklavung des Tiers" (ebd.: 55) diene dabei vor allem der symbolischen Repräsentation der Macht über die Natur. So beschreibt Horkheimer den Menschen als die einzige „Rasse, die Exemplare anderer Rassen gefangen halten oder sonst auf eine Art quälen, bloß um sich selbst dabei groß vorzukommen" (ebd.: 73). Das Ausmaß der Gewalt gegen Tiere macht Horkheimer in einem Brief an Herman Igersheimer vom 12. März 1947 deutlich, wenn er schreibt: „Der Hunger der Menschen hat wenigstens die Gabe, laut zu werden, die langen Züge aber, die in allen Kontinenten die Nächte und Tage hindurch zusammengepferchte, halbverschmachtende Tiere auf endlosen Fahrten in die Schlachthäusern liefern, die Laboratorien, in denen wir unsere Triumphe erzielen, kurz, das lautlose Grauen, das der Mensch zu dem schon bestehenden noch hinzufügt, und auf dem sich die ganze Zivilisation notwendig aufbaut, beschämt und rührt mich fast noch tiefer an als die Kämpfe der Menschen untereinander" (Horkheimer 1996b: 797).

In einer Anmerkung beschreiben Horkheimer und Adorno, welche Funktion symbolisch ‚starke Tiere' für Führer und Despoten haben und formulieren dabei einen der zentralen Sätze der Kritischen Theorie zum Thema Mensch-Tier-Beziehung: „Das lässige Streicheln über Kinderhaar und Tierfell heißt: Die Hand hier kann vernichten. Sie tätschelt zärtlich das eine Opfer, bevor sie das andere niederschlägt, und ihre Wahl hat mit der eigenen Schuld des Opfers nichts zu tun. (...) Dem blutigen Zweck der Herrschaft ist die Kreatur nur Material." (Horkheimer/Adorno 2004: 270)

Die Genese bürgerlicher Subjektivität beruhe auf einer bestimmten Vorstellung von Natur, die in ihrer negativen Aufladung die Funktion der Bestätigung des ‚vernünftigen Ichs' erhalte. Eine zentrale Analysekategorie zur Erklärung des Zusammenhangs von innerer Naturbeherrschung und der Gewalt gegen andere ist die pathische Projektion. Diese ist die Projektion negativer, unliebsamer Eigenschaften in andere, etwa Tiere, hinein, um sie dann, anstatt im eigenen Inneren, im fremden Außen zu bekämpfen (vgl. ebd: 201). Damit pathische Projektion durchgeführt werden kann, müssen Natur und auch Tiere zwangsläufig minderwertig sein. Adorno schreibt dazu in seinem Aphorismus ‚Menschen sehen dich an':

Die stets wieder begegnende Aussage, Wilde, Schwarze, Japaner glichen Tieren, etwa Affen, enthält bereits den Schlüssel zum Pogrom. Über dessen Möglichkeit wird entschieden in dem Augenblick, in dem das Auge eines tödlich verwundeten Tiers den Menschen trifft. Der Trotz, mit dem er diesen Blick von sich schiebt ‚es ist ja bloß ein Tier' –, wiederholt sich unaufhaltsam in den Grausamkeiten an Menschen, in denen die Täter das ‚Nur ein Tier' immer wieder sich bestätigen müssen, weil sie es schon am Tier nie ganz glauben konnten (...). Es liegt im Mechanismus der ‚pathischen Projektion', dass die Gewalthaber als Menschen nur ihr eigenes Spiegelbild wahrnehmen, anstatt das Menschliche gerade als das Verschiedene zurück zu spiegeln. (Adorno 2003d: 116).

Vor allem die Projektion innerer Naturanteile, beispielsweise das Triebleben und die Affektivität, in andere Menschen oder Tiere ist ein häufig vorzufindendes Motiv. Die ‚notwendige Beherrschung der inneren Natur' erhält mit der pathischen Projektion eine konkrete soziale Realisierungsmöglichkeit, die sich in den meisten Ausgrenzungs- und Diskriminierungsverhältnissen finden lässt. Das Ich identifiziert in denen, die es abwertet und als unzivilisiert stigmatisiert, eine Naturnähe, die an ein Leben ohne Triebunterdrückung und -verdrängung erinnert, weswegen diese Erinnerung an Natur im anderen ausgelöscht werden soll: Der Aggressor „identifiziert sich mit Natur, indem er den Schrei, den er selbst nicht ausstoßen darf, in seinen Opfern tausendfach erzeugt. (...) Was unten liegt, zieht den Angriff auf sich" (Horkheimer/Adorno 2004: 120). Und noch drastischer heisst es hierzu: „Die Zeichen der Ohnmacht, die hastigen unkoordinierten Bewegungen, Angst der Kreatur, Gewimmel, fordern Mordgier heraus." (ebd.).

Tiere können insofern als ‚ideale' Opfer pathischer Projektion verstanden werden, da sie kaum Möglichkeiten haben, sich gegen ihre menschlichen Aggressoren zur Wehr zu setzen. Dies verdeutlicht Horkheimer in seinem Aphorismus „Zum Wesen des Menschen" mit dem folgenden Beispiel:

> Der Blutdurst der Bauern und sonstiger Helfershelfer, wenn ein Wolf oder ein Berglöwe sich nächtlich ein Schaf holt, verrät die schlecht überwundene Gier nach rohem Fleisch - nach Zerfleischen und Überfall. Indem man den tierischen Räuber zur ‚Bestie' stempelt, schlägt man draußen mit abgefeimter Brutalität, was man drinnen in sich selbst nicht ausrotten kann, das Vor-Zivilisatorische. Es kommt darüber hinaus in dem bestialischen Haß gegen den Wolf aber noch weiter zum Ausdruck, daß man den eigenen Fraß, dem die Schafe ausschließlich vorbehalten bleiben sollen, insgeheim als die grauenvolle Praxis empfindet, die sie wirklich ist. Die Züchter von Haustieren erfahren im täglichen Umgang mit ihnen etwas von deren Individualität und ihrem vertrauendem Leben. Der eigene Widerwille gegen den Mord am Beschützten, gegen den Verkauf an den Schlachter, ist in die untersten seelischen Schichten verstoßen und steigt in der Wut gegen den illegalen Fresser, der soviel harmloser ist als der verräterische Hirte selbst, mit blutunterlaufenen Augen herauf. Im Mord am Wolf bringt man das eigene Gewissen zum Schweigen. Die Gelegenheit ist günstig: man kommt sich dabei auch noch als Beschützer vor - und ist es auch in diesem Augenblick. Der Schutz ist zugleich Totschlag - qui saurait y remédier! -, nur die blutunterlaufenen Augen verraten, daß noch mehr im Spiel ist als die Dialektik der Zivilisation. (Horkheimer 1974: 331).

Tiere als utopische Motive

Eine weitere, bedeutsame Dimension der Mensch-Tier-Beziehung in der Kritischen Theorie sind Adornos utopische Tierbilder. Adornos Begriff der Utopie bleibt ansonsten ein negativer, d.h. er negiert das bestehende Schlechte, ohne die Utopie positiv und konkret zu beschreiben. In typischer Weise beschreibt Adorno folglich: „Zart wäre einzig das Gröbste: dass keiner mehr hungern soll." (Adorno 2003d: 178) Wird dies berücksichtigt, so gewinnen die utopischen Tierbilder an weiterer Tiefe und Tragweite.

In seiner kritischen Gesellschaftstheorie wimmelt es geradezu von vermeintlich ‚unvernünftigen' Paria, welche sich durch ihre Deklassierung kaum Gehör verschaffen könnten und somit von der (instrumentellen) Vernunft mit Argwohn und Missgunst betrachtet würden. Zu diesen Ausgestoßenen gehören neben Tieren beispielsweise auch Clowns (Adorno 2003e: 181f.) oder Bettler (vgl. Adorno 2003d: 225). Diese werden in einer liebevollen und behutsamen Weise in Adornos Texten behandelt und sind für ihn häufig Träger und Trägerinnen subversiver Fähigkeiten. So zwängen sie etwa zu Selbstbesinnung und Erinnerung an die eigene (Vor-)Geschichte oder verkörperten die Möglichkeit einer nonkonformen Haltung zur gesellschaftlichen Totalität.

Als Beispiel für das ‚subversive Potenzial' der Tierbilder bei Adorno kann eine seiner Kindheitserinnerungen stehen. Diese beschreibt eine Situation, welche er in der Nähe des Kurortes Amorbach, an dem seine Familie regelmäßig Urlaub machte, erlebte: „Die gezähmte Wildsau von Ernsttal vergaß ihre Zahmheit, nahm die laut schreiende Dame auf den Rücken und raste davon. Hätte ich ein Leitbild, so wäre es dieses Tier." (Adorno 2003c: 308) Die „Wildsau von Ernsttal" war das Wildschwein ‚Butz', welches als Touristenattraktion durch die Gasthausfamilie Hemberger gezähmt wurde (vgl. Pabst 2003: 209). Bei der „schreienden Dame" handelte es sich um die Frau des „Eisenbahnpräsidenten Stapf" (Adorno 2003c: 308). Die Tatsache, dass Adorno ein Tier, zumal ein solches, dass zwar gezähmt wurde, für gewöhnlich aber nicht zu den domestizierten Tieren zählt, als Motiv seines quasi-Leitbildes wählt, verdeutlicht die tiefe und besondere Beziehung, die Adorno bereits seit seiner Kindheit zu Tieren hatte. Das Utopische des ‚Tier-Seins', mithin das von den gesellschaftlichen Zwängen Befreite, wird an mehreren markanten Stellen seines Gesamtwerkes betont und als Gegenbild zur heteronomen Totalität des Gesellschaftszusammenhangs entworfen.

Doch Adorno identifiziert sich mit der ‚revoltierenden Wildsau von Ernsttal' nur im Konjunktiv, was seine Verwehrung gegen Leitbilder verdeutlicht: „In den Normen und Leitbildern, die fix und unverrückbar den Menschen zur Orientierung (…) verhelfen sollen, spiegelt sich bloß die Schwäche ihres Ichs gegenüber Verhältnissen, über die sie nichts zu vermögen meinen, und die blinde Macht des nun einmal so Seienden." (Adorno 2003g: 297). Die außerordentliche Ehre, vorzugsweise zum Lebensleitbild Adornos zu werden, ‚wenn er denn eines hätte‘, wird nichtsdestotrotz der ‚Wildsau von Ernsttal‘ zuteil.

Das dem Heteronomen Entronnene findet auch als Gegenstand der Kunst, so etwa in den utopischen Bildnissen und Symbolen, seinen Ausdruck, denn

> im clownischen Element erinnert Kunst tröstlich sich der Vorgeschichte in der tierischen Vorwelt. Menschenaffen im Zoo vollführen gemeinsam, was den Clownsakten gleicht. Das Einverständnis der Kinder mit den Clowns ist eines mit der Kunst, das die Erwachsenen ihnen austreiben, nicht weniger als das mit den Tieren. Nicht so durchaus ist der Gattung Mensch die Verdrängung ihrer Tierähnlichkeit gelungen, daß sie diese nicht jäh wiedererkennen könnte und dabei von Glück überflutet wird; die Sprache der kleinen Kinder und der Tiere scheint eine. In der Tierähnlichkeit der Clowns zündet die Menschenähnlichkeit der Affen; die Konstellation Tier/Narr/Clown ist eine von den Grundschichten der Kunst. (Adorno2003e: 181f.)

Die Kunst als Medium, Utopisches zu thematisieren, und die Erinnerung der eigenen, inneren Natur im Tierbild fallen hier zusammen als eine Form der menschlichen Selbstbesinnung, die zuweilen eher als Ahnung, denn als kritisch-rational Reflektiertes, den Betrachterinnen und Betrachtern sich offenbare. Dass die Kunst einer der letzten gesellschaftlichen Orte sei, der diese Erinnerung als Grundlage des Eingedenkens und der Versöhnung ermögliche, habe nicht zuletzt ebenso gesellschaftliche Gründe, da diese Erinnerung der gesellschaftlichen (Herrschafts-)Ordnung gefährlich würde: „Der herrschenden Praxis und ihren unentrinnbaren Alternativen ist nicht die Natur gefährlich, mit der sie vielmehr zusammenfällt, sondern dass Natur erinnert wird." (Horkheimer/Adorno 2004: 271)

In seinem Aphorismus „Sur l'eau" in der *Minima Moralia* lässt Adorno einige weitere, kurze Einblicke in seine ‚zarten‘ Versuche der Beschreibung der „emanzipierten Gesellschaft" (Adorno 2003d: 177) zu. Freiheit und der Prozess der Befreiung werden hier ‚gegen den Strich‘ solcher sowohl sozialdemokratischer als auch marxistischer Prognosen, in denen „das Wunschbild des ungehemmten, kraftstrotzenden, schöpferischen Menschen" (ebd.: 178) zum Ausdruck komme, interpretiert und als noch vom Warenfetisch affiziert kritisiert. So sei dieser Begriff der Freiheit nichts anderes, als die Affirmation der falschen gesellschaftlichen Verhältnisse „als unabänderliche, als ein Stück gesunder Ewigkeit" (ebd.). Diese Kritik an der „blinde[n] Wut des Machens" (ebd.), die der gesellschaftliche Fortschritt als unreflektiertes Moment in sich trage, ist Ausdruck der generellen Kritik und Skepsis gegenüber der bürgerlich-aufklärerischen Idee des Fortschritts, welche, zum Fetisch geworden und von der instrumentellen Vernunft gelenkt, nunmehr die Katastrophengeschichte des Abendlandes vorantreibe. Dem stellt Adorno ein Bild gesellschaftlicher Freiheit gegenüber, die er dadurch charakterisiert, dass diese auch die Befreiung von der zwanghaften „Entfaltung" (Adorno 2003d: 179) beinhalte, vom „Zwang, auf fremde Sterne einzustürmen." (ebd.) Diese Dramaturgie der Befreiung vom sozialen, heteronomen Zwang kulminiert jedoch in folgender, utopischer Allegorie:

> Rien faire comme une bête [nichts tun, *wie ein Tier*, Anm. d. Verf.], auf dem Wasser liegen und friedlich in den Himmel schauen, ‚sein, sonst nichts, ohne alle weitere Bestimmung und Erfüllung' könnte an Stelle von Prozeß, Tun, Erfüllen treten und so wahrhaft das Versprechen der dialektischen Logik einlösen, in ihrem Ursprung zu münden. Keiner unter den abstrakten Begriffen kommt der erfüllten Utopie näher als der vom ewigen Frieden. (ebd.)

Diese Idee des ‚ewigen Friedens' ist die einer Befriedung der sozialen Verhältnisse durch die Versöhnung von Gesellschaft und Natur sowie der Überwindung der Fetischisierung des Fortschritts. Es käme letztendlich darauf an, zu „versuchen, so zu leben, dass man glauben darf, ein gutes Tier gewesen zu sein." (Adorno 2003b: 294)

Leidensfähigkeit von Tieren als Grundlage für Solidarität

Die utopischen Tierbilder können hier als Gegenentwurf zu der von Horkheimer und Adorno beschriebenen gesellschaftlichen Realität verstanden werden, in welcher Tiere vor allem Opfer gesellschaftlich vermittelter Gewalt sind.

Dieses Potenzial, Opfer von Gewalt zu werden, ist für Horkheimer und Adorno jedoch nicht mit den kognitiven Fähigkeiten der Tiere verknüpft. Eine zunächst vielleicht irreleitende Beschreibung dieser Fähigkeiten findet sich im Aphorismus ‚Mensch und Tier' in der *Dialektik der Aufklärung.*

Tiere werden dort als „unendlich debil" (Horkheimer/Adorno 2004: 263) beschrieben. Sie hegten ein geschichts- und begriffsloses Dasein, in welchem sie „trübe und depressiv" (ebd.) seien, ohne ein komplexes Verständnis dieses Seins zu haben. An dieser Sichtweise kann auf Grundlage der zeitgemäßen Erkenntnisstände zur Tierpsychologie und der Frage um Gesellschaften bei nichtmenschlichen Tieren durchaus Kritik geübt werden.[10] Doch Befreiung im gesellschaft-

---

10 So gibt es vor allem im Gebiet der Primatologie Erkenntnisse, die Adorno und Horkheimer nicht zugänglich waren und die dafür sprechen, dass der Bewusstseinszustand von Primaten durchaus durch (rudimentäre) Sprache, begriffliches Denken und andere kognitive Fähigkeit wie ein lange Zeit unterschätztes Lernvermögen sowie soziale Kompetenzen wie Kooperation, Liebe, Präferenz und Vertrauen geprägt ist (vgl. Buschka/Rouamba in diesem Band). Zu analytischen und zum Teil kritischen An-

lichen Sinne kann mithin nicht ihre aktive Praxis bestimmen, denn „um dem bohrenden leeren Dasein zu entgehen, ist ein Widerstand notwendig, dessen Rückgrat die Sprache ist" (ebd.). Es muss also festgestellt werden, dass Tiere lediglich Befreiungsobjekt und nicht – wie in menschlichen Emanzipationsbewegungen – auch das Befreiungssubjekt sein können (vgl. Hawel 2007).

Doch die kognitiven Fähigkeiten sind nicht das, wovon Horkheimer und Adorno die Vergabe von Solidarität und Mitleid abhängig machen. Vielmehr betonen sie die Leidensfähigkeit von Tieren und die Gemeinsamkeit, die die Tiere hierbei mit den Menschen haben. Solidarität und Mitleid entstünden als spontane Impulse der Identifikation mit dem Leid anderer. Diese Impulse bzw. deren Abwesenheit sind allerdings nicht lediglich naturhaft, sondern gesellschaftlich vermittelt und werden entsprechend verdrängt oder gefördert. In der von Adorno proklamierten „Solidarität mit den (...) quälbaren Körpern" (Adorno 2003b: 281)[11] wird der Stellenwert der Leidensfähigkeit für die Analyse des Mensch-Tier-Verhältnisses der Kritischen Theorie deutlich. Im Schmerz werden sich laut Horkheimer Mensch und Tier gleich, denn „im Schmerz wird alles eingeebnet, jeder wird jedem gleich, Mensch und Mensch, Mensch und Tier. Der Schmerz saugt das ganze Leben des Wesens auf, das er ergriffen hat: sie sind nichts mehr als Hüllen von Schmerz." (Horkheimer 1992b: 298) Diese Reduktion und die mit ihr einhergehende Egalisierung leidensfähiger Individuen deutet zweierlei an: Zum einen ist das verbindende Element zwischen den Individuen ihre Natur, die Fähigkeit Schmerzen zu erleiden und diesen nicht entkommen zu können sowie die Gleichheit im Wunsch der Abwesenheit dieses Leidens. Hier hebt Horkheimer hervor:

> Die größeren Gaben des Menschen, vor allem die Vernunft, heben die Gemeinschaft, die er mit den Tieren fühlt, durchaus nicht auf. Die Züge des Menschen haben zwar eine besondere Prägung, aber die Verwandtschaft seines Glücks und Elends mit dem Leben der Tiere ist offenbar. (Horkheimer 1988a: 136).

---

merkungen zur Bestimmung des adornoschen Tier-Begriffs vgl. Hoffmann (2003: 111ff).

11 Der Begriff des „quälbaren Körpers" stammt aus Adornos Negative Dialektik und rekurriert auf den Gebrauch bei Brecht, welcher ihn im Zusammenhang mit den Greueltaten des Nationalsozialismus setzt. Der Begriff wird bei Adorno universalisiert, wodurch die ‚Solidarität mit den quälbaren Köpern' zum ‚wahrhaften Impuls' auf das Zeugnis unaussprechlicher und ‚irrationaler' Gewalt wird. Diese Forderung nach empathischem Einfühlen in die Lage der Opfer von Gewalt ist ein zentrales Element der Kritischen Theorie und eine Kritik an der durch Rationalisierung alle Solidarität und Kritik zersetzenden, instrumentellen Vernunft.

Zum anderen wird hier die in der Kritischen Theorie angelegte, auch die Speziesgrenzen überschreitende, Solidarität mit den Opfern von Gewalt deutlich. So seien es nicht die Gattung oder Art, sondern die individuellen Erfahrungen von Gewalt und Schmerz, die die Solidarität und das Mitleid mit den Opfern forderten. Die Aufhebung der entzweiten menschlichen Natur wird deutlich, wenn Horkheimer betont: „In entscheidenden Zügen sind wir dasselbe wie die Tiere, ja wie alles Lebendige, und mögen uns als sein natürlicher Anwalt fühlen, wie der glückliche befreite Gefangene gegenüber den Leidensgenossen, die noch eingeschlossen sind" (Horkheimer 1974: 246). Es sei der universelle Wunsch der leidensfähigen Wesen, ohne Leid zu leben und in diesem Punkt werde das Subjekt gezwungen, sich an seine eigene Natur und seine Einheit mit den anderen Tieren zu erinnern. Dass diese Erkenntnis programmatischen Charakter für die Kritische Theorie hat, wird deutlich, wenn Adorno schreibt, dass das Bedürfnis „Leiden beredt werden zu lassen" also das Leid an die gesellschaftliche Oberfläche zu bringen, „(...) Bedingung aller Wahrheit" (Adorno 2003b: 29) sei. Alle Wahrheit und damit alle progressive Veränderung und Versöhnung gehe von der Anerkennung und Sichtbarmachung des Leidens aus. Dass „die Tiere (...) des Menschen" bedürfen (Horkheimer 1988a: 136) macht deutlich, dass es für Horkheimer die Sache der Menschen ist, das „Leiden beredt werden zu lassen", denn es seien letztendlich die fleischessenden „(...) Menschen[,] die Tiere umbringen und ihre Leichen essen, was die tägliche Todesangst und Qual von Millionen Tieren bedingt (...)." (Horkheimer 1974: 328).

Fazit

Zusammenfassend lässt sich sagen, dass die Mensch-Tier-Beziehung innerhalb des Gesamtwerkes der Kritischen Theorie eine untergeordnete, wenn auch wichtige Rolle spielt. Implizit jedoch, d.h. in Form der generellen Kritik der Naturbeherrschung, kann sie als einer der zentralen Gegenstände der Frankfurter Schule bezeichnet werden. Es ist somit auffallend, dass trotz der Dominanz, die die Behandlung gesellschaftlicher Naturverhältnisse in der Kritischen Theorie einnimmt, deren Analyse des Verhältnisses der Gesellschaft zu den Tieren und die Sichtweise der Tiere als Opfer der Naturbeherrschung im Werk dieser Theoretiker bisher nur wenig Beachtung fanden.

Die Dialektik der Naturbeherrschung – und somit auch die Beziehung zwischen Mensch und Tier – ist maßgeblich mit der Analyse der bürgerlichen Subjektgenese und der „rastlose[n] Selbstzerstörung der Aufklärung" (Horkheimer/ Adorno 2004: 1) verknüpft. Der Verdienst Adornos und Horkheimers ist es, Tiere in ihre gesellschafts- und zivilisationstheoretischen Überlegungen mit einbezogen, und somit einen Ansatz vorgelegt zu haben, mit dem Instrumentalität und Gewalt als wichtige Aspekte des Verhältnisses zu Tieren in der Moderne erklärt werden kann.

Angesichts der Tatsache, dass die Ausbeutung der Tiere und der Natur im Allgemeinen in der Gegenwartsgesellschaft weiterhin fortbesteht, ist die Kritische Theorie der Frankfurter Schule keineswegs weniger aktuell. Die Thematisierung des Mensch-Tier-Verhältnisses im Rahmen der Kritischen Theorie muss jedoch im Kontext ihrer Zeit gelesen werden: So sind die gegenwärtigen Arbeiten der Human-Animal-Studies unter anderem beeinflusst durch die Entstehung einer Tierrechtsbewegung in den westlichen Industrieländern, aus welcher heraus eine fundamentale Kritik an der Behandlung von Tieren und den verschiedenen Formen ihrer Ausbeutung formuliert wurde. Entsprechende politische und moralphilosophische Diskurse, waren beispielsweise zur Zeit Adornos und Horkheimers kaum vorhanden. Auch die soziale Konfiguration des Mensch-Tier-Verhältnisses unterlag seit den 60er Jahren Veränderungen: So existieren heutzutage eine Vielzahl persönlicher Beziehungen von Menschen zu tierlichen Individuen, womit sich in Teilen tierbezogene Werte- und Einstellungsmuster und Tierbilder verändert haben könnten. Auf der anderen Seite ist das Ausmaß der industriellen Ausbeutung von Tieren auf Grund des Wandels der agrarökonomischen Produktionssysteme und des gesellschaftlichen Wohlstandes angestiegen. Diese neue Komplexität und Ambivalenz im gesellschaftlichen Mensch-Tier-Verhältnis müsste vor allem mittels empirischer Forschungsmethoden analysiert werden. Horkheimers und Adornos Kritik der ‚verwalteten Welt‘ und somit auch der Herrschaft über Tiere bezieht sich zudem auf einen Stand der Technik, welcher aus heutiger Sicht antiquiert erscheint. Die technischen Möglichkeiten der Kontrolle und Manipulation tierlicher Körper sowie die Quantität und Technisierung der industriellen Tötung von Tieren sind seither ausdifferenziert worden und haben den Stand zu Adornos und Horkheimer Zeiten um ein Vielfaches überholt. Diese wesentlichen Veränderungen der sozio-ökonomischen Rahmenbedingungen müssten daher Grundlage einer Aktualisierung und Kritik der Kritischen Theorie sein.

Die Thematisierung des Mensch-Tier-Verhältnisses bei Adorno und Horkheimer verläuft über verschiedene Dimensionen, die hier dargestellt wurden. Um ein noch umfassenderes Bild über die Bedeutung von Tieren für Horkheimer und Adorno zu erhalten, wäre überdies weitere biografische Forschung nötig. So lagern etwa im Adornoarchiv in Frankfurt noch immer unveröffentlichte Schriftstücke und persönliche Notizen, die unter diesem Gesichtspunkt untersucht werden müssen.

Die hier vorgestellten Überlegungen Adornos und Horkheimers eröffnen einen empathischen Blick auf die Rolle von Tieren in der modernen Gesellschaft, und sind des Weiteren ein Plädoyer, Solidarität und die Idee einer befreiten Gesellschaft auch auf Tiere auszuweiten. So ist es laut Horkheimer und Adorno die Aufgabe des Menschen, die Tiere aus der von ihm selbst erschaffenen ‚Tierhölle‘ zu befreien, denn „die größeren Mittel der Gesellschaft fordern größere moralische Differenziertheit. Mitleid ist nicht genug (...)" (Horkheimer 1959: 7).

Literatur

Abromeit, John (2011): Max Horkheimer and the Foundations of the Frankfurt School. Cambridge: Cambridge University Press

Adorno, Theodor W. (1996): Probleme der Moralphilosophie. Frankfurt am Main: Suhrkamp Verlag

Adorno, Theodor W. (2003a): Erziehung nach Auschwitz. In ders.: Gesammelte Schriften. Band 10,2. Kulturkritik und Gesellschaft II. Eingriffe Stichworte. Frankfurt am Main: Suhrkamp Verlag, 674-690

Adorno, Theodor W. (2003b): Negative Dialektik. In ders.: Gesammelte Schriften Band 6 Negative Dialektik/Jargon der Eigentlichkeit, Frankfurt am Main: Suhrkamp Verlag

Adorno, Thedor W (2003c): Amorbach. In ders.: Gesammelte Schriften Band 1. Kulturkritik und Gesellschaft I. Prismen. Ohne Leitbild. Frankfurt am Main: Suhrkamp Verlag, 302-309

Adorno, Theodor W. (2003d): Gesammelte Minima Moralia – Reflexionen aus dem beschädigten Leben. In ders.: Gesammelte Schriften Band 6. Frankfurt am Main: Suhrkamp Verlag

Adorno, Theodor W. (2003e): Ästhetische Theorie. In ders.: Gesammelte Schriften Band 7. Frankfurt am Main: Suhrkamp Verlag

Adorno, Theodor W. (2003f): Briefe an die Eltern 1939-1951. Frankfurt am Main: Suhrkamp Verlag

Adorno, Theodor W. (2003g): Ohne Leitbild. Anstelle einer Vorrede. In ders.: Gesammelte Schriften Band 10,1. Kulturkritik und Gesellschaft I. Prismen. Ohne Leitbild. Frankfurt am Main: Suhrkamp Verlag, 291-301

Adorno, Theodor W. (2004): Beethoven. Philosophie der neuen Musik. Frankfurt am Main: Suhrkamp Verlag

Derrida, Jacques (2002): Die Sprache des Fremden und das Räubern am Wege. Dankesrede von Jacques Derrida anlässlich der Verleihung des Theodor-W.-Adorno-Preises 2001, in: Le Monde diplomatique Nr. 6647 vom 11.1.2002. online im Internet unter http://monde-diplomatique.de/pm/2002/01/11.mondeText.artikel,a0042.idx,14_[Stand 18.05.2011]

Gerhardt, Christina (2011): Thinking With: Animals in Schopenhauer, Horkheimer and Adorno. In: Sanbonmatsu (2011): 137-146

Görg, Christof (1999): Gesellschaftliche Naturverhältnisse. Münster: Westfälisches Dampfboot

Hawel, Marcus (2007): Emanzipative Praxis und kritische Theorie. Zur Dialektik von inte-
grativer Anerkennung und aufhebender Negation, in: Witt-Stahl 2007, 125-141

Hoffmann, Arnd (2003): „Rien faire comme une bête" - Überlegungen zu Adornos Tieren.
In: Hoffmann et al (2003): 107-140

Hoffman, Arnd et al (Hrsg.) (2003): Marginalien zu Adorno. Münster: Westfälisches
Dampfboot

Horkheimer, Max (1959): „Erinnerung", gedruckt in: Das Recht der Tiere. Organ des Bundes gegen den Missbrauch der Tiere e.V. Starnberg, Heft 1/2, S.7

Horkheimer, Max (1974): Notizen 1950 bis 1969 und Dämmerung, Frankfurt am Main:
Fischer Verlag

Horkheimer, Max (1988a): Materialismus und Moral. In ders.: Gesammelte Schriften Band
3: Schriften 1931-1936, Frankfurt am Main: Fischer Taschenbuch Verlag, 111-149

Horkheimer, Max (1988b): Vier Tagebuchblätter [1915-1916]. In ders.: Gesammelte Schriften Band 1: Aus der Pubertät. Novellen und Tagebuchblätter. 1914-1918. Frankfurt am
Main: Fischer Taschenbuch Verlag, 158-169

Horkheimer, Max (1991): Die Revolte der Natur. In ders.: Gesammelte Schriften Band 6:
,Zur Kritik der instrumentellen Vernunft' und ,Notizen 1949-1969'. Frankfurt am Main:
Fischer Taschenbuch Verlag, 105-135

Horkheimer, Max (1992a): Egoismus und Freiheitsbewegung. In ders.: Traditionelle und
Kritische Theorie. Fünf Aufsätze. Frankfurt am Main: Fischer Taschenbuch Verlag, 43-
122

Horkheimer, Max (1992b): Vernunft und Selbsterhaltung. In ders.: Traditionelle und kritische Theorie. Fünf Aufsätze. Frankfurt am Main: Fischer Taschenbuch Verlag, 271-301

Horkheimer, Max (1992c): Nachtrag. In ders.: Traditionelle und kritische Theorie. Fünf
Aufsätze. Frankfurt am Main: Fischer Taschenbuch Verlag, 261-269

Horkheimer, Max (1995): Briefwechsel 1913-1936. In ders.: Gesammelte Schriften Band 15,
Fischer Verlag: Frankfurt am Main.

Horkheimer, Max (1996a): Briefwechsel 1941-1948. In ders.: Gesammelte Schriften Band
17, Fischer Verlag, Frankfurt am Main

Horkheimer, Max (1996b): Briefwechsel 1949-1973. In ders.: Gesammelte Schriften Band
18, Fischer Verlag: Frankfurt am Main

Horkheimer, Max/Adorno, Theodor W. (2004): Dialektik der Aufklärung – Philosophische
Fragmente. Frankfurt am Main: Suhrkamp Verlag

Maurizi, Marco (2012): The Dialectical Animal: Nature and Philosophy of History in Adorno, Horkheimer and Marcuse. In: Journal for Critical Animal Studies Vol. 10. 1. 67-104

Mendieta, Eduardo (2011): Animal is to Kantianism as Jew is to Fascism: Adorno's Besti-
ary. In: Sanbonmatsu (2011): 147-162

Mütherich, Birgit (2004): Die Problematik der Mensch-Tier-Beziehung in der Soziologie.
Marx, Weber und die Frankfurter Schule. Münster: LIT-Verlag

Negt, Oskar (2006): Adorno als Marxist. In: Perels (2006): 9-26

Pabst, Reinhard (2003): Adorno. Kindheit in Amorbach. Franfurt am Main/Leipzig: Insel
Verlag

Perels, Joachim (Hrsg.) (2006): Leiden beredt werden lassen. Beiträge über das Denken
Theodor W. Adornos. Hannover: Offizin Verlag

Sanbonmatsu, John (Hrsg.) (2011): Critical Theory and Animal Liberation. Plymouth:
Rowman & Littlefield

Witt-Stahl, Susann (Hrsg.) (2007): Das steinerne Herz der Unendlichkeit erweichen. Beiträge zu einer kritischen Theorie für die Befreiung der Tiere. Aschaffenburg: Alibri-Verlag

Zuckermann, Moshe (2005): „Dem blutigen Zweck der Herrschaft ist die Kreatur nur Material" Die Frankfurter Schule und ihre Kritik des Mensch-Tier-Verhältnisses. Dokumentation eines Workshops der Tierrechts-Aktion-Nord mit Moshe Zuckermann. Hamburg: Eigenverlag

II. Die soziale Beziehung der Gesellschaft zu ihren ‚Haustieren'

Der Hund in der Erwerbsarbeit der Dienstleistungsgesellschaft. Eine Untersuchung der Merkmale und Bedingungen qualifizierter Tätigkeiten von Tieren am Beispiel von Hunden

Katja Wilkeneit und Bärbel Schulz

1   Zusammenfassung

Arbeit ist ein zentrales Thema in der Soziologie. Es gibt verschiedene Definitionsversuche, Theorieansätze und Studien zum Thema Arbeit. Doch obwohl der Mensch Tiere seit langem zur Arbeit einsetzt, wurden der gemeinsamen Arbeitstätigkeit von Menschen und Tieren sowie dem gesellschaftlichen Mensch-Tier-Verhältnis im Bereich der Erwerbsarbeit in der Soziologie bisher kaum Beachtung geschenkt. Dieser Artikel geht am Beispiel von ausgebildeten Hunden in Deutschland der Frage nach, welches die Merkmale und Bedingungen des Arbeitseinsatzes von Tieren sind und welches ihre Stellung in der Arbeitswelt postindustrieller Gesellschaften ist.

Zur Beantwortung dieser Frage wurden qualitative Experten-Interviews mit insgesamt fünf Personen durchgeführt, welche Hunde für unterschiedliche qualifizierte Tätigkeiten einsetzen und mit ihnen im Rahmen dieser Tätigkeiten zusammen arbeiten. Anhand der so erhobenen qualitativen Daten und ihrer Auswertung konnte ein erster Einblick in die Bedingungen und Merkmale des Arbeitseinsatzes qualifiziert tätiger Hunde gewonnen werden. Auch ermöglichte diese Untersuchung vertiefende Einblicke in das ambivalente Verhältnis zwischen Mensch und Hund im Rahmen der gemeinsam geleisteten Arbeitstätigkeit.

Als Ergebnis zeigt sich, dass der Hund in der modernen Arbeitswelt nicht nur als Werkzeug gesehen wird. Stattdessen lässt sich feststellen, dass der Hund im Arbeitsprozess unterschiedliche und dabei teilweise widersprüchliche soziale Rollen zugewiesen bekommt. Obwohl die Arbeitstätigkeiten von Mensch und Hund durchaus vergleichbar sind, sich die Beziehung zwischen dem menschlichen und dem tierlichen Kollegen als eine soziale Beziehung beschreiben lässt und dem Hund Eigenschaften wie Motivation, Individualität und Lernfähigkeit zugeschrieben werden, muss die soziale Position von Hunden in der Erwerbsarbeit der Dienstleitungsgesellschaft aber aufgrund des ihnen zugewiesenen rechtlichen

Status und ihres Status als „unterlegener Sozialpartner" (nach Teutsch 2001, siehe Abschnitt 3) als hochgradig unsicher und fremdbestimmt beschrieben werden.

2   Einleitung

(...) der Mensch allein arbeitet, weil er alleine seine Arbeit begreift und mit Hilfe seines Bewusstseins seine Vernunft bildet. Die Tiere, die wir bildlich Arbeitende nennen, sind nur Maschinen unter der Hand eines der beiden gegensätzlichen Schöpfer, Gottes und des Menschen. Sie begreifen nichts, folglich produzieren sie nichts. (Proudhon 1847: 429)

Arbeit ist von der industriellen Revolution an bis heute ein zentrales Thema der Soziologie. Beschäftigt man sich mit dem Begriff der Arbeit, so stellt man fest, dass die Definitionen, Theorien und Ansätze zum Konzept der Arbeit vielfältig und teilweise widersprüchlich sind. Doch obwohl der Mensch die Fähigkeiten der Tiere seit langer Zeit nutzt, um die eigenen zu ergänzen und sie für die Erledigung vielfältiger Aufgaben einsetzt, fanden die gemeinsam ausgeübte Arbeitstätigkeit von Tieren und Menschen und das Verhältnis zwischen arbeitenden Menschen und mit ihnen arbeitenden Tieren in der soziologischen Diskussion bislang kaum Beachtung, wie auch das Mensch-Tier-Verhältnis generell in der Soziologie lange Zeit aus der soziologischen Analyse eher ausgeblendet wurde (vgl. Mütherich 2004: 10; Pohlheim 2006: 1, 5; Gutjahr/Sebastian in diesem Band). Wohl aber gab und gibt es in anderen Disziplinen wie beispielsweise der Philosophie Überlegungen zum Wesen und den mentalen Fähigkeiten von Tieren und den sich daraus ableitenden Konsequenzen für den menschlichen Umgang mit ihnen. In dem Zusammenhang wird unter anderem die Frage aufgeworfen, inwieweit der Mensch sich vom Tier unterscheidet (Beispiele siehe Perler/Wild 2005 oder Searle 2005), vor allem in Bezug auf die Kategorie „Geist". Dabei wird einerseits „das Tier" als ein Instinktwesen verstanden, welches auf Reize rein instinktiv und quasi genetisch programmiert reagiert, andererseits wird Tieren oder bestimmten Tierarten aber auch eine ähnliche Befähigung zum Lernen, kreativen und selbstständigen Reagieren, Denken und Fühlen wie den Menschen zugesprochen (vgl. Searle 2005; Perler/Wild 2005 oder Malcolm 2005; siehe auch Buschka/Rouamba in diesem Band). Mit dem im deutschsprachigen Raum in jüngster Vergangenheit festzustellenden wachsenden öffentlichen sowie geisteswissenschaftlichen Interesse an dem gesellschaftlichen Mensch-Tier-Verhältnis könnte dieser Themenkomplex auch im Bereich der Soziologie an Bedeutung gewinnen (siehe Pfau-

Effinger/Buschka sowie Gutjahr/Sebastian in diesem Band), zumal die möglichen Forschungsperspektiven äußerst vielfältig sind (vgl. Mütherich 2004: 10).

Mit unserem Artikel möchten wir einen Beitrag zur Betrachtung der Mensch-Tier-Beziehung aus soziologischer Perspektive leisten. Wir befassen uns in diesem Zusammenhang mit dem Mensch-Tier-Verhältnis am konkreten Beispiel der gemeinsamen Arbeitstätigkeit von Mensch und Hund. Ist also ein Hund, der möglicherweise sogar eine spezielle Ausbildung durchlaufen und bestimmte Qualifikationen erworben hat, nicht mehr als ein durch den Menschen der Natur entnommenes „Hilfsmittel"? Oder leistet er, genau wie der Mensch, „Arbeit"? Welche Auffassung haben diejenigen Menschen, die in ihrem professionellen Kontext mit einem Hund gemeinsam arbeiten, von dessen Rolle? Betrachten sie das Tier eher als Werkzeug, das ihnen zur Verfügung steht oder als Kollegen oder Partner mit eigenen Bedürfnissen und einem eigenen Willen? Besteht eine soziale Beziehung zwischen Mensch und Hund im Rahmen der gemeinsam ausgeführten Tätigkeit und wenn, wie wird diese Beziehung vom menschlichen Kollegen charakterisiert? Im Rahmen dieser qualitativen Studie sind wir der Frage nachgegangen, welches die Merkmale und Bedingungen des qualifizierten Arbeitseinsatzes von Hunden sind und welche, ihnen seitens der menschlichen Akteure zugewiesene, soziale Stellung ausgebildete Hunde in der modernen Arbeitswelt einnehmen. Weiter haben wir nach möglichen Widersprüchen in dem Verhältnis gefragt.

Dazu haben wir qualitative Interviews mit Hundeausbildern geführt und den Arbeitseinsatz der Hunde unter besonderer Berücksichtigung der Zusammenarbeit zwischen Mensch und Tier für verschiedene Arten typischer Arbeitstätigkeiten von Hunden untersucht. Dabei haben wir die Annahme zugrunde gelegt, dass Hunde grundsätzlich als unterlegene Sozialpartner eingestuft werden. Wir beschränken uns im Rahmen unserer Untersuchung auf ausgebildete Hunde in Deutschland.

Im folgenden Teil 3 werden die begrifflichen und theoretischen Grundlagen dieser qualitativ ausgerichteten Studie vorgestellt. Im 4. Teil stellen wir das Forschungsdesign vor und erläutern den methodologischen Ansatz unserer Studie sowie unser Vorgehen während der Feldphase und bei der Datenerhebung. Außerdem beschreiben wir unsere Methoden und unser Vorgehen bei der Datenauswertung. Im dann folgenden Teil 5 präsentieren wir die Ergebnisse der Untersuchung und diskutieren deren Bedeutung hinsichtlich der Forschungsfrage. Es folgt ein kurzes Fazit.

3   Begriffliche und theoretische Grundlagen

Interspezifische Soziologie nach Teutsch

Gotthard M. Teutsch hat in der Mitte des 20. Jahrhunderts einen Ansatz der ‚interspezifischen Soziologie' entwickelt. Dabei griff er auf Ansätze verschiedener bedeutender Wissenschaftler wie Theodor Geiger, Heini Hediger, Rudolf Schenkel und Desmond Morris zurück, um so eine Untersuchungsmethode für interspezifische Sozialbeziehungen zu schaffen und hierdurch einen Beitrag zur Entwicklung einer „Soziologie der Lebewesen" zu leisten. Ziel einer solchen speziellen Soziologie ist nach Teutsch die Beantwortung der Frage, *„ob es zwischen Lebewesen so verschiedener Art wie Menschen, Tieren und Pflanzen Beziehungen gibt, die mit zwischenmenschlichen Sozialbeziehungen vergleichbar sind"* (Teutsch 2001: 17). Als Voraussetzung für diese Analyse verwendet Teutsch das Kriterium der „Du-Evidenz", das seiner Argumentation zufolge die Voraussetzung von Kontaktbereitschaft, „intimacy" und „gegenseitige Verständigung" als Basis sozialer Beziehungen darstellt (Teutsch 2001: 16-23). Er unterscheidet dabei zwischen der „Du-Evidenz-Fähigkeit", der „Du-Evidenz-Bereitschaft" und der „Du-Evidenz-Gegebenheit" zweier Individuen (Teutsch 2001: 48-49) sowie deren Interaktionsfähigkeit (ebd.: 54-57). Nach Teutsch umschreibt der Terminus Du-Evidenz-Fähigkeit die *„sinnliche, emotionale und intellektuelle Fähigkeit eines Lebewesens, ein anderes Lebewesen als ‚Du' zu erkennen"* (Teutsch 2001: 48). Die Du-Evidenz-Bereitschaft bezeichnet die Bereitschaft des jeweiligen Lebewesens, *„das erkennbare ‚Du' auch wirklich erkennen zu wollen."* (ebd.), während die Du-Evidenz-Gegebenheit abschließend den Sachverhalt beschreibt, dass *„das erkennbare ‚Du' im anderen erkannt ist"* (ebd.). Zudem übernimmt und erweitert Teutsch Schenkels Begriff des „unterlegenen Sozialpartners" (ebd.: 20), welcher ausdrückt, dass für das Vorhandensein einer sozialen Beziehung die beiden Partner nicht zwangsweise hierarchisch gleichgestellt sein müssen. (Teutsch 2001: 20, 23) Auch unterscheidet er zwischen den Möglichkeiten der individuellen und kollektiven Beziehungen zwischen Menschen und Tier (Teutsch 2001: 65). In Bezug auf unserer Untersuchung sind eher die individuellen Beziehungen und die verschiedenen möglichen Beziehungsformen interessant. Genannt werden bei Teutsch die folgenden möglichen Beziehungsformen: Menschen und Tiere als Artgenossen, Menschen und Tiere als Bekannte, Kooperation und Kameradschaft, Mensch und Tier in Freundschaft, Mensch und Tier in Feindschaft, das Tier im Adoptionsverhältnis (Teutsch 2001: 71-79). Obwohl wir im Rahmen dieser Arbeit nicht die Möglichkeit haben, die Beziehung zwischen Mensch und Hund im Rahmen der gemeinsam geleisteten Arbeitstätigkeit systematisch nach den Merkmalen einer

interspezifischen Sozialbeziehung nach den Kriterien von Teutsch hin zu untersuchen, können wir anhand der von uns erhobenen Daten dennoch feststellen, dass
einige der von Teutsch genannten Voraussetzungen für die Existenz einer solchen Beziehung seitens unserer Interviewpartner im Rahmen der gemeinsamen
Arbeitstätigkeit mit ihrem tierlichen Kollegen als gegeben vorausgesetzt werden
(Vgl. Abschnitt 5).

Der Arbeitsbegriff in der Soziologie

Der Begriff der „Arbeit" wird heutzutage aus einem langen historischen Entwick-
lungszusammenhang heraus begriffen. Nach Jürgen Kocka haben sich der Begriff
und das Verständnis der Arbeit in Europa seit der Antike immer wieder gewan-
delt und unterlagen dabei einem stetigen Prozess der historischen Aufwertung
(Kocka 2000: 477-479). Seit dem Mittelalter entwickelte sich die Arbeit, Gertraude
Mikl-Horke (2000: 5) zufolge, zunehmend von einem äußeren Zwang hin zu einer *„inneren Verpflichtung im moralischen Sinn"* (ebd.). Religion, Philosophie und
Wissenschaft trugen dabei, so Mikl-Horke, zur *„Bedeutung der Arbeit als Grund-
und Wesensmerkmal des Menschen"* bei (ebd.).

Der Arbeitsbegriff, wie wir ihn heute allgemein verwenden, entstand im 19.
und frühen 20. Jahrhundert. Er wurde von der Industrialisierung und dem Kapitalismus geprägt, die das Konzept einer marktvermittelten Arbeit hervorbrachten
(Kocka 2000: 479f.). Der Kapitalismus wurde zum allgemeinen Prinzip des wirt-
schaftlichen Lebens innerhalb Europas (Kocka 2000: 480). André Gorz beschreibt
die Entwicklung des modernen Arbeitsbegriffes wie folgt:

> Was wir heute ‚Arbeit' nennen, ist eine Erfindung der Moderne. Die Form, unter
> der wir sie kennen, praktizieren und zum Mittelpunkt unseres individuellen und
> sozialen Lebens machen, wurde mit dem Industrialismus erfunden und dann ver-
> allgemeinert. (Gorz 1989: 27)

Der heutige Arbeitsbegriff bezieht sich nicht auf eine bestimmte Art der Tätigkeit, sondern vielmehr auf eine Beziehung, die in der Arbeit impliziert ist. Diese
Beziehung ist die zwischen Anbietenden und Nachfragenden der Arbeitskraft als
Ware. Die Arbeit selbst hat also eine eigene Bedeutung, losgelöst von bestimmten
Personen oder Tätigkeiten. Ermöglicht wird dies unter anderem durch die Geld-
wirtschaft, welche die Arbeitskraft in eine Ware wandelt, die auf dem Markt angeboten, nachgefragt und erworben werden kann (Mikl-Horke 2000: 3f.). Diese Entwicklungen sind Hinweise auf eine zunehmende Veräußerlichung des Menschen
durch die Arbeit oder im Arbeitsprozess an sich. Es erfolge eine *„Loslösung der
Arbeitskraft, der Fertigkeiten und des Wissens von der Person in der Verallgemei-*

nerung derselben als Kompetenzen, Qualifikationen und Anforderungen" (Mikl-Horke 2000: 5). Gertraude Mikl-Horke spricht hier von einer Versachlichung und Generalisierung der Arbeit seit der Industrialisierung.

Zentrale Dimensionen von Arbeit

Die Soziologie befasst sich vor allem mit der sozialen und kulturellen Bedeutung und Bewertung der Arbeit sowie deren Wandel, den gesellschaftlichen Strukturen und den sozialen Beziehungen, die auf die Arbeit wirken oder innerhalb des Arbeitsprozesses entstehen, reproduziert werden und sich wandeln (Mikl-Horke 2000: 6). Dabei wird der Begriff „Arbeit" und das, was man darunter versteht, als sozial konstruiert angesehen, und seine inhaltliche Ausgestaltung gilt als kontextabhängig. In postindustriellen Gesellschaften hat Arbeit primär den Status als „Erwerbsarbeit", die Jürgen Kocka wie folgt definiert:

> Erwerbsarbeit meint Arbeit, die zur Herstellung von Gütern oder Erbringung von Leistungen zum Zweck des Tausches auf dem Markt dient, mit der man ein Einkommen erzielt, von der man lebt, durch die man verdient: sei es in abhängiger oder selbständiger Stellung oder in einer der vielen Zwischenstufen, sei es mit manueller oder nicht-manueller, mit mehr oder weniger qualifizierter Tätigkeit. Lohnarbeit ist nur eine, wenngleich die wichtigste und bei weitem verbreitetste Form von Erwerbsarbeit gewesen und geblieben.(Kocka 2000: 481)

Auch im Rahmen der postindustriellen Erwerbsarbeit arbeiten Menschen zusammen mit Tieren, nutzen deren Arbeitskraft als Ressource und erzielen durch die gemeinsam erbrachte Leistung ihr Einkommen. Unser erstes Ziel ist es, die Merkmale und Bedingungen des Arbeitseinsatzes von Tieren, am Beispiel qualifizierter Hunde, möglichst umfassend darzustellen. Wir verwenden hierfür das von Ali Wacker vorgestellte Konzept der Dimensionsanalyse, welches zur Analyse der verschiedenen Aspekte menschlicher Arbeit konzipiert wurde (Wacker 1989). Dies ist insofern mit G. M. Teutschs Ansatz vereinbar, als Teutsch betont:

> Wenn also geprüft werden soll, ob es im Verhältnis des Menschen zu anderen Lebewesen Beziehungen gibt, die den zwischenmenschlichen Sozialbeziehungen entsprechen, dann ist es sinnvoll, die neuen Sachverhalte zunächst einmal mit den traditionellen Begriffen der Humansoziologie zu untersuchen. Zeigt es sich, daß (sic!) humansoziologische Grundbegriffe [...] analog verwendbar sind, dann kann man auch bei der Mensch-Tier-Beziehung von humananalogen Sozialbeziehungen sprechen. (Teutsch 2001: 38).

Wir wollen das Modell von Wacker erweitern und zur Analyse der qualifizierten Arbeitstätigkeit von Hunden anwenden. Laut Wacker sind vor allem die folgenden Dimensionen der (menschlichen) Arbeit für deren Analyse relevant (Wacker 1989: 142-144):

- die naturale Dimension, d.h. Arbeit als geistige oder körperliche Tätigkeit, welche die Sicherung des Lebensunterhaltes und damit die Daseinsvorsorge zum Ziel hat;
- die soziale Dimension; diese bezieht sich darauf, dass Arbeit stets auf Andere bezogen funktioniert, mit denen man arbeitsteilig zusammen arbeitet und mit denen man in einer Wechselbeziehung steht;
- die personale Dimension, welche die Bedeutung beschreibt, die Arbeit für den Einzelnen hat sowie die interpersonalen Eigenschaften, Fähigkeiten sowie deren Entwicklung, die damit verbunden sind.

Diese drei Dimensionen der Arbeit, also die naturale, die soziale und die personale Dimension, bilden die Grundlage für unsere Analyse der Arbeit von Hunden.

Zur umfassenden Analyse des qualifizierten Arbeitseinsatzes von Hunden haben wir diese drei Dimensionen der Arbeit um drei Dimensionen erweitert, die Wacker in seinem Artikel zwar anspricht, selbst aber nicht direkt in sein Konzept zur Dimensionsanalyse menschlicher Arbeit integriert (Wacker 1989: 152, 164 f.). So fragen wir zusätzlich nach der *rechtlichen* Dimension der Arbeit: In Bezug auf die menschliche Arbeit geht es hierbei um die Art des Arbeitsvertrags. Es handelt sich dabei um die gesetzliche Institutionalisierung der Arbeitsbeziehung, also um die Beziehung zwischen demjenigen, der die Ware Arbeit nachfragt und demjenigen, der sie anbietet (vgl. auch Mikl-Horke 2000: 7). Der Inhalt eines Arbeitsvertrages oder die gesetzlichen Regelungen, welche die Arbeit betreffen, spiegeln die gesellschaftliche Beziehung und das Machtverhältnis der betreffenden Parteien wider. Auf den Aspekt der gesetzlichen Institutionalisierung der Arbeitsbeziehung in Bezug auf den von uns betrachteten Forschungsgegenstand werden wir in Abschnitt 5 näher eingehen.

Weiter fragen wir auch nach der konkreten *inhaltlichen Ausgestaltung* des qualifizierten Arbeitseinsatzes von Hunden und ihren menschlichen Kolleginnen und Kollegen und werden dies im Folgenden als praktische Dimension bezeichnen. Abschließend soll auch die *zeitliche* Dimension der Arbeit, besonders die Beziehung zwischen Arbeit und Lebensbiographie, einbezogen werden. Auf der Grundlage der Analyse qualifizierter Arbeit von Hunden mithilfe dieses Ansatzes wird es uns auch möglich sein, das Verhältnis zwischen Menschen und Hunden im Rahmen der gemeinsam geleisteten Arbeit näher zu betrachten.

4 Methodologischer Ansatz der Studie

Die Untersuchung bezieht sich auf die qualifizierte Arbeit von Hunden in Deutschland, also auf Arbeit, die sie in Zusammenarbeit mit einem menschlichen Kollegen/einer menschlichen Kollegin ausführen und für die sie speziell ausgebildet worden sind. Unter Ausbildung verstehen wir in diesem Zusammenhang die Vermittlung von Fähigkeiten und Kenntnissen an Hunde durch entsprechend qualifizierte Trainerinnen oder Trainer. In Deutschland gibt es ungefähr fünf Millionen Hunde (vgl. Eichelberg 2008: 60), die zum allergrößten Teil als Haustiere gehalten werden. Genaue Angaben dazu, wie viele dieser Hunde eine qualifizierte Ausbildung erhalten haben, liegen nicht vor. Wir haben auf der Grundlage von Literatur- und Internetrecherchen einen Überblick dazu erstellt, welche Tätigkeitsfelder als zentrale Tätigkeitsfelder von Hunden gelten können. Weiter haben wir auf der Grundlage einer Literaturrecherche und der Lektüre juristischer Texte die rechtlichen Grundlagen für die Arbeit von Hunden, auch im Vergleich zu denen der menschlichen Arbeit, analysiert (siehe Teil 5). Da wir mit der von uns untersuchten Problematik „Tiere und Arbeit" praktisch Neuland betreten, haben wir unsere Untersuchung mit Hilfe qualitativer Methoden der empirischen Sozialforschung auf der Basis von semi-strukturierten Experten-Interviews durchgeführt (Siehe Flick 2005: 139-141). Diese Forschungsmethode ist besonders dann geeignet, wenn ein neues Forschungsfeld zunächst explorativ erschlossen werden soll und man Informationen über dieses Feld gewinnen will (Flick 2005: 12-20 oder Flick/von Kardorff/Steinke 2003: S. 25).

Beschreibung der Gruppe der Interviewpartner/innen

Insgesamt haben wir fünf Experten-Interviews mit den menschlichen Partnerinnen oder Partnern in der Mensch-Hund-Arbeitsbeziehung durchgeführt. Dabei haben wir verschiedene Typen qualifizierter Tätigkeiten von Hunden einbezogen. Zu den Interviewpartnern und -partnerinnen zählten ein Schäfer (S), ein Polizeidiensthundeführer (PDHF), eine Ausbilderin von Blindenhunden (BHA), ein Ausbilder für Rettungshunde (RHF) und ein Tiertrainer (TT), der Tiere für Film und Fernsehen ausbildet. Der Kontakt wurde dabei teils über persönliche Netzwerke, teils über Branchenverzeichnisse hergestellt. Aus zeitlichen Gründen und Kostengründen haben wir die Auswahl unserer Interviewpartnerinnen und -partner auf den Hamburger Raum beschränkt. Die Kontaktaufnahme mit den potentiellen Interviewpartnerinnen und -partnern erfolgte durch zielgerichtete persönliche Anfragen sowie telefonische Kontaktaufnahme. Relativ schnell konnten feste Gesprächstermine vereinbart werden. Für uns war es sehr erfreulich festzustellen, dass die angefragten Personen im Vorfeld sehr gerne bereit waren, uns über die einzelnen Tätigkeitsfelder ihrer Hunde Auskünfte zu erteilen.

Der Interviewleitfaden

Der Interviewleitfaden enthielt Fragen zu den sechs Dimensionen von Arbeit, die wir auf der Grundlage unseres theoretischen Rahmens gebildet haben. Es handelt sich um:

- die rechtliche Dimension, welche die gesetzlichen Regelungen die Arbeitstätigkeit betreffend umfasst;
- die personale Dimension, welche die (angenommene) Bedeutung der Arbeit für die Arbeitenden und deren Kenntnisse und Fähigkeiten beinhaltet, die für die Ausübung der Arbeit notwendig sind;
- die zeitliche Dimension, welche die Zeit der Ausbildung, der Arbeit und des Ruhestandes und die zeitliche Struktur eines Arbeitstages beinhaltet;
- die naturale Dimension, welche in ihrer direkten Ausprägung als monetäre Entlohnung des Menschen zu verstehen ist, indirekt aber auch als die Entlohnung des Hundes durch den Menschen in ihren verschiedenen Ausprägungen;
- die praktische Dimension, mit der die Arbeit an sich, also die ausgeübte Tätigkeit, beschrieben wird sowie
- die soziale Dimension, welche die Beziehung zwischen Mensch und Hund beschreibt.

Abschließend haben wir im Rahmen der Interviews die Frage gestellt, ob unsere Interviewpartnerinnen und -partner die Tätigkeit ihres Hundes selbst als Arbeit bezeichnen würden.

Datenerhebung und -auswertung

Die Interviewtermine haben wir jeweils zu zweit wahrgenommen, da es uns wichtig erschien, dass ein Mitglied unseres Teams sich auf den Gesprächsverlauf unter Berücksichtigung des Leitfadens konzentrierte, während das andere Teammitglied sich Notizen machte, Zwischenfragen bei Unklarheiten stellte oder am Ende des Gesprächs bzw. einzelner Gesprächspassagen Verständnisfragen einfließen ließ. Außerdem trug das zweite Teammitglied dafür Sorge, dass die digitale Aufnahme des Interviews problemlos gewährleistet werden konnte.[1] Da es jeweils um

---

1   Die Daten wurden im Rahmen des zweisemestrigen Projektseminars „Wandel im Verhältnis der Menschen zu ihren Haustieren und neue Tierrechte" (Leitung Prof. Dr. Birgit Pfau-Effinger) am Institut für Soziologie der Universität Hamburg in Zusammenarbeit mit Alexandra Gerstacker und Michael Haß erhoben.

die Zusammenarbeit des/der jeweiligen Interview-Partnerin/Partners mit einem bestimmten Hund oder bestimmten Hunden ging, war/en diese/r jeweils auch anwesend und wurde/n in der Regel von den Interviewten mehr oder weniger aktiv, durch Deutungen, Gesten oder Liebkosungen, in das Gespräch mit einbezogen. Die Gesprächsdauer variierte von 30 Minuten bis zu 2,5 Stunden. Die Interviews wurden aufgezeichnet und mithilfe des Programms „Express Scribe" transkribiert. Die Auswertung erfolgte mithilfe einer Software zur computer-assistierten qualitativen Datenanalyse (ATLAS TI). Alle Texte wurden in dieses Programm eingelesen, ausgewertet und bearbeitet. Dabei sind einzelne Textpassagen, je nach Inhalt, mit einem passenden Code, wie beispielsweise dem Code „Ausbildungsvoraussetzungen" oder „Entlohnung" versehen worden. Der Code dient dazu, den Inhalt der jeweiligen Textpassage wiederzugeben und ihn einer der zentralen Untersuchungsdimensionen zuzuordnen. Durch die Verwendung einer solchen Codierungsmethode ist eine gezielte Auswertung der Daten nach bestimmten Kriterien möglich. Nachdem alle Texte in dieser Weise codiert worden sind, wurden die markierten Zitate, die sich auf einen gemeinsamen Code bezogen (zum Beispiel Arbeitszeit), zusammengefügt. Anschließend wurde in einer Abfolge von mehreren Schritten ein Vergleich der Textpassagen vorgenommen, wobei es darum ging, mögliche Zusammenhänge zwischen den einzelnen Passagen innerhalb eines Codes wie auch Zusammenhänge zwischen den einzelnen Codes herauszufinden, um so die Merkmale und Bedingungen qualifizierter tierlicher Arbeit in ihren unterschiedlichen Dimensionen angemessen zu erfassen.

5   Ergebnisse der Befragung: Der Arbeitseinsatz von Hunden

In diesem Teil stellen wir die Ergebnisse der Analyse zu den Bedingungen und Merkmalen des qualifizierten Arbeitseinsatzes von Hunden vor, die wir auf der Grundlage der rechtlichen Analysen und der Interviews ermittelt haben.

Die rechtliche Dimension der Arbeit allgemein und speziell der Arbeit von Tieren

Die menschliche Arbeit wird in Deutschland durch das Arbeitsrecht geregelt. Unter „Arbeitsrecht" versteht man im juristischen Sinne *„alle Rechtsregeln, die für die in persönlicher Abhängigkeit geleistete Arbeit gelten"* (Wörlen/Kokemoor 2009: 1). Das Arbeitsrecht ist demnach das Sonderrecht der Arbeitnehmerinnen und -nehmer, welches für den überwiegenden Teil aller Erwerbspersonen in der Bundesrepublik gilt (ebd.). Arbeitnehmerin oder Arbeitnehmer ist nach juristischen Maßstäben die- bzw. derjenige, der

> aufgrund eines privatrechtlichen Vertrages zur Leistung von weisungsgebundener, unselbstständiger und fremdbestimmter Arbeit gegen Entgelt im Dienste eines Anderen (Arbeitgeber) verpflichtet ist (Wörlen/Kokemoor 2009: 18).

Untergliedert ist das Arbeitsrecht in die Bereiche „individuelles Arbeitsrecht" und „kollektives Arbeitsrecht" (näheres siehe Wörlen/Kokemoor 2009). Für uns ist an dieser Stelle vor allem der erste Bereich interessant, da hier Arbeitende und Arbeitgeberinnen und -geber als individuelle Bezugspersonen im Fokus stehen. Aufgabe des Arbeitsrechtes ist es vor allem, einen Interessenausgleich zwischen Arbeitenden und Arbeitgeberin oder -geber herzustellen und als so genanntes „Arbeitnehmerschutzrecht" vor allem die Interessen der Arbeitnehmerinnen und Arbeitnehmer zu berücksichtigen, da diese ein spezielles „Schutzbedürfnis" haben. Dieses ergibt sich aus den Merkmalen Dauerschuldverhältnis, Existenzgrundlage und Machtgefälle des sogenannten „Lebenssachverhaltes" Arbeitsverhältnis (Junker 2009: 4). Diese Merkmale beschreiben den Umstand, dass das Arbeitsverhältnis zum einen ein „Dauerschuldverhältnis" darstellt und die Arbeitenden daher arbeitsvertraglich an den Arbeitgeber gebunden sind. Hieraus und aus der „Höchstpersönlichkeit" der Pflicht zur Arbeitsleistung ergibt sich die besondere Schutzbedürftigkeit der Arbeitnehmerin und des Arbeitnehmers (siehe Junker 2009: 4). Des Weiteren wird das besondere Schutzbedürfnis durch den Umstand begründet, dass das Arbeitsverhältnis die Existenzgrundlage sichert und der Arbeitsvertrag als Grundlage des Arbeitsverhältnisses somit das „wichtigste Rechtsgeschäft" für den Großteil der deutschen Bevölkerung darstellt. Arbeitnehmerinnen und Arbeitnehmer sind also darauf angewiesen, dass sie eine angemessene Vergütung für ihre Arbeitsleistung erhalten, ihre Gesundheit nicht durch die Arbeitstätigkeit beeinträchtigt oder gefährdet wird und der Arbeitsplatz möglichst erhalten bleibt, um den Lebensunterhalt bestreiten zu können (vgl. Junker 2009: 4). Ein weiterer wichtiger Aspekt in Bezug auf die besondere Schutzbedürftigkeit von Arbeitnehmerin und Arbeitnehmer ist das Machtungleichgewicht zwischen ihnen und dem Arbeitgeber als dem in der Regel wirtschaftlich Stärkeren (Junker 2009: 5). Das Arbeitsrecht regelt daher die für Arbeitende und Arbeitgeber wichtigen Bereiche des Lebenssachverhaltes der abhängigen Arbeit und soll hier vor allem einen Interessenausgleich zwischen den beteiligten Parteien auf verschiedenen Ebenen leisten.

So werden die für unseren Forschungszusammenhang wichtigen Aspekte menschlicher Arbeit wie beispielsweise Entlohnung, Arbeitszeiten, Pausenzeiten, Form und Art des Arbeitsvertrages oder Kündigung vom Arbeitsrecht auf Grundlage der verschiedenen für das Arbeitsrecht relevanten Gesetze, Rechtsordnungen, des Gewohnheitsrechtes, der verschiedenen Satzungen und Gesamtvereinbarungen, des Richterrechts und des internationalen Rechtes geregelt (Wörlen/Kokemoor 2009: 8ff.).

Den rechtlichen Rahmen für den menschlichen Umgang mit Tieren in Deutschland bilden das formelle und das materielle Tierschutzrecht. Formelles Tierschutzrecht meint *„diejenigen Normen, die (z. B. durch Wortlaut, Abschnitts- oder Gesetzesüberschrift) ausdrücklich Tiere schützen wollen"* (Hirt/Maisack/Moritz 2007: 18) wie zum Beispiel das Tierschutzgesetz (TierSchG) und die aufgrund dieses Gesetzes erlassenen Rechtsordnungen. Materielles Tierschutzrecht meint Normen, *„deren Wortlaut usw. eine andere Schutzrichtung nahelegt, die aber gleichwohl die Unversehrtheit, das Leben und/oder das Wohlbefinden von Tieren (mit-)schützen wollen"* (Hirt/Maisack/Moritz 2007: 18) wie beispielsweise Jagd- und Fischereiverbote. Auch im Grundgesetz ist der Tierschutz seit 2002 verankert (Art. 20a GG [Umwelt- und Tierschutz]). Auf internationaler Ebene gibt es verschiedene Übereinkommen zum Schutz von Tieren auf der Ebene des Europarates, das europäische Tierhaltung Übereinkommen (ETÜ), das europäische Versuchstierübereinkommen sowie das EU-Tierschutzprotokoll, die EU-Nutztierhaltungsrichtlinie und weitere Richtlinien auf EU-Ebene (Hirt/Maisack/Moritz 2007: 18ff.). Das Tierschutzrecht in Deutschland beruht auf dem Konzept eines sogenannten direkten, ethisch ausgerichteten Tierschutzes (Hirt/Maisack/Moritz 2007: 15): Das Tier soll demzufolge um seiner selbst willen geschützt werden, weil es Träger eines vom menschlichen Nutzungsinteresse unabhängigen, inhärenten Eigenwertes ist. Auch werden durch die deutsche Tierschutzgesetzgebung einige grundlegende Wertentscheidungen getroffen, wie beispielsweise die Anerkennung einer human-analogen Leidens- und Schmerzfähigkeit des Tieres, die Mitgeschöpflichkeit des Tieres, sein Recht auf den Schutz seines Wohlbefindens im Sinne des Schutzes vor Schmerzen und Leiden und sein Recht auf den Schutz seiner Unversehrtheit (Hirt/Maisack/Moritz 2007: 15). Leben, Wohlbefinden und Unversehrtheit des Tieres gelten demzufolge als geschützte Rechtsgüter (Hirt/Maisack/Moritz 2007: 18).

Praktisch erweist sich die Durchsetzung des Tierschutzrechtes in Deutschland allerdings als nicht immer einfach. Obwohl jedermann das Recht hat, Sachverhalte zur Anzeige zu bringen, die sie oder er für strafbar oder ordnungswidrig hält und für tierschutzwidrig gehaltene Sachverhalte den zuständigen Behörden zu melden, scheitern Verurteilungen nicht selten, oder die zuständigen Behörden treffen Entscheidungen zu Lasten der betroffenen Tiere. Dies ist unter anderem in dem Umstand begründet, dass Tiere keine Rechtsfähigkeit besitzen und somit ein rechtliches Ungleichgewicht zwischen den Belangen der zu schützenden Tiere auf der einen Seite und den Menschen, die Tiere für ihre Zwecke nutzen wollen, auf der anderen Seite besteht (Hirt/Maisack/Moritz 2007: 33ff.).

Zusammenfassend lässt sich sagen, dass die vorhandenen gesetzlichen Regelungen vor allem die Verantwortung des Menschen den Tieren gegenüber betonen und sich unter anderem auf den Umgang des Menschen mit den Tieren, die Tierhaltung, das Töten von Tieren und die Eingriffe an und die Behandlung von Tieren, die Zucht, das Halten von und das Handeln mit Tieren sowie ihren Transport beziehen. Teilweise gelten die im Tierschutzgesetz enthaltenen Rechtsnormen für alle Tiere gleichermaßen, teilweise wird dabei zwischen Tierarten und – gruppen unterschieden. Hunde werden in diesem Zusammenhang in acht Fällen explizit erwähnt (TierSchG § 2a Abs. 1b, § 4 Abs. 3, § 6 Abs. 1, § 9 Abs. 2, § 9a, § 11 Abs. 1, § 11a Abs. 2 und § 21 Abs. 3). Weitere Rechtsnormen, die Hunde als Gegenstand haben, sind beispielsweise die Hundeverbringungs- und -einfuhrverordnung (HundVerbrEinfVO), die Tierschutz-Hundeverordnung (TierSchHuV) oder auf Ebene der Bundesländer die verschieden Rechtsverordnungen oder Gesetze zum Schutz vor gefährlichen Hunden (Hirt/Maisack/Moritz 2007: 522f.).[2] Die Tierschutz-Hundeverordnung regelt die Bedingungen und Anforderungen des Haltens und Züchtens von Hunden. In der TierSchHuV finden sich beispielsweise die Anforderungen an das Halten von Hunden im Freien, in Räumen oder im Zwinger sowie Richtlinien zur Fütterung und Pflege.

Was den im Rahmen dieses Artikels behandelten Aspekt des Arbeitseinsatzes von Tieren im Allgemeinen und Hunden im Speziellen betrifft, gibt es diesbezüglich nach unserem Erkenntnisstand wenig gesetzliche Regelungen. Für die Ausbildung von Hunden für bestimmte Arbeitstätigkeiten sieht §11 des Tierschutzgesetzes lediglich eine Regelung vor, wonach Personen, die Hunde für Dritte zu Schutzzwecken ausbilden, hierfür eine Erlaubnis der zuständigen Behörden benötigen. Ausgebildete Hunde, die einer bestimmten Arbeitstätigkeit nachgehen, werden außerdem in der Verordnung über Ausnahmen zum Verbringungs- und Einfuhrverbot von gefährlichen Hunden in das Inland (Hundeverbringungs- und

---

2 (Eine Verordnung/Rechtsverordnung ist eine „von einer staatlichen Stelle erlassene Vorschrift, die ohne formelles Gesetz zu sein, wie ein Gesetz wirkt. In Deutschland können die Bundesregierung, die Landesregierungen und die Bundesministerien durch Gesetze zum Erlass von Rechtsverordnungen ermächtigt werden [Art 80 GG]" [Der Brockhaus 2003: 727]). Ermächtigungsgrundlage für die TierSchHuV beispielsweise ist das juristisch gesehen höherrangige Tierschutzgesetz (Hirt/Maisack/Moritz 2007: 521).

-einfuhrverordnung/HundVerbrEinfVO) erwähnt. Diese besagt, dass *„gefähr-liche Hunde, die als Diensthunde des Bundes, insbesondere der Bundeswehr, der Bundespolizei oder der Zollverwaltung, als Diensthunde der Länder, insbesondere der Polizei, als Diensthunde der Städte und Gemeinden, als Diensthunde fremder Streitkräfte gehalten werden sollen, sowie Blindenhunde, Behindertenbegleithunde und Hunde des Katastrophen- und Rettungsschutzes [...] in das Inland verbracht oder eingeführt werden"* dürfen (HundVerbrEinfVO: 2002 §2 Abschnitt 1). Es gibt im Rahmen des Tierschutzgesetzes Paragraphen, die sich mittelbar auf die Arbeitstätigkeit von Tieren bzw. Hunden auswirken. So ist es laut Tierschutzgesetz verboten, *„einem Tier außer in Notfällen Leistungen abzuverlangen, denen es we-gen seines Zustandes offensichtlich nicht gewachsen ist oder die offensichtlich seine Kräfte übersteigen"* (TierSchG § 3.1). Allerdings ist der Spielraum dieser Regelun-gen nicht unerheblich, da viele Maßnahmen durch den Menschen, beispielsweise im Training, nur verboten sind, wenn damit *„erhebliche Schmerzen, Leiden oder Schäden für das Tier verbunden sind"* (Bsp.: TierSchG § 3.1b).

In Bezug auf die Haltung von Hunden allgemein schreiben die geltenden Rechtsnormen eine der Art und den Bedürfnissen des Hundes entsprechende Sicherstellung ausreichender Bewegung, angemessener Ernährung, verhaltensge-rechter Unterbringung und eines schadenfreien Transports seitens des Arbeitge-bers bzw. Besitzers vor. Hierfür muss dieser die zur Gewährleistung erforderlichen Kenntnisse und Fähigkeiten mitbringen. Wie diese einzelnen Aspekte juristisch zu verstehen sind, regelt die geltende Rechtsprechung. Alle diese Rechtsnormen gelten für die Haltung, Pflege und den Umgang des Hundes allgemein und somit auch in Bezug auf die Arbeitstätigkeit des Hundes. Zur Erweiterung und Ergän-zung der geltenden Rechtsnormen erlassen bestimmte Arbeitgeber eigens aufer-legte Regelungen zum Schutz der Tiere, mit denen sie zusammenarbeiten. So gibt es zum Beispiel Ausführungsbestimmungen bei der Polizei. Je nach Kontext dif-feriert dabei der Grad der Institutionalisierung dieser Richtlinien und der Grad ihrer Verbindlichkeit.

Insgesamt ist festzustellen, dass in Bezug auf den Umgang von Menschen mit Hunden rechtliche Regelungen gelten, die, ebenso wie das Arbeitsrecht für menschliche ArbeitnehmerInnen, eine besondere Schutzbedürftigkeit der Tiere unterstellen. Die formellen und informellen Regelungen sind allerdings weitaus weniger präzise abgefasst als diejenigen für die menschliche Erwerbstätigkeit; und es gibt keine konkret auf die Arbeitstätigkeit selbst bezogene Rechte für ar-beitende Hunde. Insgesamt bleibt ein relativ großer Ermessensspielraum für den Umgang von Menschen mit arbeitenden Hunden. Von unseren Informanten äu-ßerte sich insbesondere der Tiertrainer kritisch in Bezug auf das Tierschutzgesetz und dessen Reichweite für arbeitende Hunde.

Deswegen wäre es schön, wenn es solche Regelungen [bezügl. der Arbeitszeiten von Hunden] gäbe, die gibt es aber nicht. Es gibt natürlich das Tierschutzgesetz, nach dem man keinem Tier Schaden oder Leiden zufügen kann, aber wer will das beurteilen, wo das anfängt? So dass man da als Tiertrainer, was ja auch kein Ausbildungsberuf ist, also ein bisschen Selbstverantwortung zeigen muss also von vornherein. Also ich habe es in meinen allgemeinen Geschäftsbedingungen, wenn ich ein Angebot schreibe, dann gebe ich die immer mit, [und die besagen beispielsweise,] dass der Hund eben am Tag acht Stunden am Set anwesend ist. (Tiertrainer [TT], Zeile [Z]: 364-370)

Auch die Ausbilderin von Blindenführhunden äußerte sich insofern kritisch, als dass sie beschrieb, wie schwierig es für sie sei, einen der von ihr ausgebildeten Hunde im Falle einer aus ihrer Ansicht schädlichen oder ungünstigen Haltung wieder herauszuholen, da das Tierschutzgesetz nur bei besonders schweren Fällen greifen würde.

Aber das ist, wie gesagt, sehr schwierig. Nachdem ich das einmal mitgemacht habe, ist es sehr schwierig, einen Hund wiederzukriegen, [es] ist unmöglich. Deswegen kein Risiko [bei der Vermittlung]. (...) Da kommt dann [nämlich] noch der Schutz des Dritten [hinzu]. Das hab ich ja schon einmal durch. Der Blinde ist nämlich der Benachteiligte und da muss ich erst mal nachweisen. Und ich habe noch nicht einmal ein Vertragsverhältnis zu dem Blinden, weil ich ja nur ein Vertragsverhältnis zur Krankenkasse habe. Und dann hat das auch sehr viel mit der Situation zu tun. (...) Also das geht dann nur eben übers Tierschutzgesetz und das sind dann die härtesten Fälle. (Blindenführhundausbilderin [BHAB], Z. 1683-1685, 1697-1707)

Die personale Dimension

Wie menschliche Arbeitskräfte müssen auch Hunde für die Ausübung bestimmter Tätigkeiten gewisse Eigenschaften besitzen und bestimmte Fähigkeiten und Fertigkeiten erlernen und weiterentwickeln. Die Qualifizierung des Hundes für seine zukünftigen Aufgaben erfolgt in der Ausbildung. Die Dauer der Ausbildung variiert je nach Beruf bzw. Tätigkeitsfeld. Die Ausbildungsdauer des Filmhundes ist dabei am kürzesten. Je nach gewünschtem Anforderungsprofil reicht sie von wenigen Minuten bis zu mehreren Wochen. Der Polizeihund wird im Allgemeinen innerhalb von zehn Wochen (davon zwei Wochen Pause) ausgebildet, während der Blindenhund die Ausbildungsinhalte in sechs bis neun Monaten erlernt. Beim Schäferhund kann die Ausbildung bis zu zwei Jahre dauern, da der Schäfer meist noch andere Hunde besitzt und den neuen Hund zusätzlich zum Tagesgeschäft trainiert.

Um für eine Ausbildung ausgewählt zu werden, müssen die Hunde gesundheitliche, charakterliche und sonstige Kriterien erfüllen. Ähnlich wie beim Menschen
differieren die Anforderungen an die Hunde je nach späterem Einsatzgebiet. Ein
Hund, der als Hütehund eingesetzt werden soll, braucht andere Voraussetzungen als ein Hund, der als Rettungshund vermisste Personen aufspüren oder als
Darsteller in einem Film mitspielen soll. Dennoch lassen sich in Bezug auf die
Anforderungen gewisse Gemeinsamkeiten finden. Zunächst muss der Hund körperlich gesund sein. Die Ausbilderinnen und Ausbilder überprüfen die Eignung
des Hundes durch tierärztliche Untersuchungen, um beispielsweise Erbkrankhei-
ten wie Knochenerkrankungen, Fehlstellungen der Gelenke und dergleichen von
Beginn an auszuschließen. Weiterhin wird die charakterliche Eignung für den
späteren Beruf bzw. die spätere Aufgabe überprüft. Grundsätzlich soll der Hund
nach Angaben unserer Interviewpartner/innen gehorsam, freundlich zu Menschen und Artgenossen sowie belastbar bzw. stressresistent und angstfrei sein.

Weitere charakterliche Anforderungen hängen vom jeweiligen Einsatzgebiet
ab. Der ideale Blindenhund beispielsweise ist möglichst unempfindlich gegenüber
verschiedenen Geräuschen und optischen Reizen, die ihn von seiner Aufgabe ab-
lenken könnten.

> Insofern soll der Hund schon aufgeschlossen sein und freundlich sein und auch
> jedes Fehlverhalten von Menschen nicht mit Aggressionen beantworten, weil da
> passieren den Blinden die komischsten Sachen (...) da sollen die Hunde möglichst
> eben nicht mit Aggressionen drauf antworten und auch nicht übermäßig ängstlich
> sein und dann sollen sie natürlich noch sehr freundlich und ausgeglichen zu Art-
> genossen sein, weil, ob man will oder nicht, man wird sie treffen, speziell in den
> Großstädten und nicht so'ne große Jagdleidenschaft haben, weil das einfach wegen
> der Ablenkung und auch Freilauf Probleme macht. Und dann am liebsten absolut
> unempfindlich gegenüber allen möglichen Geräuschen, Silvester inklusive, und op-
> tischen Reizen. (BHAB, Z. 119-129)

Dagegen müssen Polizeihunde einen ausgeprägten Beutetrieb und Schäferhunde
einen ausgeprägten Hütetrieb haben, um die Motivation für die von ihnen zu er-
füllenden Aufgaben dauerhaft aufzubringen.

> (...) nicht jeder Hund wird ein Superhund. Und die Grundbegriffe sicher, kriegst du,
> wenn er aus einer Schaflinie stammt, der Hütetrieb ist das Entscheidende. Also, du
> kannst nicht jeden Hund an die Schafherden nehmen, wenn der keinen Hütetrieb
> hat. Und Hütetrieb ist weiter gesprochen: Der Hund hat einen Beutetrieb, einen
> Spieltrieb, und diese Triebe nutzen wir ja. (Schäfer [S], Z. 115-119)

Der muss aber spielen. Weil die Ausbildung zu einem Spezialhund, zu einem Such-
hund, erfolgt über das Spielen. Und das bedeutet, der Hund muss ein hohes Spielpo-
tential haben. Er muss also gerne spielen. Der passende Trieb ist also der Beutetrieb,
weil Hunde spielen eigentlich nicht aus sich selbst heraus. Sondern die setzen sich
also mit Beute auseinander. Die müssen dann einfach einen guten Beutetrieb haben,
unter diesem Beutetrieb dann bereit sein, sich mit Spielzeug auseinander zu setzen,
lange und beständig. Damit man die Sicherheit haben kann, dass sie dann tatsächlich auch ausbildbar sind. (Polizeidiensthundeführer [PDHF], Z. 67-74)

Weitere Eignungskriterien beziehen sich auf die Hunderasse, die Größe, die
Felllänge oder das Gewicht des Hundes. So sind Polizeihunde oft Belgische oder
Deutsche Schäferhunde, Blindenhunde sollten zwischen 50 und 65 cm groß sein
und keine starke Behaarung haben, während Schäferhunde wegen der geforderten Mobilität und Ausdauer nicht zu schwer sein dürfen. Zudem spielt das Alter
der Hunde in Bezug auf den Ausbildungsbeginn eine große Rolle. Während Blindenhunde erst mit etwa einem Jahr und Polizeihunde in einem Alter von vierzehn bis achtzehn Monaten ausgebildet werden, beginnt der Schäferhund seine
Ausbildung bereits im Alter von zehn Wochen bis zu einem halben Jahr. In den
meisten Fällen schließt die Ausbildung mit einer offiziellen und standardisier-
ten Prüfung ab (Polizeihund, Blindenhund, Rettungshund). Schäferhunde und
Hunde, die für den Film und das Fernsehen arbeiten, werden im Allgemeinen
ohne den Abschluss einer solchen Prüfung beschäftigt. Aber auch sie werden erst
dann eingesetzt, wenn sie die zu erlernenden Aufgaben beherrschen. Die meisten
Hunde werden zudem nach Abschluss ihrer Ausbildung während ihrer Arbeitstätigkeit nachtrainiert bzw. weiterqualifiziert. Stetiges Training der bereits erlernten Aufgaben wird bei jeder qualifizierten Tätigkeit von Hunden als sehr wichtig
betrachtet. Als informelles Kriterium gilt auch eine hohe Motivation der Hunde
bzw. der Spaß an der ausgeübten Tätigkeit.

Es ist so, für die Hunde ist das keine Arbeit. Natürlich wollen sie ihre Belohnung
haben, dafür machen sie es. Die suchen ja nicht die Leute, weil sie so menschen-
freundlich sind und sagen: ‚Ich will die Oma retten'. Aber für die Hunde ist das
Spaß und Beschäftigung. Die wollen was tun und die wollen sich gut fühlen und
die wollen dafür ihre Belohnung haben. (...) Also, selbst nach diesen zwei Tagen
Einsatz ist der Hund natürlich etwas müde, weil ihm auch Schlaf fehlt, aber wenn es
losgeht, wenn ich meine Sachen für die Staffel packe, kann ich es für meinen Hund
definitiv sagen. Schwupps, sie ist im Auto und sagt ‚Hurra'."(Rettungshundeführer
[RHF], Z. 222-229)

Mein Hund würde sagen, das [die Arbeit] ist das reinste Vergnügen. Macht ihr
Spaß, macht ihr Freude. Und ich glaube, die meisten Hunde würden Arbeit nicht
so definieren, wie es heutzutage die meisten Menschen in Deutschland tun. Arbeit,

igitt, ich muss es machen. Unsere Hunde tun das alle sehr gerne und nur solange wir die Motivation des Hundes so hoch halten können, können sie diese Arbeit überhaupt machen. (RHF, Z. 344-348)

Der Hund empfindet es nicht als Arbeit, das ist der Unterschied zum Menschen. Der freut sich, wenn die Zwingertüre auf ist, wenn er mit mir mit kann, Schafe hüten.. (...) Das ist der Unterschied, für den Hund ist es keine Arbeit. Für den Hund muss es Freude sein. Muss es, wenn es Zwang ist, wenn der Hund nur unter Zwang ist, sage ich mal, nur unter Stresszwang, so muss man ja sagen. Also, dass er nur Druck kriegt von mir, dann denk ich mal, geht das auch nicht. Er muss Freude haben (...). (S, Z. 530-537)

Wichtig ist auch noch bei der Ausbildung, dass du den Hund, wenn er was gut macht, ohne Ende lobst. Ja, dass er den Spaß behält an der Arbeit. Das ist Spaß für den Hund. Er will es dem Menschen gut machen, aber er will eigentlich den Spieltrieb [ausleben], den nutze ich ja, den Beutetrieb, damit er wie der Wolf hinterherfegt und das [die Beute] reißen will. Bloß bei mir darf er es nicht reißen, da muss er sich wieder abrufen lassen, wenn es gut ist. Verstehst du? Und wenn er das sehr gut macht, dann muss er getätschelt werden [...]. Du musst auch spielen mit deinem Hund, ein bisschen. Alles so das Normalmaß. Deshalb. (S, Z. 239-246)

Der Tiertrainer für Film und Fernsehen betonte, dass der Arbeitseinsatz für viele Hunde eine sichtbar willkommene Abwechslung von ihrem sonst oft sehr eintönigen Alltag sei.

Also es ist natürlich schon Arbeit, die denen aber auch Spaß macht. Also, man muss sie natürlich manchmal auch dazu motivieren oder vielleicht sogar... zwingen hört sich so fies an, aber wenn ich den Hund irgendwo Platz machen lasse, zwinge ich ihn auch dazu, weil er sich von Natur [aus], von selbst vielleicht nicht da hingelegt hätte, aber am Ende ist es schon ein erfüllterer Tag, als wenn er den ganzen Tag irgendwo alleine zu Hause war und darauf gewartet hat, dass „Mama" von der Arbeit kommt. Also, du musst dir überlegen, die meisten Hunde haben ja einen richtigen Alltag. Das heißt, sie gehen morgens ihre Gassirunde, dann fährt Frauchen ins Büro, er wird entweder mitgenommen und muss da irgendwo unterm Schreibtisch liegen im Idealfall oder im schlimmsten Fall bleibt er zu Hause. (...) aber auch da hat der Hund eine untergeordnete Rolle und liegt irgendwo rum oder wartet auf seinen nächsten Spaziergang, seine Mahlzeit oder was auch immer. Der Tag sieht eigentlich immer relativ gleich aus, dann gibt es abends noch mal eine Gassirunde und das war es. Für mich, bei mir ist [es] dann so, wenn ich komme, dann muss der Hund was tun und der kommt aber auch mal raus und sieht was neues und lernt andere Menschen kennen, lernt vielleicht andere Hunde kennen, so dass es eindeutig Arbeit für den Hund ist, aber auch Beschäftigung. (TT, Z. 989-1009)

Es wird von all unseren Interviewpartnern davon ausgegangen, dass Hund und Mensch im Rahmen der gemeinsam geleisteten Tätigkeiten miteinander kommunizieren und interagieren können müssen, um die an sie gestellte Aufgabe erfüllen zu können. Die Aussagen unserer Gesprächspartner machen deutlich, dass sie diese Voraussetzung unhinterfragt als individuell gegeben ansehen und eine Kommunikation sowie Interaktion zwischen Mensch und Hund im Rahmen der jeweils gemeinsam geleisteten Arbeitstätigkeit aus ihrer Sicht auch ständig stattfindet. Auch gibt es Hinweise darauf, dass sie davon auszugehen, dass sie als individuelle Person für den Hund eine wichtige Bezugsperson sind und von diesem als solche auch erkannt werden. Die von Teutsch beschriebenen Voraussetzungen für eine interspezifische Sozialbeziehung im soziologischen Sinn „Du-Evidenz", „intimacy" und „gegenseitige Verständigung" (siehe Abschnitt 3) werden von unseren Interviewpartner also zumindest zwischen ihnen und den Hunden, mit denen sie zusammenarbeiten, als gegeben angesehen. Eine weitere Betrachtung dieses Aspektes ist im Rahmen dieser Arbeit leider nicht möglich.

> Aber wir haben natürlich immer viele Einsatzübungen und Einsatzprüfungen und unser normales Training immer und die meiste Zeit nimmt eigentlich [das] in Anspruch, weil jeder Rettungshundeführer ganz viel Zeit und engen Kontakt mit seinem Hund haben muss. Ansonsten kann er nämlich nicht verstehen, was die Hunde uns im Einsatz sagen wollen. (RHF, Z. 123-127)

> Er kann es auch eigenständig [arbeiten], bloß ich muss ihm irgendwie meinen Wunsch mitteilen, dass er den auch versteht. Also, das kann ich auch. Er kann auch jederzeit zum Auto zurückfinden, wenn ich jetzt vielleicht jemanden hab, der auch selber nicht so einen guten Orientierungssinn hat. Was weiß ich, wenn der Partner das Auto fährt und ich dann gern im Wald spazieren geh, kann der Hund auch jederzeit zum Auto zurückfinden. Das ist manchmal sehr sinnvoll. Bloß so was muss man dann tatsächlich ihm extra beibringen. Nicht weil er's nicht könnte, sondern weil er in dem Moment, wo ich das Bedürfnis hab, auch irgendwie informiert werden muss, dass ich das Bedürfnis hab. Und dann kann er das. Und das ohne Probleme. (BHAB, Z. 1555-1562)

Unsere Interviewpartner/innen gehen auch davon aus, dass die Fähigkeiten und Fertigkeiten des Hundes zur Bewältigung der Anforderungen mit zunehmendem Alter nachlassen. Die Befragten geben an, dass ihre Hunde etwa im Alter zwischen neun und zwölf Jahren aus dem Arbeitsleben ausscheiden bzw. in „Rente" geschickt werden, wobei es diesbezüglich Unterschiede zwischen den jeweiligen Berufen gibt. Dieser Aspekt wird im Bereich „praktische Dimension" noch näher erläutert werden.

Die zeitliche Dimension

Auch bei qualifizierten Hunden lassen sich, ähnlich wie bei Menschen, verschiedene Lebensphasen in Bezug auf das Arbeiten finden. So gibt es die Ausbildungsphase, das Berufsleben und den Ruhestand. Im Rahmen der Berufstätigkeit gibt es Arbeitszeit und Freizeit, Arbeitsausfall im Krankheitsfall, Urlaub und Pausenzeiten. Wie bereits erwähnt, gibt es allerdings Unterschiede in den einzelnen zeitlichen Ausprägungen, abhängig von der ausgeübten Tätigkeit und den dazugehörigen Anforderungen. Ausbildungsdauer und Alter bei Ausbildungsbeginn variieren erheblich. Auch die Arbeitszeit variiert zum Teil stark zwischen den einzelnen Berufsfeldern. Der Polizeihund arbeitet an fünf Tagen in der Woche je acht Stunden.

> Also, Sie können von Folgendem ausgehen: Dieser Hund arbeitet fünf Tage in der Woche, zwei Tage hat er frei, wie alle anderen auch. Diese fünf Tage, die er arbeitet, verteilen sich über die Woche, also über den Schichtendienst. Und unsere Hunde arbeiten im Grunde entweder im Spätdienst oder im Nachtdienst. Im Spätdienst, ich mach's jetzt ganz platt, im Spätdienst bedeutet, er fängt mittags an zu arbeiten und arbeitet bis die Tagesthemen kommen. Und Nachtdienst ist nach den Tagesthemen bis morgens. Am Vormittag haben wir normalerweise keine Hunde im Dienst. (PDHF, Z. 172-179)

Der Schäferhund wird dagegen von dem von uns interviewten Schäfer nur jeden zweiten Tag mit zu den Schafen genommen, da der Schäfer mehrere Hunde beschäftigt, mit denen er abwechselnd arbeitet.

> Ich sage mal, dass die Hunde überarbeitet werden, das kann eigentlich nicht passieren. Wenn du ein paar Sachen beachtest, sage ich jetzt mal. So wie ich jetzt diese Struktur von dem Alter da habe oder so. Jeder Hund kommt jeden zweiten Tag jetzt zur Zeit bei mir mit. Ja. Du kannst einen Junghund überfordern, wenn du den jeden Tag drauf mit nimmst und der muss große Herden ablaufen und alles. (S, Z. 232-237)

Im Gegensatz dazu ist der Blindenhund an sieben Tagen in der Woche für seinen Besitzer auf Abruf im Einsatz. Wie oft und in welchem Umfang ein Blindenhund arbeitet, hängt hierbei stark von den Bedürfnissen der blinden Person ab, die der Hund führt. Der Rettungshund und der Hund für Film und Fernsehen werden wiederum bei Bedarf eingesetzt. Während der Rettungshund dann für die Dauer des jeweiligen Einsatzes beschäftigt ist, arbeitet der Filmhund, wenn er denn gebucht wurde, bei dem von uns interviewten Tiertrainer tagsüber bis zu acht, nachts maximal vier Stunden am Set.

(...) also, ich habe es in meinen allgemeinen Geschäftsbedingungen wenn ich ein Angebot schreibe, dann gebe ich die immer mit, dass der Hund eben am Tag acht Stunden am Set anwesend ist (...) und nachts sind es nur vier Stunden, das heißt Anwesenheit (...), aber alleine die Anwesenheit an einem fremden Ort und angespannt [sein] und dann sitzt er vielleicht im Auto und nicht zu Hause vorm Kamin, das ist natürlich für einen Hund eine Belastung und der ist dann irgendwann auch fertig. Insofern habe ich meine eigenen Richtlinien und behalte mir auch immer vor, die notwendigen Pausen des Hundes, ja, einzubauen, wenn ich es für notwendig halte, aber es gibt keine gesetzlichen Richtlinien. (TT, Z. 368-372, 374-379)

Die naturale Dimension

Arbeitende Hunde erhalten ebenso wie menschliche Arbeitskräfte für die (erfolgreiche) Erfüllung einer Aufgabe eine Be- bzw. Entlohnung. Teilweise erfolgt sie, ebenso wie bei den menschlichen Kollegen, indirekt über monetäre Leistungen, welche die Sicherung des Lebensunterhaltes ermöglichen und damit der Daseinsvorsorge dienen. Diese werden in dem Fall dann an die menschliche Bezugsperson oder den Besitzer/die Besitzerin des Hundes ausgezahlt. Wichtig in diesem Zusammenhang ist, dass beinahe alle von uns betrachteten Hunde zeitweise oder dauerhaft bei ihren menschlichen Bezugspersonen leben und von diesen auch versorgt werden. Diese sind im Allgemeinen während der Arbeitssituation ihre primären Bezugspersonen. Eine Ausnahme bildet der Hund, der für Film und Fernsehen eingesetzt wird: Der Trainer ist hier während der Arbeitszeit zwar auch die Bezugsperson, aber der Hund wohnt nicht notwendigerweise bei ihm, sondern verbringt eventuell nur eine gewisse Zeit während der Ausbildung und den Dreh- bzw. Fotoaufnahmen bei ihm. Neben dieser indirekten Entlohnung erfolgt auch stets eine direkte Belohnung nach der erfolgreichen Erfüllung einer Aufgabe. Diese Belohnung wird dem Hund in Form von Lob, positiver Zuwendung wie Spiel- oder Streicheleinheiten oder Futter bzw. besonderen Leckereien zuteil. Diese Belohnung bildet nach Angabe unserer Gesprächspartner/-innen eine wichtige Grundlage für die Motivation des Hundes, die geforderten Aufgaben zu erfüllen.

Das, was wir versuchen, ist ja, den Hund über einen bestimmten Ablauf dazu zu motivieren, Dinge für uns zu tun. Und das bedeutet, am Ende dieser Kette steht immer eine Form von Belohnung, ja? Immer. Weil, unsere Hunde werden eigentlich über Motivation ausgebildet. (...) Und das bedeutet dann, dieser Hund lernt über dieses Stückchen Fleischwurst: Wenn ich mich hinsetze, in dem Moment, wo mein Hintern den Boden berührt, geht die Hand auf und die Fleischwurst kommt raus. So, und das ist etwas, wo sie nachher die Belohnung dann anfangen durch Spielen zu ersetzen. Sodass der Hund dann lernt, im Laufe der Zeit von den Abläufen heraus, wenn ich arbeite, wenn ich etwas mitmache, kommt eine Belohnung. Entweder spielt der Chef mit mir und wir toben rum oder ich kriege was zu fressen oder von der Stimme her teilt er sich mir mit: Alles ist schön, ja. (PDHF, Z. 328-330, 341-348)

Es hängt ein bisschen vom Kommando ab oder davon, wie gerne der Hund das macht. Also, wenn es jetzt eine Übung ist, die der Hund eigentlich nicht so gerne macht, dann macht er das eben irgendwann vielleicht nur noch fürs Leckerli und nicht unbedingt nur fürs Lob und andere Sachen, die der Hund sowieso total gerne macht, beispielsweise rumbellen, das machen Hunde eigentlich immer gerne (schmunzelt), das geht dann auch mal ohne Leckerli und andere Sachen, die vielleicht ein bisschen schwieriger sind, keine Ahnung, die der Hund einfach nicht so gerne macht, die macht er dann eben eher für ein Leckerli. Aber die pokern dann natürlich auch, die wissen genau: okay ich versuch's mal ohne, ich versuche es mal nicht zu machen, vielleicht kriege ich dann ein Leckerli. Und, da ich den Hund hinter der Kamera oder davor, wenn der Hund vor der Kamera steht, nicht wirklich zwingen kann, stelle ich ihm einfach, natürlich für mich auch einfacher, eher ein Leckerli in Aussicht und kann mich dann auch darauf verlassen, dass es dann geht, er mit frischer Motivation funktioniert. (TT, Z. 1309-1323)

Die praktische Dimension

Ziel dieses Abschnittes ist es, die Arbeitstätigkeit von Hunden möglichst konkret darzustellen. Die qualifizierten Hunde beginnen und beenden ihren Arbeitsalltag an ihrem jeweiligen Arbeitsplatz. Dieser befindet sich größtenteils außerhalb des Wohnortes. Eine Ausnahme bildet der Blindenhund, der die Blinde oder den Blinden auch von dem gemeinsamen Wohnort aus führt oder auch Aufgaben direkt vor Ort ausführt. Allgemein kann man sagen, dass im Arbeitsalltag des Hundes immer eine bestimmte Handlungskette erfolgt: Der Hund bekommt einen Arbeitsauftrag, woraufhin er diesen ausführt und (im Erfolgsfall) dafür abschließend belohnt wird. Unter Einhaltung von Pausen werden über den Tag hinweg gleiche oder auch verschiedene Arbeitsaufträge ausgeführt. Nach Beendigung des Arbeitstages verbringen die Hunde ihre Freizeit i.d.R. gemeinsam mit ihrem menschlichen Kollegen bzw. Halter. Im Folgenden werden wir kurz auf die Ausnahmen der eben beschriebenen Arbeitsroutine eingehen. Es kann beim Hund, genauso wie beim Menschen auch, vorkommen, dass er seine Aufgabe vorübergehend oder auch dauerhaft nicht mehr erfüllen kann. Kommt es durch eine Krankheit oder eine Verletzung des jeweiligen Hundes zum Dienstausfall, zeigt sich, dass das Nötige von den von uns Befragten getan wird, um die Genesung des Hundes voranzutreiben. Die von uns Befragten geben in diesem Zusammenhang an, dass ihre Tiere überaus selten krank werden bzw. sich während der Arbeit verletzen. Wenn dieser Fall allerdings doch eintritt, liegt allen Besitzerinnen und Besitzern viel daran, ihren Hund nach dem Tierarztbesuch oder auch nach einer Operation zu pflegen und ihn nach seiner Heilung wieder in seinem Tätigkeitsfeld einzusetzen.

Und der Hund, wenn, dann geht er zum Tierarzt. Und das ist eigentlich erst einmal passiert jetzt, wo ich Ärger hab mit einem Hund. Und der lebt jetzt auch noch. Das ist einer von den Beiden, die 2002 geboren sind. Und ansonsten hatte ich durchweg noch nie [Ärger] mit meinen Hunden, weil das sind absolut bodenständige Tiere. Also da ist nichts auf Schönheit gezüchtet. (S, Z. 268-272)

Also, wenn ein Hund nicht mehr einsatzfähig ist, also wissen Sie, wir hängen an unseren Tieren. Es ist mir also auch wert, wirklich Geld auszugeben und meinen Hund wieder einsatzfähig zu kriegen. Also, ich sag' ihnen ein Beispiel: wir haben eine sehr gute Hündin (...) Kira, die im Unterholz in irgendetwas hineingelaufen ist. Wir wissen nicht, was es ist. Mit dem Ergebnis, dass ihr eine Sehne durchgeschnitten worden ist. Das hat dazu geführt, dass ich diese Hündin für sehr viel Geld habe operieren lassen. Die macht auch wieder Dienst. Ja, das ist natürlich eine Frage, wo man dann überlegt, ob das in einem Verhältnis zueinander steht. Aber es ist so, dass uns unsere Hunde etwas wert sind. Und wenn eine Aussicht besteht, eine realistische Aussicht besteht, einen Hund wieder in den Dienst zu kriegen, werden wir alles tun, damit das also auch passiert. Wenn das nicht der Fall ist, dann pensionieren wir die Hunde. Und wir haben keine Probleme damit. Wir zahlen im Übrigen auch eine Pension für einen Hund. Das heißt, unser Hundeführer, der seinen 10 Jahre alten Diensthund aus dem Rennen nimmt, wo wir sagen gut, es ist jetzt gut, der nimmt ihn in der Regel in Pension. In Pension heißt, er behält ihn. (PDHF, Z. 368-384)

Unterschiede im Krankheitsfall gibt es lediglich in Bezug auf den Kostenträger der Behandlung. Während beim Schäferhund und beim Rettungshund die Besitzerin oder der Besitzer die Kosten trägt, übernimmt der Tiertrainer für den Filmhund, insofern die Erkrankung oder Verletzung im Rahmen seiner Verantwortlichkeit aufgetreten ist, die Krankenkasse für den Blindenhund und die Hansestadt Hamburg (für Diensthunde in ihrem Einzugsbereich) für den Polizeihund die Arztkosten.

Die Gründe für ein dauerhaftes Ausscheiden aus dem Arbeitsleben, also die „Kündigungsgründe", und der anschließende Verbleib der Hunde unterscheiden sich je nach Zeitpunkt des Ausscheidens.

Während der Ausbildung liegen die Gründe für einen Abbruch vor allem an den charakterlichen Eigenschaften der Hunde. Zeigt der Hund sogenannte „Wesensmängel", ist also aggressiv, überängstlich oder nicht ausreichend belastbar für den Arbeitsalltag, wird die Ausbildung abgebrochen und beendet (Blindenhund, Hund für Film und Fernsehen, Rettungshund).

Das ist also nicht festgelegt. Da gibt's jetzt kein Regelwerk, was jetzt sagt: Dann und dann muss der Hund rausfallen. Deswegen ist es auch wieder natürlich individuell und wo man denkt: Hm, das geht noch oder es geht nicht und dann kommt's ja auch drauf an, ob's dann geprüft wird oder nicht. Sicherlich nicht, weil er nicht lernen kann. Lernen können alle. Sondern, das sind immer charakterliche Geschichten. Der jagt zu doll. Deswegen hab ich schon einige Hunde hinaus befördert, wegen des Jagdverhaltens. Oder aber Aggression gegenüber Artgenossen. Sei es nun, dass der Hund sie mitgebracht hat oder erworben hat, weil man seine Umwelt selber nicht so beeinflussen kann. (BHA, Z. 574-581)

Der Schäfer beendet die Ausbildung seines Hundes auch, wenn dieser nach einer gewissen Zeit seine Fähigkeiten nicht ausbauen konnte und die Grundbegriffe nicht erlernt hat.

Das ist die Hündin, aber die hatte nichts aus Altersgründen. Nee. Das war eben ein Beispiel, die hatte mit Ach und Krach nicht mal richtig die Grundbegriffe drin. Die hat dann mal verworfen, die war krank und hatte verworfen und danach war es aus mit ihr. Da war bei den Schafen nichts mehr anzufangen und dann brauchst du so einen Hund nicht bei dem Vieh. Und so ist die nach Hause gekommen. Das ist dann Vaters Hund geworden. (...) Nun ist sie alt, aber damals, wo ich sie ausgemustert habe, versteh' mal. Da merkst du dann bei der Ausbildung, das geht nicht weiter und wir tingeln hier 'rum und tingeln hier 'rum und das bringt nichts. Dann muss man auch sagen, das wird mit dem Hund nichts. (S, Z. 511-519)

Im Falle des Ausbildungsabbruchs werden die Hunde entweder verkauft (Polizeihund), sie gehen zurück an den Züchter und werden von dort privat vermittelt (Blindenhund), oder sie verbleiben in der Familie des Besitzers (Schäferhund). Auch der Hund für Film und Fernsehen sowie der Rettungshund bleiben in der Regel als Privathunde (nach wie vor) im Besitz ihrer Halterin oder ihres Halters. Das bedeutet, dass für die Betreuung und den Unterhalt des Hundes in den von uns betrachteten Fällen auch dann gesorgt ist, wenn er während der Ausbildung als nicht geeignet für die Tätigkeit angesehen wird.

Die Anzahl der Dienstjahre richtet sich vor allem nach dem körperlichen Zustand des Hundes. Er wird in Rente geschickt, wenn er langsamer wird, seine körperliche Belastbarkeit nachlässt oder vermehrt Krankheiten auftreten (Knochenprobleme, Schlaganfall). Das altersbedingte Ausscheiden von Hunden aus ihrer Tätigkeit erfolgt dementsprechend im Allgemeinen, wenn sie ein Alter zwischen neun und zwölf Jahren erreicht haben. Während Polizeihunde etwa mit neun Jahren ihren Arbeitsplatz räumen, bleiben Blindenhunde auch bis zu einem Alter von zwölf Jahren tätig und Schäferhunde beenden ihre Dienstzeit meist erst mit dreizehn oder vierzehn Jahren.

Also, Sie können bei Hunden dieser Größenordnung davon ausgehen, dass sie etwa 12 Jahre alt werden. Einen 12 Jahre alten Hund haben wir nicht mehr im Dienst. Die Grenze der Dienstfähigkeit liegt bei 10 Jahren. Das ist aber nicht die Regel, eher

weniger. Die Regel ist irgendwas zwischen... ja... zwischen 9 und 10 Jahren, irgendwann dazwischen. Und dann guckt man eben. Dann wird er langsamer, dann mü-
der, dann ist er körperlich nicht mehr so belastbar, dann... es ist wie bei Menschen
auch, dann kommen Arschgebrechen [sic] dazu. Also dann zieht es mal hier, dann
zieht es mal da. (zeigend). Also, wo man dann einfach sagt, dieser Hund geht nicht
mehr in den Dienst. (PDHF, Z. 188-197)

In Deutschland führen die, solange sie führen können. Und wie lange wir sie führen
können, hängt von dem Blinden ab. Wenn der nicht meckert, dann führt der länger.
Wenn der meckert, wird eben eine Gespannprüfung wieder angeordnet und dann
wird geguckt, ob der Hund noch in der Lage ist oder nicht. Und es gibt durchaus
Blinde ... ich hatte mal eine Hündin, meine allererste Hündin, die hat bis 12 geführt.
Also sehr lange. Die Blinde wohnte, so wie hier, ein bisschen außerhalb, ist aber
häufig in die Stadt gefahren. Und der Hund hatte dann irgendwann Schwierigkeiten
in die Straßenbahn zu kommen. Das hat die gesagt: „Ja Gott, was ist mir nun wichtiger: ein neuer Hund oder ...?" Die hatte denn auch einen Mann mit Auto ... „Wenn
ich da mal hin muss, bemüh' ich mal meinen Mann und den Hund nutz' ich soweit
ich kann." Und die hat ihn dann bis 12 benutzt. (BHA, Z. 1279-1288)

In den jeweiligen Berufen gibt es zudem noch spezielle Kündigungsgründe. Beim
Polizeihund und beim Rettungshund wird beispielsweise genannt, dass der Hund
den Dienst verlassen muss, wenn er die jährliche Prüfung nicht mehr besteht.
Der Blindenhund wird nicht mehr arbeiten, wenn er sich nicht mehr zum Führen
motivieren lässt und seine Erwartungshaltung auf Belohnungen stark nachlässt,
und auch der Hund für Film und Fernsehen wird nicht mehr gebucht, wenn er bei
vergangenen Aufnahmen eine unzureichende Leistung erbracht hat oder wenn er
bereits zu oft gebucht wurde und damit zu bekannt ist. Am Ende der Dienstzeit
bleibt der Hund in der Regel bei der Besitzerin oder dem Besitzer bzw. der Halterin oder dem Halter. Lediglich beim Blindenhund kann es vorkommen, dass
Besitzerin oder Besitzer sich die alleinige Pflege nicht zutrauen und den Hund in
Pflege geben. Gewöhnlich bleibt aber auch der Blindenhund in der Familie der
Besitzerin oder des Besitzers.

S: Wenn sie bei der Schafherde ausgemustert sind aus Altersgründen, dann kommen sie hier nach Hause auf den Hof. So, und wenn sie dann [sterben], dann
kommen sie auf den Friedhof.

I: Aber du verkaufst sie dann nicht oder gibst sie an irgend jemanden ab oder so?

S: Nein, um Gottes Willen!

I: Also die bleiben bis zum Lebensende bei dir?

S: So ist es. Oder hier eben bei meinem Vater und Mutter zu Hause. Die kümmern
sich dann um die, weil ich bin ja selten hier zu Hause. Die Altersbetreuung über-

nehmen dann die Alten. Pass auf. Das ist so, das ist eigentlich ein ungeschriebe-
nes Gesetz. Einen Hund, der dir, der gearbeitet hat für dich und alles, der hat auch
sein Gnadenbrot verdient. Und das muss man ihm auch geben, ja. Du kannst ihn
dann nicht einschläfern lassen, weil er bei den Schafen nicht mehr geht. Jedenfalls
mach ich das nicht. (...) Er ist ja dann eigentlich nichts mehr. Ein Wachhund ist
es nicht. Und weil er halt gar nicht mehr kann, wenn der bei den Schafen nicht
kann, jagt der hier keinen mehr in die Flucht. Dann ist er zufrieden, wenn er
seine Ruhe hat. Ja. Aber das gebietet der Anstand, oder Berufsehre oder was auch
immer, dass man ihm sein Gnadenbrot gibt, wirklich wahr. Und das wird auch
durchgezogen hier. Da gibt es gar keine Diskussion. (S, Z. 492-509)

Die Unterschiede des Arbeitsalltags von Hunden in bestimmten Berufen soll nun
anhand von zwei kurzen Beispielen verdeutlicht werden. Auf der einen Seite wird
der Alltag eines vollzeitbeschäftigten Polizeihundes und auf der anderen Seite der
des unregelmäßig eingesetzten Hundes für Film und Fernsehen dargestellt.

Beispiel: Polizeihund

Nach einer Ausbildungsdauer von insgesamt zehn Wochen und einer bestan-
denen Abschlussprüfung wird der Hund zum Diensthund und arbeitet bei der
Polizei für eine Institution mit festen Regeln und strikten Abläufen. Zu diesen
Regeln gehört unter anderem, dass der Diensthund einmal im Jahr bezüglich
seiner Einsatzfähigkeit geprüft wird. Zusätzlich müssen die Diensthundeführer
sechzehn Mal jährlich mit dem Hund zur Fortbildung, bei der ein/e Fachlehrerin
oder -lehrer mit dem Hund arbeitet und ihn zusammen mit Hundeführerin oder
-führer nachtrainiert.

   Der Diensthund beginnt seinen Arbeitstag angepasst an den Schichtdienst seines Diensthundeführeres/seiner Diensthundeführerin an fünf Tagen in der Woche für acht Stunden Er arbeitet meist im Spät- (ab Mittag) oder im Nachtdienst
(ab 20 Uhr). Für den Frühdienst ist er in der Regel nicht eingeteilt. An einem nor-
malen Tag kommt er mit seiner Hundeführerin oder -führer, in dessen/deren Familie er lebt, gemeinsam in die Dienststelle. Dort werden sie dann für bestimmte
Einsätze eingeteilt. Nach Beendigung der Schicht verlassen Diensthundeführerin
oder Diensthundeführer und Diensthund gemeinsam den Arbeitsplatz.

   Bei dem von uns durchgeführten Interview nennt der befragte Polizeidiensthundeführer ein Beispiel für eine Aufgabe des Diensthundes und gleichzeitig
für seine aus Sicht des Hundeführers unersetzbare Tätigkeit: Er beschreibt als
Einsatzgebiet eine 20.000 m² große, abgebrannte Lagerhalle. Zur Ermittlung
der Brandursache ist es notwendig, den Suchradius für mögliche Fundorte von
Brandbeschleunigern o.ä. größtmöglich zu reduzieren. Mit dem Einsatz eines
Brandmittelspürhundes wird die Suche vereinfacht und das Suchgebiet erheblich

eingegrenzt. Dieser Hund wurde während seiner Ausbildung auf 30 Stoffe (zum Beispiel Benzin, Gas, Kerosin, Diesel, Terpentin) konditioniert und findet in dem beschriebenen Fall an zwei Stellen in der Lagerhalle Brandbeschleuniger. Für das Anzeigen möglicher Fundorte von Brandbeschleunigern erhält der Hund eine Belohnung.

Beispiel: Hund für Film und Fernsehen
Nachdem ein für geforderte Aufgabe geeigneter Hund durch den Tiertrainer ausgewählt und ggf. trainiert worden ist, fahren der Tiertrainer und der Hund gemeinsam an das Filmset.

Beim Dreh zeigt der Hund dann nach Aufforderung das Gelernte vor der Kamera und muss eventuell die geforderten Handlungen oder Handlungsabfolgen mehrfach wiederholen, bis die erwünschte Szene vollständig abgedreht ist. Für die richtige Ausführung der geübten Abläufe wird der Hund belohnt. Nach Beendigung der Filmaufnahmen verlassen der Hund und sein Trainer oder seine Trainerin gemeinsam das Set.

Wie bereits erwähnt arbeitet der von uns interviewte Tiertrainer maximal 8 Stunden pro Tag mit einem Tier am Set. Die praktische Arbeitszeit des Hundes ist allerdings kürzer, da er während des Set-Umbaus oder der Pausen für die Schauspielerinnen und Schauspieler selbst auch Ruhephasen hat. Nach Angaben des Tiertrainers sind für den Hund 80% der Zeit, die am Set verbracht wird, Wartezeit.

Am Set gibt es zudem Unterschiede zwischen Werbeaufnahmen und den Aufnahmen für eine Serie oder einen Film. Bei den Werbeaufnahmen ist der Dreh für den Hund nach Angaben des Tiertrainers entspannter, weil ein Spot an ein oder zwei Tagen gedreht wird, während bei einem Film selten mehr als sechs Minuten und bei einer Serie selten mehr als 20 Minuten pro Tag gedreht werden.

Anders als beispielsweise bei den Schauspielenden verhält es sich nach Angaben unseres Interviewpartners beim Schauspiel- bzw. Werbehund so, dass er seltener gebucht wird, wenn er schon häufiger zu sehen war.

An den Beispielen des Polizeihundes und des Hundes für Film und Fernsehen wird deutlich, dass sich deren jeweilige Arbeitsweise voneinander unterscheidet. Abgesehen von Ähnlichkeiten in der Struktur der Arbeitszeiten unterscheiden sich die beiden Fälle in mehrfacher Hinsicht. Der Polizeihund arbeitet in einer öffentlichen Institution, sein Arbeitsverhältnis ist stärker reguliert und mit einer Alterssicherung verbunden. Die Tätigkeit erfolgt auf der Grundlage einer regulierten, professionellen Ausbildung (mit Fortbildungen und einer jährlichen Prüfung) und regelmäßiger Arbeitszeiten (5 Tage/Woche). Demgegenüber arbeitet der Hund für Film Fernsehen in der Regel auftragsbezogen. Seine Tätigkeit ist deutlich weniger reguliert und abgesichert und hat den Charakter. Die gelernten Abläufe werden nach dem Dreh, für den sie trainiert wurden, nicht unbedingt wieder gebraucht.

Die soziale Dimension der Arbeit

Das Verhältnis zwischen den Hunden und ihren jeweiligen menschlichen Arbeitskolleginnen und -kollegen bzw. den Ausbildenden und Trainierenden stellt sich als äußerst ambivalent dar. Es lässt sich in den Antworten der Befragten feststellen, dass der Hund einerseits als Werkzeug zur Unterstützung der menschlichen Arbeit gesehen und genutzt wird, dass er zugleich aber auch als Kollege und als Partner wahrgenommen wird, dem man Wertschätzung, Bewunderung und Zuneigung entgegenbringt. Es handelt sich um eine komplexe soziale Beziehung, für die verschiedene Dimensionen von Bedeutung sind und in der dem Hund verschiedene soziale Rollen zugewiesen werden.

Hund als Kollege

In den Interviews zeigt sich, dass die jeweilige menschliche Bezugsperson über detaillierte Kenntnisse in Bezug auf Physiologie und Verhaltensmuster von Hunden im Allgemeinen, aber auch bezüglich des individuellen Hundes, mit dem er oder sie zusammen arbeitet, verfügt. Sie oder er ist sich nach eigenen Angaben der Eigenarten, der Stärken und Schwächen, der Persönlichkeit, der Mentalität und Kraft ihres/seines tierlichen Kollegen in hohem Maße bewusst. Dieses Wissen und die Erfahrungen im Umgang mit dem Hund bilden laut unserer menschlichen Interviewpartner/innen die Grundlage für eine erfolgreiche Zusammenarbeit. Erst dadurch sei es dem Menschen möglich, das Tier zu verstehen. Mittels ständiger Beobachtung des Hundes während des Arbeitseinsatzes und unter Anwendung des Wissens über das Tier ist es dem Menschen möglich, dessen Situation in der Arbeit angemessen einzuschätzen, etwa ob der Hund tatsächlich noch seiner Tätigkeit nachkommt und ob er in bestimmten Situationen überfordert ist und möglicherweise eine Pause zur Regeneration benötigt.

Ein guter Spezialhund hat eine Suchfähigkeit von 20 Minuten. (...) Das bedeutet, in dieser Zeit hat der Hund eine unheimlich hohe Atemfrequenz, wo er also Luft über seine Nasenschleimhäute zieht, um zu riechen. Und diese Atemfrequenz führt also dazu, dass in 20 Minuten die Körpertemperatur dieses Hundes um bis zu zwei Grad ansteigen kann. Das heißt, das ist ein enormer körperlicher Stress. (...) So, und das bedeutet, wenn die 20 Minuten 'rum sind, dann ist dieser Hund auch... dann kann er das körperlich auch nicht mehr. Der Körper sagt dann: ‚So, es ist Schluss jetzt! Pause! Pause Alter. Vorbei!' Das ist doch etwas, das kriegen sie mit. (...) Wir bilden die Hunde ja nicht nur aus, wir verstehen sie ja auch. Und der Hund öffnet den Fang und sucht dann mit offenem Fang. Das bedeutet, er zieht, weil er Luft braucht. (...) Er zieht dann also die Luft nicht mehr über die Schleimhäute. Er ist unkonzentriert. (...) Sie seh'n dann, der Hund will nicht mehr. Und dann ist es auch vorbei. Dann machen wir eine Pause. (PDHF, Zeile: 214-229)

Und es wäre dumm, den Hund zu überfordern. Denn die Gefahr, dass der Hund dann innerlich abschaltet und das Gebiet gar nicht mehr richtig absucht, wäre viel zu groß. Und deswegen auch der enge Kontakt. Wir müssen lesen und erkennen, sucht der Hund noch richtig oder läuft er [nur] noch. (RHF, Z: 137-140)

Es wird zudem deutlich, dass es während des Arbeitseinsatzes ein Abhängigkeitsverhältnis zwischen den menschlichen und den tierlichen Kolleginnen und Kollegen gibt. Um die Arbeitsaufgabe erfolgreich zu erfüllen, bedarf es einer Zusammenarbeit im Team. Das Team bietet einerseits gegenseitige Unterstützung, beispielsweise durch die Kombination der unterschiedlichen Fähigkeiten und Kenntnisse. Andererseits bietet es gegenseitigen Schutz und Sicherheit:

Ich bin natürlich immer die wichtigste Person am Set für den Hund. (...) Weil er mich dort am besten kennt und weil er sich eben bei mir sicher fühlt. Und auf der anderen Seite ist es natürlich so, dass er mit dem Schauspieler agieren muss und das ist ein bisschen projektabhängig. ([TT, Zeile 540-544)

Wir sind wirklich Partner. Der Eine kann nicht ohne den Anderen. Ich könnte nicht ohne meinen Hund das Gebiet absuchen und mein Hund braucht mich auch. Weil, wenn sie gefunden hat, muss ich ihr helfen. (RHF, Z: 258-260)

I: Wird die Tätigkeit des Hundes als eigenständig angesehen oder...?

Rettungshundeführer: Nein, deshalb heißt es auch falsch ‚Rettungshund', eigentlich heißt es ‚Rettungshundeteam'. Wir sind ein Team. Wir beide plus unser Suchgruppenhelfer. Anders gehen wir nicht in den Einsatz. (RHF, Z: 262-266)

Allerdings finden sich auch Hinweise darauf, dass das Verhältnis als Kollegen während der Arbeit durch ein deutliches Machtgefälle zwischen Mensch und Hund gekennzeichnet ist. So zeigt sich in der folgenden Aussage des Schäfers, dass der Hund in Bezug auf seine Existenzsicherung, also die naturale Dimension der Arbeit, voll vom Menschen abhängig ist.

Ich bringe ihm sein Essen jeden Tag, ich kämme das Vieh, ich schleppe ihm das Wasser 'rein, ich mache den Zwinger sauber und dafür arbeitet der Hund für mich. (S, Zeilen: 279-280)

Wie bereits erwähnt, beschreiben die von uns interviewten Expertinnen und Experten die gegenseitige Interaktion und Kommunikation zwischen Mensch und Hund als im Rahmen der gemeinsam geleisteten Arbeitstätigkeit als Tatsache, ohne deren Möglichkeit zu hinterfragen oder in Zweifel zu ziehen. Der Hund wird als Kommunikations- und Interaktionspartner gesehen und behandelt, auch wenn dem Tier nicht dieselben mentalen Fähigkeiten wie dem menschlichen Kollegen zugeschrieben werden.

Hund als „geistig unterlegenes" Lebewesen

Mit dem jeweiligen Hund zusammenzuarbeiten wird von den Befragten insofern als teilweise schwierig empfunden, angesichts des angenommenen mangelnden Verständnisses der Tiere gegenüber den Aufgaben, die sie erfüllen sollen, oder angesichts der wahrgenommenen Schwierigkeiten bei der interspezifischen Kommunikation. Die Herausforderung im Rahmen der Zusammenarbeit liege darin, dem Hund die Arbeitsaufgabe in der jeweiligen Situation durch non-verbale und verbale Kommunikation zu vermitteln.

> Denn er will es uns gut machen, aber er kann ja nicht denken bei der Sache und er versteht ja auch eigentlich meine Sprache nicht. (S, Z: 119-120)

> Also, das was ich sagen wollte war eben, also dass ich sehr viel mit den Tieren kommuniziere. Das heißt, ich habe gar nicht die Möglichkeit alles bis ins kleinste Detail auszutrainieren, sondern muss am Set oft improvisieren, was für den Hund natürlich schwierig ist, weil er die Situation nicht erfasst und gar nicht weiß, was seine Rolle im Film ist. So, dass ich dem Hund eben relativ schnell erzählen muss, was ich von ihm möchte. (TT, Z: 1202-1207)

Die physischen wie die mentalen Fähigkeiten der Hunde werden seitens der von uns Befragten nicht nur als durch die Zugehörigkeit zu einer bestimmten Spezies vorgegeben definiert, sondern auch abhängig von dem als Individuum wahrgenommenen tierlichen Kollegen und den an ihm konkret beobachteten Fähigkeiten.

Hund als individuelles Lebewesen

Die menschlichen Bezugspersonen der arbeitenden Hunde heben die Individualität der einzelnen Hunde hervor. Jeder Hund braucht, nach Ansicht der Befragten, seine eigene Zeit, um zu lernen und auch seine eigene Zeit um sich nach erledigten Aufgaben wieder zu regenerieren. Jeder Hund hat eigene Stärken und Schwächen. Es wird akzeptiert, wenn das Tier einen schlechten Tag hat oder sich nicht gut fühlt. Es wird nicht als Maschine angesehen, welche lediglich mechanisch auf An-

weisungen oder Kommandos reagiert. Tatsächlich wird bei der jeweiligen Ausbildung und Arbeit größtenteils versucht, den Hund über Motivation anzuleiten.

> Hunde sind doch wie alle anderen Lebewesen auch ein Stück weit individuell.
> (PDHF, Z: 229-230)

> Und da gibt es dann, wie gesagt, so kleine Tricks, die man sich erarbeitet als Schä-
> fer mit Hundeausbildungen. Es gibt schlaue Bücher und da steht alles ganz genau
> beschrieben drin, aber die Praxis sieht immer ein bisschen anders aus. Und jeder
> Hund ist auch ein bisschen anders als es im Buch steht. (S, Z: 29-32)

> Das Problem ist, dass man mit Hunden die Ausbildung nicht nach Schema F ma-
> chen kann. Jeder Hund braucht seine eigene Zeit. (RHF, Z: 51-52)

> Der Zugführer teilt auch die Teams ein. Der muss also immer genau wissen, welcher
> Hund wo seine Stärken und Schwächen hat, welcher Hundeführer wo seine Stärken
> und Schwächen hat. (RHF, Z: 100-101)

> Das ist eben ein Lebewesen. Es ist kein Auto und kein Roboter. Und es ist nicht jeder
> Tag gleich. (...) Und die haben auch mal Lust und haben keine Lust und haben einen
> schlechten Tag und haben einen guten Tag. (S, Z: 94-99)

> Es ist ja so: Sie können diesen Hunden nichts befehlen. Sie können sie ja nur dazu
> kriegen, oder sie können sie ja nur dazu motivieren, zu arbeiten. (PDHF, Z: 212-213)

> Trotzdem bleiben es ja Lebewesen und wenn die einen schlechten Tag haben, ist
> es meine Pflicht als Hundeführer, auch schon im Sinne der vermissten Person, zu
> sagen, ich nehme meinen Hund aus dem Einsatz. (RHF, Z:148-150)

Weiterhin sind sich die Befragten nach eigenen Angaben im Klaren über die Bedürfnisse der Hunde, mit denen sie zusammen arbeiten. Es ist im Allgemeinen ihr
Anspruch, diesen Bedürfnissen gerecht zu werden.

> Genauso, dass der Freilauf in vielen Schulen nicht trainiert wird. Das kommt aber
> dem Hund zu Schaden..(...) Entweder kommt er nicht zuverlässig oder er verab-
> schiedet sich schon mal komplett. Also das kommt auch vor. Das heißt, die Leu-
> te sind unsicher, lassen ihren Hund nicht mehr laufen und damit bin ich bei dem
> Punkt: So, der Hund darf arbeiten, aber seine Bedürfnisse werden nicht befriedigt!
> Das kann nicht sein! (BHAB, Z: 495-500)

Hund als schützenswertes Lebewesen

Wie bereits in Teil 4 erwähnt, ist das Tierschutzgesetz in vielen Bereichen in Bezug auf den praktischen Umgang mit Tieren nicht präzise ausformuliert, sondern lässt einen gewissen Spielraum. Daher schaffen sich einige der Befragten ihre Regeln selbst oder folgen institutionsinternen Regelungen. Durch Kenntnisse über die Bedürfnisse und Physiologie der Hunde werden Regeln erstellt, die konkrete Handlungsanweisungen, beispielsweise für die Bewegungshäufigkeit oder die Pausenzeiten nach dem Füttern, beinhalten. Es ist der Anspruch der von uns befragten Expertinnen und Experten, die arbeitenden Hunde so gut wie möglich vor Überarbeitung, vor zu starker Belastung, vor körperlichen Schäden und demnach auch vor dem vorzeitigen Ableben zu schützen.

> (...) eine halbe Stunde nach dem Füttern darf mit dem Hund nicht gearbeitet werden, um die Gefahr einer Magendrehung auszuschließen. Also solche Sachen, die gibt es. Das steht nicht im Tierschutzgesetz. (PDHF, Z: 470-472)

> I: Und wie sieht der Arbeitstag eines Hundes aus? Bzw. gibt es da irgendwelche Richtlinien?

> TT: Also, die gibt es leider nicht. Das ist tatsächlich schade, weil es eben so viele Leute gibt, die denken, sie müssen das machen oder wollen das machen. Die dann über Agenturen vermittelt werden und die sich dann auch, vielleicht aus Unerfahrenheit, scheuchen lassen. Also, die sich dann einen 14-Stunden-Tag aufdrängen lassen, weil sie denken: ,Jetzt bin ich hier, jetzt muss ich das auch machen' und dem Hund macht es schon lange keinen Spaß mehr. (...) Es gibt natürlich das Tierschutzgesetz, nach dem man keinem Tier Schaden oder Leiden zufügen kann. Aber wer will beurteilen, wo das anfängt? (...) Ich habe es in meinen allgemeinen Geschäftsbedingungen. Wenn ich ein Angebot schreibe, dann gebe ich die immer mit, dass der Hund eben am Tag acht Stunden am Set anwesend ist und nachts sind es nur vier Stunden. (TT, Z: 352-372)

> Ich würde natürlich keinen Hund durchs Feuer springen lassen, wenn ich nicht weiß, das ist eine sichere Nummer. Oder die Vorbereitungen sind so gut, dass man da einfach kein Risiko, also wirklich gar kein Risiko eingeht. (TT, Z: 441-444)

> Und generell würde ich jeden erschlagen, der versucht ununterbrochen in der Mönckebergstraße vier Stunden zu laufen. Der ist nicht ganz dicht. (...) Das ist nämlich extrem. Darüber machen sich aber manche keine Gedanken, weil so viel sich ändert. Weil, da[bei] muss der Hund wirklich komplett konzentriert sein. (BHAB, Z: 1171-1177)

Hund als Wesen von ideellem Wert

Die Befragten bringen ihren Hunden Zuneigung entgegen. Für sie hat der individuelle Hund einen ideellen Wert und ist nicht einfach durch ein anderes Tier zu ersetzen. Unsere InterviewpartnerInnen gaben in diesem Zusammenhang beispielsweise an, dass sie für die Genesung eines erkrankten Tieres bereit wären, auch sehr hohe Kosten auf sich zu nehmen oder dass eine ihnen angebotene hohe Geldsumme sie nicht dazu bewegen könne, sich von ihren Hunden zu trennen.

> Also, wenn ein Hund nicht mehr einsatzfähig ist, also wissen Sie, wir hängen an unseren Tieren. (...) Es ist mir also auch wert, wirklich Geld auszugeben und meinen Hund wieder einsatzfähig zu kriegen. (...) Und wenn eine Aussicht besteht, eine realistische Aussicht besteht, einen Hund wieder in den Dienst zu kriegen, werden wir alles tun, damit das also auch passiert. (PDHF, Z: 368-380)

> Damals mein Hund Bug. Da haben sie mir 1.000 DM geboten. Und da habe ich gesagt: ‚Junge, da fang' ich gar nicht an nachzudenken!' Der hätte mir 5.000 DM bieten können. Das ist ein ideeller Wert, sag ich mal. (S, Z: 180-182)

Zudem sehen sich die meisten von uns befragten Bezugspersonen arbeitender Hunde in der Pflicht, für ihren Hund auch im Ruhestand weiterhin Verantwortung zu übernehmen, ihn zu pflegen und zu versorgen.

> Das ist so, das ist eigentlich ein ungeschriebenes Gesetz. Einen Hund, (...) der gearbeitet hat für dich und alles, der hat auch sein Gnadenbrot verdient. Und das muss man ihm auch geben, ja! Du kannst ihn nicht einschläfern lassen, weil er bei den Schafen nicht mehr geht. Jedenfalls mach ich das nicht. (...) Das gebietet der Anstand oder die Berufsehre oder was auch immer. (S, Z: 500-508)

Hund als Freund und Sympathieträger

Eine weitere Rolle, die der Hund aus Sicht der Menschen einnimmt, ist die des Freundes und Sozialpartners. Einerseits ist diese Rolle und die damit einhergehende individuelle Verbindung von Mensch und Hund aus Sicht einiger unserer InterviewpartnerInnen eine Voraussetzung für die erfolgreiche gemeinsame Arbeit, andererseits geht dieses Verhältnis über die reine Arbeitsbeziehung deutlich hinaus. Über den Hund wird in diesem Zusammenhang in liebevoller und behütender Weise gesprochen.

> Das muss ein Hund sein, der dein allerbester Freund ist. Deshalb kann ich auch nicht verstehen, dass immer wieder Leute auf die Idee kommen und an uns heran-

treten, ob wir die verkaufen würden. (...) Sie muss mein allerbester Freund sein und man muss einen sehr engen Kontakt haben. (RHF, Z: 252-257)

Aber ich liebe meine Hunde ohne Ende. Und ich habe dir gesagt, die könnten mir Geldscheine hier auf den Tisch legen, da würde ich keinen Hund weggeben. (S, Z: 414-415)

Und ich bilde ja nicht die Führhunde aus, weil ich die Menschen so gerne mag, sondern, weil ich die Hunde so gerne mag. (BHAB, Z :908-909)

Zusätzlich zu der Rolle des Freundes und Gefährten füllt der Hund aber auch die Rolle eines Mitglieds einer bestimmten sozialen Gruppe mit einer festgelegten Position im Rahmen dieser Gruppe aus.

Hund als Rudeltier in einer Hierarchie

Nach Angaben der Befragten ist der Hund ein Rudeltier, der natürlicherweise in einer Hierarchie lebt, in der er sich, sofern er nicht das Alphatier ist, unterordnet. Um sich die Fähigkeiten und Eigenschaften des Hundes zunutze zu machen und mit ihm arbeiten zu können, muss nach Ansicht unserer Interviewpartnerinnen und -partner der Mensch, der aus Sicht unserer Interviewpartner seitens des Hundes ebenfalls als Teil des Rudels wahrgenommen wird, in der Rangordnung über dem Hund stehen. Das bedeutet, der Mensch übernimmt die Rolle des Rudelführers und die damit verbundenen Machtansprüche. Der Mensch sieht sich zu dem Hund also als ranghöherer Artgenosse. Allerdings bedeutet das aus ihrer Sicht nicht zwangsläufig, dass der Hund dadurch schlechter behandelt wird. Durch die höhere Stellung innerhalb einer angenommenen Rangordnung entsteht ein Anspruch auf Gehorsamkeit seitens der Rangniedrigeren. Allerdings werden seitens unserer Gesprächspartner auch die Pflichten betont, die mit der Übernahme der höheren Stellung in der Hierarchie verbunden sind:

Also der Hund ist ein Rudeltier mit einer hierarchischen Ordnung. (...) Dieses Bedürfnis nach einer hierarchischen Ordnung ist... müssen Sie leben, wenn sie mit dem Hund arbeiten wollen. Ein Hund wird nur dann arbeiten, für mich arbeiten, wenn feststeht, das in der Rangordnung ich vor ihm bin, ja. Das ist, das bedeutet, ich bin zwar für den Hund auf der einen Seite das ranghöhere Rudeltier, auf der anderen Seite bin ich für ihn aber auch ein wesentlicher Sozialpartner. (...) Aus meinen Händen wachsen die Würstchen. Äh, das bedeutet, ich bin für diesen Hund auch wichtig. Weil, von mir lebt er. (...) Ich mach die Dosen auf, ich füttere ihn. Das bedeutet, es gibt dort eben eine Mischung in der Über- und Unterordnung (...), aber natürlich auch Fürsorge und dergleichen mehr. (PDHF, Z: 412-423)

Interviewer: Wie würdest du das Verhältnis von dir zu den Hunden beschreiben? Eher kollegial? Oder eher autoritär von oben?

S: Eigentlich autoritär. So muss das sein. Einer muss der Chef sein. Das ist so, als wenn man mit einem Kind kumpelhaft sein will. (...)

I: Also weniger eine Freundschaft als mehr ein Angestelltenverhältnis?

S: Ja, aber ich liebe meine Hunde ohne Ende. Und ich habe dir gesagt, die könnten mir Geldscheine hier auf den Tisch legen, da würde ich keinen Hund weggeben. Das sagt ja F. (die Ehefrau) immer. Deine Hunde scheißt du nie zusammen, uns immer, ja. Verstehst du? Aber vom Prinzip muss es so sein, der Hund muss klare Regeln haben. Weil, wie vorhin gesagt, er kann ja nicht denken. Und er kann ja auch nicht wissen. Er will es nur gut machen. Und ich muss mir seine, sage ich mal, Triebe zu eigen machen. Das geht nur, wenn ich ihm das vorgebe. Was er zu machen hat und er muss es erfüllen. Und je nachdem wie gut er es erfüllt, so wird er gelobt. Baut er Scheiße, gibt es eine auf den Sack. (S, Z. 406-421)

Wenn diese Hierarchie aufgehoben bzw. die Position innerhalb dieser sozialen Ordnung verschoben würde, würde der Hund nach Ansicht einiger unserer Gesprächspartnerinnen und -partner die geforderten Aufgaben nicht mehr angemessen erfüllen. So argumentiert die Blindenhundausbilderin:

Eigentlich soll er [der ideale Blindenhund] ausgeglichen sein und dafür eignet sich nun mal der Labrador am besten. Der hat nur einen Nachteil: der ist sehr verfressen und darüber nun wieder ablenkbar. (...) Also wenn der Hund wirklich verfressen ist, merkt der Hund irgendwann, dass der Blinde blind ist, ihn nicht kontrollieren kann und dann kommt's durch. Im Führgeschirr geht das dann noch, weil da der Blinde schon durch das Geschirr ziemlich viel mitkriegt, auch wohin, in welche Richtung der Hund den Kopf legt und so weiter und so fort. Im Freilauf (...) Ist halt nicht kontrollierbar und da frisst er gerne. (BHAB, Z: 134-150)

Während der von uns geführten Interviews wurde in Zusammenhang mit der Einordnung des Hundes in eine unterlegene Position in einer sozialen Hierarchie in einigen Aussagen allerdings auch deutlich, dass diese Unterordnung in manchen Fällen auch den Einsatz von Zwang oder sogar Gewalt legitimiert.

Jetzt durch das Stromhalsband kannst du ein bisschen mehr machen, weil du kriegst ihn [den Hund in der Ausbildung] bestraft, wenn er Scheiße baut. Das ist das äußerste Mittel. Also ich versuche das so wenig wie möglich einzusetzen. (S, Z. 551-553)

Die Ausbilderin von Blindenhunden berichtete, dass in ihrer Branche die „Motivation" der Hunde in der Regel über die Vermeidung von Druck seitens des Hundes verläuft. Sie selbst hat sich von dieser Methode deutlich distanziert.

Die Motivation ist bei mir, so ziemlich nur bei mir in Deutschland, das Leckerchen. Und zwar richtig. Nicht, dass ich irgendwann dem Hund ein Leckerchen gebe, sondern tatsächlich über positive Verstärkung. Das heißt, der Hund lernt durch Versuch und Irrtum. Wird exakt in der richtigen Sekunde bestärkt und nicht irgendwann: Ah, na ja, das hast du ja gut gemacht und nachher geb ich dir nen Leckerchen. Sondern schon ganz genau nach diesem Prinzip. Also die Motivation für die meisten Hunde ist das Vermeiden von Druck. Mit Sicherheit bei mehr als 90 Prozent der Führhunde. Der Druck ist unterschiedlich. Druck kann Leinenruck sein, weil deswegen nehmen einige auch so gerne weiße Schäferhunde, weil die so sensibel sind und sagt man ihm: ‚Hey du böser Hund!‘ und der legt gleich die Ohren an und macht das erst mal nie wieder. Da ist der Druck sehr gering eben. Der Druck kann aber auch 'nen Stachelhalsband oder Strom sein. Das ist alles möglich. (…) Es wird nur nie erwähnt und nie gezeigt, was mich furchtbar ärgert. (BHAB Z. 665-677)

Hier zeigt sich eine deutliche Ambivalenz zur Positionierung des Hundes als „Freund", „Kollegen" oder „Gefährten".

Hund als Eigentum

Neben der Rolle des Freundes, Sozialpartners und Arbeitskollegen nimmt der Hund aber auch ganz klar die Position eines Besitztums ein. So wie man ein Auto oder ein Haus besitzt, so gehört der Halterin oder dem Halter oder der jeweiligen Institution auch der Hund, obwohl die Befragten aber den Hund als Lebewesen und nicht als Gegenstand betrachten.

I: Was ist, wenn der Hund krank ist. Letztlich zahlst du die Behandlung dann? Oder wird der Hund ersetzt?

S: Der wird nicht ersetzt. Das ist ja mein Eigentum! (S, Z: 266-268)

Er [der Hund] gehört der Krankenkasse. (BHAB, Z: 1737)

Hund als Werkzeug

Da der Hund Fähigkeiten besitzt, die beim Menschen nicht oder nur gering ausgeprägt sind, ist dieser in gewisser Weise und in bestimmten Tätigkeitsfeldern auf den Hund angewiesen. Der Mensch nutzt die Fähigkeiten und „naturgegebenen Talente" bzw. „Triebe" des Hundes, um unter ihrer Zuhilfenahme auf mannigfaltige Art und Weise seinen Lebensunterhalt zu verdienen. In diesem Zusammenhang wird der Hund zum Werkzeug, er wird als Mittel zum Zweck gesehen. Der Hund wird zur Ausübung ihm unüblicher Tätigkeiten mit Aussicht auf eine Belohnung bewegt, also mehr oder weniger gezielt manipuliert.

Also Hunde sind nach wie vor in bestimmten Bereichen ein unverzichtbares Instrumentarium. Weil, sie können Hunde nicht durch Technik ersetzen. (...) Dieser Hund ist einfach in der Lage eine Arbeit zu leisten, die jemand anders gar nicht leisten kann. (...) Das bedeutet, es kommt in einem ganz starken Maße darauf an, die Hunde so einzusetzen, dass sie also die menschliche Wahrnehmung oder menschlichen Fähigkeiten, Technik, Physik oder was auch immer, dann gegebenenfalls ergänzen oder ersetzen kann. (PDHF, Z: 241-275)

Ich lenke ja die Herde mit dem Hund. (S, Z: 73-74)

So einen Hund, der sich jetzt hinterm Sofa verkriecht, wenn jemand kommt und von Grund auf aufgebaut werden muss, damit er überhaupt wieder einen Happen frisst. Also mit so einen Hund, den würde ich mir nicht halten wollen, weil ich dann auch mit dem Hund arbeite und auch meinen Lebensunterhalt verdiene. (TT, Z: 952-956)

Es ist so ein bisschen zweigespalten. Natürlich mag ich die Hunde, sonst würde ich auch so einen Job gar nicht machen. Und ja so ein bisschen Bewunderung auch, oder wenn die Hunde das gut machen, dass ich dann eben eine gewisse Anerkennung für den Hund habe und durchaus ins Herz schließe. Auf der anderen Seite ist es natürlich auch ein bisschen eine geschäftliche Basis. Also ich muss mit dem Hund dann auch arbeiten und der ist dann für mich auch ... ähm ... hm ... klingt jetzt vielleicht ein bisschen fies, aber ein bisschen Arbeitsmaterial. Also es muss dann auch funktionieren. (...) Das ist dann so, also im Prinzip vielleicht so ein bisschen wie bei einem Schäfer. Also für mich ist der Hund dann auch Arbeitstier. (...) Er muss dann eben halt auch seine Aufgaben erfüllen. (...) So dass ich das von dem Hund auch ein bisschen erwarte und auf der anderen Seite natürlich auch mit Liebe und mit Spaß da 'rangehe. Aber ich fordere ihn, den Hund, auch. (TT, Z: 798-812)

Zusammenfassung

Aus den geführten Interviews ergeben sich deutliche Gemeinsamkeiten in Bezug auf die verschiedenen qualifizierten Tätigkeiten von ausgebildeten Hunden. Vor der Ausbildung, die jeder Hund absolvieren muss, werden bei der Vorauswahl der Tiere ähnliche charakterliche und gesundheitliche Anforderungen an sie gestellt. Nach der Ausbildung werden die Hunde in den Dienst übernommen und arbeiten in ihrem jeweiligen Tätigkeitsfeld. Sie haben eine ihrem Beruf entsprechende Arbeitszeit und Pausen. Erfüllen sie ihre Aufgaben, wird ihnen eine Be-/Entlohnung in Aussicht gestellt, die sie dazu motiviert, die von ihnen geforderten Aufgaben auch weiterhin zu erfüllen. Im Krankheitsfall werden sie (tier-)ärztlich versorgt und, wenn möglich, nach der Genesung wieder im jeweiligen Aufgabengebiet eingesetzt. Mit zunehmendem Alter werden die Hunde langsamer und sind weniger belastbar, was früher oder später zu ihrer Pensionierung führt. Für ihren Lebensabend verbleiben sie dann meist bei ihrer Besitzerin oder ihrem Besitzer; in öffentlichen Institutionen wie bei der Polizei steht ihnen auch eine Rente zu, die an die menschlichen Bezugspersonen ausgezahlt wird.

Allerdings lassen sich auch Unterschiede in den Anforderungen in den unterschiedlichen Tätigkeitsfeldern erkennen. Während beim Hund für Film und Fernsehen eher das Aussehen des Tieres eine Rolle spielt und er manche der erlernten Fähigkeiten nur einmal für einen bestimmten Arbeitseinsatz abrufen können muss, sind es beim Schäferhund, beim Blindenhund, aber auch beim Polizeihund in erster Linie spezielle Fähigkeiten, Charaktereigenschaften oder die Ausprägung so genannter „Triebe", die der Hund entweder nicht haben darf (Jagdtrieb beim Blindenhund) oder aber haben muss, um bestimmte Aufgaben längerfristig und regelmäßig erfüllen zu können (Hütetrieb beim Schäferhund; Beutetrieb beim Polizeihund). Weiterhin unterscheiden sich das Alter der Hunde zum Zeitpunkt des Ausbildungsbeginns und die Dauer der jeweiligen Ausbildung. Auch differieren der Grad der Professionalisierung und die Möglichkeit zur Weiterbildung. Die Ausbildungsdauer des Filmhundes ist dabei am kürzesten. Je nach gewünschtem Anforderungsprofil kann sie nur Minuten oder wenige Wochen andauern. Der Polizeihund, der Blindenhund und der Schäferhund erhalten eine längere, professionelle Ausbildung. In diesen Fällen schließt die Ausbildung auch meist formal mit einer Prüfung ab.

Auch die Arbeitszeit variiert zum Teil stark unter den Tätigkeiten. Der Polizeihund arbeitet an fünf Tagen in der Woche je acht Stunden. Der Schäferhund wird dagegen nur jeden zweiten Tag mit zu den Schafen genommen, da die Schäferin oder der Schäfer mehrere Hunde hat, mit denen sie oder er abwechselnd arbeitet. Im Gegensatz dazu ist der Blindenhund an sieben Tagen in der Woche für seine Besitzerin oder seinen Besitzer auf Abruf im Einsatz. Der Rettungshund und der Hund für Film und Fernsehen werden wiederum bei Bedarf eingesetzt. Während der Rettungshund dann für die Dauer des jeweiligen Einsatzes beschäftigt ist, arbeitet der Filmhund, wenn er denn gebucht wurde, tagsüber bis zu acht, nachts maximal vier Stunden am Set.

Dabei ist erkennbar, dass die qualifizierte Arbeitstätigkeit von Hunden in ihrer Ausgestaltung durchaus mit der ihrer menschlichen Kollegen vergleichbar ist. Entscheidende Differenzen lassen sich vor allem in Bezug auf die rechtliche Dimension der Arbeit finden, da hier die Arbeitstätigkeit von Hunden nicht unmittelbar wie beim menschlichen Arbeitnehmer, sondern nur mittelbar durch geltende Rechtsnormen geregelt wird.

Im Hinblick auf das Mensch-Tier-Verhältnis innerhalb der Erwerbsarbeit bzw. der sozialen Beziehung zwischen Mensch und Hund im Rahmen der gemeinsam geleisteten Arbeitstätigkeit wird deutlich, dass der qualifiziert arbeitstätige Hund aus dem Blickwinkel seines menschlichen Kollegen viele verschiedene, teilweise auch konträre, soziale Rollen in sich vereint. Er ist Kollege, er ist Freund und Partner, ein individuelles Lebewesen, dem Stärken und Schwächen zugestanden werden. Daneben wird er aber auch als Besitz betrachtet und als Werkzeug gebraucht. Allerdings wurde in den Interviews ebenfalls deutlich, dass die soziale Position des Hundes nie auf der Grundlage nur einer dieser Rollen bestimmt wird. Der Hund wird dabei, soweit es die befragten Expertinnen und Experten betrifft, mehr als Partner denn als Werkzeug betrachtet. Legt man die von Gotthard M. Teutsch beschriebenen Voraussetzungen für das Vorhandensein einer interspezifischen sozialen Beziehung im soziologischen Sinne zu Grunde, lässt sich anhand unserer Ergebnisse die Hypothese aufstellen, dass die Beziehung, zumindest seitens der menschlichen Kollegen, als eine soziale Beziehung angesehen wird.

6   Fazit

Eingangs stellten wir uns die Frage, was die Bedingungen und Merkmale des qualifizierten Arbeitseinsatzes ausgebildeter Hunde sind und welche soziale Stellung dem Hund in der modernen Arbeitswelt zuerkannt wird. In Bezug auf die Bedingungen und Merkmale der Arbeitstätigkeit von Hunden können wir feststellen, dass sie zwar tätigkeitsbedingt bis zu einem gewissen Grad differieren, im Allgemeinen aber wesentliche für die menschliche Arbeit relevante Dimensionen auch in der Arbeit von Hunden enthalten sind. Sie ist hinsichtlich der Bedingungen und Merkmale der menschlichen Arbeit durchaus vergleichbar. Ein wichtiger Unterschied liegt in der rechtlichen Ausgestaltung. Auch wenn das Tierschutzrecht rechtliche Rahmenbedingungen für den Arbeitseinsatz von Hunden schafft, ist der Rechtsstatus von arbeitenden Hunden weit weniger gesichert als der menschlicher Arbeitskräfte. Dies liegt darin begründet, dass das Tierschutzrecht Tiere als Arbeitnehmer nicht vorsieht und nur an wenigen Stellen (siehe Teil 5) eine qualifizierte Tätigkeit von Tieren überhaupt erwähnt. Somit ist die Ausgestaltung der einzelnen Tätigkeiten der Hunde juristisch nur unzureichend geregelt und liegt weitestgehend im Ermessensspielraum des Menschen. Weiter besitzen Tiere keine Rechtsfähigkeit. Ein Verstoß gegen geltendes Recht kann demnach weitaus schwieriger angezeigt und geahndet werden als bei menschlichen Arbeitnehmerinnen und -nehmern. Das Ungleichgewicht in Bezug auf die Machtverteilung zwischen tierlichem Arbeitnehmer und menschlichem Arbeitgeber ist also weitaus größer als zwischen menschlichen Arbeitgebern und Arbeitnehmern.

Bezüglich der sozialen Stellung des qualifizierten Hundes in der modernen Arbeitswelt lässt sich feststellen, dass sie als in hohem Maße unsicher und fremd-bestimmt betrachtet werden kann. Das Verhältnis der menschlichen Kollegen zu den Hunden kann als ambivalent bezeichnet werden. Einerseits wird der Hund als eigenständiges und schützenswertes Lebewesen, Sympathieträger und persön-licher Freund beschrieben, der eigene Bedürfnisse sowie individuelle Charakter-zuge aufweist und dem gegenüber ihre menschlichen Bezugspersonen freund-schaftliche Gefühle und Zuneigung empfinden. Andererseits wird der tierliche Kollege aber auch als Werkzeug und Mittel zum Zweck gesehen, als Eigentum bezeichnet und teilweise auch entgegen seiner natürlichen Verhaltensweisen zur Erledigung bestimmter Aufgaben genutzt. Gefördert durch die rechtliche Situ-ation entsteht im Rahmen der Arbeitstätigkeit eine starke Abhängigkeit vom Menschen, seinen individuellen Sichtweisen und Entscheidungen. Obwohl sich die Beziehung zwischen dem menschlichen und dem tierlichen Kollegen als eine soziale Beziehung nach Teutsch beschreiben lässt und dem Hund Eigenschaften wie Motivation, Individualität und Lernfähigkeit zugeschrieben werden, wird er in seiner sozialen Position stets als „unterlegener Sozialpartner" eingeschätzt und behandelt. Alle Entscheidungen, welche die Ausbildung und Arbeitstätigkeit des Hundes betreffen, werden von dem Besitzer/Halter auf der Grundlage seiner Mo-tive und Einschätzungen getroffen.

Zusammenfassend lasst sich feststellen, dass die Arbeitsleistung qualifizierter Hunde in der modernen Arbeitswelt in hohem Maße fremdbestimmt und seine soziale Stellung zum erheblichen Teil abhängig von der individuellen Entschei-dung seiner menschlichen Bezugsperson ist. Dies ist vergleichsweise am gerings-ten dort der Fall, wo Hunde im öffentlichen Sektor, wie bei der Polizei, eingesetzt werden und das Verhältnis von Mensch und Hund einer gewissen Normierung seitens des Arbeitgebers unterliegt.

Nach den im Rahmen dieser Forschungsarbeit gewonnenen ersten Erkennt-nissen scheint es durchaus lohnenswert, dieses bisher so randständige Thema im Rahmen sozialwissenschaftlicher oder interdisziplinärer Forschung weiter zu verfolgen.

Literatur

Becker, Dietmar/ Becker-Schmidt, Regina/ Knapp, Gudrun Axeli/ Wacker, Ali (1989): Zeitbilder der Technik. Essays zur Geschichte von Arbeit und Technologie. Bonn, Verlag J.H.W. Dietz Nachf.

Der Brockhaus (2003): Der Brockhaus in einem Band. 10., neu bearbeitete Auflage. Leipzig Mannheim, F.A. Brockhaus

Eichelberg, H. (2008): Tierschutz und Hundezucht. In: Tierärztl. Praxis; 36 (Suppl. 1): S. S59–S62

Berufsbildungsgesetz: BGBI I Nr. 5 vom 13.01.2006

Flick, Uwe (2005): Qualitative Sozialforschung. Eine Einführung. 3. überarbeitete und erweiterte Neuausgabe. Rowohlt Taschenbuch Verlag, Reinbek bei Hamburg.

Flick, Uwe/ von Kardorff, Ernst/ Steinke, Ines (2003): 1. Was ist qualitative Forschung? Einleitung und Überblick.

In: Flick, Uwe/ von Kardorff, Ernst/ Steinke, Ines (2003): S. 13-29

Flick, Uwe/ von Kardorff, Ernst/ Steinke, Ines (Hg.) (2003): Qualitative Forschung – Ein Handbuch. Reinbek bei Hamburg, Rowohlt Taschenbuch Verlag

Geiger, Theodor (1931): Das Tier als geselliges Subjekt. In: Forschungen zur Völkerpsychologie und Soziologie, Band 10, Jg. 1931, S. 283-307.

Gorz, André (1989): Kritik der ökonomischen Vernunft. Sinnfragen am Ende der Arbeitsgesellschaft. 1. Aufl., Berlin: Rotbuch Verlag

Hanau, P./ Adomeit, K. (2005): Arbeitsrecht. München, Luchterhand

Hirt, Almuth/ Maisack, Christoph / Moritz, Johanna (2007): Tierschutzgesetz. Kommentar. München, Verlag Franz Vahlen

Junker, Abbo (2009): Grundkurs Arbeitsrecht. Verlag C.H.Beck München

Kocka, J. (2000): Arbeit früher, heute, morgen: Zur Neuartigkeit der Gegenwart. In: Kocka, J./ Offe, C. (Hrsg.) (2000):. S. 476-492

Kocka, J./ Offe, C. (2000): Geschichte und Zukunft der Arbeit, Frankfurt/Main (u.a.), Campus-Verlag

Kruse, Corwin, R. (2002): Social Animals: Animal studies and sociology. In: Society & Animals. Journal of Human-Animal Studies. Vol. 10, No. 4

Quelle: http://www.animalsandsociety.org/assets/library/475_s1047.pdf zuletzt eingesehen am 18.01.2011

Malcolm, Norman (2005): Gedankenlose Tiere.

In: Perler, Dominik/ Wild, Markus (2005): S. 77-94

Mikl-Horke, Gertraude (2000): Industrie- und Arbeitssoziologie. 5., vollständig neubearbeitete Auflage, München Wien, R. Oldenbourg Verlag

Mosen, G./ Scheibner, U. (2003): Arbeit, Erwerbsarbeit, Werkstattarbeit - Vom Mythos zum neuen Arbeitsbegriff in Theorie und Praxis. BAG, WfbM.

Mütherich, Birgit (2004): Die Problematik der Mensch-Tier-Beziehung in der Soziologie: Weber, Marx und die Frankfurter Schule. Münster. Lit Verlag

Perler, Dominik/ Wild, Markus (2005): Der Geist der Tiere – Eine Einführung.

In: Perler, Dominik / Wild, Markus (2005): S. 10-74

Perler, Dominik/ Wild, Markus (Hg.) (2005): Der Geist der Tiere. Philosophische Texte zu einer aktuellen Diskussion. Frankfurt am Main, Suhrkamp Verlag

Pohlheim, Katja (2006): Vom Gezähmten zum Therapeuten: Die Soziologie der Mensch-Tier-Beziehung am Beispiel des Hundes. LIT Verlag Hamburg

Proudhon, P.-J. (Pierre-Joseph) (1847) : Philosophie der Staatsökonomie, oder, Nothwendigkeit des Elends. Volume 2. Darmstadt, 1847. 2 vols. The Making of the Modern World. Gale 2011. Gale, Cengage Learning. Staats- und Universitaetsbibliothek Hamburg. 10 January 2011 <http://galenet.galegroup.com/servlet/MOME?af=RN&ae=U3611051766&srchtp=a&ste=14>

Searle, John R. (2005): Der Geist der Tiere. In: Perler, Dominik / Wild, Markus (Hg.) (2005): S. 132-152

Teutsch, Gotthard M. (2001): Soziologie und Ethik der Lebewesen. Eine Materialsammlung. Bochum, Biblioviel (=Nachdruck der Ausgabe von 1975)

Tierschutzgesetz: TierSchG vom 24.07.1972, zuletzt geändert am 18.12.2007

Tierschutz-Hundeverordnung: TierSchHuV vom 02.05.2001 im BGBl I 2001, 838

Verordnung über Ausnahmen zum Verbringungs- und Einfuhrverbot von gefährlichen Hunden in das Inland (Hundeverbringungs- und -einfuhrverordnung – HundVerbrEinfVO) vom 03.04.2002 zuletzt geändert 21.06.2005

Wacker, Ali (1989): Arbeit als Zwiespalt – Technik als Lösung?. In: Becker, Dietmar / Becker-Schmidt, Regina/ Knapp, Gudrun Axeli/ Wacker, Ali (1989): S. 141-191

Weber, Max (1984): Soziologische Grundbegriffe. Tübingen UTB für Wissenschaft.

Wörlen, Rainer/ Kokemoor, Axel (2009): Arbeitsrecht. Köln, Carl Heymanns Verlag

Welchen kommunikativen Stellenwert haben Haustieren? Eine kommunikationssoziologische Betrachtung der Mensch-Tier-Beziehung

Judith Muster

1 Zusammenfassung

Dass sich die Menschen auf die eine oder andere Art und Weise mit Tieren verständigen, erscheint auf den ersten Blick selbstverständlich: Schon Franz von Assisi predigte den Tieren, und vermutlich sprach er auch über sie. Daher ist es verwunderlich, dass sich die Soziologie mit diesem gesellschaftlichen Phänomen bisher kaum auseinandergesetzt hat. Mensch-Tier-Kommunikation ist im Rahmen von soziologischen Arbeiten wenig diskutiert worden. Dabei leben Menschen mit ihren Haustieren eng zusammen und sprechen *mit* ihnen und über sie. Die vorliegende Arbeit beschäftigt sich mit dem kommunikativen Stellenwert von Haustieren. Die zentrale Frage lautet: Inwieweit können Haustiere soziologisch als gleichwertige Akteure innerhalb der Kommunikation beschrieben werden? Dazu wurde die Plausibilität verschiedener kommunikatonstheoretischer Ansätze überprüft. Haustiere sind im Sinne Jörg Bergmanns (1988) eine kommunikative Ressource. Ihre Anwesenheit bietet Gegenstand, stimuliert zu narrativen Sequenzen oder hilft konfliktreiche Interaktionen auf neutralen Boden zu manövrieren. Diese Funktion erfüllen sie jedoch nicht nur dann, wenn über sie gesprochen wird, sondern ebenfalls, wenn sie selbst angesprochen werden. Dieser Arbeit liegt die Annahme zugrunde, dass Haustiere darüber hinaus auch als Kommunikationsteilnehmende adressiert werden. Sie werden – im Sinne der Systemtheorie – als soziale Adresse konstruiert. Ihr Verhalten wird als Antwort interpretiert und ist insofern anschlussfähig. Die Theorie der Kommunikationsanschlüsse von Thomas Malsch (2005) bietet eine geeignete theoretische Grundlage, um diese Annahme zu überprüfen. Um die theoretischen Annahmen empirisch zu überprüfen, wurden teilnehmende Beobachtungen während zweier Familienessen, bei denen der Haushund anwesend war, durchgeführt. Die Ergebnisse unterstützen die der Analyse zugrundliegenden Annahmen. Haustiere haben, wie gezeigt wird, in der menschlichen Kommunikation eine doppelte Funktion. Zum einen werden sie als Thema in die Kommunikation eingebracht um Unterhaltungen zu beleben, zum anderen nehmen sie an der Kommunikation teil. Die Gepflogenheit unseres Kulturkreises, von dem Tier in dessen Anwesenheit in der dritten Person zu sprechen und es in der nächsten Sekunde direkt anzusprechen, ermöglicht diesen doppelten Stellwert.

2   Soziologische Kommunikationstheorien

Geht man davon aus, dass Haustiere wohlmöglich mehr sein könnten als nur ein Gegenstand von Kommunikation, müsste die Disziplin der Kommunikationssoziologie darauf eine Antwort finden, schon allein deshalb, weil gerade sie die Frage beantworten kann, wann Kommunikation überhaupt vorliegt (vgl. Schützeichel 2004). Diese Frage wird im Rahmen kommunikationssoziologischer Theorien aber hauptsächlich in Bezug auf die Kommunikation zwischen Menschen beantwortet. In den letzten Jahren kam mit kommunikationssoziologischen Arbeiten zur Mensch-Maschine-Interaktion ein weiterer Forschungszweig hinzu (vgl. zum Beispiel Malsch 2005). Die Fragestellung aber, inwiefern Tiere an der Kommunikation mit Menschen teilnehmen, wird kaum von einer Autorin/einem Autor diskutiert (vgl. Kosten 2005). Eine Ausnahme bildet Doris Janshen in ihrem Aufsatz „Frauen, Männer und dann auch noch die Tiere" (Janshen 1996). Sie zeigt das Spannungsverhältnis zwischen der Kommunikation *mit* und der Kommunikation über das Tier auf. Der Schwerpunkt ihrer Argumentation liegt dabei auf der Projektion der eigenen Wünsche und Vorstellungen auf das Tier, welches sich nicht dagegen zu wehren vermag. Tiere werden demnach als geeignetes Haustier danach ausgesucht, wie sehr sie in der Vorstellung der jeweiligen Tierhalterinnen oder Tierhalter aktiv an der Kommunikation teilnehmen können (vgl. Janshen 1996: 270). Jedoch projiziert nicht nur der Mensch bestimmte Rollenzuweisungen auf das Tier, sondern umgekehrt auch das Tier auf den Menschen: „Bei solchen Begegnungen zwischen Mensch und Tier tendieren Menschen bekanntlich dazu, das Tier zu anthropomorphisieren – ihm also menschliche Züge zu verleihen – während das Tier ihnen mit einer Zoologisierung des Menschen kommunikativ entgegen kommt" (Janshen 1996: 268). Diese Interdependenzen ermöglichen erst die Mensch-Tier-Kommunikation. Das Tier eignet sich also in dem Maße als Haustier und Kommunikationspartner, in dem der Mensch ihm kommunikative Eigenschaften unterstellt.

2.1 Haustiere als kommunikative Ressource

Janshen beschäftigt sich aber nicht mit der Frage, unter welchen Bedingungen Kommunikation mit Tieren überhaupt möglich ist und welche Funktion ihnen in der menschlichen Kommunikation verliehen wird. Mit dieser Frage befasst sich der Ansatz von Jörg Bergmann.

Der bereits 1988 erschienene Aufsatz von Bergmann nimmt sich zum Ziel, die Strukturen der menschlichen Kommunikation aufzuzeigen, in deren Rahmen mit Haustieren kommuniziert wird. Dabei steht die *menschliche* Kommunikationspraxis im Fokus. Bergmann untersucht diese exemplarisch am Gesprächstyp der Unterhaltung. Dies ist eine Form der informellen Kommunikation, die relativ viele Gesprächthemen zulässt und dabei unstrukturiert verläuft.

In einer Unterhaltung gibt es zunächst keinerlei Verlaufsvorgaben, darin unterscheidet sie sich zum Beispiel von der formellen Situation eines Vorstellungsgesprächs, in dem zumeist auf eine freie Vorstellung des eigenen Lebenslaufes durch die Jobsuchenden eine Frage-Antwort-Sequenz folgt. Im Rahmen einer Unterhaltung dagegen sind viele Interaktionsformen zugelassen, so zum Beispiel Klatsch, Streitereien, Witze und Belehrungen. Die beschriebenen Freiräume der Interaktionsform Unterhaltung können dem Gesprächsfluss aber auch schaden: So können Bemerkungen des Gegenübers unkommentiert gelassen werden und Pausen entstehen. Dass sich Unterhaltungen dann wieder fortsetzen, verdanken sie ihrer „lokalen Sensitivität" (Bergmann 1988: 302): Ereignisse oder Objekte in der unmittelbaren Interaktionsumgebung werden spontan als Thema in die Unterhaltung integriert. Für Bergmann liegt es auf der Hand, dass „Haustiere als lebende Interaktionsstaffage (...) dabei natürlich in höchstem Maße geeignete Objekte dieser lokalen Sensitivität von Unterhaltungen" (Bergmann 1988:304) darstellen. Tiere bilden deshalb in der zwischenmenschlichen Interaktion eine kommunikative Ressource, die dazu genutzt wird, den Kommunikationsfluss aufrechtzuerhalten. Unter dem Begriff der „kommunikativen Ressource" fasst Bergmann vier Typen von Ressourcen zusammen. Seiner Argumentation zufolge werden Haustiere in Bezug auf alle vier Typen als Ressource genutzt.

Zunächst beschreibt Bergmann Haustiere als *thematische Ressource*. Sie dienen schlicht als Themenanreiz. Ebenso wie das Thema ‚Wetter' oder das Thema ‚Gesundheit' ist das Thema ‚Haustiere' besonders geeignet, eine Vielzahl von Gesprächsteilnehmenden zu interessieren und zu integrieren.

Daneben haben sie auch ein erzählgenerierendes Potential, sind sie also auch *narrative Ressource*. So werden Anekdoten von Tieren und ihren ‚Herrchen' oder Beobachtungen von spezifischen Verhaltensweisen erzählt, denn Haustiere „stecken selbst voller Geschichten" (Bergmann 1988: 307). In diesem Zusammenhang ist es wichtig zu erwähnen, dass es in unserer Kultur üblich ist, in Anwesenheit von Tieren über diese zu sprechen. Ebenso wie bei Babys und Kleinkindern gilt dies nicht als unhöflich. Dagegen ist Klatsch nur über Abwesende möglich. Über Erwachsene in ihrer Anwesenheit in der dritten Person zu sprechen wird, anders bei Tieren, als taktlos angesehen. Erst dieses Strukturmerkmal unserer Unterhaltungskultur lässt Haustiere überhaupt zu einer narrativen Ressource werden.

Bergmann hat beobachtet, dass der thematische Einbezug von Haustieren auch dazu führen kann, dass scherzhaft Vergleiche zwischen dem Verhalten der Tiere und den (anwesenden) Menschen gemacht werden. Diese Vergleiche „animieren zum phantasievollen Spiel mit Möglichkeiten" (Bergmann 1988: 309) und bringen das Gespräch damit wieder auf die Anwesenden. So werden Prozesse in Gang gebracht, die dann nichts mehr mit ihnen zu tun haben. Aus diesen Beobachtungen leitet Bergmann das *katalysatorische Potenzial* von Haustieren ab.

Ein weiteres Strukturmerkmal der Unterhaltung ist, dass immer eine „sensible Balance der Nicht-Übereinstimmung" (Bergmann 1988: 310) aufrecht gehalten werden muss. Hier entfaltet sich dann das *phatische Potenzial* von Haustieren in zwischenmenschlichen Kommunikationen. Ein zu hoher Grad an Übereinstimmung würde dazu führen, dass die Unterhaltung als Aushandlungsprozess nicht mehr notwendig erscheint und versiegt. Ein zu niedriger Grad an Übereinstimmung dagegen birgt ein hohes Konfliktpotenzial. Auch hier ist der Fortgang der Unterhaltung gefährdet. Mit Hilfe des thematischen Einbezugs von Haustieren kann diese sensitive Balance austariert werden. Droht eine Unterhaltung in die eine oder andere Richtung zu kippen, kann mit Hilfe der Haustiere in die gegensätzliche Richtung ausgeglichen werden. Durch zu hohe Übereinstimmung aufkommende Langeweile wird unterbrochen oder Dissens in Konsens umgewandelt (vgl. Bergmann 1988: 310). Es kann vorkommen, dass Tiere auch nur vermeintlich in das Gespräch einbezogen werden. Bergmann spricht in seinem Aufsatz nicht explizit an, ob dann mit ihnen kommuniziert wird. Er spricht zwar davon, dass beispielsweise ‚Frozzeleien' oder Fragen an das Tier gerichtet werden, geht dann aber nicht weiter darauf ein, ob er dies als Kommunikation zwischen Mensch und Tier begreift. Daraus lässt sich schließen, dass Haustiere für ihn in erster Linie nur kommunikative Ressource mit unterschiedlichen Facetten einer zwischenmenschlichen Kommunikation darstellen und keine gleichberechtigten Kommunikationsteilnehmer sind. Sie sind also außerhalb des Kommunikationssystems der Menschen angesiedelt, also Teile ihrer Umwelt.

Abbildung 1 Das Modell von Bergmann ‚Haustiere als kommunikative Ressource'

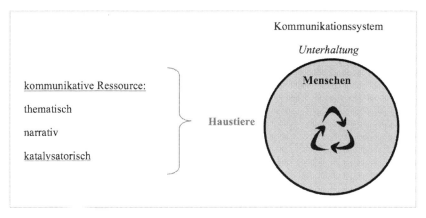

Die Abbildung zeigt zusammenfassend alle Komponenten des Modells von Bergmann. Es ist festzuhalten, dass Bergmann den Haustieren in seinem Modell keinen anderen kommunikativen Stellenwert einräumt als den der Ressource.

2.2   Tiere als soziale Adresse

Obwohl die Nutzung von Haustieren als kommunikative Ressource ein wichtiges Charakteristikum der Beziehung der Menschen zu den Haustieren darstellt und deshalb in der soziologischen Betrachtung nicht vernachlässigt werden darf, drängt sich doch der Eindruck auf, dass Tiere auch mehr sein können, dass ihnen unter bestimmten Voraussetzungen auch als Kommunikationsteilnehmer fungieren. Tatsächlich hat sich sogar ein eigener Wirtschaftszweig entwickelt, der Kommunikationstraining für Tierbesitzerinnen und -besitzer anbietet, um sie darin zu unterstützen, ihre Kommunikation mit ihrem Haustier zu verbessern.

2.2.1   Das systemtheoretische Kommunikationsmodell

Im Folgenden werden diejenigen Prämissen der Systemtheorie vorgestellt, die sich direkt auf das systemtheoretische Kommunikationsmodell beziehen und die notwendig sind, um es zu verstehen: Einige verwendete systemtheoretische Begriffe und Denkfiguren können aus Gründen des Umfangs nur andeutungsweise dargestellt werden.

Nur die Kommunikation kommuniziert

Kommunikation setzt der Systemtheorie zufolge die „wechselseitige Orientierung von orientierungsfähigen Einheiten durch Information" (Thiedeke 1997:19) voraus. Dabei treffen die Kommunikationsteilnehmenden Unterscheidungen, denn ohne Unterscheidung gibt es keine Information. Kommunikation ist insofern abhängig von der Fähigkeit der Beteiligten, Unterscheidungen zu treffen, also von ihrem Selektionspotential. Informationen werden aber nicht einfach von einem Teilnehmenden zum anderen übertragen. Denn auch dann, wenn eine Teilnehmerin/ein Teilnehmer als Empfänger/in einer Nachricht signalisiert, die Nachricht verstanden zu haben, bedeutet dies nicht notwendigerweise, dass sie oder er diese in der vom Sendenden gemeinten Art und Weise verstanden hat. Insofern macht es Sinn, Kommunikation – wie der Systemtheoretiker Niklas Luhmann – als unabhängig vom Individuum zu denken. Nicht das Individuum kommuniziert, nur die Kommunikation selbst kann das (vgl. Luhmann 2000b). Zwar würde es ohne Individuen (soweit wir wissen) keine Kommunikation geben, dennoch ist diese vom Individuum „unabhängig insofern, als diese Kommunikation in ihrer Form und ihren Inhalten, in ihren Akten und ihren Prozessen nicht auf Intentionen eines sich äußernden, mitteilenden und zuhörenden Bewusstseins zurückgeführt werden kann, sondern eine eigene, sozial bestimmte Referenz in Anspruch nimmt" (Baecker 2001: 348). Das Kommunikationssystem schließt also nur Kommunikationen mit ein. Das Bewusstsein (psychische Systeme) und der Körper (das physische System) befinden sich nicht innerhalb des Kommunikationssystems, sondern gehören zu seiner Umwelt.

Kommunikation realisiert sich in drei Selektionen

Luhmann spricht von drei Selektionen, in denen sich die Kommunikation realisiert: Kommunikation ist die Einheit der Selektionen Information, Mitteilen und Verstehen. Die Selektion der Information bezieht sich auf die Auswahl einer Information, es wird selektiert, was als Information gelten darf und was nicht. Die Selektion der Mitteilung entscheidet, wie mitgeteilt wird. Die Selektion der Mitteilung wird einem Akteur dann von der Kommunikation als Handeln zugeschrieben: „Kommunikation ist in ihrer Mitteilungskomponente immer auch Handeln und käme ohne Handeln nicht zustande" (Brosziewski 2003: 33). Verstehen ist dann das Unterscheiden von Information und Mitteilung. Niemals können diese Selektionen getrennt werden, nur in ihrer Einheit vollzieht sich Kommunikation. Soziales Verstehen hat dabei nichts damit zu tun, ob die eine Kommunikationsteilnehmerin bzw. der -teilnehmer auch dasselbe verstanden hat, was die oder der Andere gemeint hat. Denn hierbei handelt es sich um einen Bewusstseinsprozess des psychischen Systems, also um psychisches Verstehen. Soziales Verstehen be-

zieht sich allein darauf, ob die Kommunikationsteilnehmerin oder der -teilneh-
mer verstanden hat, dass mit ihm kommuniziert wurde. So kann dann auch eine
Frage auf Englisch von jemandem sozial verstanden werden, der gar kein Englisch
spricht. Denn die Kommunikationsteilnehmerin bzw. der -teilnehmer kann verstehen, dass er angesprochen wurde, dass mit ihr oder ihm kommuniziert wurde.
Sie oder er versteht somit, dass der/die Englisch sprechende Kommunikationsteil-
nehmer/in eine Information und eine Darstellungsform gewählt hat, um Kommunikation in Gang zu setzen.

Grenzfälle – und theoretische Diskussionspunkte – sind Situationen wie diese: Ein Mädchen steht an der Bushaltestelle und verscheucht eine Fliege mit der
Hand. Der Schulkamerad gegenüber deutet dieses Verscheuchen als Winken und
grüßt zurück. An solchen Fällen sieht man, warum der Unterschied zwischen
psychischem und sozialem System gemacht werden kann: Nicht das Mädchen hat
die Selektion Information geleistet, sondern die Kommunikation hat ihrer Hand-
bewegung nachträglich diesen Sinn zugeschrieben. Alle drei Selektionen werden
von der Kommunikation stets selbst reproduziert. „Das Verstehen differenziert
zwischen Mitteilung und Information, und die Mitteilung von Information orientiert sich daran, verstanden werden zu können" (Schützeichel 2004: 253). Weil
das Kommunikationssystem alle seine Operationen selbst produziert, spricht
Luhmann von einem operativ geschlossenen und autopoietischem System (vgl.
Luhmann 2002: 100ff).

Kommunikation ist ein unwahrscheinliches Ereignis
Die Tatsache, dass die Kommunikationsteilnehmenden nicht sicher sein können, mit ihrer Information verstanden worden zu sein, macht die Kommunikation instabil und zu einem unwahrscheinlichen Ereignis (vgl. Baraldi 1999: 93).
Die Kommunikation steht stets in „Gefahr der sozialen Nichtwiederholbarkeit
aufgrund von Missverstehen und Missdeutung" (Thiedeke 1997: 21). Um die
Wahrscheinlichkeit von Kommunikation zu erhöhen, gibt es im Kommunikationssystem Strukturierungen, die teilweise unabhängig von den Kommunikationsteilnehmenden oder dem einzelnen Kommunikationsereignis funktionieren.
Diese Ordnungsstrukturen legen Statusunterschiede fest, geben Verhaltensori-
entierung (zum Beispiel Höflichkeitsregeln) oder dienen als Vermittlungsinstanzen. Solche Vermittlungsinstanzen sind Medien, die wie „Katalysatoren" wirken,
sie „ermöglichen den Ablauf von Kommunikationsprozessen, wobei sie selbst
relativ unverändert aus diesem Prozess hervorgehen" (Thiedeke 1997: 21). Thiedeke bezieht sich auf Luhmann, wenn er seine drei Medienarten beschreibt: die
Sprache, die Ereignisse kommunizierbar macht; Motivationen mit erwartbaren
Verhaltensmöglichkeiten, so genannte symbolisch generalisierte Kommunikati-

onsmedien (beispielsweise Liebe, Geld, Macht); Mitteilungsmedien (wie Schrift, Druck, digitale Medien), die eine räumliche Ausdehnung der Kommunikation erlauben und eigene Informations- und Verbreitungsstrukturen etablieren. Wie auch die Individuen befinden sich Mitteilungsmedien in der Umwelt des sozialen Systems, sie sind „Strukturen technischer Instrumente oder fremdreferenzieller (allopoietischer) Systeme, die der Mitteilung von Information über lokale, soziale und temporale Distanzen dienen und in der Lage sind, Informationen universell reproduzierbar zu organisieren" (Thiedeke 1997: 25). Sie sind Teil der sozialen Realität, konstruieren und stabilisieren diese und gestalten so den erfahrbaren Sinnhorizont mit.

Kommunikation ist das Letztelement der Gesellschaft
Da das soziale System – wie beschrieben – aus nichts anderem als Kommunikation besteht, ist Kommunikation das Letztelement der Gesellschaft (vgl. Luhmann 2000b). Denn erst durch sie entsteht überhaupt Gesellschaft. Erst wenn zwei Akteure miteinander kommunizieren, kann man von Sozialität oder einem sozialen System sprechen. Dies muss letztendlich bedeuten: Überall dort, wo Kommunikation beobachtet werden kann, handelt es sich um ein soziales System. Kosten (2005) spitzt diese Prämisse zu in dem sie feststellt: „falls Kommunikation zwischen Menschen und Tier möglich sein sollte, so bilden sie ein soziales System" (Kosten 2005: 14).

2.2.2   Tiere als Kommunikationsteilnehmende

Auf Grundlage dieser Prämissen basieren nun die Ausführungen der soziologischen Kommunikationstheoretikerin Kosten (2005: 28) zur Frage, wie Tiere an Kommunikation beteiligt sein können und welche Bedingungen dafür vorliegen müssen. Wie oben erläutert schafft das operativ geschlossene Kommunikationssystem alle seine Komponenten selbst. Dabei produziert es auch seine sozialen Adressen selbst, also diejenigen „Punkte, denen eine Mitteilung zugerechnet werden kann" (Kosten 2005: 28). Diese sozialen Adressen dienen dazu, dass die Kommunikation das Mitteilungshandeln auf ein Individuum projizieren kann, sie „erlauben daher die Zurechnung kommunikativer Verantwortung (für Mitteilungen) und die Lokalisierung von Verstehensmöglichkeiten" (Corsi 1999: 78). Kosten stellt nun heraus, dass alles, was von der Kommunikation als soziale Adresse konstruiert wird, Teil des sozialen Systems ist. Dabei werden soziale Adressen bei jeder Kommunikationseinheit neu konstruiert.

Was aber wird als soziale Adresse definiert und was nicht? Als soziale Adresse kann von der Kommunikation nur etwas oder jemand konstruiert werden, der „ein Verhalten vorführt, an dem Mitteilung und Information unterschieden werden können" (Fuchs 2004: 31). Nur dann kann die Kommunikation soziales Verstehen (also die Unterscheidung von Information und Mitteilung) erzeugen. Dies ist der Kommunikation jedoch nur möglich, wenn sie zuvor Selbstreferenz unterstellt hat: „Wenn einem Weltvorkommnis Selbstreferenz unterstellt wird, dann ist es im betreffenden Sozialsystem inkludiert" (Kosten 2005: 32). Selbstreferenz bedeutet, dass sich ein System auf sich selbst beziehen kann (vgl. Corsi 1999: 163), also zu Mitteilungshandeln in der Lage ist, weil ein Bewusstsein über sich selbst vorhanden ist. Wird eine soziale Adresse konstruiert, ist diese in das System inkludiert.

Bei diesen Überlegungen ist es wichtig hervorzuheben, dass die Kommunikation auch dann Selbstreferenz unterstellen kann, wenn am Verhalten des Akteurs gar nicht abzulesen ist, ob er zu Selbstreferenz in der Lage ist. Kosten führt hier das Beispiel des Säuglings an. Seinem Schreien wird Mitteilungshandeln unterstellt, obwohl er selbst vielleicht noch nicht wissen kann, ob das unwohle Gefühl vom Hunger oder Durst kommt. Das Schreien ist für die Kommunikation dennoch anschlussfähig, weil sie einfach davon ausgehen kann, dass Selbstreferenz vorhanden ist. So ist in der Struktur der Kommunikation bereits festgelegt, dass für sie ein selbstreferenzielles System ausreicht um Mitteilungshandeln zurechnen zu können: „Die mögliche Struktur der Kommunikation ist gekennzeichnet durch einseitige Bewusstheit in der Umgebung einer nicht bewussten Adresse" (Fuchs 2005: 36).

Kommunikation schafft sich ihre Akteure also selbst, indem sie soziale Adressen konstruiert und ihnen auch dann Selbstreferenz unterstellt, wenn diese am Verhalten des Akteurs nicht abzulesen ist. Eine solche soziale Adresse kann auch ein Tier sein, denn „es sind nicht (...) nur Menschen adressabel, also Teilnehmer an Gesellschaft, sondern alles, was Kommunikation Selbstreferenz unterstellt" (Kosten 2005: 44). In archaischen Gesellschaften konnten dies sogar Steine, Gedärme eines Tieres oder andere Bestandteile der Natur sein. In der heutigen, von Informationstechnologien gekennzeichneten Gesellschaft kann auch mit Computerprogrammen kommuniziert werden.

Abbildung 2 Tiere als soziale Adressen

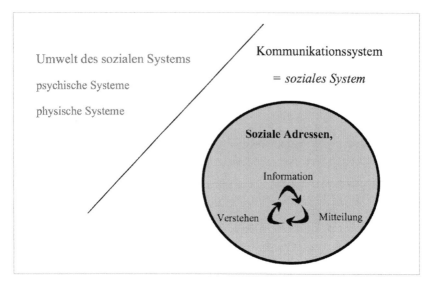

Tiere können deshalb Kosten zufolge ebenso wie Menschen als soziale Adresse ge-schaffen werden und dann gleichberechtigt an der Kommunikation teilnehmen, also Teil des sozialen Systems sein (vgl. Abbildung 2). Dabei weist sie darauf hin, dass die Beteiligung sozialer Adressen, denen die Kommunikation Selbstferen-zialität erst unterstellen muss, oft dazu führt, dass eine „Akzentuierung auf das ‚Wie‘, also auf die Art der Mitteilung" (Kosten 2005: 42) geschieht. So wählt die Besitzerin oder der Besitzer eines Hundes bewusst Befehle aus, die der Hund ver-steht und gelernt hat. Das anschließende Befolgen oder Nichtbefolgen des Befehls kann dann als Mitteilungshandeln ausgelegt werden.

2.3   Das Modell der Kommunikationsanschlüsse von Thomas Malsch

Im Rahmen ihrer Arbeit hat Kosten die Bedingungen für Kommunikation mit Tieren theoretisch erörtert. Sie hat dargestellt, unter welchen Voraussetzungen Tiere als soziale Adresse konstruiert werden können und wie eine soziologische Kommunikationstheorie dies beschreiben könnte. Allein der Praxistest steht aus. Wie sieht eine empirische Beobachtung einer Mensch-Tier-Kommunikation auf Basis der vorangegangenen Überlegungen aus? Und welche weiteren Erkenntnisse kann sie bringen? Dafür bedarf es zunächst einiger praxistauglicher Erweiterungen des systemtheoretischen Instrumentariums. Thomas Malsch formuliert in seinem Buch „*Kommunikationsanschlüsse – Zur soziologischen Differenz von realer und künstlicher Sozialität*" eine Kommunikationstheorie, die den Anspruch hat, den „Kommunikationsprozess nicht bloß metaphorisch sondern tatsächlich als einen Prozess, das heißt als Anschlusskette von nacheinander auftretenden und wieder verschwindenden Operationen darzustellen" (Malsch 2005: 18). Dabei diskutiert er die Frage, ob Kommunikation mit künstlicher Intelligenz, also mit Computerprogrammen, möglich ist. Sein Ansatz basiert auf der Systemtheorie von Niklas Luhmann, entwickelt das ihr zugrunde liegende Kommunikationsmodell jedoch weiter, um sie empirisch beobachtbar zu machen. Da er sich – wie Luhmann – nicht mit dem Bewusstseinssystem, sondern nur mit dem Kommunikationssystem befasst, können seine Gedankengänge auch auf die Frage übertragen werden, wie Tiere an Kommunikation mit Menschen beteiligt sein können.[1] Malschs Ambition ist es, Kommunikation als eine empirisch beobachtbare Kette von Anschlüssen zu beschreiben. Immer wieder reproduzierte, aus Kommunikationsprozessen bestehende Muster bilden dann Kommunikationsstrukturen. So kann man eigentlich von einem ‚Bottom-Up-Approach' der Theorie sprechen, den Malsch allerdings um ein Rotationsmodell erweitert wissen will. Er will rekursiv vorgehen, trotzdem stets vom Kommunikationsbegriff ausgehen und der Frage nachgehen, „wie sich dynamische Strukturbildung im unaufhörlichen Ineinanderspinnen und Verweben von Kommunikationen vollziehen kann" (Malsch 2005: 77). Ziel ist es, alle komplexeren sozialen Phänomene in einfachen Kommunikationsbegriffen zu reformulieren: Kommunikation wird durch ein sinnhaft-sinnliches Mitteilungszeichen vermittelt. Ihre temporalen Elementarereignisse sind Inzeption und Rezeption. Diese Elementarereignisse sind kommunikative Operationen, sie prozessieren sozialen Sinn. ‚Inzeption' bezieht sich auf das Mitteilen und ‚Rezeption' auf das Verstehen. Im Gegensatz zum Mitteilungszeichen ist weder Inzeption noch Rezeption beobachtbar. Es ist nicht sinnlich wahrnehmbar, wie tatsächlich inzipiert oder rezipiert wurde. Inzeption und Rezeption können nur über empirische Mitteilungszeichen erschlossen werden. Ob inzipiert wurde, kann am ersten Mitteilungszeichen abgelesen werden, ob rezipiert wurde am anschließenden Mitteilungszeichen (vgl. Abbildung 3).

---

1   Siehe Kapitel 2: Nur die Kommunikation kommuniziert, Bewusstseinssysteme befinden sich in der Umwelt des sozialen Systems.

Abbildung 3 Kommunikationseinheit und Kommunikationsprozess

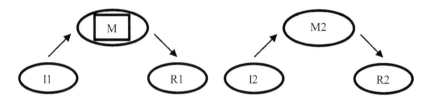

I = Inzeption   R = Rezeption

Finden Anschlussoperationen statt, so haben Inzeption und Rezeption stattgefunden. Dabei können sie zeitlich nah beieinander oder weit voneinander entfernt liegen. Anschluss wird nur dadurch ermöglicht, dass Inzeption und Rezeption den gleichen Operationsmodus nutzen: sie prozessieren beide das Selektionspaar Signifikanz und Relevanz. Der Unterschied beider Operationsmodi besteht allein in ihrer Richtung. So verweist die Inzeptionsrichtung einer Mitteilung auf den Sender oder die Senderin und ihre Rezeptionsrichtung auf den Empfänger oder die Empfängerin (vgl. Abbildung 4). Inzeption und Rezeption verwenden also gleiche Operationen, die komplementär aufeinander bezogen sind (vgl. Malsch 2005: 79)

Abbildung 4 Richtung der Operationsmodi: Die roten Pfeile stellen die Inzeptionsrichtung dar, die schwarzen Pfeile die Rezeptionsrichtung.

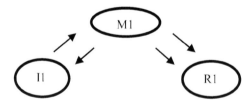

In jeder kommunikativen Operation werden Signifikanz und Relevanz neu kombiniert. Die Kombination von Relevanz und Signifikanz bestimmt, wann Kommunikation anschlussfähig ist und wann nicht. Sie erklärt das Verhältnis von Erwartungssicherheit und Überraschungsoffenheit (vgl. Malsch 2005: 171).

Signifikanz bezieht sich auf die Thematik, auf den ausgewählten Verweisungszusammenhang. Alles, was zum Thema gehört, ist signifikant. Relevanz bezieht sich auf die Wichtigkeit der Mitteilung, auf ihren Überraschungs- und Informationswert. Relevanz lässt sich der Mitteilung nicht explizit entnehmen, es handelt sich um ein „Metakennzeichen, das bald mehr, bald weniger zwischen den Zeilen geschrieben steht und quasi im Subtext aus dem manifest signifizierten Informationsgehalt erschlossen werden muss (...)" (Malsch 2005: 182). Signifikanz und Relevanz sind Abstraktoren, sie abstrahieren vom empirisch wahrnehmbaren Mitteilungszeichen. Dabei sind sie „aus beiden kommunikativen Perspektiven zugänglich und werden in beide Richtungen assoziiert und dissoziiert" (Malsch 2005: 176).

Signifikanz und Relevanz bestimmen den Anschlusswert von Kommunikation: Die Anschlusswahrscheinlichkeit ist hoch, wenn eine Mitteilung sowohl signifikant als auch relevant ist. Eine mittlere Anschlusswahrscheinlichkeit ergibt sich aus einer signifikanten aber irrelevanten oder aus einer insignifikanten aber relevanten Mitteilung. Die Anschlusswahrscheinlichkeit ist niedrig, wenn die Mitteilung insignifikant und irrelevant ist.

Aber alleine durch Anschlusswerte ist der Prozess der Kommunikation nicht ausreichend beschrieben: „Den *soziologischen* Erklärungswert von Anschlusswerten wird man vor allem nicht ohne den Rekurs auf die beiden gegenläufigen Kommunikationsmodi der Verfestigung und Verflüssigung von Erwartungen bestimmen können" (Malsch 2005: 178, Hervorhebungen im Original). Erwartungen werden verfestigt, wenn der Relevanzbereich durch Signifikanz eingeschränkt wird. Das führt zu erhöhter Erwartungssicherheit und zur Bestätigung des bereits Geltenden. Wird der Signifikanzbereich durch Relevanz erweitert, werden Erwartungen verflüssigt. Es entsteht höhere Überraschungsoffenheit, Raum für Innovationen oder kontroverse Diskussionen.

Der/die soziologische Beobachter/in beobachtet den Kommunikationsprozess anhand der empirischen Mitteilungszeichen. An der Anschlussoperation kann er/sie ablesen, dass ein Mitteilungszeichen rezipiert wurde. Zwischen Rezeption 1 und Inzeption 2 besteht eine kognitive Kopplung (vgl. Malsch 2005: 227; vgl. Abbildung 5).

Abbildung 5 Die Schnittstelle der kognitiven Kopplung

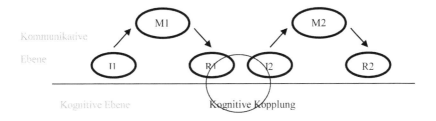

Es handelt sich um eine der Schnittstellen, an Akteure unverzichtbar sind. Die zweite Schnittstelle ist das Gedächtnis, das Verweise auf vergangene Kommunikation überhaupt erst ermöglicht. Der Kommunikationssoziologe oder die Kommunikationssoziologin sollte Akteure dennoch lediglich als „Gewährleistungsfunktion" der Kommunikation betrachten und sich allein auf den sozialen Prozess konzentrieren: „Selbst die Interaktionsdyade als einfachste Form der reziproken Beziehung von Sender und Empfänger macht ja reichlich Gebrauch von allerlei Kommunikationsinfrastrukturen, die ihren Spielraum auf sehr bestimmte Weise einschränken" (Malsch 2005: 259).

3   Methodisches Vorgehen

Die Frage nach dem kommunikativen Stellenwert von Haustieren betrifft die Alltagskultur, also die alltägliche Praxis im Umgang mit Haustieren. Um Alltagskultur erforschen zu können sind Methoden notwendig, die es Forschenden erlauben, eine besondere Nähe zum Forschungsobjekt, in diesem Fall dem Menschen und seinem Haustier, herzustellen *(vgl. Schmidt-Lauber 2001: 167ff)*. Qualitative Methoden ermöglichen eine intensive Beschäftigung mit dem Individuum und sind für sozialwissenschaftliche Zugänge solcher Art prädestiniert.

Ein wichtiges Instrument ist dabei die teilnehmende Beobachtung.

In der empirischen Untersuchung, die der vorliegenden Arbeit zugrunde liegt, wurde mit dieser Methode gearbeitet, denn sie bietet die Möglichkeit, die systemische und die inhaltliche Perspektiven der Fragestellung[2] zu berücksichtigen. Beim Einsatz von der Methode des Interviews wäre der Blick auf das Kommunikationssystem versperrt. Die teilnehmende Beobachtung ermöglicht es, die empirischen Mitteilungszeichen und deren Anschlusskommunikationen zu beobachten und eine inhaltliche Analyse der beobachteten Unterhaltung durchzuführen. Der ‚blinde Fleck' der teilnehmenden Beobachtung besteht darin, dass die Situation sich ändert, sobald Fremde anwesend sind. Demnach ist es besonders wichtig, eine möglichst vertraute Atmosphäre zu schaffen und sich bei der Erhebung und der Auswertung auch dieser Tatsache stets bewusst zu sein (vgl. Lüders 2005: 348ff). Im Falle dieser Arbeit wurde daher eine Kommunikations-Situation ausgewählt, in der die Teilnehmenden möglichst authentisch im Umgang mit ihrem Haustier sind. Dies wurde gewährleistet, indem das Thema Haustier im Vorgespräch der

---

2   Siehe zur genaueren Erläuterung beider Ebenen im Anhang „Konkretisierung der Fragestellung".

Beobachtung gar nicht erwähnt wurde, sondern der Fokus auf eine bestimmte Interaktionssituation, das gemeinsame Essen, gelegt wurde.

In die Untersuchung wurden zwei Fallstudien einbezogen, die auf der Beobachtung einer Situation der Kommunikation von Menschen mit ihrem Haustier Hund beruhten. In ihrer Arbeit zur Soziologie der Mensch-Tier-Beziehung räumt Pohlheim der Beziehung von Mensch und Hund einen besonderen Stellenwert ein: Der Hund ist einerseits „wie kein anderes Haustier zur bedingungslosen Unterwerfung fähig" (Pohlheim 2006: 21). Andererseits darf der Hund „die Annehmlichkeiten nutzen, die der Mensch für sich geschaffen hat" (Pohlheim 2006: 22). So leben die meisten Hunde mit dem Menschen zusammen in Haus oder Wohnung und dürfen sogar deren Möbel nutzen, bis hin zum Bett.[3] Darüber hinaus erhält der Hund einen Namen und wird so zu einem Subjekt, dem gewisse Privilegien zukommen. Der Hund wird vom Menschen versorgt, er hat seinen eigenen Platz innerhalb der Familie, ist sogar ein Mitglied dieser und muss nicht darum fürchten, gegessen zu werden. Dabei ist der er nicht an das Haus gebunden, sondern er nimmt auch am Alltagsleben der Menschen außerhalb des Hauses teil, er begleitet sie auf Ausflüge, Spaziergänge, zum Einkaufen und sogar zur Arbeit. Hunde können an Hobbys der Menschen partizipieren (Radfahren, Reiten) und selbst deren Hobby sein (Zucht, Hundesport). Sie „werden als ‚wie wir' angesehen, und es wird ihnen wird im Allgemeinen menschliche Emotionalität unterstellt" (Pohlheim 2006: 23). Besondere Wertschätzung erfährt dabei ihre Fähigkeit, mit authentisch und emotional auf Situationen zu reagieren.

Dieser ‚Sonderstatus' unter den Haustieren, der ihm eine besonders große Nähe zum Menschen verschafft, hat für die vorliegende Untersuchung entscheidende Vorteile: Es ist anzunehmen, dass der Hund bei der teilnehmenden Beobachtung möglichst viel anwesend sein wird. Katzen dagegen verstecken sich vor Fremden oder gehen alleine in den Garten. Der Hund aber wird möglichst nah bei den Menschen bleiben und ist somit während der Beobachtung anwesend. Dadurch ist die Kommunikation zwischen Mensch und Hund oder die Kommunikation über den Hund wahrscheinlicher.

Für die teilnehmende Beobachtung wurden deshalb Hundbesitzerinnen und -besitzer ausgewählt. Den Rahmen bildete ein Mittag- bzw. Abendessen im Kreise von Freunden oder Familienmitgliedern; damit wurde dem Kriterium der informellen Kommunikation in Form einer Unterhaltung genüge getan wird (vgl. Bergmann 1988). Die Beobachtung wurde jeweils protokolliert, und die Unterhaltung wurde gleichzeitig mit Hilfe eines Aufnahmegerätes aufgezeichnet. Beim

---

3   Hierbei wird natürlich zwischen Straßenhunden und Wildhunden und denjenigen Hunden unterschieden, die als Besitzstand eindeutig dem Menschen zuzuordnen sind.

Transkribieren wurden beide Informationsquellen dann zusammengefügt (siehe Anhang).

4   Auswertung

4.1   Die Auswertungstechnik

Das folgende Kapitel rekapituliert die Auswertung der empirischen Erhebung. Dabei werden die Theorieansätze von Bergmann, Kosten und Malsch anhand der erhobenen Daten überprüft und auf ihre Tragfähigkeit hinterfragt.

Das Vorgehen bei der *inhaltlichen* Analyse der empirischen Daten ist den Prinzipien der Grounded Theory verpflichtet, welche für eine gegenstandsbezogene Theorieentwicklung steht (vgl. Schmidt-Lauber 2001: 171; vgl. Böhm 2005: 475ff.). Das theoretische Codieren als Verfahren der Auswertung entspricht diesem Ansatz (vgl. Böhm 2005). Codieren bedeutet das Übersetzen von Daten (vgl. Böhm 2005: 476). Das Vorgehen nach der von Anselm Strauss und Barney Glaser Ende der 60er Jahre entwickelten Grounded Theory sieht drei Schritte vor: das offene Codieren, das axiale Codieren und das selektive Codieren. Die folgende Analyse orientiert sich an dieser Vorgehensweise.[4]

4.2   Das offene Codieren

Im ersten Schritt werden die besonderen Interaktionssituationen vorgestellt und kategorisiert. Der Fokus liegt dabei auf den von Bergmann vorgegebenen Kategorien, nämlich seinen vier verschiedenen Ressourcen-Typen. Dies geschieht zunächst getrennt für die beiden Fallstudien auf der Grundlage teilnehmender Beobachtung auf der Grundlage der Protokolle:

---

4   Zur genaueren Erläuterung der Schritte siehe bitte Anhang: Auswertungstechnik: Erläuterung der drei Schritte des theoretischen Codierens.

Tabelle 1 Teilnehmende Beobachtung 1

Code	Die besonderen Interaktionssituationen	Kommentar
Thematische Ressourcen	E: Darf er Hühnerknochen? //(...)// M: Den ja. E: Milou, lecker, lecker! //(...)// H: Kann er das auch? //(...)// M: Das kann er auch. H: Mili, komm her. Mmmm, lecker! (TB1, Zeile 140ff) M: Was willst du denn jetzt schon wieder? Der hat doch schon alles gehabt. Der frisst sich... H: Hast du denn auch schon ne zweite Portion gehabt, Dennis? (TB1, Zeile 229f) P: Darf Mili die Haut hier? Oder ist das verboten? H: Nur Haut oder Knorpel, kein Knochen. P: Mili, Leckerli! (TB1, Zeile 483f)	Mehrmals lässt sich während des Mittagessens beobachten, dass der Hund als thematische Ressource im Sinne von Bergmann dient. Zum Beispiel wird häufiger darüber gesprochen, welche Reste des Essens der Hund zu fressen bekommen darf und welche nicht. Oder eine Aktion des Hundes (Hund kommt und bettelt) führt dazu, dass auch den Menschen am Tisch eine weitere Portion angeboten wird. Die Anwesenheit des Hundes und seine Aktionen stoßen also Gesprächsthemen an. Allerdings lässt sich ebenso beobachten, dass andere Phänomene der Umgebung bzw. der Familiensituation als thematische Ressource dienen: Die Kinder am Tisch (vgl z.B. TB1, Zeile 77ff) oder auch die Brosche von Ela (vgl. TB 1, Zeile 95f)
Narrative Ressourcen	S: Der is' sooo blind. Ich weiß noch als er gegen mein Knie gelaufen ist... Mili! (TB1, Zeile 327f) M: Aber, der hat so – das habe ich mal vor ein paar Jahren gehabt. Vor ein paar Jahren ist mir das passiert: Ich fahre ja mit ihm Fahrrad (...) (TB1, Zeile 340ff)	Das Verhalten des Hundes führen während des Mittagessens zu mehr oder weniger ausführlichen Geschichten über Situationen, in denen die Sehschwäche des Hundes aufgefallen ist oder zu ‚lustigen Begebenheiten' führte. Der Hund hat an diesen Stellen durchaus das Potenzial, zu Erzählsequenzen zu motivieren.

Fortsetzung Teilnehmende Beobachtung 1

Code	Die besonderen Interaktionssituationen	Kommentar
Katalysatorische Ressourcen	S zum Hund: Iss dich mal schön satt, nächste Woche kommste zu uns, da gibt es nicht so was Feines ((lacht)) D: ((lacht)) S: Weil meine Schwiegermutter uns zur Pizza einladen wollte und die selber macht und Dennis: ((mit hoher Stimme)) ‚Ach das ist ja ne schöne Idee'. Und ich sag' die ganze Zeit (...) (TB1, Zeile 244ff) S: Den Kinderwagen hat der aber gesehen H: Das ist auch wahrscheinlich so, dass er mal mehr mal weniger. Und es kommt auf die Lichtverhältnisse an. E: Wie bei Tante Lene. (TB1, Zeile 357f) H zu D: Ich muss allerdings auch sagen, Dennis. Du bist ganz schön geizig. Gibst Mili nix ab. Du bist wie Manfred ((lacht laut)) du lutscht erst einmal die Knochen ganz ab. Hehe. M: Frechheit, von mir hat er am meisten abgekommen! (TB1, Zeile 488ff)	Gespräche über den Hund führen häufig zu neuen Themen, die anwesende oder abwesende Menschen betreffen: so nutzt Sarah den Hund um auf ein Thema überzuleiten, dass sie in ihrer Partnerschaft offensichtlich geärgert hat. An einer anderen Stelle werden Dennis und Manfred ironisch aufgezogen. Der Hund wird hier genutzt um Späße mit Familienmitgliedern zu machen. Wie Bergmann beschreibt, dient der Hund also als Ressource, die neue Prozesse in Gang setzten kann, welche dann mit dem Hund und dem Erzählsequenzauftakt nichts mehr zu tun haben.

Fortsetzung Teilnehmende Beobachtung 1

Code	Die besonderen Interaktionssituationen	Kommentar
Phatische Ressourcen	S zu D: Nimm mal das Kissen weg... Milchen, geh aus dem Weg! ((genervt) //streckt Fuss aus in Richtung Hund um diesen zu verscheuchen, Hund geht auf die andere Seite des Tisches, S. setzt sich mit J.// M: Och Miiiiilchen, jetzt hast du Schuld! Komm mal her. //Hund geht zu M., M. gibt dem Hund Brot// Da hast du Brot. H: ((lacht)) schmeckt das Mili? Lecker näh? Ja? ... Das ist lecker. (TB1, 168ff) E: Man darf sich darüber lustig machen. Du darfst das doch auch. Mamas sind komisch, eben. Ham' wir aber auch schon so oft jetzt gesprochen. ((schnell, leicht genervt)) M zu E: Hühnerbein? S: Ich w e i ß... E zu M: Was bitte? M: Willste noch ein Hühnerbein? (TB1, Zeile 215ff)	In einer spannungsreichen Situation des Familienessens wird das Ansprechen des Hundes durch Sarah von den anderen Familienteilnehmern dazu genutzt, von der Spannung abzulenken und das Gespräch über den Hund wieder in ,neutrale Themen' umzuwandeln. Hier hat der Hund also phatisches Potential. In einer ähnlichen Situation übernimmt allerdings die Frage nach einem weiteren Hühnerbein diese Funktion.

Tabelle 2 Teilnehmende Beobachtung 2

Code	Die besonderen Interaktionssituationen	Kommentar
Thematische Ressourcen	J: Ja, ich studiere ja noch. Auf Lehramt. Grundschule und Hauptschule. Ich bin jetzt fast fertig, dann suche ich mir einen Platz fürs Referendariat. M: Mhm. //Hund kommt zu M.// M: Asko ist immer gut beteiligt, gerade wenn's Essen gibt, wegen dem Essen. Dann fällt Essen runter. (...) (TB2, Zeile 55ff)	Das Auftreten des Hundes wird als Anlass zu einem Themenwechsel genutzt. In diesem Sinne ist er hier als thematische Ressource eingesetzt worden.
Narrative Ressourcen	A: Und was du jetzt auch gleich mitkriegst, ist, wenn Mirko auf seinem Platz sitzt, seinem Essplatz, dann /ähm/ legt Asko sich davor und dann fällt immer was runter vom Tisch und dann ist er Mirkos bester Freund (...) (TB2, Zeile 13ff) A: /Ähm/ eigentlich darf man denen aber kein menschliches Futter /ähm/ kein menschliches Essen geben /ähm/ ich hatte dann auch Probleme, der hatte schon oft Durchfall. (...) (TB2, Zeile 181ff) J: Der Hund von meinen Eltern, der hat immer die Angewohnheit, dass er mich immer anstarrt, morgens, wenn ich da schlafe. Dann erschrecke ich mich total. (...) (TB2, Zeile 194ff)	Besonders häufig während dieses Abendessens wird der Hund als narrative Ressource genutzt. Immer wieder ist seine bloße Anwesenheit Anlass für kleine Geschichten rund um das Leben mit dem Hund. Auch Janina wird zu einer Geschichte über den Hund ihrer Eltern inspiriert. Die hier aufgeführten Einleitungen ziehen teilweise längere Erzählstränge nach sich.

Fortsetzung Teilnehmende Beobachtung 2

Code	Die besonderen Interaktionssituationen	Kommentar
	A: Als wir Asko bekommen haben, da war er neun Wochen alt. Nicht ganz drei Wochen. Da ruft uns ein Tierhändler an (...) (TB2, Zeile 227ff) A: Aber mal ganz ehrlich: Asko ist da eher ein Mensch ((lacht)). Wir waren mal am See, also am Weißensee. (...) (TB2, Zeile 380ff)	
Katalysatorische Ressourcen	A: Mirko, du musst nicht kleckern. Der Hund hat genug zu essen.... Och Mann! Mit Hund sieht es eh immer aus wie Sau. M: Das war jetzt absichtlich. J: Hmm, praktisch, musste kein stinkendes Hundefutter... A: Ach nee, Schatz. (...) (TB2, Zeile 164ff)	In dieser Sequenz wird der Hund als katalysatorische Ressource in Form der von Bergmann beschriebenen ‚Frozzelei' (vgl. Bergmann 1988) genutzt. Die ironische Anspielung auf Mirko setzt einen Prozess in Gang, der sich inhaltlich abwechselnd auf den Hund und seine Herrchen bezieht.

4.3   Das axiale Codieren

Beim axialen Codieren werden die im offenen Codieren ermittelten Konzepte zu Kategorien zusammengefasst und generalisiert:

Die in Tabelle 2 dargestellten Kategorien werden in der folgenden Tabelle fallbezogen erläutert:

Tabelle 3 Axiales Codieren

Phänomen	Hund als kommunikative Ressource
Kontext / Intervenierende Bedingungen	Der Hund ist während der Unterhaltung anwesend.
Ursächliche Bedingungen	Der Hund wird in die Unterhaltung einbezogen, indem er direkt angesprochen wird über ihn gesprochen wird
Handlungsstrategien (Taktik, Techniken, Management)	In beiden Fällen wirkt sich das interaktionsfördernd aus. Ein Thema wird gefunden oder gewechselt, neue Prozesse werden in Gang gebracht.
Konsequenzen	Hund bringt als Thema die Unterhaltung wieder zum Fließen, Themenfindung wird erleichtert

4.4   Das selektive Codieren

Das selektive Codieren umfasst die Zusammenfassung der Kategorien als Arbeitsergebnis: Aus der inhaltlichen Auswertung der empirischen Daten ist ersichtlich geworden, dass Hunde sehr wohl als kommunikative Ressourcen dienen können. Wie von Bergmann beschrieben, fließen sie als Phänomene der Interaktionsumgebung als Thema in die Unterhaltung ein. In beiden untersuchten Unterhaltungen während des Essens nehmen sie sogar einen relativ großen Raum ein. Sie werden nicht nur einmal, sondern wiederholt als Ressource eingesetzt und dienen immer wieder auch als Anreiz für längere Erzählsequenzen oder scherzhafte Vergleiche mit den anwesenden Menschen.

Allerdings ist ebenfalls auffällig, dass auch andere Phänomene der Umgebung (wie die anwesenden Kinder oder auch das Essen selbst) diese Funktion übernehmen können. In beiden Unterhaltungen nahmen das Essen, sowie dessen Zubereitung breiten Raum ein. In der ersten Beobachtung lieferten die anwesenden Kleinkinder reichlich Gesprächsstoff und Anreiz für narrative Sequenzen.

Der inhaltsbezogene Ansatz von Bergmann berücksichtigt nicht die direkte Ansprache des Tieres und die sich daraus ergebenden Handlungen. Insofern reicht er nicht aus um den kommunikativen Stellenwert des Haustieres umfassend zu beschreiben.

Um aber diesem Anspruch gerecht zu werden, wird nun eine Analyse der Systemebene nach Malsch und Kosten angeschlossen: Wie in Kapitel 2.2 dargestellt, ist das Haustier dann Teilnehmer der Kommunikation, wenn die Kommunikation es als soziale Adresse konstruiert und ihm so Selbstreferenzialität unterstellt wird. Weder Kosten noch Luhmann geben Anhaltspunkte dafür, wie dies empirisch belegt werden kann. Erst der Ansatz von Malsch bietet hier mit seinem empirischen Mitteilungszeichen eine entsprechende Basis.

An dieser Stelle werden die empirisch zu beantwortenden Fragen der Systemperspektive also an das Modell von Malsch weitergegeben. Dennoch bleibt Kostens Ansatz für die Fragestellung der Arbeit von großer Wichtigkeit: Denn in der Konsequenz bedeutet ein Nachweis der kommunikativen Beteiligung von Haustieren, dass diese Teil derselben Sozialität sind wie die teilnehmenden Menschen.

Nachfolgend wird nun an einem Beispiel aus der teilnehmenden Beobachtung 1 eine Handlungssequenz dargestellt, in welcher Kommunikation mit dem Hund im Sinne Malschs beobachtbar ist.[5]

M: Hmmmm, Mili komm. (**MZ 1**)
*//Hund springt auf und geht zu M, wedelt mit dem Schwanz und hechelt. (**MZ 2**)//*
M: Guck mal hier… *//gibt Hund ein Stück Fleisch* (**MZ 3**)*, Hund nimmt Fleisch in die Schnauze und isst es auf* (**MZ 4**)//
M: Da freuste dich, näh Milchen? Darfst mitessen! *//streichelt Hund über den Kopf,* (**MZ 5**) *Hund hechelt* (**MZ 6**)//
(TB1, Zeile 130ff)

Abbildung 6 Kommunikationseinheit 1

Die erste Inzeption dieser Kommunikationseinheit vollzieht M./Manfred (vgl. Abbildung 6). Sie enthält hier zum Beispiel die Selektion des Stückes Fleisches und die Entscheidung, dem Hund dieses Stück zu überlassen. Das Mitteilungs-

---

5   Eine ausführliche Auflistung der in Frage kommenden Sequenzen siehe Anhang

zeichen ist die gesprochene Nachricht „Hmm, Mili, komm". Die erste Rezeption übernimmt der Hund, indem er die Nachricht für sich entschlüsselt. Das er dies getan hat, ist erst am zweiten Mitteilungszeichen abzulesen.

Abbildung 7 Kommunikationseinheit 2

Da dieses zweite Mitteilungszeichen beobachtbar ist (siehe Abbildung 7) muss eine Rezeption 1 und eine Inzeption 2 stattgefunden haben. Manfred muss dieses Mitteilungszeichen 2 als solches interpretiert haben und somit rezipiert (und auch wieder inzipiert) haben, denn er reagiert darauf, indem er das Fleisch an den Hund übergibt (Mitteilungszeichen 3). Manfred hat hier also eine nonverbale Handlung des Hundes als Mitteilungszeichen rezipiert. Noch deutlicher wird diese Interpretation bei Betrachtung der Kommunikationseinheiten 4 und 5 (siehe Abbildung 8).

Abbildung 8 Kommunikationseinheiten 4 und 5

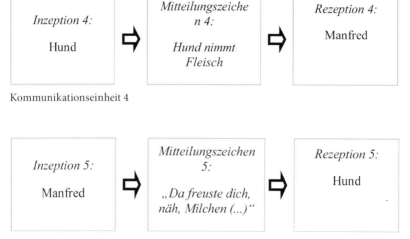

An dieser Stelle kann man mit Kosten (2006) davon ausgehen, dass dem Hund, indem sein Verhalten als Mitteilung interpretiert wurde, von der Kommunikation auch Selbstreferenz unterstellt wurde. Malsch (2005) würde außerdem hinzufügen, dass jede Mitteilung, an die hier angeschlossen wurde, für einen Anschluss ausreichende Signifikanz und Relevanz enthält.

5   Fazit: Der kommunikative Stellenwert von Haustieren

Die Theorie der kommunikativen Ressourcen von Bergmann berücksichtigt nicht die tatsächliche Kommunikation mit dem Tier. Wie gezeigt werden konnte, bleibt damit ein wichtiger Aspekt des Haustieres unbeachtet: Denn Haustiere sind ebenso Teilnehmende der Kommunikation wie Menschen. Malsch (2005) und Kosten (2006) tragen diesem Aspekt zwar Rechnung, sie berücksichtigen aber nicht, dass das Haustier unter bestimmten Bedingungen auch dann als kommunikative Ressource behandelt wird, wenn es direkt angesprochen wird. Aus Kostens systemtheoretischem Ansatz lässt sich dafür aber eine Würdigung der gesellschaftlichen Relevanz von Tieren ableiten, die als Kommunikationsteilnehmende gleichzeitig immer Teilnehmende des sozialen Systems sind. Ihre Theorie wird allerdings erst dann empirisch belegbar, wenn man sie um Malschs Theorie der Kommunikationsanschlüsse erweitert.

Erst im Zusammenspiel all dieser Perspektiven lässt sich der kommunikative Stellenwert von Haustieren umfassend analysieren: Haustiere sind immer dann Teilnehmer des sozialen Systems, wenn mit ihnen kommuniziert wird. Eine solche Kommunikation findet statt, wenn ihnen Selbstreferenz unterstellt wird und ihr Verhalten als Mitteilungshandeln interpretiert wird. Ob dies passiert, lässt sich am daran ablesen, ob auf die ursprüngliche Mitteilung ein nachfolgenden empirischen Mitteilungszeichen folgt. Ist ein solches beobachtbar, dann zeigt dies, dass ein Kommunikationsanschluss stattgefunden hat und die Mitteilung ausreichend Signifikanz und Relevanz enthielt, um diesen herbeizuführen. In diesem Fall ist das Haustier als soziale Adresse konstruiert worden.

Haustiere können zudem auch als Thema in die Kommunikation eingeführt werden. Sie sind für den Menschen kommunikative Ressourcen. Als solche sind sie geeignet, strukturelle Schwierigkeiten innerhalb einer Unterhaltung zu überwinden. Sie haben dann die kommunikative Funktion, Themenanreiz zu bieten, einen Themenwechsel einzuleiten, neue Prozesse anzustoßen oder ausgleichend auf den Kommunikationsfluss einzuwirken. Diese Funktionen bietet das Haustier auch dann an, wenn es direkt angesprochen wird. Es kann also sogar *gleichzeitig* Kommunikationsteilnehmer sein und als kommunikative Ressource dienen. Die

Gepflogenheit unseres Kulturkreises, von dem Tier in dessen Anwesenheit in der dritten Person zu sprechen und es in der nächsten Sekunde direkt anzusprechen, ermöglicht diesen doppelten Stellwert.

Abbildung 9 Der kommunikative Stellenwert von Haustieren

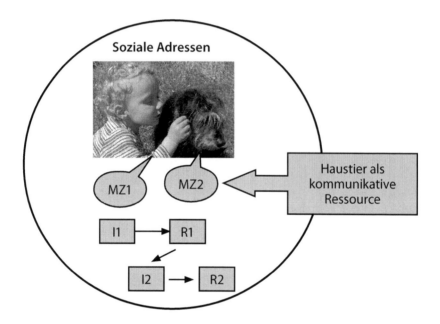

Abbildung 9 verdeutlicht den zweifachen kommunikativen Stellenwert von Haustieren innerhalb der Kommunikation: Zum einen werden sie als kommunikative Ressource genutzt, indem über oder mit ihnen gesprochen wird und zum anderen sind sie als soziale Adresse Teilnehmer des Kommunikationssystems.

6   Schlussbemerkung

Die vorliegende Arbeit beantwortet die Frage nach dem kommunikativen Stellenwert von Haustieren. Sie kommt zu dem Schluss, dass Haustiere sowohl kommunikative Ressource als auch Teilnehmer der Kommunikation sein können. Letzteres hat weit reichende Folgen: Wie die Systemtheorie nahe legt, sind alle Kommunikationsteilnehmende immer Teil desselben sozialen Systems. Sie bilden eine gemeinsame Sozialität – unabhängig von der Konstitution ihres psychischen jeweiligen Systems in der Umwelt des sozialen Systems. Haustiere und Menschen sind also, da sie miteinander kommunizieren, gleichermaßen ein Bestandteil derselben Gesellschaft. Daraus folgt für die Soziologie meines Erachtens zweierlei. Es ginge einerseits darum, dass sie wahrnimmt, dass Haustiere in ihren Gegenstandsbereich fallen. Andererseits ginge es auch darum, dass sie sich dem Haustier als ihrem eigenen Gegenstand beschreibend öffnet. Darüber hinaus stellt sich die allgemeine Frage, mit welcher Berechtigung die Gesellschaft Haustieren gegenüber andere Maßstäbe gelten lässt als den übrigen Teilnehmenden der Gesellschaft. Diese Fragen können im Rahmen dieser Arbeit nicht erörtert werden. Es bleibt aber zu hoffen, dass die gegenwärtige Öffnung der Soziologie in Richtung der Mensch-Tier-Beziehungen einen nachhaltigen Diskurs über solche Fragen bewirken wird.

Literatur

Baeker, Dirk (2001): Kommunikation. In: Barck, Karlheinz et al (Hrsg.): Ästhetische Grundbegriffe 3. Harmonie – Material. Stuttgart. S. 384-426.

Baraldi, Claudio (1999): Komplexität, in: Elena Esposito et al. (Hrsg.), Glossar zu Niklas Luhmann, Frankfurt am Main, S. 93 - 96

Bergmann, Jörg R. (1988): Haustiere als kommunikative Ressource. In: Soeffner, H.-G. (Hrsg.), Kultur und Alltag (Sonderband 6 der Zeitschrift „Soziale Welt"), Göttingen, S.299-312

Böhm, Andreas (2005): Theoretisches Codieren: Textanalyse in der Grounded Theory. In: Flick, Uwe u.a. (Hrsg.), Qualitative Forschung – Ein Handbuch. Hamburg, S. 475-485

Brosziewski, Achim (2003): Aufschalten – Kommunikation im Medium der Digitalität, Konstanz

Corsi, Giancarlo (1999): Inklusion/Exklusion, in: Elena Esposito et al. (Hrsg.), Glossar zu Niklas Luhmann, Frankfurt am Main, S. 78 – 82

Corsi, Giancarlo (1999b): Selbstreferenz, in: Elena Esposito et al. (Hrsg.), Glossar zu Niklas Luhmann, Frankfurt am Main, S. 163- 168

Flick, Uwe (2005): Design und Prozess qualitativer Forschung. In: Flick, Uwe u.a. (Hrsg.), Qualitative Forschung – Ein Handbuch. Hamburg, S. 252-264

Janshen, Doris (1996): Frauen, Männer und dann auch noch Tiere. Zur kulturellen Integration des „Animalischen". In: Ilse Modelmog/ Edith Kirsch-Auwärter (Hrsg.), Forum Frauenforschung Bd. 9, S. 265-281

Kosten, Melanie (2006): Wie beobachtet die Soziologie die Kommunikation, an der Mensch und Tier beteiligt sind?, Examensarbeit an der Universität Bielefeld

Lüders, Christian (2005): Beobachten im Feld und Ethnographie. In: Flick, Uwe u.a. (Hrsg.), Qualitative Forschung – Ein Handbuch. Hamburg, S. 384-401

Luhmann, Niklas (2000): Was ist Kommunikation?. In: Ders., Soziologische Aufklärung 6 – Die Soziologie und der Mensch. Opladen, S. 113 – 124

Luhmann, Niklas (2002): Einführung in die Theorie der Gesellschaft, Heidelberg

Malsch, Thomas (2005): Kommunikationsanschlüsse – Zur soziologischen Differenz von realer und künstlicher Sozialität. Wiesbaden

Mütherich, Birgit (2004): Die Problematik der Mensch-Tier-Beziehung in der Soziologie: Weber, Marx und die Frankfurter Schule. Münster

Pohlheim, Katja (2006): Vom Gezähmten zum Therapeuten: Die Soziologie der Mensch-Tier-Beziehung am Beispiel des Hundes. Hamburg

Schmidt-Lauber (2001): Feldforschung. Kulturanalyse durch teilnehmende Beobachtung. In: Göttsch, Silke/ Lehmann, Albrecht (Hrsg.): Methoden der Volkskunde. Positionen, Quellen, Arbeitsweisen der Europäischen Ethnologie, Berlin, S. 219-248.

Schützeichel, Rainer (2004): Soziologische Kommunikationstheorien, Konstanz

Thiedeke, Udo (2004): Einleitung, in: Ders. (Hrsg.), Soziologie des Cyberspace. Medien, Strukturen und Semantiken, Hamburg

Geschlecht als Prädiktor für Einstellungsunterschiede gegenüber eigenen Haustieren

Tom Töpfer und Anne Beeger-Naroska

1   Einleitung

In diesem Beitrag steht die Frage im Vordergrund, inwieweit Männer und Frauen ein unterschiedliches Verhältnis zu Haustieren haben. Das Geschlecht eines Menschen gilt als eine bedeutungsvolle Klassifizierungskategorie, auf deren Grundlage die Identität gebildet wird und Menschen Eigenschaften, Fähigkeiten und Handlungsorientierungen zugeschrieben werden. Auf der Grundlage der sozialen Konstruktion von Geschlecht werden zudem von den zentralen gesellschaftlichen Institutionen und der sozialen Umwelt differierende Erwartungen an das Verhalten von Frauen und Männern gerichtet. Das Zusammenwirken dieser Faktoren kann dazu führen, dass sich Frauen und Männer jeweils auch geschlechtsspezifisch unterschiedlich verhalten (Wetterer 2009). Vor dem Hintergrund stellt sich die Frage, ob es auch grundsätzliche Differenzen in den Einstellungen von Frauen und Männern gegenüber ihren Haustieren gibt. Wir sind dieser Frage anhand einer quantitativen Online-Befragung von männlichen und weiblichen Studierenden mit Haustieren auf der Grundlage eines strukturierten Fragebogens nachgegangen. Die Frage nach dem Einfluss von Geschlecht auf die Einstellungen gegenüber Haustieren war bisher kaum Gegenstand empirischer Forschung.

Im ersten Teil unseres Beitrags stellen wir den Ansatz der sozialen Konstruktion von Geschlecht auf und erläutern, welche Erwartungen sich im Hinblick auf Unterschiede in den Einstellungen von Frauen und Männern gegenüber ihren Haustieren ableiten lassen. Daran schließt sich eine Darstellung des methodologischen Rahmens unserer Untersuchung und der eingesetzten Methoden an. Es folgt eine Darstellung der zentralen Ergebnisse der Studie im Hinblick auf unsere Fragestellung.

2   Geschlecht als Klassifizierungskonstrukt

Als normativ aufgeladene Kategorie fungiert Geschlecht als eines der zentralen Differenzierungskriterien in modernen Gesellschaften und dient der Orientierung, Objektivierung und Differenzierung von Menschen. Geschlecht und insbesondere Zweigeschlechtlichkeit bilden ein Symbolsystem, wobei „Männlichkeit" und „Weiblichkeit" dazu verwendet werden, die Personen unterschiedlichen Bedeutungen, Fertigkeiten, Ressourcen und Bereichen zuzuordnen. Diese erscheinen als natürlich gegeben: „Die Einteilung der Welt in Männer und Frauen wird i.d.R. als ein außergesellschaftlicher, als ein der Welt der Natur zugewiesener Tatbestand gesehen" (Gildemeister 2007: 3). Eine solche, unreflektierte Sicht auf das Geschlechterverhältnis prägte seit dem späten 19. Jahrhundert bis in die 1960er Jahre die Ansätze der Sozialwissenschaften ebenso wie auch die lebensweltlichen Zusammenhänge. Differenzen in der Geschlechtszugehörigkeit wurden gleichgesetzt mit Unterschieden zwischen Frauen und Männern im Hinblick auf Eigenschaften, Fähigkeiten und Charakterzüge und als objektive Tatbestände behandelt (Gildemeister 2007: 3). Im Zuge der Studentenbewegung der 1968er Jahre und einer zweiten Welle der Frauenbewegung, die sich im Zusammenhang damit herausbildete, wurde diese essentialistische Sichtweise, die die Geschlechterdifferenzen naturalisiert, einer kritischen Analyse unterworfen und grundsätzlich in Frage gestellt. In den Sozialwissenschaften entwickelte sich eine eigene Forschungsrichtung der Geschlechter-Soziologie, die dafür die theoretischen und empirischen Grundlagen liefert. Die Unterscheidung von „Weiblichkeit" und „Männlichkeit" galt nun als sozial konstruiert und als dem historischem Wandel unterworfen. In Folge von Vergesellschaftungsprozessen entstehen demnach über einen dialektischen Prozess der Zuschreibung von biologischen und sozialen Merkmalen Erwartungen an frauen- bzw. männerspezifische Fähigkeiten und Einstellungen, die sich in der alltagsweltlichen Praxis zu differenzierten Konzepten von Geschlechterrollen ausformen. Einen wichtigen Beitrag zur Vermittlung von Geschlechtsstereotypen bilden Sozialisationsprozesse, in denen durch Abstraktion wesentlicher Eigenschaften Gruppen („Frau" oder „Mann") attribuiert und charakterisiert werden.

Dabei werden, wie zahlreiche empirische Studien gezeigt haben, Männern in modernen Industriegesellschaften traditionell eher instrumentelle Eigenschaften und Erwartungen zugeordnet. Dem Stereotyp „Mann" entsprechen Zuschreibungen wie dominantes Auftreten, Individualismus, Rationalität sowie Leistungs- und Wettbewerbsorientierung. Dem Stereotyp „Frau" werden demgegenüber eher expressive Komponenten wie Sozialorientierung und Emotionalität sowie Fürsorge- und Empathiefähigkeit zugeschrieben (Janshen 1996). Neuere Studien haben aber teilweise auch gezeigt, dass sich diese Differenzen zunehmend abschwächen und sich ansatzweise ein androgynes Selbstbild durchsetzt. Das Selbst subsumiert demnach zunehmend sowohl männlich als auch weiblich attribuierte Eigenschaften (vgl. Genkova 2007: 60). Dennoch gibt es nach wie vor weitreichende Differenzen in den Einstellungen und im Verhalten von Frauen und Männern in vielen Gegenwartsgesellschaften (Pfau-Effinger 2011).

3 Geschlecht und Haustiere

Welche Erwartungen lassen sich nun auf der Grundlage dieser theoretischen Annahmen im Hinblick darauf formulieren, wie sich Frauen und Männer im Hinblick auf ihre Einstellungen gegenüber ihren Haustieren unterscheiden? In der Rolle von Haustieren werden Tiere zunehmend Bestandteil privater menschlicher Kommunikationszusammenhänge. Sie werden teils als Partner, teils als rangniedriges Lebewesen in den sozialen Verband der Familie einbezogen (vgl. auch Muster in diesem Band). Janshen (1996) leitet aus den Differenzen in der Definition unterschiedlicher Charaktereigenschaften und Merkmale als „männlich" bzw. „weiblich" die Annahme ab, dass sich Frauen und Männer bezüglich ihrer Einstellungen zu ihren Haustieren deutlich unterscheiden. Während Männer die körperliche Dimension der Beziehung in den Vordergrund stellen, so ihre Annahme, stellen Frauen Pflege- und Versorgungsarbeiten in das Zentrum ihrer Beziehung zum Haustier. In ihrer Eigenschaft als symbolische Träger repräsentierten Haustiere für Männer eher Aspekte von Kraft und Macht, während Frauen mit den Haustieren eher Expressivität und Emanzipation assoziieren, so Janshen (1996: 271f.). Wir haben diese These in unserer Befragung untersucht.

4 Operationalisierung und Methode

Präzisierung der Fragestellung

Im Zuge der Operationalisierung und Bearbeitung des zugrunde liegenden Themenkomplexes wurde die eingangs vorgestellte Fragestellung hinsichtlich zweier Aspekte präzisiert: Menschen bevorzugen Haustiere, die sich interaktiv auf Menschen einstellen können und somit am ehesten einem Kommunikationsbedürfnis genügen können (vgl. Janshen 1996: 270). Hunde und Katzen gelten als die Haustiere, die diesen Ansprüchen am ehesten gerecht werden und werden dementsprechend bevorzugt als Haustiere ausgewählt. So lebten Im Jahr 2009 in 16,5 % aller Haushalte Katzen, Hunde lebten in 13,3 % der Haushalte. Im Vergleich dazu war der Anteil der Haushalte, in denen Kleintiere (insbesondere Nagetiere wie Hamster, Kaninchen, Meerschweinchen) lebten, deutlich kleiner (5,4%).[1] Hunde und

---

1   Die Zahlen basieren auf einer Studie des Industrieverbandes Heimtierbedarf e.V. aus dem Jahr 2009 (Industrieverband Heimtierbedarf e.V. 2010). In absoluten Zahlen ausgedrückt, lebten demnach 2009 8,2 Mio. Katzen, 5,4 Mio. Hunde und 5,6 Mio. Klein-

Katzen verfügen zudem über eine relativ hohe Lebenserwartung (ca. 10-15 Jahre bei Hunden, ca. 15-20 Jahre bei Katzen), wodurch es Menschen möglich ist, über eine relativ langfristige Zeitspanne eine Bindung an diese Tiere aufrecht zu erhalten. Wir haben dementsprechend in der Analyse die Einstellungen gegenüber Hunden und Katzen in das Zentrum gestellt. Die Auswahl von zwei Spezies von Haustieren erschien deshalb als sinnvoll, da es auf der Grundlage möglich war zu untersuchen, inwieweit geschlechtsspezifische Unterschiede in den Einstellungen mit der Spezies der Haustiere differieren. Dabei wurden in das Sample der befragten Studierenden Studierende einbezogen, die an einer Hamburger Hochschule eingeschrieben sind.

Operationalisierung der abhängigen Variable ‚Einstellung gegenüber Haustieren‘

„Einstellung" wird hier definiert als: „Haltung [...], Richtung bzw. selektive Ausrichtung des Denkens, Erkennens, Wahrnehmens, Urteilens, Wertens und Verhaltens. Einstellung ist ein psychischer Reaktions- oder sogar Aktionsbereitschaftszustand, der durch die Internalisierung soziokultureller Werte sowie durch spezielle Lern- und Erfahrungseindrücke entstanden ist und einen prägenden, bestimmenden Einfluss auf das Verhalten des Individuums hinsichtlich bestimmter Gegebenheiten seiner Umwelt (Personen, soziales Gebilde, Situationen, Objekte) ausübt. Die Einstellung bewirkt das Bewusstwerden nur „ausgewählter" und „gefilterter" Erlebnisinhalte aus der objektiv gegebenen Erfahrungswirklichkeit. Sie führt in der Regel zu verfestigten Strukturen von Anschauungen und Überzeugungen zu bestimmten Bereichen oder Problemen der sozialen Umwelt" (Hillmann 1994: 173f).

Wir haben dabei anhand von drei Dimensionen der Einstellung gegenüber Haustieren untersucht, inwieweit geschlechtsspezifische Differenzen bestehen.

- Soziale Konstruktion des Haustieres
- emotionale Bindung zum Haustier
- Aufwendungen für das Haustier

---

tiere in deutschen Haushalten. Insgesamt lebten in mehr als einem Drittel der etwa 37,5 Mio. Haushalte in Deutschland Haustiere.

Diese drei Dimensionen haben wir in der folgenden Art und Weise operationalisiert.

Soziale Konstruktion des Haustieres

Unter der „sozialen Konstruktion des Haustieres" verstehen wir den Komplex an Fähigkeiten, Eigenschaften und Fertigkeiten, die die Befragten ihren Haustieren zuschreiben. Diese messen wir anhand von neun Items, zu denen etwa Empathiefähigkeiten im Sinne eines bewussten Reagierens auf die emotionale Verfassung der Befragten sowie logisch-kombinatorische Fähigkeiten im Sinne des Erfassens von komplexen Zusammenhängen zählen, wie auch die Fähigkeit, als autonomes Lebewesen auf der Grundlage von Selbstbestimmung zu handeln.

Emotionale Bindung zum Haustier

In der Dimension ‚emotionale Bindung' werden Aspekte wie die subjektiv empfundene Beziehung zum Haustier, Kommunikation mit sowie über das Haustier (vgl. auch den Beitrag von Muster in diesem Band), die Themen Belohnen und Bestrafen sowie der Komplex ‚Tod des Haustieres' behandelt. Anhand von elf Items soll die Ausgestaltung der emotionalen Bindung zwischen Mensch und Haustier analysiert werden.

Aufwendungen für das Haustier

Unter „Aufwendungen" werden Ressourcen gefasst, die Menschen für ihre Haustiere einsetzen. Hierunter fallen in erster Linie Ressourcen materieller, insbesondere finanzieller Prägung, sowie zeitliche Ressourcen. Die Einstellungen dazu werden auf der Grundlage von sechs Items erfasst.

Annahme dazu, inwieweit geschlechtsspezifische Differenzen in den Einstellungen zu Haustieren bestehen

Ergänzend zu den drei Einstellungsdimensionen wurden die Befragten gebeten, ihre Einschätzung dazu abzugeben, inwieweit aus ihrer Perspektive geschlechtsspezifische Unterschiede bezüglich der Einstellung zu Haustieren existieren. Diese wurde für drei Aspekte erfasst: den Umgang mit dem Haustier, den Grad der Emotionalität und die finanziellen Aufwendungen.

Konzeption des Erhebungsinstrumentes, Auswahl des Samples und Feldphase

Als Erhebungsinstrument wurde ein strukturierter Fragebogen konstruiert, welcher sich inhaltlich an den Dimensionen des Forschungsinteresses orientierte. Zudem wurden, auch in der Funktion von Kontrollvariablen, soziodemographische Aspekte sowie ein fünf Items umfassender Komplex sogenannter „Eisbrecherfragen" erhoben. Diese Items erfüllen den Zweck, auf das Thema hinzuführen und allgemeine Aspekte des Verhältnisses zum Haustier wie Dauer des Besitzes oder Anschaffungsmotive zu thematisieren.

Das Erhebungsinstrument wurde in Form einer Onlinebefragung konzipiert. Der von uns entwickelte Fragebogen wurde mithilfe der Online-Befragungssoftware „umfragecenter 5.1" der Globalpark GmbH in die Form eines Onlinefragebogens transferiert.[2] Eine Onlinebefragung wurde aufgrund von Vorteilen hinsichtlich der technischen Durchführung einer face-to-face-Befragung vorgezogen.

Die Teilnehmer/innen haben wir über das Internet gewonnen und den Feldzugang zu den Befragten über zwei Wege gesucht. Zum einen wurde ein Direktlink zu dem Onlinefragebogen auf der Startseite der Internetpräsenz der Universität Hamburg[3] platziert. In Ergänzung dazu wurden Links zum Onlinefragebogen in einschlägige Foren des Online-Netzwerkes studiVZ[4] gestellt, welches zum Untersuchungszeitpunkt das in Deutschland am stärksten frequentierte Internetnetzwerk für Studierende darstellte.[5] Nach einem Pretest des Fragebogens und der daraufhin folgenden Modifizierung des Erhebungsinstrumentes wurde die Feldphase begonnen und Daten erhoben.

---

2   Das unipark-Programm ist ein Kooperationsprojekt zwischen wissenschaftlichen Institutionen (primär aus dem universitären Umfeld) und der Globalpark GmbH (siehe www.unipark.de, www.globalpark.de).

3   Die Internetpräsenz der Universität Hamburg ist zu erreichen unter www.uni-hamburg.de.

4   Näheres dazu siehe www.studivz.net.

     Links zum Erhebungsinstrument wurden in Foren positioniert, welche einen Bezug zu universitären Hamburger Fachbereichen sowie Haustieren in Form von Hunden und/oder Katzen zeigten.

5   Über eine Filterfrage zur Lokalisation der Universität der Studierenden wurden ausschließlich Befragte herausgefiltert, die angaben, in Hamburg zu studieren.

Auswertungsvorbereitung und -strukturierung

Zur Datenaufbereitung und -auswertung diente die Statistik- und Analyse-Software SPSS in der Version 11.5 als Grundlage des Forschungsprojektes.[6] Als zentrale Analyseverfahren wurden zunächst deskriptive Kennwerte sowie bivariate Zusammenhangsanalysen verwendet, wobei sich der jeweilige Korrelationskoeffizient nach den Skalenniveaus der Items richtete.[7] Als weiterführendes multivariates Analyseverfahren diente die lineare Regression, um punktuell den Einfluss von Geschlecht in Relation zu anderen Prädiktoren begutachten zu können.[8]

5   Ergebnisse

Im Folgenden werden die Ergebnisse der Studie vorgestellt. Nach einer Beschreibung der Stichprobe folgen dimensionsspezifisch die zentralen Ergebnisse mit dem Fokus auf geschlechtsspezifische Unterschiede.[9]

Beschreibung der Stichprobe

Insgesamt wurden 180 Hamburger Studierende befragt, von denen 142 (78,9%) Frauen und 38 (21,1%) Männer sind. Wir können keine präzise Angabe dazu machen, wie groß der Anteil dieser Gruppe an der Grundgesamtheit aller Studierenden mit einem Hund und/oder einer Katze ist und wie genau sich die Grundgesamtheit zusammensetzt.[10]

---

6   Fehlende Werte wurden in der Datenaufbereitung nicht ersetzt.

7   Die Zusammenhangsmaße Phi und Cramérs V dienen hierbei als maßgeblich, wenn die zu untersuchenden Variablen nominalskaliert sind. Bei Variablen auf ordinalem Skalenniveau wird Spearman's Rho als Zusammenhangsmaß herangezogen; ist das Skalenniveau mindestens metrisch dient Pearsons Korrelationskoeffizient als Zusammenhangsmaß. Da die Variable Geschlecht nominal skaliert ist, wird in der Studie überwiegend Cramérs V (gekennzeichnet durch den Buchstaben V) als maßgeblicher Koeffizient herangezogen.

8   Der Fokus der Ergebnisdarstellung liegt auf den bivariaten Zusammenhängen. Regressionen werden nur sehr punktuell und ergänzend dargestellt. Kategoriale Variablen wurden im Zuge von Regressionsanalysen in Dummyvariablen umgewandelt. Variablen auf Basis von Likert-Skalen wurden als intervallskalierte Variablen behandelt.

9   Das Signifikanzniveau wurde aufgrund der geringen Stichprobengröße auf zehn Prozent gesetzt.

10   Wir gehen davon aus, dass wir mit unserer Zufallsauswahl etwa 2,5% der Studierenden mit Hund und/oder Katze erfasst haben. Diese Schätzung ergibt sich auf der folgenden Grundlage: In Deutschland leben, der oben angeführten Studie zufolge, in ca. 20% der Haushalte ein Hund und/oder eine Katze (Industrieverband Heimtierbedarf e.V. 2010).

Bei einem Durchschnittsalter von 24,82 Jahren (Std.: 5.10, range: 18-58) sind 94,4 Prozent der Befragten ledig, nur ein geringer Anteil von 4,4 Prozent hat Kinder. Dabei ist eine große Bandbreite an Studienrichtungen vertreten. Lehramts- und Pädagogikstudierende stellen mit 16,7 Prozent den größten Anteil, gefolgt von Studierenden der Naturwissenschaften (16,1%) und Sozialwissenschaften (10%). Die übrigen Befragten verteilen sich auf weitere Studienrichtungen.

Katzen sind in der zu Grunde liegenden Stichprobe mit 56,7 Prozent etwas häufiger vertreten als Hunde. Dies ist verständlich, da die Haltung von Katzen im Vergleich zu der von Hunden einen deutlich geringeren Aufwand an Zeit sowie finanziellen und räumlichen Ressourcen erforderlich macht und damit der Lebenssituation von Studierenden deutlich eher entspricht. Dabei lebten die Befragten durchschnittlich bereits 5,4 Jahre mit ihrem Haustier zusammen (Std.; 4.00, range: 0-19). Sie hatten dieses oft in einer Tierhandlung oder bei einem Züchter gekauft (27,2%), aus einem Tierheim geholt (20%) oder als Geschenk erhalten (18,9%). Als wesentliches Motiv dafür, ein Haustier zu halten, wurde die Suche nach Freundschaft und Begleitung genannt (64,4 % Zu einem geringeren Anteil wurden auch Tierliebe, Fürsorge und Mitleid als zentraler Beweggrund zur Anschaffung eines Haustieres angeführt (18,9%). Dabei gab die große Mehrheit der Befragten (87,8 %) an, dass sie schon in der Kindheit mit einem Haustier aufgewachsen sind. Es ist zu vermuten, dass es sich bei einem Teil dieser Studierenden um Personen handelt, die noch im elterlichen Haushalt mit dem Haustier zusammen leben, mit dem sie auch schon als Jugendliche zusammengelebt haben. Ein weiterer Teil hat möglicherweise den eigenen Hund oder die eigene Katze aus dem elterlichen Haushalt mit in die Studentenwohnung genommen. Es ist zu erwarten, dass ein anderer, vermutlich kleinerer Teil der Studierenden ihr Haustier erst angeschafft hat, als sie schon nicht mehr im elterlichen Haushalt wohnten. Im Vergleich von Frauen und Männern fällt dabei auf, dass Frauen signifikant häufiger schon in der Kindheit ein Haustier hatten (V=.18; p=.02).

Studierende sind im allgemeinen hoch mobil und verfügen eher selten über die räumlichen und finanziellen Ressourcen, um sich ein eigenes Haustier zu halten, sofern sie nicht mehr im Haushalt ihrer Eltern leben. Unserer Schätzung zufolge sind dementsprechend nur ein Anteil von maximal 10% der Hamburger Studierenden einen Hund oder eine Katze. An Hamburger Hochschulen studieren insgesamt ca. 75.000 Studierende. Das würde bedeuten, dass maximal 7500 Studierende in Hamburg einen Hund und/oder eine Katze haben.

Dimension Konstruktion des Haustieres

Hinsichtlich der Dimension „Konstruktion des Haustieres" wollten wir ermitteln, welche Fähigkeiten, Fertigkeiten und Eigenschaften Frauen und Männer ihren Haustieren zusprechen. Tendenziell konnte festgestellt werden, dass die befragten Studierenden dazu neigen, ihren Haustieren Fähigkeiten im Bereich der Empathie zuzuschreiben. So glaubt die Mehrzahl der Befragten, dass ihr Haustier spüren kann, wenn es ihnen schlecht geht (73,9%), dass es bewusst auf ihre emotionale Verfassung reagieren kann (60%) und dass es eine ausgeprägte individuelle Persönlichkeit hat (80,6%). In diesem Bereich schreiben Frauen den Haustieren überwiegend mehr Fähigkeiten zu als Männer. So gestehen Frauen ihrem Haustier im Vergleich zu Männern eher eine ausgeprägte individuelle Persönlichkeit zu (V=.208; p=.099). Ebenso gehen Frauen eher als Männer davon aus, dass Haustiere über kommunikative Fähigkeiten verfügen, die über das bloße Verstehen von Befehlen hinaus gehen (V=.228; p=.053). Frauen sehen ihre Haustiere zudem häufiger als Männer als fähig an, emotionale Zustände der Menschen wahrzunehmen (V=.220; p=.070). Unterschiede zeigen sich außerdem in der Zuschreibung von Anpassungsfähigkeit, welche Frauen ihrem Haustier öfter zuschreiben als Männer (V=.333; p=.001).

Im Hinblick darauf, wie Haustieren Fähigkeiten der Kombinatorik und des logischen Schlussfolgerns zugeschrieben werden, zeigen sich zwar geschlechtsspezifische Tendenzen, diese werden jedoch nicht signifikant. So neigen Frauen eher dazu, ihrem Haustier zuzugestehen, dass es komplexe Zusammenhänge versteht (43% der Frauen, 24% der Männer). Frauen meinen auch zu einem höheren Anteil, dass ihr Haustier die gesprochene Sprache über reine Befehle hinaus versteht (42,2% versus 26,3%). Darüber hinaus sind sie eher dazu bereit anzunehmen, dass sich Haustiere flexibel auf unterschiedliche Situationen einstellen können (61,3% versus 43,2%). Männer wiederum sind häufiger als Frauen der Auffassung, dass Haustiere „lügen" können (34,2% versus 24,0%):

Exemplarisch kann gezeigt werden, dass neben dem Geschlecht auch andere Variablen Einfluss auf die Konstruktion des Haustieres haben (vgl. Tabelle 1)[11]. Entscheidender scheint im Vergleich zu Geschlecht (β=-.132, p=.075), in welcher Konstellation die Befragten mit ihrem Haustier leben. So schreiben Menschen ihrem Haustier mehr empathische Eigenschaften zu, wenn sie es als Freund/in (β=-.216, p=.016) oder als Familienmitglied (β=-.213, p=.018) attribuieren. Die wahrgenommene Beziehung und damit verbundene Rollenattribution des Haustieres

---

11 Die abhängige Variable ist negativ gepolt. Die erklärte Varianz des Modells beträgt 6,8 Prozent.

hat somit einen stärkeren Einfluss darauf, wie das Haustier konstruiert wird, als das Geschlecht der Befragten.

Tabelle 1 Regression: Mein Haustier spürt, wenn es mir schlecht geht.

Modell		Nicht standardisierte Koeffizienten		Standardisierte Koeffizienten	T	Signifikanz
		B	Standardfehler	Beta		
1	(Konstante)	2,542	,217		11,728	,000
	Dummy-Geschlecht-weiblich	-,357	,199	-,132	-1,791	,075
	Dummy - Kinder	,507	,393	,095	1,291	,198
	Dummy - Freund	-,542	,223	-,216	-2,428	,016
	Dummy Familienmitglied	-,470	,197	-,213	-2,386	,018

Tabelle 1: a Abhängige Variable: k2: Mein Haustier spürt, wenn es mir schlecht geht.

Insgesamt lässt sich festhalten, dass punktuell und schwach ausgeprägte Unterschiede in der Konstruktion von Haustieren aufgrund des Geschlechts bestehen, wobei Frauen Haustieren tendenziell eher emotional-soziale Fähigkeiten zuschreiben als Männer.

Dimension emotionale Beziehung zum Haustier

Die zweite Dimension unserer Analyse betrifft die emotionale Beziehung der Befragten zu ihren Haustieren. Bedeutsam ist zunächst der Aspekt, welche Rolle sie ihrem Haustier zuschreiben. Es zeigt sich, dass Frauen häufiger als Männer ihr Haustier als Familienmitglied ansehen (Frauen: 50,7%; Männer: 36,8%). Männer wiederum klassifizieren das Haustier im Vergleich zu Frauen häufiger als Freund (Frauen: 24,5%; Männer: 31,6%). Die Unterschiede sind allerdings nicht signifikant (V=.123; p=.606).

Ein deutlicher Unterschied zwischen Frauen und Männern betrifft das Ausmaß, in dem sie sich an das eigene Haustier gebunden fühlten. Während sich die überwältigende Mehrheit von Frauen zu einer solchen Bindung bekennt, betrifft

das nur gut zwei Drittel der Männer (Frauen: 91,6%; Männer: 68,4%). Dieser Zusammenhang ist signifikant (V=.337; p=.00). Die multivariate Analyse hat ergeben, dass lediglich das Motiv, ein Haustier zum Freund oder Begleiter haben zu
wollen, einen stärkeren Einfluss auf die gefühlte emotionale Bindung hat (β=.-317;
p=.00) als Geschlecht (β=-.224; p=.001) (vgl. Tabelle 2).[12] Als weiterer Einflussfaktor konnte an dieser Stelle die Erfahrung, bereits in der Kindheit mit Tieren
aufgewachsen zu sein, herausgestellt werden (β=-.213; p=.002).

Tabelle 2 Regression: Ich fühle mich emotional an mein Haustier gebunden.

Modell		Nicht standardisierte Koeffizienten		Standardi- sierte Koeffi- zienten	T	Signifi- kanz
		B	Standard- fehler	Beta		
1	(Konstante)	2,697	,179		15,059	,000
	af2: Wie lange besitzen Sie Ihr Haustier bereits?	-,002	,014	-,010	-,145	,885
	Dummy-Ge- schlecht-weiblich	-,426	,130	-,224	-3,286	,001
	Dummy- in der Kindheit Tiere gehabt	-,505	,163	-,213	-3,102	,002
	Dummy- Haustier = Hund	,107	,112	,068	,954	,342
	Dummy - Motiv für Haustierbesitz: Freund/Begleiter	-,513	,112	-,317	-4,602	,000

Tabelle 2: a Abhängige Variable: ev2: Ich fühle mich emotional an mein Haustier
gebunden.

Zentral für die geschlechtsspezifische Unterscheidung ist auch die verbale Kommunikation der Befragten mit ihren Haustieren. Nach Berger und Luckmann ist
Sprache das wichtigste Zeichensystem der menschlichen Gesellschaft. Die Spra-

---

12 Die abhängige Variable ist negativ gepolt. Die erklärte Varianz des Modells beträgt
    21,1 Prozent.

che gewähre fortwährenden, gleichzeitigen und wechselseitigen Zugang zueinander als wirkliche Subjekte (vgl. Berger/Luckmann 2004: 36). Auffällig ist, dass über 40 Prozent der Frauen, aber nur etwa 18 Prozent der Männer angeben, „ständig" mit ihrem Haustier zu sprechen. Die Differenz ist signifikant (V=.352; p=.00). Dieses Ergebnis lässt darauf schließen, dass Frauen tatsächlich häufiger eine emotionalere Beziehung zu ihrem Haustier herstellen. Dies bestätigt sich auch mittels einer Regressionsanalyse, die neben dem Geschlecht als stärkstem Prädiktor (β=-.216; p=.002) weitere zentrale Einflussfaktoren herausstellt (vgl. Tabelle 3).[13] Von Bedeutung ist demnach, inwieweit dem eigenen Haustier zugeschrieben wird, Sprache über Befehle hinaus zu verstehen (β =.206; p=.007) sowie inwieweit Haustieren zugeschrieben wird, bewusst auf die emotionale Verfassung der Besitzerinnen und Besitzer reagieren zu können (β=.151; p=.040). Es bleibt festzuhalten, dass Frauen generell mehr mit ihren Haustieren sprechen als Männer, die Quantität der Kommunikation mit dem Haustier jedoch auch davon abhängt, wie das Haustier als Kommunikationspartner konstruiert wird und um was für ein Haustier es sich handelt.

---

13 Die abhängige Variable, sowie die unabhängigen Variablen k3 und k4 sind negativ gepolt. Die erklärte Varianz des Modells beträgt 15,1 Prozent.

Tabelle 3 Regression: Sprechen Sie mit Ihrem Haustier?

Modell		Nicht standardisierte Koeffizienten		Standardisierte Koeffizienten	T	Signifikanz
		B	Standardfehler	Beta		
1	(Konstante)	1,579	,314		5,033	,000
	Dummy-Geschlecht-weiblich	-,613	,199	-,216	-3,083	,002
	Dummy- Haustier = Hund	,443	,164	,190	2,704	,008
	k4: Mein Haustier versteht Sprache, über bloße Befehle hinaus.	,189	,069	,206	2,747	,007
	k3: Mein Haustier reagiert bewusst auf meine emotionale Verfassung.	,149	,072	,151	2,065	,040

Tabelle 3: a Abhängige Variable: ev3: Sprechen sie mit ihrem Haustier?

In diesem Zusammenhang ist nun von Interesse, worüber die Befragten der vorliegenden Studie mit ihren Haustieren sprechen. Für Frauen stellt das eigene Tier häufiger einen nahezu „vollwertigen" Gesprächspartner dar. Sie sprechen deutlich häufiger über für sie relevante Themen mit ihrem Tier (Frauen: 90,9%; Männer: 65,8%), wohingegen Männer häufiger als Frauen auf einer Ebene mit dem Tier kommunizieren, die überwiegend aus Befehlen und instrumenteller Kommunikation besteht (Frauen: 9,2%; Männer: 34,3%). Dieser Zusammenhang ist signifikant ($V=.357$; $p=.00$). Nicht nur die Kommunikation *mit* dem Haustier, sondern auch diejenige *über* das Haustier spielt eine Rolle in der Ausgestaltung der emotionalen Beziehung zum eigenen Haustier. Hierbei zeigt sich, dass das eigene Haustier in Gesprächen mit Freunden und Bekannten bei Frauen häufiger thematisiert wird als bei Männern ($V=.269$; $p=.011$).

Grundsätzlich lassen auch mehr Frauen (47,2%) als Männer (21%) ihr Tier mit im Bett schlafen ($V=.231$; $p=.047$), was als Indikator für die offenere Auslebung eines „Schmusebedürfnisses" bei Frauen herangezogen werden kann. Zudem ist bemerkenswert, dass tatsächlich über achtzig Prozent der Frauen, aber nur fünf-

zig Prozent der Männer ihren Tieren Kosenamen geben (V=.388; p=.00). Die Annahme, dass es geschlechtsspezifische Unterschiede in der Art der verwendeten
Kosenamen gibt, erweist sich jedoch bei der Kategorisierung der am häufigsten
verwendeten Kosenamen in „verniedlichend", „abwertend", „verherrlichend" und
„abstrahierend" als Vorurteil. Zwar verwenden Frauen häufiger verniedlichen-
de Kosenamen und Männer fast doppelt so häufig wie Frauen abwertende Kosenamen, doch ist der Unterschied nicht signifikant. Auf die Frage hin, wie sehr
der Tod des Haustieres die Befragten mitnehmen werde, ergab sich, dass Frauen
vom Tod des Haustieres deutlich häufiger „sehr stark" mitgenommen sind (Frau-
en: 72,5%; Männer: 31,6%) und damit deutlich häufiger stark betroffen sind als
Männer (V=.510; p=.00).[14] Eine anschließende Regression zeigte, dass neben dem
Geschlecht, welches den größten Einfluss hat (β=-.433; p=.00), vor allem entscheidend ist, wie ausgeprägt die Persönlichkeit des Haustieres wahrgenommen
wird und welche Rolle das Haustier in der Beziehung einnimmt (vgl. Tabelle 4).[15]
Besonders schwerwiegend wird der Tod des eigenen Haustieres von denjenigen
Studierenden empfunden, die das Tier als Freund und Begleiter ansehen (β=-.173;
p=.01).

---

14 Entscheidend ist jedoch zu erwähnen, dass es sich um die Vorstellung einer hypothe-
    tischen Situation handelt. Frauen schätzen ihr eigenes Verhalten im Vorfeld anders
    ein, was noch nicht darauf schließen lässt, dass Frauen beim Eintreten des Todes ihres
    Haustieres auch tatsächlich anders reagieren als Männer.
15 Die abhängige Variable, sowie die unabhängige Variable k5 sind negativ gepolt. Die
    erklärte Varianz des Modells beträgt 27,2 Prozent.

Tabelle 4 Regression: Wie, glauben Sie, werden Sie empfinden, wenn Ihr Haustier stirbt?

Modell		Nicht standardisierte Koeffizienten		Standardisierte Koeffizienten	T	Signifikanz
		B	Standardfehler	Beta		
1	(Konstante)	1,773	,291		6,096	,000
	Dummy-Geschlecht-weiblich	-,755	,115	-,433	-6,578	,000
	Dummy- Haustier = Hund	-,075	,099	-,053	-,763	,446
	af2: Wie lange besitzen Sie Ihr Haustier bereits?	,009	,012	,050	,752	,453
	Dummy - Motiv für Haustierbesitz: Freund/Begleiter	-,257	,098	-,173	-2,610	,010
	Dummy- in der Kindheit Tiere gehabt	-,073	,143	-,034	-,507	,613
	k5: Mein Haustier hat eine ausgeprägte individuelle Persönlichkeit	,117	,048	,159	2,441	,016
	a1: Wie viel Zeit verbringen Sie mit Ihrem Haustier?	,096	,067	,092	1,435	,153

Tabelle 4: a Abhängige Variable: ev10: Wie, glauben Sie, werden Sie empfinden, wenn ihr Haustier stirbt?

Bezüglich der Vorstellung unserer Befragten über den Verbleib des Körpers ihres Haustieres nach dem Tod ergeben sich keinerlei geschlechtsspezifischen Unterschiede.

Auch bei der Bestrafung sowie der Belohnung der Haustiere unserer Befragten können keine nennenswerten Unterschiede zwischen den Geschlechtern festgestellt werden. Bestraft wird bei beiden Geschlechtern überwiegend verbal, während die Art der Belohnung stark differiert.

Abschließend kann festgehalten werden, dass Geschlecht einen wesentlichen Einfluss im Hinblick auf die Emotionalität der Beziehung von Studierenden zu ihrem Haustier hat. Die Ergebnisse deuten darauf hin, dass Frauen eine stärker emotionale Bindung zu ihrem Haustier haben als Männer. Über die Drittvariablenkontrolle wird zudem deutlich, dass neben dem Geschlecht vor allem Aspekte der Konstruktion des Haustieres sowie Vorerfahrungen mit Haustieren einen Einfluss auf die Emotionalität der Beziehung haben.

Dimension Aufwendungen für das Haustier

Es wurden weiter auch Fragen bezüglich des monatlichen Zeitaufwands sowie der monetären Aufwendungen, gemessen am Haushaltsnettoeinkommen, gestellt. Außerdem wurde gefragt, was den Befragten beim Kauf von Gebrauchsgütern am wichtigsten erscheint. Abschließend wurden zwei Fragen zu Aufwendungen für die Gesundheit des Haustieres gestellt.

In Abhängigkeit zum Geschlecht gibt es in der vorliegenden Stichprobe keinen signifikanten Unterschied hinsichtlich der Einschätzung der Befragten bezüglich der Zeit, die sie mit ihren Haustieren verbringen. Frauen schätzen zu 56,3 Prozent und Männer zu 60,5 Prozent ihren Zeitaufwand für das Haustier als genau richtig ein. 35,2 Prozent der Frauen und 31,6 Prozent der Männer glauben, dass sie etwas zu wenig Zeit für ihr Haustier aufbringen. Männer wendeten zudem etwa gleich viel Geld im Monat für ihr Haustier auf wie Frauen. Frauen gaben demnach durchschnittlich 50,27 Euro pro Monat (Std.: 39,090 Euro; range: 5 - 300 Euro) aus, Männer durchschnittlich 50,97 Euro (Std.: 44,878 Euro; range: 0 - 250 Euro). Diese Ergebnisse spiegeln sich auch in den prozentualen Angaben (gemessen am durchschnittlichen Haushaltsnettoeinkommen) wider. Am häufigsten wurde von beiden Geschlechtern angegeben, dass bis zu fünf Prozent des durchschnittlichen Monatsnettoeinkommens für die eigenen Haustiere ausgegeben werde (Männer: 63,2%; Frauen: 50%). Das wichtigste Kriterium beim Kauf von Gütern für das Haustier scheint für Männer und Frauen zu etwa gleichen Anteilen die Qualität zu sein (Männer: 65,8%; Frauen: 62%), gefolgt vom Preis des Produkts (Männer: 15,8%; Frauen: 19,7%). Marke und Aussehen sind für beide Geschlechter größtenteils irrelevant. Über die Drittvariablenkontrolle konnte festgestellt werden, dass ein Zusammenhang zwischen der Haustierspezies und dem wichtigsten Kaufkriterium besteht (V=.251; p=.044): So ist den Hundebesitzerinnen und -besitzern der Preis der Produkte am wichtigsten (64,1%), gefolgt von der Qualität (25,6%). Den Katzenbesitzerinnen und -besitzern ist die Qualität der Produkte am wichtigsten (61,8%). Sie orientieren sich aber auch stark an den Vorlieben ihrer Katzen (15,7%) und erst dann am Preis (13,7%).

Im Hinblick auf die Ausgaben für die Gesundheit ihrer Tiere unterscheiden sich Männer und Frauen zunächst nicht merklich. Beide Geschlechter würden für ihr Haustier ähnlich viel ausgeben (gemessen auf einer Skala von „alles, was ich entbehren kann" bis „so gut wie nichts"). In einer hypothetischen Situation, bei der danach gefragt wurde, ob die Befragten im Falle einer schweren Erkrankung ihres Haustieres für dessen Rettung ein volles Monatsnettoeinkommen ausgeben würden, würde sich die deutliche Mehrheit beider Geschlechter dafür entscheiden, den finanziellen Aufwand auf sich zu nehmen. Demnach würden 60,5 Prozent der Männer und 72,5 Prozent der Frauen ihr Tier auf jeden Fall operieren lassen. Mit Hilfe einer multivariaten Analyse lassen sich jedoch differenziertere Ergebnisse darstellen (vgl. Tabelle 5).[16] Über die Kontrolle anderer Variablen lässt sich mittels einer linearen Regressionsanalyse, im Gegensatz zur bivariaten Analyse, ein signifikanter Zusammenhang zwischen Ausgaben für die Gesundheit des Haustieres und dem Geschlecht des Besitzers feststellen (β=-.147; p=.046). Multivariate Analyseverfahren bieten an dieser Stelle den Vorteil, die Interaktionen und Interdependenzen von mehreren Variablen in ein Analysemodell einzubeziehen. An dieser Stelle wird somit aufgezeigt, inwiefern Geschlecht sich als kontextuell kontingente Variable verhält und wie scheinbar widersprüchliche Ergebnisse zwischen bivariater und multivariater Auswertung erklärbar werden. Des Weiteren wird anhand vorgenommener Drittvariablenkontrollen deutlich, dass Ausgaben für die Gesundheit primär mit dem Bindungsverhalten zusammenzuhängen scheinen. Die emotionale Bindung gestaltet sich hier als der einflussreichste Prädiktor für Ausgaben die Gesundheit betreffend (β=.305; p=.001). Als weiterer bedeutender Einflussfaktor neben der emotionalen Bindung und dem Geschlecht zeichnet sich die kommunikative Bindung ab (β=.211; p=.007).

---

16 Die abhängige Variable sowie die unabhängigen Variablen ev2 und ev3 sind negativ gepolt. Die aufgeklärte Varianz des Modells beträgt 15,9 Prozent.

Tabelle 5 Regression: Wie viel würden Sie für die Gesundheit ihres Haustieres ausgeben?

Modell		Nicht standardisierte Koeffizienten		Standardisierte Koeffizienten	T	Signifikanz
		B	Standardfehler	Beta		
1	(Konstante)	,628	,279		2,249	,026
	ev2: Ich fühle mich an mein Haustier emotional gebunden.	,416	,107	,305	3,881	,000
	ev3: Sprechen Sie mit ihrem Haustier? (über Befehle/ Aufforderungen hinaus)	,193	,071	,211	2,717	,007
	Dummy-Geschlecht-weiblich	-,380	,189	-,147	-2,013	,046

Tabelle 5: a Abhängige Variable: a4: Wie viel würden Sie für die Gesundheit Ihres Haustieres ausgeben?

Die Ausgestaltung der emotionalen Beziehung spielt somit eine entscheidende Rolle für die Aufwendung von Ressourcen für das eigene Haustier. Da das Geschlecht einen Einfluss auf die emotionale Beziehung hat, lässt sich folglich ein indirekter Einfluss von Geschlecht auf Aufwendungen diagnostizieren. Generell scheint bezüglich der Ausgaben für das Haustier der Grad der emotionalen Bindung zum Haustier entscheidend zu sein, der wiederum zwischen Frauen und Männern systematisch differiert.

Dimension geschlechtsspezifische Einschätzungen

Ein Alltagsverständnis, nachdem Geschlecht als dichotome Differenzkategorie konstruiert wird und mit den jeweiligen Ausprägungen spezifische Merkmale attribuiert werden, die sich schließlich in Geschlechterstereotypen und Geschlechterrollen subsumieren, lässt sich in der vorliegenden Stichprobe wiederfinden. So gehen mehr als die Hälfte der befragten Studierenden davon aus, dass Frauen und Männer sich in ihrem Umgang mit eigenen Haustieren unterscheiden (Männer: 63,2%; Frauen: 54,9%). Dabei schreiben fast 60 Prozent der Befragten eher den Frauen einen emotionalen Umgang mit den eigenen Haustieren zu (Männer: 65,8%; Frauen: 57%). Von Männern wird eher nicht erwartet, dass sie eine emotionale Bindung zum Haustier haben. In diesen Einstellungen reflektiert sich das Alltagsverständnis, wonach Emotionalität eher eine weibliche Eigenschaft ist. Hinsichtlich finanzieller Aufwendungen zeichnet sich ein ähnliches Bild ab. Etwas mehr als die Hälfte der Befragten vermutet, dass Frauen mehr Geld für ihr Haustier ausgäben (Männer: 52,6%; Frauen: 53,6%), rund 41 Prozent erwarten keine Unterschiede. Mehrheitlich werden somit geschlechtsspezifische Unterschiede hinsichtlich der Einstellung gegenüber eigenen Haustieren wahrgenommen oder erwartet. Das gilt für Frauen wie Männer gleichermaßen, zwischen den Geschlechtern bestehen in der Hinsicht keine signifikanten Unterschiede.

6   Diskussion der Ergebnisse

Inwieweit zeigen sich nun geschlechtsspezifische Unterschiede bei Haustierhalterinnen und -haltern hinsichtlich ihrer Einstellungen gegenüber den eigenen Haustieren? Anhand der Ergebnisse kann festgestellt werden, dass Geschlecht als Prädiktor für Einstellungsunterschiede herangezogen werden kann. Jede der drei Dimensionen dieser Studie hat geschlechtsspezifische Unterschiede feststellen können; allerdings sind diese – im Vergleich zueinander – von unterschiedlicher Qualität. Am deutlichsten werden geschlechtsspezifische Unterschiede in der Dimension der emotionalen Beziehung. Frauen bilden demnach tendenziell stärker eine emotionale Beziehung zu eigenen Haustieren aus als Männer. Auch in der Art und Weise, wie Frauen und Männer Haustiere sozial konstruieren, zeigen sich Unterschiede. Diese sind zwar schwach ausgeprägt, deuten jedoch darauf hin, dass Frauen ihren Haustieren mehr sozio-emotionale Fähigkeiten und Eigenschaften zuschreiben. In der Aufwendung von Ressourcen finden sich Geschlechtsunterschiede nur marginal wieder. Hier kann Geschlecht lediglich als indirekter Prädiktor schwachen Ausmaßes gelten. Die dargestellten Unterschiede aufgrund des Geschlechts decken sich größtenteils mit den Erwartungen, die die Befragten selbst hinsichtlich einer geschlechtsspezifischen Einstellung äußerten. Beide Geschlechter gehen davon aus, dass es geschlechtsspezifische Differenzen im Umgang mit den eigenen Haustieren gibt, und zwar hinsichtlich der emotionalen Beziehung zum Tier und im Hinblick auf die Ressourcen, die für das Tier aufgewendet werden. Die Mehrheit der Befragten (60%) geht davon aus, dass Frauen eine stärker ausgeprägte emotionale Beziehung zu ihren Haustieren haben als Männer. Hinsichtlich dieser Erwartung spiegeln die Ergebnisse generelle Stereotypen, die an das Geschlecht geknüpft sind, wider. Emotionalität gilt allge-

mein eher als weibliche Eigenschaft und wird in stärkerem Maße Frauen zugeschrieben. Bemerkenswert ist, dass in dieser Studie die Erwartung, dass Frauen
eine höhere Emotionalität in Bezug auf ihr Haustier aufweisen als Männer, tatsächlich auch bestätigt wurde.

Vor dem Hintergrund der Theorie Bergers und Luckmanns ist die kommunikative Ebene von besonderer Bedeutung dafür, den ‚Anderen‘ als Subjekt zu
konstruieren. Es zeigte sich, dass grundsätzlich mehr Frauen als Männer mit ihren Tieren sprechen und das Haustier auch als ein kommunikatives „Gegenüber"
konstruieren. So gibt ein Großteil der Frauen an, dass ihr Haustier Sprache über
bloße Befehle hinaus verstehen kann, während die meisten Männer glauben, dass
ihr Haustier dazu nicht in der Lage ist. Sprache wird, Berger und Luckmann zufolge, in der Primärsozialisation erlernt und bildet das fundamentale Medium zur
Übertragung von Empathie. Es ist damit folgerichtig, dass Frauen auch eher als
Männer glauben, dass ihr Haustier empathische Fähigkeiten aufweist. Wenn also
mehrheitlich Frauen ihren Haustieren die Fähigkeit des Verständnisses von Sprache und Empathie zusprechen, dann ist es kaum verwunderlich, dass auch fast
zwei Drittel der Frauen – und somit 20 Prozent mehr als Männer – glauben, dass
Haustiere ihr Verhalten auf unterschiedliche Situationen anpassen können. Man
könnte davon sprechen, dass Frauen eher bereit sind als Männer, ihren Haustieren
Anerkennung als gleichwertige Partner/innen zukommen zu lassen.

Die Differenzen drücken sich auch in Unterschieden im tatsächlichen Verhalten gegenüber dem eigenen Haustier aus. So sprechen Frauen häufiger als Männer
mit ihrem Tier, und ihr Haustier wird, so der Befund, auch häufiger zum Ge-
sprächsthema mit Bekannten oder Freunden. Man könnte – in Anlehnung an
Berger und Luckmann – daraus folgern, dass im Umgang von Frauen mit ihrem
Haustier das Tier eher aus dem „Hier-und-Jetzt" herausgehoben und somit objek-
tiviert wird. Diese Objektivierung ist schließlich notwendig für die Konstruktion
von Subjekt. Frauen scheinen demnach sowohl in ihrer Empfindung als auch in
ihrem Verhalten gegenüber dem Haustier stärker Emotionalität und Empathie
aufzubringen. Sie tendieren zudem auch stärker dazu, gegenüber Haustieren ein
„Schmusebedürfnis" zu zeigen und wenden auch über die Zuschreibung von Kosenamen häufiger das „Kindchenschema" auf Tiere an. Interessant ist, dass sich
die Argumentation Janshens (1996), dass Menschen Tiere mit Projektionen bele-
gen und dabei versuchen, Ähnlichkeiten zwischen Menschen und Tieren zu konstruieren, zumindest partiell zu bestätigen scheint. Frauen sind Geschlechterstereotypen und -rollen entsprechend mit sozio-emotionalen Eigenschaften wie
Empathiefähigkeit und Sozialorientierung attribuiert. Diese Eigenschaften werden nun vermehrt von Frauen auf Tiere projiziert. Die Geschlechterrolle der Frau

reproduziert sich somit in der Art und Weise wie Frauen Haustiere konstruieren und schließlich darin, was für eine Art Beziehung sie zu den Haustieren aufbauen. Inwieweit setzen sich Unterschiede in der Konstruktion und der emotionalen Beziehung auch in der Aufwendung von Ressourcen fort? Die Mehrheit der Befragten erwartet, dass Frauen, bei gleicher Einkommenssituation, mehr Geld in ihre Haustiere investieren. Ein eindeutiger Einfluss von Geschlecht auf Ressourcenaufwendungen ist jedoch nicht beobachtbar. Die Analysen haben ergeben, dass das Geschlecht lediglich einen indirekten Einfluss auf die Aufwendungen hat bzw. in Abhängigkeit von anderen Einflussgrößen wirkt. Befragte, die beispielsweise eine höhere emotionale Bindung bzw. eine intensivere kommunikative Beziehung zu ihrem Haustier angeben, sind nach eigener Angabe im hypothetischen Fall einer lebensnotwendigen Operation eher dazu geneigt, viel Geld für das Überleben ihres Haustieres aufzubringen. Da nun aber eher Frauen eine intensivere emotionale Bindung zu ihrem Haustier empfinden und daher ein höheres Budget für die Gewährleistung der Gesundheit ihres Haustieres vorsehen als Männer, lässt sich über die Emotionalität zumindest ein indirekter Effekt von Geschlecht auf Aufwendungen aufzeigen. Die Tatsache, dass es sich bei den Befragten dieser Studie um Studierende handelt, könnte ergänzend ein Erklärungsansatz für die fehlenden klaren Unterschiede bezogen auf finanzielle Aufwendungen sein, da sich die Einkommen zwischen den Geschlechtern bei Studierenden nicht wesentlich unterscheiden und jeweils auf einem unteren Niveau liegen, so dass große Variationen selten sind.[17]

An dieser Stelle muss nochmals betont werden, dass die Zusammenhänge zwischen Geschlecht und Einstellung gegenüber eigenen Haustieren nicht durchgängig vorfindbar und nicht sehr stark ausgeprägt sind. Vor diesem Hintergrund stellt sich die Frage, warum generell mehrheitlich geschlechtsspezifische Unterschiede erwartet werden, viele Items – für sich betrachtet – aber keinen Hinweis auf geschlechtsspezifische Differenzen in Umgang, Konstruktion und Emotionalität geben können. Die Rollen oder Dispositionen unserer objektivierten Welt konstruieren sich aus einer Menge von Zuschreibungen, die jungen Menschen in der Primärsozialisation durch signifikante Andere, die ebenfalls diesen Prozess durchlaufen haben, vermittelt werden. Zuschreibungen werden von jungen Menschen als normative Vorgaben interpretiert, mit denen sie sich aus Gründen der Orientierung identifizieren. Internalisierte Zuschreibungen verfestigen sich zu Selbst-Überzeugungen, die im sozialen Kontext Relationen zwischen Selbst

---

17 Gemäß der Hamburger Sonderauswertung zur 18. Sozialerhebung lebten 2006 79,4% der Studierenden in Hamburg von einem monatlichen Budget zwischen 600€ und 1200€ (vgl. Studierendenwerk Hamburg 2007: 30f.).

und Anderen erleichtern, indem jeder intersubjektiv objektivierbar wird. Jedoch erweist sich dieser kognitive Prozess lediglich als „Justifikator" der Perspektive einer jeweils eigenen Disposition. So kann es durchaus sein, dass beispielsweise Frauen – da ihnen eine höhere Emotionalität zugesprochen wird – selbst fest davon überzeugt sind, im Alltag mehr Geld für ihr Haustier auszugeben als Männer, ohne dies wirklich zu tun. Prozesse von sozialer Reproduktion suggerieren Annahmen über das Selbst, die in den Köpfen von Subjekten relativ losgelöst von ihren tatsächlichen Handlungen bestehen können, da sie lediglich die objektivierte Perspektive eines Ausblicks von sich selbst als Subjekt bedeutet. So erklärt sich die Erwartung von 60 Prozent der Befragten, dass Männer und Frauen generell unterschiedlich mit ihren Haustieren umgehen. Geschlecht erzeugt demnach Rollenerwartungen und wird also als handlungsorientierende Variable dargestellt. In der Primärsozialisation inkorporierte Rollen- und Identitätsbilder, die einem als objektiv konstruierten Gesellschaftsbild entsprechen, scheinen sich hierbei als eher resistent zu erweisen.

Zumindest eine Aufweichung dieses Differenzparadigmas lässt sich jedoch anhand der immerhin etwa 40 Prozent der Befragten feststellen, welche keine geschlechtsspezifischen Unterschiede und Attribuierungen konstatieren. Einmal in diese Methode der Interpretation geschlechtsspezifischer Unterschiede und Erwartungen eingetaucht, wird es sehr schwierig, subjektive Überzeugungen weiter auszuwerten. Können die eigenen Angaben der Befragten über ihre Gefühlswelt nun für objektiv wahr gehalten werden oder entstammen diese Antworten ihrer sozialen Disposition? So ist fraglich, ob beispielsweise Frauen der Tod ihres Haustieres tatsächlich häufiger stark belastet als Männer. Der Fragebogen hat keine weiterführenden Fragen geboten, um etwas Genaueres über beobachtbare Verhaltensweisen der Befragten in einer solchen Situation herauszufinden. Dies wäre jedoch notwendig gewesen, um kognitive Unterschiede hinsichtlich eigener und allgemeiner Überzeugungen weiter zu differenzieren. Weiterhin scheint relevant zu sein, dass Frauen häufiger als Männer mit Haustieren aufgewachsen sind und über eine längere Erfahrung im Umgang mit Haustieren verfügen. Dieser Faktor hat Einfluss auf die Ausgestaltung der Einstellung und die Beziehung zum eigenen Haustier.

Wie steht es mit dem Einfluss der Haustierspezies auf die Einstellung von Männern und Frauen? Katzen und Hunde werden unterschiedlich attribuiert, was auch das Ergebnis zivilisationshistorischer Rollen von Haustieren ist. Hunde werden als eher empathisch, aber gleichzeitig loyal, stark und körperlich konstruiert, während Katzen stärker ein Drang zur Selbstständigkeit und Egoismus sowie Eleganz zugeschrieben wird. Unterschiede aufgrund der Haustierspezies äußern sich auch in der emotionalen Beziehung, besonders in Bezug auf den Themenkomplex „Tod des eigenen Haustieres". Dieser nimmt Frauen generell mehr mit als Männer, wobei Frauen keinen Unterschied zwischen der Haustierspezies machen. Der Tod von Hunden und Katzen wird von Frauen als gleich schwerwiegend wahrgenommen. Männer nimmt innerhalb dieses Samples hingegen der Tod von Hunden wesentlich häufiger mit als der Tod von Katzen. Männer scheinen somit tendenziell eher eine emotionale Bindung zu Hunden aufzubauen, was mit einem stärkeren Ausleben des Körperaspektes begründet werden könnte. Dies erklärt jedoch nicht, warum Frauen in ihrer Einstellung keine Unterschiede zwischen den Spezies machen.

Werden nochmals die Ergebnisse der verschiedenen Dimensionen sowie der Einfluss anderer Faktoren betrachtet, wird deutlich, dass Geschlecht als – wenn auch schwacher – Prädiktor für die Einstellung gegenüber eigenen Haustieren herangezogen werden kann. Dabei decken sich die gefundenen geschlechtsspezifischen Einstellungen überwiegend mit den Geschlechterrollen. Geschlechtsspezifisches Verhalten findet somit tatsächlich seinen Ausdruck in der Einstellung zu Haustieren und wird dort reproduziert.

7   Resümee

Diskurse über das Mensch-Tier-Verhältnis sind im Bereich der Sozialwissenschaften eher spärlich gesät. Im Rahmen von Veränderungen in der gesellschaftlichen Ausgestaltung der Mensch-Tier-Beziehungen nimmt die Relevanz soziologischer Diskurse über Mensch-Tier-Interaktionen zu. In diesem Aspekt ist die Bedeutung von Klassifizierungskategorien, die das Mensch-Tier-Verhältnis beeinflussen könnten, besonders interessant und stand auch im Fokus der vorliegenden Studie. Insbesondere stand die Bedeutsamkeit von Geschlecht für die Einstellung gegenüber eigenen Haustieren hier im Zentrum der Betrachtung.

Fragen zu Geschlechterrollen, -unterschieden und -konstruktion besitzen seit mehreren Dekaden Konjunktur, nicht nur in der Soziologie, sondern auch in anderen Geistes-, Sozial- und Naturwissenschaften. Dabei wurde der Fokus primär auf menschliche Interaktionen gelegt. Inwieweit der Faktor Geschlecht einen Einfluss auf die Einstellung zu Tieren hat, wurde bisher kaum analysiert. Die vorliegende Studie liefert einen Anstoß zu einem weiterführenden Diskurs, indem sie Fragestellungen aus zwei Teilbereichen der Soziologie (Human-Animal-Studies und Geschlechterforschung) miteinander verknüpft.

Am Beispiel Hamburger Studierender konnten zunächst exemplarisch Eindrücke über das generelle Verhältnis von Menschen zu ihren Haustieren in Form von Hund und Katze gewonnen werden. Der im Fokus stehende Prädiktor Geschlecht wurde hierbei als zentrale Analysekategorie herausgestellt und mit anderen Prädiktoren verglichen, wodurch Aussagen über die Bedeutung von Geschlecht als Determinante getroffen werden konnten. In der Differenzierung der Ergebnisse zeigt sich dabei, dass Geschlecht als Einflussfaktor auf die Ausgestaltung des Mensch-Tier-Verhältnisses gelten kann, wobei die Bedeutungsmächtigkeit von Geschlecht dimensionsspezifisch stark variiert. In der Betrachtung der Ergebnisse ist vor allem der Vergleich zwischen erwarteten Geschlechtsunterschieden und signifikanten Effekten interessant. Hervorzuheben ist, dass geschlechtsspezifische Unterschiede auf der Beziehungsebene am deutlichsten nachgewiesen werden konnten.

Der Ablauf einer Studie ist von Beginn an von reflexiven Prozessen begleitet, in denen das eigene Vorgehen betrachtet und hinterfragt wird. So stellt sich neben der Frage, welche Ergebnisse eine Studie erzielt hat und wie diese zu deuten sind, auch die Frage, was an der Studie und der eigenen Konzeptionalisierung zu kritisieren bleibt. Zunächst bleibt zu bedenken, dass die Studie auf den Antworten von 180 Personen beruht. Bei diesen Personen handelte es sich ausschließlich um Studierende. Hinzu kommt, dass eine klare Differenz zwischen der Anzahl der befragten Männer und Frauen besteht (Verhältnis 1:4) und an dieser Stelle bezweifelt wird, dass weibliche Studierende in diesem Maße häufiger Haustiere besitzen. Die Gründe für das „schiefe" Verhältnis innerhalb der Stichprobe können jedoch vielfältig sein. Zusammenstellung und Darstellung der Stichprobe haben eine nachhaltige Auswirkung auf die Aussagekraft der Ergebnisse und sind ein möglicher Erklärungsansatz für die Struktur von Zusammenhängen. Dies muss nicht nur für die Behandlung dieser Studie, sondern auch weiterer Studien berücksichtigt werden.

Als eine zentrale Komponente der Analyse stellt sich nicht nur die Auswertung geschlechtsspezifischer Einstellungen entlang der gebildeten Dimensionen heraus, sondern vor allem der Vergleich mit existierenden Rollenbildern. Hier bietet sich Potenzial für eine weitere Intensivierung und Spezifizierung von Forschung, was notwendigerweise einer stärkeren Ausdifferenzierung der verwendeten Dimensionen und Indikatoren bedarf. Besonders die Beziehung zwischen gesellschaftlichen Tendenzen in Richtung stärker egalitärer Geschlechterbeziehungen einerseits und der Entwicklung stärker partnerschaftlicher Beziehungen im Verhältnis zu den Haustieren andererseits wäre ein interessanter Ansatzpunkt für nachfolgende Studien. Schließlich erwarten immerhin 40 Prozent der Befragten dieser Studie keine geschlechtsspezifischen Einstellungen. Aufgrund der vorliegenden Querschnittstudie können zwar keine Entwicklungen nachvollzogen werden, jedoch indizieren die Ergebnisse, dass Geschlecht als Einflussfaktor eine insgesamt eher mäßige Größe darstellt, was im Zuge sozialkonstruktivistischer

Erklärungsmodelle über die sich wandelnden Rollenkonzepte von Mann und Frau, aber auch über die Bedeutungsverschiebung von (Haus-)Tieren im Leben der Menschen erklärt werden könnte.

Aufgrund der Rahmenbedingungen dieser Studie wird deutlich, dass nur ein begrenzter Ausschnitt für aussagekräftige Ergebnisse hinsichtlich geschlechtsspezifischer Einstellung zu eigenen Haustieren präsentiert werden konnte. Hervorzuheben sind dabei jedoch die Anhaltspunkte, die deutlich machen konnten, dass und inwieweit geschlechtsspezifische Einstellungen auch in der Interaktion mit Haustieren zum Tragen kommen. Somit leistet die vorliegende Studie Transferarbeit zwischen verschiedenen sozialwissenschaftlichen Teilbereichen und stößt dabei nicht nur in die Lücke bisher marginalisierter Diskurse vor, sondern möchte auch Anstöße zu weiteren Studien und Diskursen geben.

Literatur

Berger, Peter L.; Luckmann, Thomas (2004): Die gesellschaftliche Konstruktion der Wirklichkeit: eine Theorie der Wissenssoziologie. Frankfurt am Main: Fischer-Taschenbuch-Verlag.

Genkova, Petia (2007): Die Frau – ein vernachlässigtes Forschungsobjekt? Psychologische Aspekte der Geschlechterrollen, In: Wawra, Daniela (Hrsg.): Genderforschung multidisziplinär. Frankfurt am Main: Europäischer Verlag der Wissenschaften. S. 49-66.

Hillmann, Karl-Heinz (1994): Wörterbuch der Soziologie. Stuttgart: Kröner. S. 173f.

Janshen, Doris (1996): Frauen, Männer und dann auch noch Tiere. Zur kulturellen Integration des „Animalischen". In: Moldelmog/Kirsch-Auwärter (Hrsg.): Kultur in Bewegung. Beharrliche Ermächtigungen. Freiburg S.265-281.

Pfau-Effinger, Birgit (2011): Familienkulturelle Modelle zu Geschlechterrollen und Kinderbetreuung. In: Polak, Regina (Hrsg.): Zukunft. Werte. Europa. Die europäische Wertestudie 1990-2010: Österreich im Vergleich. Wien: Böhlau. S. 253-282.

Wetterer, Angelika (2009): Arbeitsteilung und Geschlechterkonstruktion. Eine theoriegeschichtliche Rekonstruktion. In: Aulenbacher, Brigitte/ Wetterer, Angelika (Hrsg): Arbeit. Perspektiven und Diagnosen der Geschlechterforschung. Münster: Westfälisches Dampfboot. S. 42-63.

Weitere Quellen:

Gildemeister, Regine (2007): Soziale Konstruktion von Geschlecht.
    http://www2.gender.hu-berlin.de/geschlecht-ethnizitaet-klasse/www.geschlecht-ethnizitaetklasse.de/upload/files/CMSEditor/Soziale%20Konstruktion%20von%20Geschlecht.pdf (10.01.2008).

Industrieverband Heimtierbedarf e.V. (2010): Der deutsche Heimtiermarkt.
    http://www.ivh-online.de/uploads/media/Heimtiermarkt_A4_2009.pdf. (27.06.2010)

Studierendenwerk Hamburg (2007): Hamburger Sonderauswertung der 18. Sozialerhebung.
    http://www.studierendenwerk-hamburg.de/downloads/data/sozialerhebung.pdf (30.06.2008)

Die soziale Konstruktion des Erziehungsverhältnisses am Beispiel der Erziehung von Kindern und Hunden in der Gegenwartsgesellschaft

Maren Westensee

1   Einleitung

Als Ergebnis der Zunahme der Bedeutung von Haustieren als Partner und Familienmitglied sind Haustiere zunehmend auch zum Gegenstand der Erziehung geworden. Ziel ist es, sie zu sozialverträglichen Partnern der Menschen zu sozialisieren. An die Stelle des autoritären Drills, der den Umgang mit Hunden noch in den 1950er Jahren prägte, sind dabei vielfältige Erziehungskonzepte getreten und finden eine weite Verbreitung unter Hundehalterinnen und -haltern. Das betrifft vor allem den Umgang mit Hunden. Welpenschulen und Hundeschulen sind aus dem Boden geschossen, und eine Fülle von Ratgebern befasst sich mit der Erziehung von Hunden.

Der folgende Beitrag untersucht die soziale Konstruktion des Erziehungsverhältnisses am Beispiel der Erziehung von Hunden und Kindern in der Gegenwartsgesellschaft. Es wird gefragt, inwieweit Unterschiede und Übereinstimmungen in den aktuellen Konzepten zum Erziehungsverhältnis in der Kindererziehung und in der Hundeerziehung bestehen. Einleitend sollen zunächst einige Begriffe, die das Thema und die Fragestellung betreffen, geklärt werden.

Der Begriff ‚*Erziehungsverhältnis*‘ ist keine fachlich fest gelegte Definition. Er wurde von der Verfasserin dieses Beitrags als theoretisches Konzept entwickelt, das als Grundlage dafür dienen soll, unterschiedliche Arten des Verhältnisses zwischen Erziehenden und zu Erziehenden – in diesem Fall das Kind bzw. der Hund – aus einer soziologischen Perspektive miteinander zu vergleichen. Unter dem Begriff der *Erziehung* ist die geplante Beeinflussung Heranwachsender zu verstehen, wobei die Beeinflussung gesellschaftlich strukturiert ist und mit dem Ziel erfolgt, die zu erziehenden Individuen zu vollwertigen Mitgliedern dieser Gesellschaft zu machen (vgl. Helsper 2002, S. 70 ff).

Mit dem Begriff der Erziehungs*konzepte* der Kindererziehung und der Hundeerziehung, die in dieser Arbeit untersucht werden, sind die Prinzipien gemeint, die mit der Erziehung transportiert werden sollen. Es soll in diesem Beitrag der Frage nachgegangen werden, ob in der Gegenwartsgesellschaft Parallelen in der

Familienerziehung von Kindern und Hunden existieren, also ob den Konzepten der Kindererziehung und der Hundeerziehung ähnliche Erziehungsprinzipien zugrunde gelegt werden. Dabei steht grundsätzlich die soziologische Betrachtungsweise auf die Erziehung im Vordergrund, das bedeutet, Erziehung als gesellschaftlich geprägt aufzufassen und die sozial konstruierten Erwartungen an die erziehende Person im Erziehungsverhältnis der Kindererziehung und der Hundeerziehung zu untersuchen.

Der Idee, aktuelle Kindererziehungskonzepte mit Hundeerziehungskonzepten zu vergleichen, liegt einerseits die mediale Flut an Erziehungsratgebern zur Kindererziehung zu Grunde, die besonders die Entwicklung seit der Mitte der 2000er kennzeichnet. Erziehungsratgeber waren in den Fachbuch-Bestsellerlisten (vgl. Buchreport 2009) vertreten, so beispielsweise September 2006 bis August 2007 „Lob der Disziplin. Eine Streitschrift" (2006) von Bueb, Februar 2008 „Warum unsere Kinder Tyrannen werden" (2008) von Winterhoff oder zuletzt „Die Mutter des Erfolgs: Wie ich meinen Kindern das Siegen beibrachte" (2011) von Chua. Andererseits wurde auch der Erziehung von Hunden als Familienmitglied ein breites mediales Interesse eingeräumt. So gab es analog zu den TV-Formaten „Super-Nanny", den „Super-Mamas", die ihre Erziehungskonzepte für Kinder den Eltern nahe bringen, Fernsehformate wie die „Tier-Nanny", „Hund, Katze, Maus" oder „Der Hundeprofi". Diese erteilten ihrerseits Erziehungsratschläge für Tiere, vornehmlich für Hunde. Ebenso überschwemmen auch Ratgeber zur Hundeerziehung den deutschen Buchmarkt, der gemessen an den Zahlen der Erhebungen des Industrieverbandes Heimtier e.V. aus dem Jahre 2006 mit 23,2 Millionen Heimtieren in Deutschland einen großen Absatzmarkt vorfindet (vgl. IVH 2010). Die Hunde liegen dabei in der Beliebtheit hinter den Katzen (8,2 Mio.) gleichauf mit den Kleintieren mit jeweils 5,3 Millionen Tieren. Während dabei die Erwartungen an die erziehende Person im Erziehungsverhältnis im Hinblick auf die Kindererziehung seit 2000 im BGB gesetzlich verankert sind, fehlt eine explizite gesetzliche Regelung für die Hundeerziehung. Allerdings ist der Tierschutz seit dem 1. August 2002 Bestandteil des Grundgesetzes, was bedeutet, dass auch die Erziehung von Hunden bestimmten rechtlichen Schutzregelungen für Tiere unterworfen ist.[1] Die aktuellen Diskurse über Erziehungsprinzipien können als ein guter Indikator dafür gelten, inwieweit Kindern und im Vergleich dazu auch

---

1   Am 1. August 2002 trat die Änderung des Grundgesetzes, die in der Ergänzung des bisherigen Artikels 20a um die drei Worte „und die Tiere" besteht, in Kraft. Es heißt nun „Der Staat schützt auch in Verantwortung für die künftigen Generationen die natürlichen Lebensgrundlagen und die Tiere im Rahmen der verfassungsmäßigen Ordnung durch die Gesetzgebung und nach Maßgabe von Gesetz und Recht durch die vollziehende Gewalt und die Rechtsprechung" (Deutscher Bundestag 2002).

Hunden in der Gegenwartsgesellschaft eigenständige Rechte zugestanden werden.

Nach diesen einleitenden Ausführungen hinsichtlich relevanter Begrifflichkeiten und des aktuellen Bezugs der zu untersuchenden Fragestellung werden zunächst die soziale Konstruktion des Individuums als erziehende Person und danach die Erwartungen an die erziehende Person im Erziehungsverhältnis skizziert. Im Anschluss daran werden der methodische Ansatz für den Vergleich und die Ergebnisse der vergleichenden Analyse von Ratgebern der Kinder- und Hundeerziehung dargestellt. Der Beitrag schließt mit einer Zusammenfassung der Ergebnisse.

2 Die soziale Konstruktion des Individuums als erziehende Person im Erziehungsverhältnis

In diesem Abschnitt soll geklärt werden, *wie* die Rolle der erziehenden Person im Erziehungsverhältnis gesellschaftlich bestimmt wird. Dabei lege ich einen sozialkonstruktivistischen Ansatz zugrunde, bei dem es darum geht zu analysieren, wie die gesellschaftliche Realität und soziale Phänomene konstruiert werden.

Es geht in einer sozialkonstruktivistischen Analyse nicht um die ontologische Definition dessen, *was* der Erzieher im Erziehungsverhältnis ist, sondern vielmehr darum, *wie* die kulturelle Kategorie des *Individuums als erziehende Person im Erziehungsverhältnis* sozial aufgefasst wird, auf welche Weise diese soziale Konstruktion zustande kommt und in welchen sozialen Zusammenhang sie eingebettet ist. Erst nach Klärung der Frage danach, auf welchem Weg es zu dieser Konstruktion kommt, wird nach dem „Was" und dem „Warum" der betreffenden sozialen Konstruktion gefragt.

Man kann davon ausgehen, dass es in jeder Gesellschaft Vorstellungen darüber gibt, wie eine ‚gute' Erziehung des Nachwuchses auszusehen hat, welches dabei die Rolle der erziehenden Person sein soll und auf der Grundlage welcher Prinzipien erzogen werden soll. Diese können zum Gegenstand öffentlicher Diskurse werden und sich ändern. Schriftliche Erziehungsratgeber, die breit rezipiert werden, stellen dabei ein wichtiges Mittel dafür dar, mit dessen Hilfe die jeweils aktuellen gesellschaftlichen Diskurse über die Erwartungen an die Erziehung zutage treten.

Akteurinnen und Akteure wie das Individuum als erziehende Person und – in Abgrenzung zu diesem – die Edukandin oder der Edukand – können ihre Beziehung im Rahmen dieser kulturell vorgegebenen Interpretation organisieren. Im Erziehungsverhältnis werden das Kind und auch der Hund zu Adressaten der erzieherischen Tätigkeit des Individuums, das als erziehende Person definiert ist (vgl. Abb. 1 im Anhang). Dabei beruht das Erziehungsverhältnis in modernen Industriegesellschaften traditionell auf der Annahme, dass ein dichotomes Gegensatzpaar besteht, welches ein erwachsenes Individuum als erziehende Person auf der einen Seite und das Kind als das zu erziehende Individuum auf der anderen Seite umfasst. Dabei wird die erwachsene Person als vernünftiges, allwissendes und erfahrenes Wesen konstruiert, während dem Kind diese Eigenschaften weitgehend aberkannt werden (vgl. Marotzki/Nohl/Ortlepp 2005: 94). Die Kategorie ‚Kind‘ mit den ihr zugeschriebenen Eigenschaften wird in Abgrenzung zur Kategorie des Erwachsenen' konstruiert. Das Individuum - in der Kategorie Erwachsener - wird zur erziehenden Person aufgrund der ihm zugeschriebenen biologischen und psychischen Voraussetzungen, über die es den Zuschreibungen zufolge im Unterschied zum Kind verfügt. Bernfeld sieht als biologische Voraussetzung für Erziehung die ontogenetische Entwicklung: „Kämen die Kinder als körperlich, geistig und sozial reife Individuen zur Welt, so gäbe es keine Erziehung ..." (Bernfeld 1994: 49). Somit wird das dichotome Pendant zum körperlich, geistig und sozial unreifen Kind konstruiert: der Erwachsene, dem körperliche, geistige und soziale Reife zugeschrieben werden und der aufgrund dieser Eigenschaften in der Lage ist, als erziehende Person zu agieren. Die Erwachsener-Kind-Dichotomie begründet sich durch die Vernunftbegabtheit des Erwachsenen gegenüber der Entwicklungsbedürftigkeit des Kindes. Das Erwachsensein wird als das Höhere, Vollkommenere und die Kindheit als das Unvollkommene, als das psychophysisch und altersabhängig Entwicklungsbedürftige bipolar konstruiert. Diese Dichotomie wird seit Ende der 1980er Jahre als „soziale Konstruktion von Kindheit" im sozialwissenschaftlichen Diskurs (zum Beispiel von Prout/James 1990; Qvortrup 1996; Alanen 1997; Honig 1999) thematisiert. Das Verhältnis von Erwachsenen und Kindern wird als „Generationenverhältnis" bezeichnet, wobei Kindheit als asymmetrische Konstruktion dieses Verhältnisses verstanden wird (vgl. Mierendorff/Olk 2002: 134). Bühler-Niederberger (2005) möchte mit dem Begriff „generationale Ordnung" verdeutlichen, dass es sich bei den beiden Gruppen „Kinder" und „Erwachsene" um *gesellschaftliche Kategorien* handelt. Sie betont das Faktum der sozialen und komplementären Konstruiertheit und Strukturiertheit von Kinder- und Erwachsenenkategorie sowie der Interaktion zwischen den Angehörigen beider Kategorien. Auf diese Weise wird Kindheit jenseits aller Auffassungen als biologisch bestimmte Phase als soziales Phänomen aufgefasst.

Als Grundlage für das Erziehungsverhältnis zwischen dem menschlichen Individuum und dem Hund gelten die unterstellte ‚Vernunft‘ des Menschen und unterstellte Abwesenheit von Vernunft beim Hund als Grundlage.

Zusammenfassend lässt sich fest halten, dass das Erziehungsverhältnis gesellschaftlich als ein dichotom angelegtes Verhältnis konstruiert ist. Dabei wird die erziehende Person im Erziehungsverhältnis durch die Zuschreibung von Vernunft und geistiger Reife definiert, während dem zu erziehenden Wesen – dem Kind beziehungsweise dem Hund – diese Eigenschaften weitgehend abgesprochen werden.

3 Erwartungen an die erziehende Person im Erziehungsverhältnis

Der folgende Teil befasst sich mit der Frage nach dem rechtlichen Rahmen für die Erziehung in Deutschland und mit den Diskursen dazu, welches die ‚richtigen‘ Prinzipien der Erziehung sind. Dabei geht es insbesondere um die Frage nach den gesellschaftlich gestellten Erwartungen an das erziehende Individuum innerhalb dieses Erziehungsverhältnisses, das als derjenige Partner im Erziehungsverhältnis angesehen wird, der die Regeln setzt.

Zum rechtlichen Rahmen für das Erziehungsverhältnis

Zunächst werden die Erwartungen an die erziehende Person im Erziehungsverhältnis in der Kindererziehung beleuchtet. 1989 wurde die Kinderrechtskonvention der Vereinten Nationen verabschiedet. Auch die Bundesrepublik Deutschland hat unter anderem 1992 die Konvention unterzeichnet und sich damit verpflichtet, alles in ihrer Macht stehende zu tun, um Kinder vor jeder Form von körperlicher oder von seelischer Gewaltanwendung zu schützen. Der Staat hatte nun die Aufgabe, eine klare und eindeutige gesetzliche Grundlage zu schaffen, die sowohl von Erwachsenen als auch von Kindern verstanden wird und damit der Orientierung dient. Im November 2000 ist das Gesetz zum Recht des Kindes auf eine gewaltfreie Erziehung im Bürgerlichen Gesetzbuch § 1631.2 verabschiedet worden, in dem den beiden Forderungen der ‚Elternpflicht auf Erziehung und dem ‚Kindesrecht auf eine gewaltfreie Erziehung‘ entsprochen wird. Alle Kinder haben somit ein Recht auf ein – auch in Konfliktsituationen – gewaltfreies Zusammenleben in der Familie, und alle Erwachsenen haben die Pflicht, ihre erzieherische Verantwortung, also ihre Erziehungspflicht und ihr Erziehungsrecht ohne den Einsatz von Gewaltanwendung zu erfüllen. Eltern erziehen demnach ihre Kinder nicht mehr nach ‚Belieben‘, sondern das Gesetz definiert, wie Eltern ihre Kinder erziehen sollen: „Kinder haben ein Recht auf gewaltfreie Erziehung. Körperliche Bestrafungen, seelische Verletzungen und andere entwürdigende Maßnahmen sind unzulässig", so § 1631.2 BGB (vgl. BMFSFJ 2000). Unmittelbar nach Verabschiedung des Gesetzes wurde vom zuständigen Ministerium für Familie, Senioren, Frauen und Jugend eine breit angelegte Kampagne „Mehr Respekt vor Kindern" gestartet. Durch Plakate, Fernsehspots und Informationsbroschüren sollten die erziehenden Personen für Erziehungsfragen sensibilisiert werden, insbesondere für die Leitnorm einer gewaltfreien Erziehung:

> Erziehung hin zur gewaltfreien Konfliktlösung, zu Respekt vor anderen, zu Verantwortungsbewusstsein und Solidarität bedeutet im Kern die Hinführung zu Werten, deren Akzeptanz für das Zusammenleben in einer Gemeinschaft unverzichtbar ist. Gewaltfreie Erziehung ist daher immer auch Erziehung zur Demokratiefähigkeit. (BMFSFJ 2004)

So existiert aufgrund der Kinderrechtskonvention der Vereinten Nationen von 1989 eine gesetzliche Verankerung im BGB seit 2000 hinsichtlich der Erwartungen an die erziehende Person im Erziehungsverhältnis der Kindererziehung.

Im Hinblick auf die Hund*erziehung* gibt es (noch) keine explizite Verankerung von *Erziehungs*rechten und -pflichten. Es existiert jedoch nach § 1 des Tierschutzgesetzes der Grundsatz, dass Tieren ebenfalls keine Gewalt zugefügt werden darf:

> Zweck dieses Gesetzes ist es, aus der Verantwortung des Menschen für das Tier als Mitgeschöpf dessen Leben und Wohlbefinden zu schützen. Niemand darf einem Tier ohne vernünftigen Grund Schmerzen, Leiden oder Schäden zufügen. (Tierschutzgesetz: § 1 Grundsatz; BMJ 2008)

Zu erkennen ist hier jedoch ein deutlicher Unterschied zwischen Tier- und Kinderschutz in der einschränkenden Formulierung „ohne vernünftigen Grund". Neben dieser gesetzlichen Verankerung hinsichtlich der Erwartungen im Verhältnis von Menschen zu Tieren im Allgemeinen existiert eine weitere gesetzliche Bestimmung, die Tierschutz-Hundever-ordnung, die speziell die Erwartungen an den Menschen im Verhalten zu Hunden regelt:

> Einem Hund ist ausreichend Auslauf im Freien außerhalb eines Zwingers oder einer Anbindehaltung sowie ausreichend Umgang mit der Person, die den Hund hält, betreut oder zu betreuen hat (Betreuungsperson), zu gewähren. Auslauf und Sozialkontakte sind der Rasse, dem Alter und dem Gesundheitszustand des Hundes anzupassen. (Tierschutz-Hundeverordnung: § 2 (1) Allgemeine Anforderungen an das Halten; BMELV 2001)

Soziale Konstruktion der Grundlagen einer ‚guten Erziehung'

Sigrid Tschöpe-Scheffler ist 2003 der Frage nachgegangen wie ein Erziehungskonzept aussehen müsste, wenn darin die Erwartungen an die erziehende Person
konkretisiert würden, die dem Gesetzesanspruch an eine „gute" Erziehung entsprechen. Tschöpe-Scheffler hat die Strukturmomente der entwicklungsfördernden und entwicklungs-hemmenden Aspekte in der Erziehung unter dem Titel
„Fünf Säulen der Erziehung" zusammengestellt. Das idealtypische Modell der
„Fünf Säulen der Erziehung" nennt Strukturelemente für entwicklungsfördernde
elterliche Unterstützung sowie für das bipolare entwicklungshemmende elterliche
Verhalten (vgl. Tab 1 im Anhang). Bei der entwicklungsfördernden elterlichen
Unterstützung wird von den Eltern erwartet, dass sie sich sowohl für ihr Kind als
auch für ihre Aufgaben, die mit Erziehung und Beziehung verbunden sind, zuständig fühlen und diese bejahen. Desweiteren sollten die Eltern bereit sein, ihren
Lebensentwurf mit dem des Kindes zu verbinden und Veränderungen im eigenen
Leben nicht nur zu akzeptieren, sondern darüber hinaus auch als Entwicklungs-
chance verstehen. Das Kind wird von den Eltern als Subjekt wahrgenommen. Von
den Eltern wird erwartet, dass sie sich ihrem Kind liebevoll zuwenden, ihm emotionale Wärme, Achtung, Respekt und Anerkennung entgegenbringen, dass sie
mit dem Kind partnerschaftlich kooperieren und vorhersehbar, also verbindlich
und konsequent handeln. Die entwicklungsfördernde Erziehung zeigt sich durch
die Umsetzung dieser Erwartungen an die erziehende Person, konkret die Eltern,
im *demokratischen Erziehungskonzept,* auch als *autoritativ* oder *partizipativ* bezeichnet. Mit Hilfe der Erziehung nach diesem Konzept ist das Kind im Stande
Selbstwertgefühl, Selbstregulation und Autonomie aufzubauen und entwickelt
sich zu einer lebenskompetenten, leistungsfähigen und verantwortungsbewuss-
ten Persönlichkeit.

Der Gegenpol, das entwicklungshemmende elterliche Verhalten, zeichnet sich
durch ein Zuviel oder Zuwenig von emotionaler Wärme, Förderung, Schutz, Sicherheit und Distanz aus, was als Missachten und seelische Gewalt bezeichnet
wird und in § 1631.2 BGB vom Gesetzgeber mit unzulässiger Gewalt in der Erziehung gleichgesetzt wird. Dieser Mangel oder dieses Übermaß an Kontrolle
oder Fürsorge verhindert, dass das Kind die benötigte Selbstregulierungskraft
entwickelt, die die Grundlage dafür bietet, dass es lebenskompetent wird. Die
Erziehungskonzepte, die hier abgelehnt werden, sind diejenigen, die allgemein
als *autoritär, permissiv* oder ‚*laissez-faire*' bezeichnet werden. Tschöpe-Scheffler
schlägt vor, dass sich Eltern an den „Fünf Säulen der Erziehung" als einem ideal-
typischen Modell der Erziehung orientieren, und dass sie es als Orientierung und
Reflexionsfolie verwenden sollten, um Demütigung und seelische Verletzung zu
erkennen.

Historischer Wandel der Einstellungen zur Erziehung in der Bevölkerung
Das EMNID-Institut befragt die deutsche Bevölkerung seit 1951 nach ihren Erziehungsvorstellungen, also den Erwartungen, die an die erziehende Person im Erziehungsverhältnis geknüpft sind.[2] In dieser längsten bedeutendsten Zeitreihe über die Erziehungsvorstellungen mussten die Bundesbürgerinnen und -bürger das für sie wichtigste Erziehungsziel aus einem vorgegebenen Katalog wählen. Bei der Datenerhebung in 2001 sprachen sich umgerechnet auf die Gesamtbevölkerung 54% dafür aus, dass Kinder zu „Selbstständigkeit und freiem Willen" erzogen werden sollten (vgl. EMNID 2001: 35).

4   Zum methodischen Vorgehen

Ich gehe der zentralen Frage dieses Beitrages nach Gemeinsamkeiten und Differenzen in der sozialen Konstruktion des Erziehungsverhältnisses zwischen der Erziehung von Kindern und der von Hunden anhand einer vergleichenden Analyse aktueller Ratgeber zur Kinder- und zur Hundeerziehung nach. Das idealtypische Modell der „Fünf-Säulen der Erziehung" sowie die Befragung des EMNID Instituts nach den Erziehungszielen der deutschen Bevölkerung aus 2001 bilden die Bemessungsgrundlage bei der dimensionalen Textanalyse der Ratgeber zur Kinder- und Hundeerziehung.

Der Untersuchungszeitraum umfasst die Jahre 1997 bis 2008, die Untersuchung befasst sich also – der Fragestellung gemäß – ausschließlich mit neueren Publikationen des Erziehungsdiskurses. Ratgeberliteratur gehört zur Gruppe der Sachbücher und zeichnet sich allgemein dadurch aus, dass praktische Ratschläge für alltägliche Bereiche erteilt werden. Ratgeber stellen innerhalb der Gruppe der Sachbücher eine Unterform von Büchern dar, in der es nicht um Wissen im Allgemeinen geht, sondern vielmehr um Wissen, das in irgendeiner Form verwendbar gemacht wurde (vgl. Höffer-Mehlmer 2001: 155). Nach Christa Berg etabliert sich zum einen eine „akademische" Pädagogik, die sich vornehmlich als Erziehungs- und Bildungsphilosophie versteht und ihrerseits Schwierigkeiten hat, etwa die ganz praktischen Fragen nicht-institutioneller Laien in wissenschaftlich fundierter Weise zu beantworten (Berg 1991: 712). Zum anderen wird „Rat geben" in eine mindere Reflexionsstufe abgedrängt, wobei die Behandlung praktischer Erziehungsfragen nur in geringem Maße an pädagogische Theorien angebunden ist und Einflüsse aus der Medizin, Psychologie oder normativer Lehrmeinung rezipiert werden. Dennoch nimmt die Ratgeberliteratur hinsichtlich der Produktion, Reproduktion und Fortschreibung pädagogischen Wissens einen beson-

---

2   Für die Untersuchung der Fragestellung dieses Beitrages sind die aktuellsten Werte der Befragung (aus dem Jahr 2001) relevant.

deren Stellenwert ein, da sie – implizit oder explizit – als Ausdruck erziehender Lebensformen gesehen werden kann (Berg 1991: 725). Sie stellt einen bedeutenden Forschungsgegenstand für die Analyse der gesellschaftlichen „Konstruktion familialer Erziehung" dar (Lüders 1994), wobei das Wissen in den Ratgebern, so der Erziehungswissenschaftler Lüders, „nicht disziplinär geordnet ist" und sich die Ratsuche der Eltern im Wesentlichen am Erfolg orientiert: „Hauptsache, es funktioniert" (Lüders 1994: 167ff.). Anzumerken sei an dieser Stelle noch, dass es sich bei den Erziehungsratgebern dieser Literaturauswertung ausschließlich um Publikationen auf dem deutschen Buchmarkt handelt, wenngleich eine Vielzahl dieser Ratgeber aus dem anglo-amerikanischen Raum stammt.

4.1 Erste Dimension: Die Erwartungen an die erziehende Person im Erziehungsverhältnis der Erziehungskonzepte

Die erste Dimension des Untersuchungsgegenstandes, die für die Fragestellung nach den aktuellen Konzepten zur Kindererziehung und zur Hundeerziehung bedeutsam erscheint, betrifft die Art und Weise, in der die Erwartungen an die erziehende Person im Erziehungsverhältnis in Bezug auf die Dimension „Gehorsamkeit und Unterordnung" versus „Selbstständigkeit und freier Wille" konstruiert werden. Die Indikatoren, die wir der Analyse dabei zugrunde legen, haben wir auf der Grundlage der Analyse der Erziehungsratgeber auf relevante Kategorien hin ermittelt. Die Grundlage bildete eine induktive Kategorienbildung (Keller 2007: 95). Für die erste Dimension wurden drei zentrale Kategorien ermittelt:

• Kategorie Erziehung zu „Gehorsam und Unterordnung"
• Kategorie Erziehung zu „Selbstständigkeit und freier Wille"
• Kategorie „ambivalente Erziehungsprinzipien"

Die erste Kategorie wird prägnant mit ‚Gehorsam und Unterordnung' bezeichnet und zielt auf die in den Erziehungsratgebern formulierten Erwartungen an die erziehende Person, das zu erziehende Individuum im Erziehungsverhältnis zu Gehorsam und Unterordnung zu erziehen. Die Operationalisierung dieser Kategorie erfolgte anhand der Indikatoren Durchsetzen von Regeln, Strafe, Gehorsam, Unterordnung und Disziplin sowie deren Sinnzusammenhänge. Die zweite Kategorie ‚Selbstständigkeit und freier Wille' wird unter Verwendung folgender Indikatoren sowie deren Sinnzusammenhängen operationalisiert: freier Wille, Selbstständigkeit, Geborgenheit, Vertrauen, Selbstvertrauen. Hervorzuheben sei hier noch einmal, dass der Sinnzusammenhang eines Abschnitts oder Kapitels maßgeblich für die Indikatoren ist. Das alleinige Auftauchen einer oder mehrerer Indikatoren lässt noch nicht den Schluss auf eine Kategorie zu. Es muss immer der Kontext beachtet werden. Es handelt sich hier um *schlussfolgernde Indikatoren*, da es sich bei den Kategorien ‚Gehorsam und Unterordnung‘ oder ‚Selbstständigkeit und freier Wille‘ um dispositionale Eigenschaften von Personen handelt, das heißt, weil sie nicht direkt beobachtbar sind, muss von der Beobachtung manifester Eigenschaften oder Verhaltensweisen auf die eigentlichen Variablen geschlossen werden. Es muss also etwa von Formen der Erziehung zu ‚Selbstständigkeit und freier Wille‘ auf die dispositionale Eigenschaft Selbstständigkeit geschlossen werden.

Auf der Grundlage der Analyse der Erziehungsratgeber habe ich zu dieser Dimension eine weitere Kategorie gebildet, die ich als „ambivalente Erziehungsprinzipien" bezeichne. Damit ist eine Art der Darstellung von Erziehungsprinzipien gemeint, bei der vordergründig von der erziehenden Person erwartet wird, dass diese Selbstständigkeit und freien Willen bei dem erziehenden Individuum – dem Hund – bestärkt; im Zusammenhang des jeweiligen Textes wird aber deutlich, dass faktisch eher eine Erziehung zu Gehorsam und Unterordnung gemeint ist.

4.2   Zweite Dimension: Kind/Hund als Subjekt/Objekt der Erziehung

Weiter geht es um die Frage, wie Kinder bzw. Hunde jeweils als Objekt bzw. Subjekt der Erziehung konstruiert werden. Mit *Subjekt* ist dabei das erlebende und agierende Individuum mit seinen Bedürfnissen und Strebungen gemeint, welches den materiellen, sozialen und kulturellen Objekten, die seine Umwelt ausmachen, gegenübertritt, auf sie einwirkt und selbst von ihnen geprägt wird (Fuchs-Heinritz et al. 2007: 642). Erziehung ist eine planmäßige, absichtliche und zielgerichtete Tätigkeit zur Formung meist junger Individuen. Es gibt bei der Erziehung den Ziehenden und den Gezogenen, den Erzieher und den Zögling. In der neueren sozialwissenschaftlichen Kindheitsforschung wird das Kind nicht mehr bloß als Zögling im Sinne eines defizitären Sozialisationsobjektes angesehen, sondern es werden von Geburt an seine bemerkenswerten Kompetenzen hervorgehoben, die es als Subjekt und Experte für die eigene Lebensführung von Anfang an besitzt (vgl. Stern 1996, Dornes 2004). Anders als in der neueren Sozialisationsforschung, in der Kinder „nur als Realität verarbeitende Subjekte, nicht aber auch und vor allem als welterschließende Konstrukteure gewürdigt werden", rückt im sozialkonstruktivistischen Verständnis von Kindheit das Wechselspiel von

Aktivität, Passivität und Rezeptivität im Leben des Kindes in den Mittelpunkt. „Kinder konstruieren und verhandeln – zusammen, neben, gegen Erwachsene – ihre kindliche Wirklichkeit; manchmal sehr eigensinnig" (Schweizer 2007: 54). Subjektivität beziehungsweise Individualität setzt Kommunikation mit anderen voraus, wobei Subjektivität nicht aus ‚objektiven' Daten oder Beobachterperspektiven reduziert werden oder als ‚Selbstwirksamkeit' gemessen werden kann (vgl. Reckwitz 2000: 182f.). Die Kategorie dieser zweiten Dimension der Fragestellung „Kind/Hund als Subjekt der Erziehung" wird durch die folgenden Indikatoren sowie deren Sinnzusammenhängen operationalisiert: Persönlichkeit, Eigenständigkeit, Individualität, Einzigartigkeit, Gleichwertigkeit, Achtung, Anerkennung, Respekt, Vertrauen, Liebe, Autonomie. Der Gegenpol zu dieser Kategorie stellt die Kategorie „Kind/Hund als Objekt der Erziehung" dar, die anhand folgender Indikatoren operationalisiert wird: Hierarchie, Unterordnung, Unterwerfung, Strafe, Führung sowie deren sinngemäße Verwendung im Kontext der Diskursfragmente. Bei diesen Indikatoren handelt es sich ebenfalls um *schlussfolgernde Indikatoren*.

5   Ergebnisse der Analyse der Erziehungsratgeber

In den nächsten Abschnitten werden die Ergebnisse der Analysen zum Erziehungsverhältnis vorgestellt. Es wurden insgesamt 30 Ratgeber zur Kindererziehung und 30 Ratgeber zur Hundeerziehung ausgewertet. In 15 Erziehungsratgebern ging der jeweilige Autor vornehmlich auf die Erwartungen an die erziehende Person ein, was der ersten Dimension der Fragestellung entspricht, während in den 15 anderen Erziehungsratgebern mehr die Konstruktion des Kindes – ob Subjekt oder Objekt – fokussiert wurde, entsprechend der zweiten Dimension der Fragestellung. Bei den Hundeerziehungsratgebern konnten 15 Ratgeber der ersten Dimension zugeordnet werden, es ging also darum, wie die Autorinnen und Autoren die erziehende Person im Erziehungsverhältnis konstruiert, welche Erwartungen an die erziehende Person gestellt werden. In der anderen Hälfte der Ratgeber zur Hundeerziehung stand die Sichtweise auf den Hund im Vordergrund, ob er als Subjekt oder Objekt wahrgenommen wird.

5.1 Hierarchisches versus partnerschaftliches Erziehungsverhältnis

Bei den „Erwartungen an die erziehende Person im Erziehungsverhältnis" dominiert bei den *Kindererziehungskonzepten* deutlich die Kategorie „Selbstständigkeit und freier Wille" (80%). Bei den Konzepten zur *Hundeerziehung* liegt der Schwerpunkt auf der Kategorie „Gehorsam und Unterordnung" (53,3%) (vgl. Abb. 2 im Anhang). Vier Fünftel der analysierten *Kindererziehungsratgeber* betonen vor allem, dass von der erziehenden Person erwartet wird, dass sie das Kind zur Selbstständigkeit und zu freiem Willen befähigt. Die Autorinnen und Autoren dieser Ratgeber gehen davon aus, dass Eltern ihr Kind in seiner Würde und Selbstständigkeit bestärken sollten und elterliche Autorität zwar ausgeübt werden solle, jedoch ohne entwürdigende Bestrafungsmaßnahmen. So argumentiert etwa Paula Honkanen-Schoberth in ihrem „Elternkurs des Deutschen Kinderschutzbundes" (2007: 13ff.). Liebe, Annahme, Vertrauen (Honkanen-Schoberth), Vertrauen und Hilfe zur Selbsthilfe (Burow 2003), Erziehung zur Freiheit (Glöckler 2006) oder wie Hurrelmann und Unverzagt (2008) es mit ihrem „magischen Dreieck" beschreiben – Herzenswärme, Freiräume, und klare Regeln – seien Wege, um das Kind zu einer selbstständigen, eigenverantwortlichen Persönlichkeit reifen zu lassen. Die Autorin Isabel Köller (2008: „Bullerbü ist überall") erklärt ihr Erziehungskonzept, das auf Liebe, Achtung und Vorbildern gründet, mit einem direkten Bezug auf Astrid Lindgrens Erzählungen. Nach Köller sollten Eltern ihrem Kind Geborgenheit und Freiheit geben und ihre Kinder in ihrer Entwicklung unterstützend begleiten, um sie stark, selbstständig und glücklich zu machen. Hauptziel der Erziehung sollte sein, dass die Kinder in ihrem Leben einen Sinn sehen, denn ohne Lebenssinn gäbe es kein Lebensglück (vgl. Köller 2008: 10). Nach der „Bullerbü-Formel" sollten Eltern ihr Kind um seiner selbst willen lieben, so wenig Einfluss wie möglich auf die Kinder ausüben und im Erziehungsverhältnis nur eine Nebenrolle einnehmen; die Hauptrolle stehe den Kindern zu.

Nur in einem Fünftel der *Ratgeber zur Kindererziehung überwiegt die* Orientierung an den Erziehungszielen „Gehorsam und Unterordnung". Gerster und Nürnberger plädieren dafür, dass Eltern ihren Kindern Benimmregeln beibringen, ihnen Grenzen setzen und ihnen durch Gehorsam und Einhalten von Verboten Sicherheit und Selbstvertrauen geben sollten. Die Ausrichtung der Erziehung des Kindes an den Prinzipien von Gehorsam und Unterordnung sei der geeignete Weg, das kindliche Selbstvertrauen zu stärken. Susanne Gaschke (2001) zufolge sollten Eltern den individuellen Kampf der Erziehung aufnehmen und gegen ihre eigene Bequemlichkeit zur Nichterziehung kämpfen. Nach Meinung der Autorin verhindern Eltern durch das Gewähren von Freiheiten die Reifung des Kindes zu einem ‚Charakter'. Auch Bernhard Bueb betont in seinem 2006 erschienenen Ratgeber „Lob der Disziplin. Eine Streitschrift" den Wert der Erziehungsziele von Gehorsam und Unterordnung. Er fordert Eltern dazu auf, ihre Kinder wieder zu Disziplin und Autoritätsgehorsam zu erziehen. Dieses Buch war von September 2006 bis August 2007 sogar in den Bestsellerlisten der Sachbücher vertreten. Bueb zufolge ist der Erziehung vor Jahrzehnten das Fundament weggebrochen, nämlich die vorbehaltlose Anerkennung von Autorität und Disziplin. Eltern sollten konsequent erziehen und ihre Maßstäbe des pädagogischen Handelns alltäglich durchsetzen (vgl. Bueb 2006: 28). Bueb kritisiert, dass sich Eltern heutzutage viel zu oft verführen ließen, in der Erziehung der Liebe und der Fürsorge den Vorrang zu geben, statt Disziplin und Konsequenz in den Vordergrund zu stellen.

Während die Zahl der Autorinnen und Autoren, die in ihren Erziehungsratgebern „Gehorsam und Unterordnung" als wesentliche Erziehungsziele propagieren, unter den Ratgebern zur Kindererziehung nur eine kleinere Gruppe ausmachen, sieht die Mehrheit der Autorinnen und Autoren der *Hundeerziehungsratgeber* Gehorsam und Unterordnung als die Grundlage einer adäquaten Erziehung von Hunden an. Mehr als die Hälfte der Ratgeber (acht von 15 Ratgebern) stimmen darin überein, dass die erziehende Person quasi als ‚Rudelführer' fungieren sollte, der den Hund auf der Basis von Befehlen, Kontrolle und Zwang zu Disziplin, Autorität, Unterordnung und Gehorsam erzieht. Die hierarchische Unterordnung des Hundes im Rahmen einer ‚natürlichen' Rangordnung gilt als die zentrale Grundlage für die Möglichkeit der Erziehung von Hunden. Auch wenn sich diese Art der Ratgeber einig darin ist, dass Strafe als Erziehungsmittel eingesetzt werden muss, besteht doch ein Dissenz im Hinblick darauf, welche Mittel dafür geeignet sind. So lehnen einige Autorinnen und Autoren das Verwenden von Würgehalsbändern strikt ab, da sie den Hund verletzen, verängstigen und verunsichern. Außerdem seien sie gemäß Tierschutzgesetz verboten (Harries 2001). Der Ratgeber-Autor Matthew Hoffman (2000) sieht die Verwendung von Würgehalsbändern, „wenn sie vernünftig von den Hundebesitzern eingesetzt werden", als legitimes Mittel zum Strafen an, wenngleich er den Hundeerzieherinnen und Hundeerziehern nahelegt, Hunde stattdessen besser sanft zu disziplinieren (vgl. ebd.: 14). Bei Bruce Fogle (2006) werden der Kettenwürger und das Würgehalsband im Ensemble der legitimen Grundausstattung für den Hund mit aufgeführt. Das Ziel des Einsatzes solcher Hilfsmittel wird im Wesentlichen darin gesehen, den Hund stets unter Kontrolle zu haben (Fogle 2006: 32f.).

Demgegenüber wurden die Erziehungsprinzipien „Selbstständigkeit und freier Wille" nur in vier der 15 ausgewerteten *Hundeerziehungsratgeber* als bedeutsam angesehen. Zu den Verfasserinnen, die diese Prinzipien vertreten, zählt etwa Linda Tellington-Jones mit ihrem Ratgeber „Der neue Weg im Umgang mit Tieren"

232 Erziehung von Kindern und Hunden im Vergleich

(2005). Die Tellington-Methode (TT.E.A.M'), die als Ausbildungsmethode für verschiedene Arten von Haustieren gilt (Pferde, Hunde, Katzen), hat in Deutschland eine große Zahl von Anhängern gefunden: es hat sich eine TT.E.A.M'-Gilde Deutschland e.V. formiert und es werden Ausbildungsseminare zum zertifizierten Tellington-TTouch-Hundetrainer angeboten. In ihrem Buch „Der neue Weg im Umgang mit Tieren" zitiert Tellington-Jones den bekannten US-amerikanischen Tierkommunikationsforscher Allen Boone (1882 - 1965): „Mit all meinen guten Absichten hatte ich den bekannten Ego-Fehler gemacht, all das Denken zu übernehmen und die letzten Entschlüsse für uns beide zu fassen ... ich hatte mich selber geistig über ihn [den Hund] gestellt in unserer Beziehung, weil ich zufällig ‚ein Mensch' war, und ich hatte ihn geistig auf die untere Stufe gestellt, weil er ‚ein Hund' war". In diesem Zitat wird die grundsätzliche Haltung Linda Tellington-Jones' gegenüber der Erziehung von Hunden deutlich. Ihr Konzept sieht vor, dass der Hund von dem Menschen, der mit ihm lebt und arbeitet, als ein geistig gleichwertiger Partner angesehen wird und dementsprechend behandelt und erzogen wird. Hunde seien komplexe und intelligente Kreaturen, die zu mehr fähig seien, als nur auf Gewalt zu reagieren (ebd.: 100f.). Hundeerzieherinnen und Hundeerzieher sollten sich von dem traditionellen Irrglauben verabschieden, die einzige Möglichkeit einen Hund zu erziehen sei die, die Rolle des „Alpha-Hundes" zu übernehmen. Tatsächlich seien Hunde in ihrem sozialen Verhalten keineswegs auf eine ‚Hackordnung' fixiert, in der sie sich unterordnen müssen (ebd.). Tellington-Jones erklärt anhand von Beispielen, wie sie durch die Anwendung ihres Erziehungskonzeptes – dem TTouch – Hunden zu mehr Selbstbewusstsein verholfen hat. So habe sie beispielsweise einer Hundebesitzerin helfen können, deren Hund Probleme im Umgang mit anderen Hunden hatte. Der Hund habe auf der Grundlage seines neu erlangten Selbstbewusstsein eine eigenständige Lösung in der Problemsituation mit dem anderen Hund finden können (ebd.: 107ff.).

Die höchst ambivalente Konstruktion der Rolle der Erziehenden im Sinne der Kategorie „ambivalente Erziehungsprinzipien" fand sich nur in Hundeerziehungsratgebern, in 20% der Fälle. Die Autorinnen und Autoren raten der erziehenden Person einerseits, Vertrauen aufzubauen und negative Kommunikation zu vermeiden; andererseits soll die erziehende Person den Hund bestrafen. So rät Karen Pryor (2006) etwa dem Hundeerzieher einerseits dazu, den Hund zu loben und ihn positiv zu bestärken, anstatt zu drohen oder Zwang auszuüben. Andererseits umfasst die Darstellung von acht Erziehungsmethoden in ihrem Ratgeber auch solche, die auf negativer Bestärkung, Bestrafung des Hundes und als „extremste Lösung", dem Erschießen des Hundes beruhen (wobei man im letztgenannten Fall natürlich auf den Erziehungseffekt verzichtet) (Pryor 2006: 110f.).

5.2   Kind/Hund als Subjekt oder als Objekt der Erziehung

Inwieweit wird nun das zu erziehende Individuum als Subjekt, inwieweit wird es als Objekt der Erziehung angesehen? Wie der Abbildung 3 des Anhangs zu entnehmen ist, zeigt sich zunächst, dass in Ratgebern zur Kindererziehung (86,7%) ebenso wie in denen zur Hundeerziehung (46,7%) die Subjekthaftigkeit des zu erziehenden Individuums in den Vordergrund gestellt wird (vgl. Abb. 3). Dabei werden die eigenständige Persönlichkeit und die Individualität von Kindern hervorgehoben. So geht etwa Jan-Uwe Rogge (2005) davon aus, dass „Erziehungstechniken, die ohne innere Einstellung dem Kind gegenüber daherkommen, zum Scheitern verurteilt [seien]" (ebd.: 10). Rogge verzichtet bewusst auf konkrete Erziehungsregeln und empfiehlt, von der Einzigartigkeit eines jeden Kindes sowie von dessen eigenständiger Persönlichkeit auszugehen. In Peter Strucks „Erziehungsbuch" von 2005 geht es darum, die Bandbreite menschlicher Eigentümlichkeiten auch bei Kindern zu akzeptieren. „Jeder Mensch ist einmalig beziehungsweise eigentümlich; er ist unwiederholbar" (ebd.: 17). Auch hinsichtlich der *Hundeerziehungsratgeber* geht fast die Hälfte der Ratgeber vom Hund als Subjekt der Erziehung aus. Die norwegische Hundetrainerin Turid Rugaas versucht in ihrem Buch „Calming Signals – Die Beschwichtigungssignale der Hunde" (2001) den „Blick zu schärfen, für die Andersartigkeit und Großartigkeit des Wesens unserer vierbeinigen Begleiter" (ebd.: 8). Bisher habe das Verhältnis zwischen Mensch und Hund zumeist auf einer Einbahnstraßen-Kommunikation beruht, in der der Mensch forderte und der Hund zu gehorchen hatte. Das Verhältnis Hundeerzieherin oder -erzieher und Hund müsse aber von Respekt und Kooperationswillen geprägt sein. Auch der Hund habe ein Recht, dass seine ‚Sprache‘ verstanden und gesprochen werde (ebd.: 95f.). Jan Nijboer – sozialpädagogischer Therapeut, Hundetrainer und Gastdozent für Tiermanagement an der Universität Groningen – entwickelte die Philosophie von Natural Dogmanship˙, die besagt, dass Hunde ihren Veranlagungen gemäß erzogen werden sollten. Natural Dogmanship˙ verzichtet auf viele Hilfsmittel der klassischen Konditionierung, denn der Hund wird als ein Wesen angesehen, das denken kann und durch die Kommandostrukturen klassischer Konditionierung unterschätzt und abqualifiziert wird (vgl. Nijboer 2002: 96). Auch Nijboer spricht sich dafür aus, dass der Hund als Sozialpartner des Menschen und als eigene Persönlichkeit, die mit ihrer Umwelt interagiert, gesehen werden muss. Soziale Kommunikation zwischen Mensch und Hund beruhe auf Gegen-seitigkeit und müsse auf der Akzeptanz und dem Respekt gegenüber der Persönlichkeit und den Bedürfnissen des jeweils Anderen beruhen (ebd.: 102). Es sei notwendig, von den alten Hierarchie- und Beziehungsformen Abstand zu nehmen (ebd.: 146).

Ein weiteres Drittel (33,3%) der *Ratgeber zur Hundeerziehung* lässt sich demgegenüber der Kategorie „Indifferent – Hund sowohl Subjekt als auch Objekt der Erziehung" zuordnen, im Fall der Konzepte zur *Kindererziehung* umfasst diese Gruppe nur (13,3%). Der Hund gilt dabei einerseits als „Individuum", als „ein voll integriertes Mitglied der Familie", andererseits müsse die Erziehung aber auf der Grundlage strenger Regeln, von Kommandos und Unterordnung unter den Menschen erfolgen (Birr 2002).

So vertritt die Autorin Cornelia Nitsch die Auffassung, dass Kinder als eigenständige Persönlichkeiten geachtet werden und kleine Menschen nicht wie unmündige Wesen behandelt werden sollten, was für die Kategorie „Kind als Subjekt der Erziehung" spräche. Gleichzeitig nimmt sie jedoch den Standpunkt ein, dass Eltern dem Kind an Erfahrungen und Wissen so stark überlegen seien, dass sie im Erziehungsverhältnis das Sagen haben sollten, was der Kategorie „Kind als Objekt der Erziehung" entspräche (ebd. 2006: 35f.). Auffällig ist, dass es unter den Erziehungsratgebern auch solche gibt, die den Hund primär als Objekt der Erziehung konstruieren (20%), wohingegen in keinem der *Kindererziehungsratgeber* vom Kind als Objekt der Erziehung ausgegangen wird. In der Kategorie „*Hund* als Objekt der Erziehung", wird von körperlicher Strafe im Sinne einer Gewaltanwendung in allen vier Erziehungsratgebern, die dieser Kategorie zugeordnet werden konnten, abgesehen. Diesen ist gemeinsam, dass sie im Wesentlichen auf Kommandos, Führung, Grenzen und (positive) Strafe setzen, wozu auch ein kurzes Schütteln und der „Klaps" zu den möglichen Formen der Strafe zählen. Körperliche Strafe im Sinne der Anwendung von Gewalt lehnen aber alle ab.

So betrachtet die Journalistin Katharina von der Leyen (2004) Lob und Strafe als „natürliche" Erziehungsmethoden, denn „Hunde denken sehr einfach" (Leyen 2004: 32). Die Verhaltensforscherin Sabine Winkler rät davon ab den Hund ‚aufzuwerten', indem man ihn „vermenschlicht". Sie vermutet, dass es sich bei der Vermenschlichung um eine „Taktik [handelt], das fremde und eventuell auch einmal beängstigende, ‚unberechenbare' Tier vertrauter und kontrollierter erscheinen zu lassen" (Winkler 2005: 188). Stattdessen seien Lob und Strafe angemessene Erziehungsformen.

6   Zusammenfassung der Ergebnisse

Es wurde deutlich, dass Ratgeber zur Erziehung von Kindern wesentlich häufiger als Ratgeber zur Hundeerziehung dazu raten, Prinzipien von Selbstständigkeit und freiem Willen bei der Erziehung in den Vordergrund zu stellen. Bei der Erziehung von Hunden soll, folgt man der Mehrheit der einschlägigen Ratgeber

(53,3%), Gehorsam und Unterordnung im Zentrum stehen. Allerdings wurde auch deutlich, dass ein Teil dieser Ratgeber für die Hundeerziehung in der Hinsicht durchaus ambivalent ist und gleichzeitig in einer widersprüchlichen Art und Weise auch die Notwendigkeit der Orientierung der Erziehung an Prinzipien von Selbstständigkeit und freiem Willen betont (s. Abb. 3 im Anhang).

Soweit das zu erziehende Individuum in den Blick gerät, sind die Gemeinsamkeiten größer. In der großen Mehrzahl der Ratgeber zur Kindererziehung und immerhin in der Hälfte der Ratgeber zur Hundeerziehung wird dieses als Subjekt angesehen, dessen eigenständiges Agieren in der Erziehung anerkannt werden soll. Allerdings gibt es unter den Ratgebern für die Hundeerziehung auch eine kleinere Gruppe, die den Hund als Objekt der Erziehung betrachten (vgl. Abb. 4 im Anhang).

Tschöpe-Scheffler hat eine Typisierung von Erziehungsprinzipien entwickelt. In dem Zusammenhang lassen sich die Kategorien „Selbstständigkeit und freier Wille" sowie „Kind/Hund als Subjekt/Objekt der Erziehung" einem *partizipativen, entwicklungsfördernden Erziehungsverhalten* zurechnen (s. Tab. 1). Dieses dominiert eindeutig in den Ratgebern für die Kindererziehung. Die Ratgeber zur Hundeerziehung lassen sich in der Hinsicht weniger eindeutig zuordnen. Von der erziehenden Person im Erziehungsverhältnis wird vielfach erwartet, dass sie den Hund zu Gehorsam und Unterordnung erzieht, und gleichzeitig wird der Hund als Subjekt im Erziehungsverhältnis konstruiert, teilweise ist die Darstellung der Erziehungsmaximen innerhalb desselben Ratgebers in der Hinsicht auch höchst ambivalent. Es besteht also eine große Uneinigkeit und Uneindeutigkeit im Hinblick auf die Bedeutung eines *entwicklungsfördernden Erziehungsverhaltens* einerseits, eines *autoritären und wenig entwicklungsfördernden Erziehungsverhaltens* andererseits.

Diese Ambivalenz könnte darauf hindeuten, dass sich die Vorstellungen zur Hundeerziehung derzeit im Wandel befinden, von traditionellen Vorstellungen eines hierarchischen Erziehungsverhältnisses hin zu Vorstellungen über eher partizipative Formen der Erziehung. Die Ambivalenz könnte darauf hindeuten, dass die neueren Erkenntnisse über die kognitiven Kompetenzen sowie über die psychischen Verarbeitungsweisen und die komplexen Sozialbeziehungen tierlicher Lebewesen zumindest teilweise ihre praktische Konsequenz im aktuellen Hundeerziehungsdiskurs gefunden haben. Es bleibt abzuwarten, inwieweit sich die Erwartungshaltungen in den Erziehungsdiskursen annähern werden. Interessant wäre in der Hinsicht eine Analyse der langfristigen Entwicklung. Nach Bernfeld (1994) besteht ein kausaler Zusammenhang zwischen Erziehung und gesellschaftsbildenden sowie gesellschaftsumwandelnden Prozessen. So zieht ein Wandel der Gesellschaft einen Wandel der Erziehung nach sich: „Die soziale Funktion der Erziehung ist die Konservierung der biopsychischen und der sozialökonomischen, mit ihr der kulturell-geistigen Struktur der Gesellschaft" (Bernfeld 1994: 110), womit wir bei der noch offenen Frage nach dem *Warum* der sozialen Konstruktion des Individuums als erziehende Person im Erziehungsverhältnis wären. Im sozialkonstruktivistischen Sinne Berger/Luckmanns geht es bei der Konstruktion sozialer Wirklichkeit vornehmlich um die Erhaltung gesellschaftlicher Ordnung. Die soziale Konstruktion der erziehenden Person im Erziehungsverhältnis mit den an sie gestellten gesetzlich verankerten Erwartungen dient der Erhaltung der bestehenden sozialen Ordnung. Wenn nun ein Wandel in der Erziehung – hinsichtlich der Hundeerziehungskonzepte – stattfindet, kann davon ausgegangen werden, dass dem ein gesellschaftswandelnder Prozess vorangegangen ist, dass also ein verändertes gesellschaftliches Bewusstsein im Mensch-Tier-Verhältnis Einzug gehalten hat.

Literaturverzeichnis

Monographien

Berger, Peter L./ Luckmann, Thomas (2007): Die gesellschaftliche Konstruktion der Wirklichkeit. 21. Auflage. Frankfurt am Main. (Originalausgabe: The Social Construction of Reality. Garden City N.Y. 1966)

Bernfeld, Sigfried (1994): Sisyphos oder die Grenzen der Erziehung. 7. Auflage. Frankfurt am Main.

Bublitz, Hannelore (1998): Geschlecht. In: Korte, Hermann/ Schäfers, Bernhard (Hrsg.): Einführung in Hauptbegriffe der Soziologie. 4. Auflage. Opladen.

Bühler-Niederberger, Doris (2005): Kindheit und die Ordnung der Verhältnisse. Von der gesellschaftlichen Macht der Unschuld und dem kreativen Individuum. Weinheim.

Fuchs-Heinritz, Werner/ Lautmann, Rüdiger/ Rammstedt, Otthein/ Wienold, Hanns (Hrsg.) (2007): Lexikon zur Soziologie. 4. Auflage. Wiesbaden.

Goffman, Erving (2001): Wir alle spielen Theater. Die Selbstdarstellung im Alltag. 9. Auflage. München.

Höffer-Mehlmer, Markus (2001): Didaktik des Ratschlags – Zur Methodologie und Typologie von Ratgeber-Büchern. In: Faulstich, Peter/ Wiesner, Gisela et al. (Hrsg.): Wissen und Lernen, didaktisches Handeln und Institutionalisierung: Befunde und Perspektiven der Erwachsenenbildungsforschung. Bielefeld.

Höffer-Mehlmer, Markus (2003): Elternratgeber. Zur Geschichte eines Genres. Baltmannsweiler.

Holstein, James A./ Miller, Gale (1993): Constructionist controversies. Issues in Social Problems Theory. New York.

Horkheimer, Max/ Adorno, Theodor W. (1986): Dialektik der Aufklärung (Originalausgabe: Eclipse of Reason 1947). Frankfurt am Main.

Keller, Reiner (2007): Diskursforschung. Eine Einführung für SozialwissenschaftlerInnen. 3. Auflage. Wiesbaden.

Löw, Martina (2006): Einführung in die Soziologie der Bildung und Erziehung. 2. Auflage. Opladen

Lüders, Christian (1994): Elternratgeber oder: Die Schwierigkeit, unter pluralistischen Bedingungen einen Rat zu geben. In: Heyting, Frieda/ Tenorth, Heinz-Elmar (Hrsg.): Pädagogik und Pluralismus. Deutsche und niederländische Erfahrungen im Umgang mit Pluralität in Erziehung und Erziehungswissenschaft. Weinheim.

Luhmann, Niklas (2008): Soziologie und Aufklärung. Band 6: Die Soziologie und der Mensch. 3. Auflage. Wiesbaden.

Marotzki, Wilfried/ Nohl, Arnd-Michael/ Ortlepp, Wolfgang (2005): Einführung in die Erziehungswissenschaft. Wiesbaden.

Maturana, Humberto R./ Varela, Francisco J. (1997): Der Baum der Erkenntnis. Die biologischen Wurzeln menschlichen Erkennens. 7. Auflage. München.

Mierendorff, Johanna/ Olk, Thomas (2002): Theoretische Ansätze in der Kindheits- und Jugendforschung. Gesellschaftstheoretische Ansätze. In: Krüger, Heinz-Hermann/ Grunert, Cathleen (Hrsg.): Handbuch Kindheits- und Jugendforschung. Opladen.

Mikl-Horke, Gertraude (2001): Soziologie. Historischer Kontext und soziologische Theorie-Entwürfe. 5. Auflage. München.

Mütherich, Birgit (2004): Die Problematik der Mensch-Tier-Beziehung in der Soziologie: Weber, Marx und die Frankfurter Schule. 2. Auflage. Münster.

Reckwitz, Andreas (2000): Die Transformation der Kulturtheorien. Zur Entwicklung eines Theorieprogramms. Weilerswist.

Regan, Tom (1988): The Case for Animal Rights. London.

Schweizer, Herbert (2007): Soziologie der Kindheit. Wiesbaden.

Tschöpe-Scheffler, Sigrid (2003): Fünf Säulen der Erziehung: Wege zu einem entwicklungsfördernden Miteinander von Erwachsenen und Kindern. 3. Auflage. Mainz.

Zeitschriftenaufsätze

Berg, Christa (1991): „Rat geben" - Ein Dilemma pädagogischer Praxis und Wirkungsgeschichte. In: Zeitschrift für Pädagogik 37, Heft 5. Weinheim.

EMNID-Institut (2001): Umfrage & Analyse. Heft 5/6.

Knorr-Cetina, Karin (1989): Spielarten des Konstruktivismus. Einige Notizen und Anmerkungen. In: Soziale Welt 40, Heft 1. Göttingen.

Ridgeway, Cecilia L. (2001): Interaktion und die Hartnäckigkeit der Geschlechter-Ungleichheit in der Arbeitswelt. In: Heintz, Bettina (Hrsg.): Geschlechtersoziologie. Sonderheft 41 der Kölner Zeitschrift für Soziologie und Sozialpsychologie. Wiesbaden.

Roderburg, Sylvia (2005): Die soziale Konstruktion von Aggression. Entwicklung einer sozialkonstruktivistischen Perspektive für die Arbeit mit „aggressiven Jugendlichen". In: Neue Praxis. Zeitschrift für Sozialarbeit, Sozialpädagogik und Sozialpolitik. 35. Jahrgang 2005, Heft 4. Lahnstein.

Internetquellen

BMELV (2001): Tierschutz-Hundeverordnung. Aus: http://www.bmelv.de/cln_045/ nn_753136/SharedDocs/Gesetzestexte/T/Tierschutz-HundeVO.html__nnn=true. Zugriff: 18.02.2009.

BMFSFJ (2000): Gesetz zur Ächtung der Gewalt in der Erziehung. In: Bundesgesetzblatt 48/2000. Aus: http://217.160.60.235/BGBL/ bgbl1f/b100048f.pdf. Zugriff am 11.12.2008.

BMFSFJ (2004): Gewaltfrei erziehen. Kampagne „Mehr Respekt vor Kindern". Aus: http://www.bmfsfj.de/bmfsfj/generator/BMFSFJ/familie,did=22554.html. Zugriff am 11.12.2008.

BMJ (2008): Tierschutzgesetz. Aus: http://www.bundesrecht.juris.de/tierschg/ BJNR012770972. html. Zugriff am 28.12.2008.

Buchreport (2009): Bestseller Sachbuch / Hardcover. Einzelansicht Winterhoff, Michael. Aus: http://www.buchreport.de/bestseller/bestseller_einzelansicht.htm? tx_bestseller_ pi1 [isbn] =9783579069807. Zugriff am 16.01.2009.

Buchreport (2009): Bestseller Sachbuch / Hardcover. Einzelansicht Bueb, Bernhard. Aus: http://www.buchreport.de/bestseller/bestseller_einzelansicht.htm?tx_bestseller_ pi1[isbn]= 3471795421. Zugriff am 16.01.2009.

Deutscher Bundestag (2002): Grundgesetz der Bundesrepublik Deutschland. Aus: http:// www.bundestag.de/parlament/funktion/gesetze/grundgesetz/gg_02.html. Zugriff am 28.12.2008.

IHV – Industrieverband Heimtierbedarf (2007): Tierliebe weiter auf Wachstumskurs. Aus: http://www.ivh-online.de/de/home/pressedienst/archiv/mitteilung-des-ivh-pres-sedienstes/artikel/tierliebe-weiter-auf-wachstumskurs//browse/6/cHash/0c24477315/ backpid/271.html? tx_ttnews[pS]=1232421691. Zugriff am 28.12.2008.

TT.E.A.M® - Gilde Deutschland e.V.: Die Tellington-Methode für Hunde und Kleintiere. Aus: http://www.tteam.de/html/hunde.html. Zugriff am 15.01.2009.

Ratgeberliteratur zur Kindererziehung

Bueb, Bernhard (2006): Lob der Disziplin. Eine Streitschrift. Berlin.

Burow, Olaf-Axel (2003): Prinzipien erfolgreicher Erziehung. Bad Heilbrunn.

Gaschke, Susanne (2001): Die Erziehungskatastrophe. Kinder brauchen starke Eltern. 4. Auflage. Stuttgart.

Gerster, Petra/ Nürnberger, Christian (2001): Der Erziehungsnotstand. Wie wir die Zukunft unserer Kinder retten. Berlin.

Glöckler, Michaela (2006): Eltern-Sprechstunde. Erziehung aus Verantwortung. 7. Auflage. Stuttgart.

Honkanen-Schoberth, Paula (2007): Starke Kinder brauchen starke Eltern. Der Elternkurs des Deutschen Kinderschutzbundes. 3. Auflage. Stuttgart.

Hurrelmann, Klaus/ Unverzagt, Gerlinde (2008): Kinder stark machen für das Leben. Herzenswärme, Freiräume und klare Regeln. Aktualisierte Neuauflage. Freiburg.

Köller, Isabel (2008): Bullerbü ist Überall. Das Geheimnis von Kinderglück und stressfreiem Familienleben. Frankfurt am Main.

Nitsch, Cornelia (2006): Werte machen stark. Was wir unseren Kindern mitgeben. Freiburg.

Rogge, Jan-Uwe (2005): Der große Erziehungsberater. 2. Auflage. Reinbek.

Struck, Peter (2005): Das Erziehungsbuch. Darmstadt.

Winterhoff, Michael (2008): Warum unsere Kinder Tyrannen werden. Oder: Die Abschaffung der Kindheit. 7. Auflage. München.

Ratgeberliteratur zur Hundeerziehung

Birr, Uschi (2002): Erfolgreiche Hundeerziehung. Der sichere Weg zum perfekten Begleiter. 2. Auflage. Niedernhausen/Ts.

Fogle, Bruce (2006): Hunde richtig erziehen. Schritt für Schritt zum idealen Familienhund. 5. Auflage. München.

Harries, Brigitte (2001): Der Knigge für Hund und Halter. Grundlagen für Hundeführerschein und Wesenstest. Stuttgart.

Hoffman, Matthew (Hrsg.) (2000): Hundeerziehung. Trainingsmethoden und Verhaltensregeln. 10. Auflage. Köln.

Leyen, Kaharina von der (2004): Braver Hund. Hunde erziehen mit viel Vergnügen. 4. Auflage. München.

Nijboer, Jan (2002): Hunde erziehen mit Natural Dogmanship®. Stuttgart.

Nijboer, Jan (2004): Hunde verstehen Jan Nijboer. Stuttgart.

Pryor, Karen (2006): Positiv bestärken – sanft erziehen. Die verblüffende Methode, nicht nur für Hunde. 2. Auflage. Stuttgart.

Rugaas, Turid (2001): Calming Signals. Die Beschwichtigungssignale der Hunde. 6. Auflage. Grassau.

Tellingon-Jones, Linda & Taylor, Sybil (2005): Der neue Weg im Umgang mit Tieren. 2. Auflage. Stuttgart.

Winkler, Sabine (2005): So lernt mein Hund. Der Schlüssel für die erfolgreiche Erziehung und Ausbildung. 2. Auflage. Stuttgart.

Abbildungen und Tabellen:

Abbildung 1 Individuum als erziehende Person und Edukand stehen aufgrund der Mensch-Tier-Dichotomie / Erwachsener-Kind-Dichotomie im Erziehungsverhältnis zueinander, eigene Darstellung.

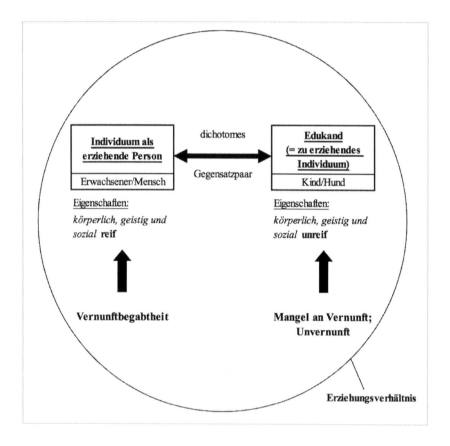

Abbildung 2 Prozentuale Verteilung der Ergebnisse zum Erziehungsverhältnis der Kinder- und Hundeerzeihungskonzepte in der ersten Dimension; eigene Darstellung

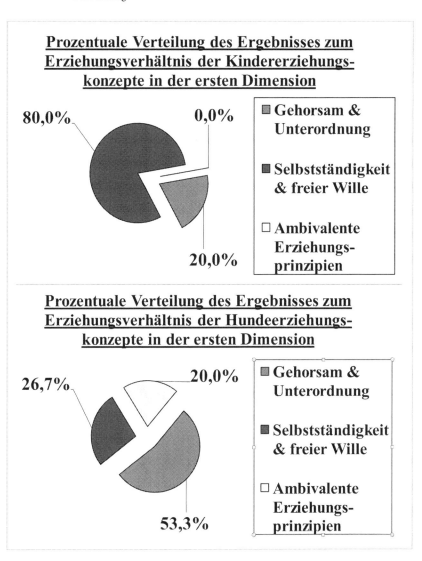

Abbildung 3 Prozentuale Verteilung der Ergebnisse zum Erziehungsverhältnis der Kinder- und Hundeerziehungskonzepte in der zweiten Dimension; eigene Darstellung.

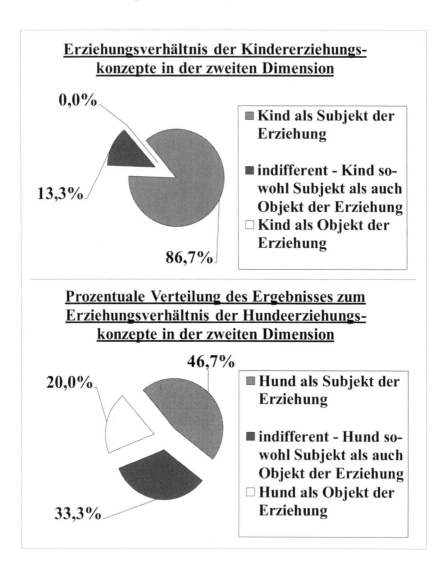

Abbildung 4 Gegenüberstellung der Ergebnisse zum Erziehungsverhältnis zu beiden Dimensionen; eigene Darstellung.

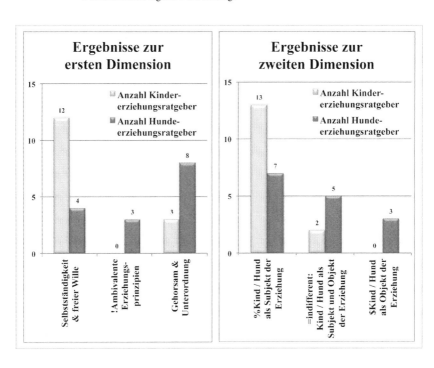

Tabelle 1 Entwicklungsförderndes und entwicklungshemmendes Erziehungsverhalten (Tschöpe-Scheffler, 2003a, 2003b); aus: Fünf Säulen der Erziehung. Wege zu einem entwicklungsfördernden Miteinander von Erwachsenen und Kindern.

Dimensionen elterlichen Erziehungsverhaltens	
grundsätzliche Haltung zum Leben, zu den Mitmenschen und zu sich selbst	
Erziehungs als dialogische Struktur des Miteinander-Umgehens, der Erziehungsstil ist demokratisch, sozial-integrativ, Kind wird als Subjekt wahrgenommen, Elternrolle wird bejaht	Erziehung entspricht entweder dem autoritären oder dem permessiven Erziehungsstil Kind wird vorwiegend als Objekt der Erziehung wahrgenommen, Eltern-rolle kann ablehnend-feindlich ambivalent und/oder dominant sein
⬇	⬇
entwicklungsförderndes Erziehungsverhalten	entwicklungshemmendes Erziehungsverhalten
liebevolle Zuwendung, emotionale Wärme	emotionale Kälte / emotionale Überhitzung
Achtung, Respekt Anerkennung	Missachtung, Geringschätzung
Kooperation, partnerschaftliches Miteinander	Dirigismus, Fremdbestimmung
Verbindlichkeit, Konsequenz	Beliebigkeit, Inkonsequenz

III. Ausblick auf das Gesellschafts-Tier-Verhältnis

Tiere sind Lebewesen mit Geist. Und jetzt? Gesellschaftliche Konsequenzen eines neuen Umgangs mit Tieren

Sonja Buschka und Jasmine Rouamba

Überblick

In den Diskursen der Medien, der Fach- und Forschungsliteratur, des deutschen Gesetzes und in der Öffentlichkeit taucht immer wieder der Begriff einer prinzipiellen geistigen Mensch-Tier-Differenz auf, mit der der Umgang mit *Tieren*[1] als *Nahrungs- und Kleidungsmittel, Versuchsobjekt, Haus- und Sporttier* sowie als *Ausstellungsstück und Prestigeobjekt* gerechtfertigt wird. Im Rahmen eines Forschungsprojekts haben wir untersucht, ob neuere Studien[2] zum Tierverhalten Belege gegen ‚Geist' als prinzipielle Mensch-Tier-Differenz liefern. Dies ist in umfassender Weise der Fall und so sind wir zu dem Ergebnis gelangt, dass ‚Geist' als prinzipielles Abgrenzungskriterium zwischen Menschen und *Tieren* wissenschaftlich nicht haltbar ist (vgl. Buschka/Rouamba in diesem Band). Da ‚Geist' als prinzipielles Unterscheidungsmerkmal zwischen Menschen und *Tieren* bisher maßgeblich die Legitimationsgrundlage für die menschliche Herrschaft über Tiere darstellt, schließt sich an unsere Ergebnisse unmittelbar die Frage an, welche Folgen es haben könnte, wenn die Gesellschaft daraus Konsequenzen für den Umgang mit Tieren ziehen würde. Dem gehen wir hier nach und spielen verschiedene denkbare gesellschaftliche Reaktionen und Auswirkungen durch.

Als Hinführung auf unsere Diskussion der möglichen Konsequenzen werden wir zunächst unseren theoretischen Hintergrund erläutern und ‚Geist' als vermeintliches prinzipielles Abgrenzungskriterium zwischen Mensch und *Tier* defi-

---

1 Bezeichnend für den sozialen Konstruktionsprozess ist die vollständige Homogenisierung und Zusammenfassung vielfältigster tierlicher Lebensformen unter dem Begriff ‚das Tier', der eine real nicht existierende Gleichheit des zusammen Kategorisierten vortäuscht und so Grenzziehungs- und Differenzbildungsprozesse vereinfacht. Im Folgenden wird der Begriff ‚das Tier' daher kursiv gesetzt, um auch bei der Widerspiegelung bestehender Diskurse auf die Nicht-Realität dieses Konstrukts hinzuweisen. Derselben Schreibweise bedienen wir uns auch, um auf weitere soziale Konstrukte hinzuweisen.

2 Unter neueren Studien werden im folgenden Studien der letzten zehn Jahren verstanden.

nieren. Weiterhin werden wir kurz die Ergebnisse unserer Forschung darstellen, die aufzeigen, dass ‚Geist' nicht als prinzipielles natürliches Abgrenzungskriterium dienen kann, sondern eine sozial konstruierte Differenz ist. Im zweiten Teil analysieren wir, welche möglichen Reaktionen der Gesellschaft auf die Erosion der Trennungslinie am ehesten denkbar sind und welche Konsequenzen es hätte, wenn diese realisiert würden.

1   Theoretischer Hintergrund

Bereits seit der Antike wird auf ‚Geist' als vermeintlich natürliches Unterscheidungskriterium zwischen Menschen und *Tieren* rekurriert: ‚Geist' wird als natürliches menschliches Alleinstellungsmerkmal konstruiert. Diese Unterscheidung ist folgenreich – insbesondere für die Tiere: Schon in der Antike wurde die Rechtsgemeinschaft und die Möglichkeit, Trägerin oder Träger moralischer Rechte und Pflichten zu sein, auf Geistinhaber beschränkt.[3] *Tiere* wurden zwar nicht immer als gefühllos, aber doch als vernunftlos konstruiert und waren somit von der rechtlichen und moralischen Gemeinschaft ausgeschlossen. An dieser Haltung hat sich bis heute wenig geändert. Selbst bei den wenigen und lückenhaften Rechten, die Tieren heute teilweise zuerkannt werden, bleibt bei dieser Rechtsverteilung stets der Mensch als geistiges Wesen der bestimmende Faktor: Menschen etablieren gewisse Rechte für Tiere, die jedoch im Wesentlichen aus menschlicher Sicht begründet werden; sie werden nicht als im *Tier* selbst begründet angesehen, sondern beruhen auf der unsteten Sympathie der Menschen gegenüber verschiedenen Tierarten oder auf ihrer Nähe zu den Menschen bzw. ihrer Ähnlichkeit mit ihnen.[4] Dementsprechend differiert die rechtliche Ausstattung von Menschen und Tieren und zwischen verschiedenen *Tierarten* erheblich. Von

---

3   Vgl. z.B. Baranzke über die Aristotelische Vorstellung von Rechtsgemeinschaft und Vernunft als Unterscheidungskriterium zwischen Mensch und Tier (2004: 3).

4   Dass diese Sympathie unstet ist, zeigt zum Beispiel der „Kampfhund"-Diskurs und dessen rechtliche Auswirkungen. Obwohl Hunde bisher in der modernen Gesellschaft auf der Sympathie-Skala weit oben standen, änderte sich dies schlagartig für bestimmte Hundearten nach einigen tödlichen Unfällen. Diese nun als „Kampfhunde" eingestuften Tiere unterliegen jetzt verschärften Richtlinien, müssen sich „Wesenstests" unterziehen und dürfen sogar aufgrund ihrer Klassifikation getötet werden, wenn sich keine passende Halterin oder passender Halter findet. Auch hier ist deutlich, dass der Mensch das Maß der Dinge ist: Der Mensch hat diese Hundeart zu „Kampfhunden" gezüchtet und erzogen – die negativen Folgen dieses Verhaltens haben jedoch die Hunde zu tragen.

besonderer Bedeutung ist dabei die Differenzierung zwischen Tieren, die legitimerweise getötet werden dürfen und anderen, die nicht getötet werden dürfen (vgl. u.a. Petrus 2011).

Wir hatten uns in unserem Forschungsprojekt das Ziel gesetzt zu untersuchen, inwieweit es angesichts neuerer Erkenntnisse der naturwissenschaftlichen Forschung heute noch möglich ist, die Annahme aufrecht zu erhalten, dass nur Menschen über ‚Geist' verfügen (siehe Buschka/Rouamba/Plichta 2007; Buschka/Rouamba in diesem Band). Es ging darum, ob die Verfügung über ‚Geist' tatsächlich ein prinzipielles natürliches Unterscheidungsmerkmal zwischen Menschen und Tieren ist, wobei ‚prinzipiell' meint, ob es tatsächlich so ist, dass Menschen grundsätzlich geistige und *Tiere* grundsätzlich geistlose Lebewesen sind.[5] Um die Frage für die Forschung handhabbar zu machen, haben wir verschiedene existierende Definitionen von ‚Geist' untersucht. Zunächst haben wir analysiert, wie ‚Geist' in der philosophischen Literatur definiert wird und welche Merkmale ihm zugeordnet werden. Anschließend haben wir neuere naturwissenschaftliche Studien zum Tierverhalten daraufhin geprüft, ob Menschen und Tiere sich tatsächlich in den Dimensionen grundsätzlich unterscheiden, in denen das Vorhandensein von ‚Geist' gemessen wird.

Die Dimensionen, die der Analyse von ‚Geist' in der philosophischen Literatur zugrunde gelegt werden, sind die folgenden: (1) Phänomenales Bewusstsein, (2) Intentionalität und Repräsentation, (3) Sprache, (4) Begriffliches Lernen, (5) Theorie des Geistes, (6) Denken und logische Schlüsse und (7) Erinnerung, Zeitverständnis und Planungsvermögen. In den untersuchten Studien zum Tierverhalten zeigt sich, dass es umfassende Belege dafür gibt, dass nicht nur Menschen sondern auch Tiere geistvolle Lebewesen sind. Das bedeutet nicht, dass alle Tierarten dem Menschen geistig genau gleichen (auch Menschen gleichen sich untereinander nicht genau im Hinblick darauf, in welchem Umfang und in welcher Weise sie über ‚Geist' verfügen). Es bedeutet aber, dass viele Tierarten, insbesondere große Säuger, Primaten und bestimmte Vogelarten über erhebliche geistige Vermögen verfügen. Sie können deshalb nicht als prinzipiell geistlose Wesen eingestuft werden. Das Ergebnis der untersuchten Studien ist somit, dass sich die Annahme, dass die Verfügung über ‚Geist' Menschen grundsätzlich von den Tieren unterscheidet, nicht länger wissenschaftlich haltbar ist.

Wie bereits erläutert, bildet jedoch dieses vermeintliche Vorliegen von ‚Geist' als menschliches Alleinstellungsmerkmal die wesentliche Legitimationsgrundlage für die menschliche Herrschaft über Tiere. Wenn aber die Verfügung über ‚Geist' kein menschliches Alleinstellungsmerkmal ist, wird es schwierig, mensch-

---

5   Diese pauschale Dichotomisierung ist in der Regel bereits ein typisches Kennzeichen für das Vorliegen einer sozialen Konstruktion (Buschka/Plichta/Rouamba 2007).

liche Herrschaft oder Macht über Tiere zu legitimieren. Unsere Frage ist daher, welche Folgen es hätte, wenn die Gesellschaft aus den wissenschaftlichen Ergebnissen Konsequenzen ziehen würde.

2 Denkbare Konsequenzen

Grundsätzlich sind neben dem vollständigen Ignorieren der wissenschaftlichen Erkenntnisse drei mögliche Reaktionen der Gesellschaft denkbar, mit denen sie auf den Wegfall der Legitimation der sozial konstruierten Grenzziehung im Mensch-Tier-Verhältnis reagieren könnte: (1) Es wäre denkbar, dass die Gesellschaft zu der Auffassung gelangt, dass Menschen keinerlei Legitimationsgrundlage bedürfen, um Herrschaft oder Macht über Tiere auszuüben; man könnte (2) dazu übergehen, eine alternative Legitimationsgrundlage zu etablieren; oder die Gesellschaft könnte (3) Praktiken der Ausübung von Herrschaft oder Macht über Tiere aufgeben. Im Folgenden diskutieren wir, welche Reaktionen der Gesellschaft auf die Erosion der Trennungslinie am ehesten denkbar sind und welche Konsequenzen es hätte, wenn diese realisiert würden.

2.1 Erste mögliche Konsequenz: Die Behauptung der Notwendigkeit einer Legitimationsgrundlage wird aufgegeben

Wie im vorhergehenden Abschnitt aufgezeigt wurde, ist ‚Geist' kein menschliches Alleinstellungsmerkmal und kann daher auch nicht mehr als Legitimationsgrundlage für die menschliche Herrschaft über Tiere dienen. Eine mögliche Konsequenz hieraus wäre, dass man zwar anerkennt, dass die Legitimationsgrundlage nicht mehr gültig ist, die Herrschaft oder Macht über Tiere aber dennoch aufrechterhält. Dies würde darauf hinauslaufen, die Notwendigkeit einer Legitimationsgrundlage für die menschliche Herrschaft über Tiere abzustreiten.[6] Es ist unseres Erachtens nicht zu erwarten, dass die Gesellschaft auf längere Sicht so reagiert. Offenbar stoßen die systematische Ausbeutung und institutionalisierte Gewalt gegenüber den sogenannten ‚Nutztieren', die Behandlung von Tieren als ‚Waren' und andere Formen der Ausübung von Herrschaft bzw. Macht über Tiere

---

6   Damit würde man ganz „offiziell" von einem (vermeintlich) legitimierten Herrschaftsverhältnis zu bloßer Machtausübung übergehen, die im Allgemeinen als illegitim angesehen wird (vgl. Weber 2005: §16, S. 38.)

(vgl. Gutjahr/Sebastian in diesem Band) in hochentwickelten Gegenwartsgesellschaften nur dann auf eine breite Unterstützung in der Bevölkerung, wenn Tiere
als ‚Andere' definiert werden, die nicht in gleicher Weise Solidarität und Empathie verdienen wie Menschen. Die Mechanismen, die dies ermöglichen, werden
als ‚De-Subjektivierung' bezeichnet (vgl. u.a. Petrus 2011).

Weiter spricht es für eine Legitimationsbedürftigkeit – insbesondere im Umgang mit den sogenannten ‚Nutztieren' –, dass viel Aufwand in die Bemühungen
gesteckt wird, die breite Öffentlichkeit von Schauplätzen der Herrschafts- und
Machtausübung über Tiere, wie Schlachthöfen und Versuchslaboren, fernzuhal-
ten. Würde sich jede Person zur Herrschaft über *Tiere* völlig berechtigt fühlen,
auch ohne eine spezielle Legitimationsgrundlage dafür haben zu müssen,
würde die Fernhaltung der Öffentlichkeit von Orten wie Schlachthöfen und
Versuchslaboren überflüssig sein, da ohnehin niemand ein Problem mit dem
hätte, was dort geschieht. Dass allerdings viele Menschen diesen Vorgängen
doch zumindest ambivalent gegenüberstehen, zeigt sich immer wieder, wenn es
vereinzelten Initiativen oder Reporterinnen und Reportern gelingt, Bilder von
gequälten Tieren in die Medien zu bringen und die genannten Praktiken damit zu
skandalisieren. Es folgt im Allgemeinen ein Aufschrei des Entsetzens. Dies deutet
darauf hin, dass viele Menschen schon jetzt durchaus ambivalent gegenüber
dem Töten und Essen von Tieren eingestellt sind und dieses nur so lange
unproblematisch funktioniert, wie die Vorgänge im Verborgenen stattfinden.

Hiermit eng verknüpft ist ein dritter Punkt: Wenn für die Herrschaft über
Tiere keine Legitimation bräuchten, warum wird dann für die Beschreibung von
Herrschaftsprozessen, wie zum Beispiel Schlachten, eine so stark euphemistisches
und verobjektivierendes Vokabular benutzt? Dass dies der Fall ist, kann in jeder Selbstbeschreibung von Schlachthöfen und Versuchslaboren nachgewiesen
werden (siehe auch Sauerberg/Wierzbitza in diesem Band, die das Tierbild der
deutschen Agrarökonomie diskursanalytisch untersucht haben). Beispiele hierfür
liefert auch Arran Stibbe, der in seinem Artikel „As Charming as a Pig" (2003)
die Rolle der Sprache bei der Legitimierung der Verwertung von als essbar klas-
sifizierten Tieren untersucht. Seine Untersuchung umfasst sowohl den Alltags-
als auch den wissenschaftlichen Diskurs im Umgang und der Verwertung von
Schweinen. Während der Alltagsdiskurs Schweine überwiegend mit negativen
Zuschreibungen versieht – so zählt Stibbe über sechzig verschiedene Schimpfwör-
ter und beleidigende Redensarten, die auf Schweine Bezug nehmen –, ist im wis-
senschaftlich-technischen Diskurs eine verobjektivierende Sprache über Schweine an der Tagesordnung. Diese transformiert das Schwein im Sprachgebrauch
von einem empfindungsfähigen Wesen in eine Sache, ein Objekt, eine Massenwa-
re, die der Verwertung dient und der keinerlei Gefühle oder Leidensfähigkeit zu-

erkannt werden. In dem *Tiere* sprachlich so konstruiert werden, wird gleichzeitig verdeckt, was ihnen in der menschlichen Herrschaftsmaschinerie angetan wird. Und eine solche Verdeckung macht nur Sinn, wenn man sich sonst im Rechtfertigungszwang für seine Taten sehen würde. Es ist daher nicht zu erwarten, dass der beschriebene Umgang mit Nutztieren weiter praktiziert werden könnte, wenn deutlich würde, dass die Legitimationsgrundlage für diese Praktiken inzwischen entfallen ist.

2.2 Zweite mögliche Konsequenz: Konstruktion einer neuen Legitimationsgrundlage

Die zweite mögliche Konsequenz aus dem Entfallen der Legitimationsgrundlage ,Geist' könnte sein, ihr Entfallen zwar anzuerkennen, dann aber eine neue Legitimationsgrundlage für die menschliche Herrschaft über Tiere zu konstruieren.[7] Eine denkbare Alternative wäre, die Praktiken gegenüber Tieren mit dem „Recht des Stärkeren"[8] zu begründen. Demzufolge wären Menschen zur Herrschaft über Tiere berechtigt, einfach weil sie dazu dank der ihnen Stärke verleihenden technischen Errungenschaften in der Lage sind. Eine solche Rechtfertigung menschlicher Herrschaft wäre denkbar, stünde jedoch im Widerspruch zu den Auffassungen über Recht und Gerechtigkeit in hochentwickelten demokratischen Gegenwartsgesellschaften. Die Rechtsordnung ist darauf ausgerichtet, zu verhindern, dass sich die jeweils körperlich oder technisch stärkere Partei durchsetzt. Stattdessen geht es darum, eine – zumindest vor dem Gesetz – gleiche Position für alle Bürgerinnen und Bürger zu schaffen. Menschen dürfen sich im Alltag nicht einfach nehmen, was sie wollen, nur weil sie dazu körperlich oder geistig in der Lage wären. Ein solches Verhalten zu legitimieren, würde einen öffentlichen Aufruhr verursachen, würde als Diebstahl, Körperverletzung, Freiheitsberaubung, Mord und ähnliches tituliert werden. Im menschlichen Leben wird ein „Recht" des Stärkeren also als Legitimationsgrundlage nicht akzeptiert. Wenn es nun als Legitimationsgrundlage für den Umgang mit Tieren dienen sollte, müsste ein gravierender prinzipieller Unterschied zwischen Menschen und Tieren nachgewiesen werden, der die Anwendung des „Recht" des Stärkeren auf Tiere rechtfer-

---

7   Ein derartiger Versuch wäre zumindest angesichts einer starken Lobby der Fleisch'erzeugungs'- und -verwertungsindustrie mit massiven ökonomischen Interessen zu erwarten.

8   Unter „Recht des Stärkeren" wird hier kein positives, in Rechtsordnungen auftauchendes Recht verstanden, sondern es wird ein Begriff der Alltagssprache aufgegriffen.

tigt, jedoch die Anwendung auf Menschen ausschließt. Ein solcher gravierender prinzipieller Unterschied müsste direkt oder indirekt wieder auf die bereits widerlegte prinzipielle geistige Mensch-Tier-Differenz rekurrieren., dass Menschen ‚Geist' prinzipiell zugesprochen und *Tieren* ‚Geist' prinzipiell abgesprochen wird.

Eine weitere mögliche alternative Legitimationsgrundlage für die menschliche Herrschaft über Tiere könnte naturalistisch angelegt sein und wäre mit der eben diskutierten Legitimationsgrundlage „Recht des Stärkeren" eng verwandt. Eine naturalistische Rechtfertigung würde davon ausgehen, dass es „in der Natur des Menschen liegt", Tiere zu beherrschen. Sie findet sich oft in Sätzen wie „Es ist nun mal eben in der Natur so, dass Menschen Tiere essen". Ähnlich wie in der vorherigen alternativen Legitimationsgrundlage, die auf dem „Recht des Stärkeren" beruht, stünde eine solche naturalistische Auffassung jedoch in starkem Widerspruch zu allen übrigen menschlichen Auffassungen über Recht und Gerechtigkeit: In der hochentwickelten Gegenwartsgesellschaft wird der Verweis auf ein (vermeintlich) naturbedingtes Verhalten auch nicht als legitim angesehen. Man findet zwar hin und wieder die Auffassung, Grausamkeit und Egoismus lägen in der Natur des Menschen. Dennoch werden diese Eigenschaften nicht positiv bewertet. Wenn ‚Natur' nun als Legitimationsgrundlage für den Umgang mit Tieren herhalten sollte, müsste (analog zur ersten alternativen Legitimationsgrundlage) ein gravierender prinzipieller Unterschied zwischen Menschen und Tieren nachgewiesen werden, der die Anwendung der Natur-Argumentation bei Tieren rechtfertigt, jedoch die Anwendung auf Menschen ausschließt. Ein solcher gravierender prinzipieller Unterschied würde mit großer Wahrscheinlichkeitfrüher oder später wieder auf die bereits widerlegte Konstruktion hinauslaufen, dass Menschen ‚Geist' prinzipiell zugesprochen und Tieren ‚Geist' prinzipiell abgesprochen wird. Ferner ist anzumerken, dass selbst wenn ‚Natur' eine sinnvolle Legitimationsgrundlage wäre, sie vermutlich nur geringe Teilbereiche menschlicher Herrschaft über Tiere abdecken würde: So mag zwar vielleicht noch das Essen von Tieren und die Anfertigung von Bekleidung aus ihren Körpern unter ‚Natur' fallen, es ist jedoch ungleich schwerer einzusehen, wie der Quälerei von Tieren in Versuchslaboren oder die Freiheitsberaubung und Zurschaustellung von Tieren in Zoos durch ‚Natur' gerechtfertigt werden könnte.[9]

---

9   Es ist uns bewusst, dass wir hier eine Art Pseudo-Klarheit des Begriffes ‚Natur' unterstellen, welche so in der Realität nicht existiert. ‚Natur' ist selbst bereits ein hochgradig sozial konstruierter und problematischer Begriff, wie die Debatten um Rassismen und Sexismen deutlich zeigen. Da eine solche Debatte hier jedoch nicht unser Thema ist, verwenden wir den Begriff aus Gründen der Einfachheit dennoch.

Als dritte mögliche alternative Legitimationsgrundlage könnte „Notwendigkeit" angeführt werden. So wird in Debatten über Vegetarismus und Veganismus oft argumentiert, dass dieser nur praktikabel sei, solange nur wenige Menschen sich ihm anschlössen und dass es nicht genügend pflanzliche Lebensmittel gäbe, um alle Menschen ausreichend zu ernähren. Zugespitzt fallen dann Aussagen wie „Ein Großteil der Menschen müsste verhungern, wenn wir tierliche Produkte prinzipiell vom Speiseplan streichen würden". Es lässt sich auch hier anführen, dass eine solche Argumentationsweise auf menschliche Fälle bezogen nicht angewandt werden würde. Kaum jemand – und erst recht nicht das Gesetz – würde es dulden oder für richtig halten, wenn jemand auf die Idee verfiele, Menschen zu töten, um anderen Menschen das (Über-)Leben zu ermöglichen. Derartige Aktionen würden auf großen Widerstand stoßen und gesetzlich geahndet werden. Wenn eine solche Argumentationsweise hinsichtlich der Tiere als Legitimationsgrundlage gebilligt werden würde, wäre das nur über die Behauptung einer prinzipiellen, gravierenden Mensch-Tier-Differenz möglich. Dies würde vermutlich im Endeffekt wieder auf die bereits widerlegte prinzipielle Differenz im Geiste hinauslaufen, so dass keine Basis für eine alternative Legitimationsgrundlage der „Notwendigkeit" bestünde. Ferner wird aus medizinischer Sicht zunehmend bezweifelt, dass der Verzehr von Fleisch und anderen tierlichen Produkten eine unverzichtbare Grundlage für eine gute Ernährung von Menschen bildet (vgl. American Dietetic Association 2003: 103, 748-765; Eidgenössische Ernährungskommission 2006: 3; DKFZ Pressemitteilung 2003; Waldmann 2005: 7-11).

Als vierte mögliche alternative Legitimationsgrundlage der menschlichen Herrschaft über Tiere könnten religiöse Gründe angeführt werden. So wird im Christentum zum Beispiel oft die Schöpfungsgeschichte angeführt, nach der Gott den Menschen geschaffen und ihm die Tiere zu Untertanen bestimmt hat.[10] Auch dieser Versuch einer Legitimation der menschlichen Herrschaft über Tiere erscheint uns wenig aussichtsreich: Zum einen besteht (zumindest in Deutschland wie auch in vielen anderen Ländern) eine Trennung zwischen Kirche und Staat, so dass eine religiöse Begründung zur rechtlichen Legitimation menschlicher Herrschaft über Tiere nicht anwendbar ist. Zum anderen besteht auch innerhalb religiöser Gemeinschaften große Uneinigkeit über die Interpretation biblischer Zitate zur Behandlung von Tieren. So impliziert die Formulierung „Macht Euch die Erde Untertan" keineswegs zwingend, dass der Herrscher oder die Herrscherin Tiere töten oder mit ihnen nach Belieben verfahren dürfen – im Gegenteil lässt sich auch plausibel argumentieren, dass die Herrschenden eine besondere Fürsorgepflicht gegenüber ihren Untertanen haben.

---

10 Vgl. Genesis 1.26 aus der Bibel (1989)

Wie gezeigt, ergibt keine der vorgetragenen möglichen alternativen Legitimationsversuche eine wirklich plausible Legitimationsgrundlage für die menschliche Herrschaft über *Tiere*.[11]

2.3 Dritte mögliche Konsequenz: Änderung gesellschaftlicher Praxen und Gesetzen im Umgang mit Tieren

Welches wäre nun die Folgen, wenn die Gesellschaft die Konsequenz ziehen würde, dass sie ihre Praxen und Gesetze im Umgang mit den Tieren grundsätzlich verändern würde? Da dies ein sehr umfangreiches Unternehmen wäre, konzentrieren wir uns hier auf nur einen Teilbereich: Bisher ist es dem Menschen gesetzlich und auch nach dem Commonsense erlaubt, Tiere zu zahlreichen Zwecken zu töten. Zu diesen Zwecken zählen zum Beispiel die Tötung von Tieren zur Nahrungsherstellung, zur Bekleidungsherstellung, in der medizinischen Forschung bei der Erforschung von Reinigungsmittel und Kosmetika, in der Jagd- und Forstwirtschaft, bei der „*Schädlings*"-Abwehr sowie beim „Einschläfern" von *Haustieren*. Wir wollen nun die gesellschaftlichen Auswirkungen untersuchen, die der Erlass eines Tötungsverbots von Tieren zur Folge hätte. Da auch dieser Bereich noch sehr umfangreich ist, begrenzen wir im Folgenden unsere Diskussion auf die gesellschaftlichen Folgen eines Tötungsverbots von Tieren zu Nahrungszwecken. Die Konzentration auf diesen Teilbereich erscheint uns sowohl aufgrund der hiermit verbundenen, gesellschaftlich höchst relevanten und aktuellen Unterthemen wie CO_2-Ausstoß und Welthunger sinnvoll als auch deshalb, weil die Frage nach der gesellschaftsweiten Möglichkeit einer fleischlosen Ernährung bei Diskussionen eines Verbot des Tötens von Tieren oft als erstes gestellt wird. Wir gehen hierbei von einer veganen Ernährung aus, die auf jegliche tierliche Produkte verzichtet, und gegenüber einer „nur" vegetarischen Ernährung somit auch Milch- und Eiprodukte ablehnt, da auch hierfür Tiere nicht „nur" (aus)genutzt, sondern auch getötet werden (vgl. 3.2).

---

11 Weitere Legitimationsversuche haben wir weder bei der Literaturrecherche noch bei eigenen Überlegungen gefunden.

3 Gesellschaftliche Auswirkungen eines Tötungsverbots von Tieren zu Nahrungszwecken

In 2009 wurde in der Fleischbranche allein in Deutschland ein Umsatz von 31,4 Mrd. Euro erzielt, was einem Umsatzwachstum von 1,7% gegenüber 2008 darstellt. Dies entspricht 7.216.300 Tonnen Rind-, Kalbs-, Schweine-[12] und Geflügelfleisch und einem statistischen Pro-Kopf-Verbrauch von 88,5 kg Fleisch pro Jahr. Damit nimmt die Fleischproduktion einen Anteil von 24% am gesamten Ernährungsgewerbe ein. 14,8% des erzeugten Fleisches war für den Export bestimmt. In 2009 beschäftigte die schlachtende und Fleisch verarbeitende Branche in Deutschland 84.269 Mitarbeiterinnen und Mitarbeiter[13], was einen Anteil von 20% am gesamten Ernährungsgewerbe ausmacht (NGG 2010: 2f). Die weltweite Fleischproduktion wird bis 2020 voraussichtlich von 287 Mio. Tonnen in 2010 mit einer jährlichen Zuwachsrate von 1,8 % auf 323 Mio. Tonnen steigen (OECD 2011). Diese Daten zeigen, dass die gesellschaftlichen Auswirkungen eines Tötungsverbotes von Tieren zu Nahrungszwecken vielfältig wären: Sie würden eine massive Umstellung der Ernährung mit Auswirkungen auf die Gesundheit und das Gesundheitssystem erfordern, neue Wege in der Welthungerbekämpfung ermöglichen, den Wegfall von Arbeitsplätzen und die Umstrukturierung der Nahrungsmittelindustrie und der Exportwirtschaft sowie Änderungen in der Steuer- und Subventionspolitik notwendig machen und Auswirkungen im Hinblick auf den Klimawandel und Artenerhalt haben. Da wir leider in der gebotenen Kürze nicht alle diese Auswirkungen detailliert besprechen können, konzentrieren wir uns im Folgenden auf die vier Bereiche „Auswirkungen auf die Beschäftigungssituation in Deutschland", „Auswirkungen einer fleischlosen Ernährung auf die Gesundheit und das Gesundheitssystem", „Auswirkungen auf neue Wege bei der Bekämpfung des Welthungers" sowie „Auswirkungen auf den Klimawandel durch Wegfall eines großen Anteils CO_2-Ausstoßes".

---

12 So wurden allein in 2007 von den zehn größten Schlachtbetrieben in Deutschland 53,3 Millionen Schweine getötet (NGG 2008: 8).

13 Inklusive Teilzeitarbeitende, exklusive Nutztier-Halterinnen und -halter.

3.1 Auswirkungen auf die Beschäftigungssituation in Deutschland

Im Folgenden wird aufgezeigt, wie sich ein Verbot des Tötens von Tieren auf die Beschäftigungssituation in Deutschland auswirken könnte. Dabei werden Zahlen über die Hauptindustrien „Fisch und Fleisch" verwendet, um die Auswirkungen aufzuzeigen. Natürlich wären noch weitere Beschäftigungszweige betroffen. Inwiefern hier noch die Aufteilung zwischen Fisch, Fleisch und anderen Waren vorzunehmen wäre, bleibt spekulativ und deshalb weitestgehend ohne statistischen Zahlenwert. Wie bereits erwähnt, ist die Fleischbranche ein lukratives Geschäft: Mit einem Umsatz von 31,4 Milliarden Euro in Deutschland im Jahr 2009 und mit 7.216.300 Tonnen geschlachteten Geflügel-, Rind-, Kalb- und Schweinefleisch macht diese Branche 24% vom Ernährungsgewerbe aus. Die schlachtende und fleisch- und fischverarbeitende Branche stellte in 2009 84.269 Mitarbeiter und hinzu kommen 8.255 Beschäftigte bei Herstellern von Futtermitteln[14] – zusammen also 89.524 Beschäftigte (außen vor sind zahlreiche Beschäftigte in Betrieben mit weniger als 50 Beschäftigten, da diese nicht statistisch nicht erfasst werden[15]). Des Weiteren würde von einem Verbot des Tötens von Tieren auch die Fischbranche schwer getroffen. Im Jahr 2009 wurden Fische mit 2.1 Millionen Tonnen Fanggewicht verarbeitet. Davon fingen deutsche Fischerinnen und Fischer 273.000 Tonnen was 13% des Basisaufkommens von Fisch in Deutschland ausmacht. Die Gesamtzahl der Beschäftigten in der Fischindustrie beträgt 40.913 Menschen. Zusammen mit allen Zweigen der Fischbranche wurde 2009 in Deutschland ein Umsatz von 8 Milliarden Euro erwirtschaftet (Fisch-Informationszentrum e.V. 2010, Broschüre Daten und Fakten 2010). Bei der Einführung eines Verbot des Tötens von Tieren wären also weit über Einhunderttausend Beschäftigungsverhältnisse in Gefahr. In wie weit sich Betriebe umstellen können, in dem sie anderen Geschäftszweigen in der Lebensmittelbranche nachgehen können, wird später diskutiert. Weiter betroffen von einem Verbot des Tötens von Tieren wären Speditionen, Großhändler, kleine Zulieferbetriebe, die schon verarbeitete, fertige Ware transportieren und die Endverbraucherstätten bedienen. Weiterhin wäre die Lederwarenindustrie, die Verpackungsindustrie, die auf tierliche Produkte spezialisierte Fast-Food Industrie, Supermärkte, Restaurants sowie ein großer Teil der Lebensmittelindustrie, die zwar nicht mit Fleisch, aber mit sonstigen tierlichen Erzeugnissen wie zum Beispiel Gelatine, Milchprodukten und ähnlichem arbei-

---

14 Quelle: Statistisches Bundesamt, BMELV (425), einsehbar beim Bundesverband der Deutschen Fleischwarenindustrie e.V. unter http://www.bvdf.de
15 Siehe Branchenbericht NGG 2009 und 1. Halbjahr 2010 (NGG 2011).

tet, betroffen. Es wird deutlich, dass ein Verbot des Tötens von Tieren nicht nur
für den Arbeitsmarkt gewaltige Auswirkungen hätte, sondern auch eine völlige
Neustrukturierung der deutschen Lebensmittelindustrie bedeuten würde.

Im Hinblick auf die Arbeitsplatzsituation wäre ein Wegfall von weit mehr als
Hunderttausend Arbeitsplätzen zunächst wahrscheinlich, was die Sozialversiche-
rungssysteme belasten würde. Vor dem Hintergrund eines sofortigen *Verbot des
Tötens von Tieren* würde der Staat möglicherweise die Beiträge zur Arbeitslosen-
versicherung anheben, um den gewachsenen Bedarf an Leistungen zu finanzieren.
Diese hätte wiederum wirtschaftliche und gesellschaftliche Konsequenzen, da sich
der Faktor Arbeit verteuern und zu weiteren Entlassungen führen könnte. So ent-
stünde ein negativer Kreislauf. Weiterhin entfielen Einnahmen aus der Gewerbe-
und Körperschaftssteuer, was zunächst zu einem Sparzwang in den Gemeinden
und im Staat führen könnte. Jedoch kann aus der Einführung eines Verbot des
Tötens von Tieren auch eine Neu-Ausrichtung der Betriebe und der Lebensmittelbranche erfolgen: Für hochspezialisierte Betriebe der Fisch- und Fleischindustrie
wäre eine Umstellung gerade aufgrund ihres Spezialisierungsgrades vermutlich
schwer, aber für andere Unternehmen der Lebensmittelbranche könnte die Umstrukturierung des Essverhaltens ein großes Potential bieten, neue Arbeitsplätze
zu schaffen und entfallende Arbeitsplätze zumindest teilweise zu kompensieren.
Landwirte könnten sich, möglicherweise mit Unterstützung des Staates, auf vegane Lebensmittelproduktion umstellen. Andere Branchen wie die Gastronomie
und Zulieferbetriebe könnten relativ leicht auf eine vegane Ernährungsweise in
Deutschland umstellen. Sollte der Verzehr von Fleisch und Fisch sowie anderen
tierlichen Produkten eingestellt werden, würden andere Arten von Nahrungsmit-
teln vermehrt nachgefragt, wie etwa Sojaprodukte. Zulieferbetriebe würden dann
statt Fleisch und sonstiger tierlicher Produkte andere Produkte ausliefern und
wären so nicht ganz so stark von dem Arbeitsplatzwegfall durch Auftragswegfall
aus der Fisch- und Fleischindustrie betroffen. Zudem könnten neue Arbeitsplätze
in der Ernährungsberatung sowie Innovationen auf dem Markt entstehen. Auch
hieraus entstünden neue Arbeitsplätze, die den Wegfall der Arbeitsplätze an die
Fisch- und Fleischindustrie zumindest teilweise kompensieren könnten.

3.2   Auswirkungen auf die Gesundheit und das Gesundheits-
system

Bei der Untersuchung möglicher Auswirkungen eines Tötungsverbots von Tieren zu Nahrungszwecken auf die Gesundheit und das Gesundheitssystem ist zunächst die Frage zu klären, ob dann künftig von einer vegetarischen oder einer

veganen Ernährung[16] auszugehen ist. Nach der allgemeinen Meinung ist eine vegetarische Ernährung angemessen, will man einen Ernährungsstil praktizieren, der nicht auf dem Tod von *Tieren* aufgebaut ist. Ein genauerer Blick hinter die Kulissen der Milch- und Ei-Wirtschaft widerlegt diese Ansicht jedoch deutlich: Damit eine Kuh Milch geben kann, muss sie wie die meisten säugenden Lebewesen schwanger werden und Kälber zur Welt bringen. Die Kälber werden kurz nach der Geburt von ihrer Mutter getrennt und – sofern sie männlich sind und daher nicht zur *Milchkuh* taugen – gemästet und der Schlachtung zugeführt. Auch die *Milchkühe* selbst werden nach einer fünf- bis sechsjährigen maximalen Ausbeutung der Schlachtung zugeführt – ihre natürliche Lebensdauer läge zwischen 20 und 40 Jahren (NEIC 2008: Panel 8). Ähnlich sieht es bei der Produktion von Eiern aus: In den Zuchtfarmen, die die *Legehühner* produzieren, werden männliche Küken als Ausschuss behandelt, da sie weder Eier legen können noch aufgrund ihrer genetischen Manipulation zur Fleischproduktion geeignet sind. Dieser „Ausschuss" wird dann lebendig in den Fleischwolf geworfen, vergast oder in Plastiktüten erstickt und zu Tierfutter verarbeitet. Die *Legehühner* selbst werden getötet und als Fleisch zweiter Wahl verkauft, sobald ihre Produktivität unter die festgelegte Menge sinkt (was nach ca. 2 Jahren der Fall ist – ihre natürliche Lebensdauer beträgt ca. 7 Jahre) (NEIC 2008: Panel 8).[17] Wie deutlich geworden ist, ist ein „nur" vegetarische Ernährungsstil also auf der Tötung von *Tieren* aufgebaut. Soll das Tötungsverbot von *Tieren* zu Nahrungszwecken also ernst genommen und konsequent umgesetzt werden (was auch ein Importverbot *tierlicher* Lebensmittel implizieren müsste), kann der zu untersuchenden Ernährungsstil nur ein veganer sein.[18]

---

16 Unter einer vegetarischen Ernährung werden hier Ernährungsstile verstanden, bei denen weder Fleisch noch Fisch, jedoch Milch- und Ei-Produkte verzehrt werden. Unter veganer Ernährung wird ein Ernährungsstil verstanden, bei dem keinerlei tierliche Produkte verzehrt werden, d.h. nicht nur kein Fleisch und Fisch, sondern auch keine Milch-, Ei- und Honigprodukte usw.

17 Auf die Beschreibung der Leiden, die den Tieren vor ihrer Tötung zugefügt werden, wurde hier verzichtet, da der Fokus des Artikels nur auf der Tötung von Tieren liegt. Eine detaillierte Beschreibung kann jedoch nachgelesen werden unter http://www.nutritionecology.org/de/panel8/intro.html oder auf den Webseiten der Tierschutz- und Tierrechtsorganisationen.

18 Manchmal wird gegen eine vegane Lebensweise eingewandt, dass Tiere nicht getötet werden müssten, sondern mit ihrem Konsum bis zu ihrem natürlichen Tod gewartet oder „überflüssige" männliche Tiere bis zu ihrem natürlichen Tod auf eine Art Gnadenhof gehalten werden könnten. Eine solche Sichtweise mag zwar nicht oder weniger gegen ein angenommenes Verbot des Tötens von Tieren verstoßen, verstößt dafür aber sowohl gegen eine auf Wirtschaftlichkeit ausgerichtete Produktion als teilweise auch

Als Nächstes stellt sich nun die Frage nach den Auswirkungen eines veganen Ernährungsstils auf die Gesundheit. Hierzu wurden Studien an praktizierenden Vegetarierinnen und Vegetariern sowie Veganerinnen und Veganern[19] sowie diverse Verlautbarungen und Untersuchungen renommierter Institutionen untersucht. Die American Dietetic Association (ADA) und der Verband kanadischer Ernährungswissenschaftler (DC) ziehen ein positives Fazit über die gesundheitlichen Konsequenzen eines vegetarischen und veganen Ernährungsstils:

> Die Amerikanische Gesellschaft der Ernährungswissenschaftler und der Verband kanadischer Ernährungswissenschaftler vertreten die Position, dass eine vernünftig geplante vegetarische Kostform gesundheitsförderlich und dem Nährstoffbedarf angemessen ist sowie einen gesundheitlichen Nutzen für Prävention und Behandlung bestimmter Erkrankungen hat. [...] Eine vegetarische wie auch die vegane Ernährung entsprechen den gegenwärtigen Empfehlungen für die wichtigsten Nährstoffe für Vegetarier und Veganer wie Protein, Zink, Kalzium, Vitamin D, Riboflavin, Vitamin B12, Vitamin A, n3-Fettsäuren und Jod.[20] In manchen Fällen kann die Gabe angereicherter Nahrungsmittel oder Nahrungsergänzungsmittel hilfreich sein, um den Bedarf für einzelne Nährstoffe [...] zu decken. Gut geplante vegane und andere Formen der vegetarischen Ernährung sind für alle Phasen des Lebenszyklus geeignet, einschließlich Schwangerschaft, Stillzeit, frühe oder späte Kindheit und Adoleszenz. (ADA 2003: 103, 748-765)

und

> Diese Ernährungsformen bieten ernährungswissenschaftlich eine Reihe von Vorteilen: [...]Vegetarier [und Veganer] weisen niedrigere Körpermasse-Indices auf als Nichtvegetarier [-veganer], ebenso ist die Todesrate für ischämische Herzkrankheiten geringer. Vegetarier [und Veganer] haben darüber hinaus niedrigere Cholesterin-Blutwerte, einen niedrigeren Blutdruck, leiden seltener an Bluthochdruck, Diabetes Typ 2, sowie Prostata- und Darmkrebs. (ADA 2003: 103, 748-765)

---

gegen geschmackliche Präferenzen der Konsumentinnen und Konsumenten und ist daher keine echte Alternative. (Weiterhin kann eine solche „Produktionsweise" tierlicher Produkte dennoch auf einem Herrschafts- und Ausbeutungsverhältnis beruhen.)

19   Aktuellen Umfragen zufolge sind mehr als sechs Millionen Deutsche Vegetarier, was ca. 7,5% der Bevölkerung entspricht (Deutscher Vegetarierbund 2009); hierum sind wiederum ca. 10% VeganerInnen sind. In den USA sind ca. 2,5% der Bevölkerung VegetarierInnen und ca. 1% VeganerInnen (ADA 2003: 3).

20   Detaillierte Untersuchungsergebnisse zu den einzelnen Nährstoffen und den Auswirkungen auf das Risiko an bestimmte Erkrankungsrisiken siehe ADA-Positionspapier 2003.

Auch die schweizerische eidgenössische Ernährungskommission bestätigt in ihrem Bericht über vegetarische und vegane Ernährungsformen, dass Vegetarierinnen und Vegetarier bzw. Veganerinnen und Veganer zumeist gesünder leben und ein geringeres Risiko aufweisen, an Herzkreislaufkrankheiten, bestimmten Krebsarten, Bluthochdruck und Dickleibigkeit und deren Folgen zu erkranken. Eine mögliche Nahrungsergänzung für Vitamin B12 und Eisen wird bei Veganerinnen und Veganern in bestimmten Fällen (z.b. Schwangerschaft) für sinnvoll gehalten (Eidgenössische Ernährungskommission 2006: S. 3). Ebenso bestätigt Prof. Jenny Chang-Claude vom Deutschen Krebsforschungszentrum Heidelberg, dass Menschen mit veganem bzw. vegetarischem Lebensstil gemäß ihrer Längsschnittstudie länger leben als der Durchschnitt und weniger an Herzkrankheiten, Bluthochdruck, Diabetes, Gicht und Übergewicht leiden (DKFZ Pressemitteilung 2003). Auch Annika Waldmann, die im Rahmen ihrer Dissertation die Deutsche Vegan-Studie analysiert hat, kommt zu dem Schluss, dass mit einer veganen Ernährung in der Regel ein gesundheitsfördernder Lebensstil verbunden ist, eine vegane Ernährung durch eine günstige Relation der Hauptnährstoffe sowie einen hohen Gehalt an antioxidativen Substanzen und Ballaststoffen gekennzeichnet ist und dass vegane Ernährung in einem Lipidprofil resultiert, dass mit einem geringen Risiko für kardiovaskuläre Erkrankungen einhergeht. Sie weist darauf hin, dass Personen in bestimmten Lebensphasen wie Schwangerschaft oder Kindheit oder Personen mit einer unausgewogenen veganen Ernährung möglicherweise eine ausreichende Versorgung mit Vitamin B12 und Eisen über Nahrungsergänzungsmittel sichern sollten (Waldmann 2005: 7-11). Das Internationale Zentrum für Ernährungsökologie (NEIC) weist in seinen Petition über die „Abschaffung der Zuschüsse der Europäischen Union für Fischerei und Viehzucht" auf Folgen des Fleischverzehrs wie eine Unterernährung in der „Dritten" Welt und enorme, teilweise auch klimawirksame Umweltschäden und Wasserverschwendung sowie auf die durch Fleischkonsum verursachten Wohlstandskrankheiten hin (NEIC 2009: Petition). Diese Auffassung hinsichtlich der Wohlstandskrankheiten wird auch von der World Health Organization (WHO) und der Food and Agriculture Organization der United Nations geteilt (WHO/FAO 2002).

Weiterhin weist die NEIC in ihren wissenschaftlichen Untersuchungen ergänzend zu den vorher zitierten Beiträgen darauf hin, dass mit dem Verzicht auf Fleischkonsum nicht nur das Risiko für so genannte Wohlstandskrankheiten erheblich gesenkt würde, sondern auch das Risiko, an Lebensmittelinfektionen und -vergiftungen zu erkranken, die überwiegend durch tierliche Produkte verursacht werden. Auch das Risiko von Erkrankungen durch den Verzehr von verseuchtem Fleisch – als Beispiele sei an die jährlich wiederkehrenden Epidemien von BSE, Schweinefieber, Vogelgrippe sowie Maul- und Klauenseuche oder Dioxinvergiftungen gedacht – würde quasi auf Null sinken, ebenso wie das Risiko einer menschlichen Antibiotikaresistenz, wie sie durch den Konsum von Fleisch antibiotisch behandelter Tieren entstehen kann, sowie Gesundheitsrisiken aus der Entsorgung von tierlichen Exkrementen (NEIC 2008: Panel 3).

Eine gut geplante Ernährung ohne tierliche Produkte ist also durchaus nicht per se ein Gesundheitsrisiko, sondern sie kann im Gegenteil der Gesundheit sogar förderlich. Dabei liegt der Fokus auf einer *gut geplanten* Ernährung. Für eine solche gute Planung und für das Erheben des Themas fleischloser Ernährung in das Bewusstsein jeder und jedes Einzelnen wäre sicher der großflächige Einsatz von persönlicher Ernährungsberatung und -informationen sinnvoll, was zudem zumindest einen Teil der durch die Einstellung der *Nutztier*haltungs- und Fleischverarbeitungsindustrie entfallenden Arbeitsplätze kompensieren könnte.

Es stellt sich dabei auch die Frage, welche gesellschaftlichen Konsequenzen die fleischlose Ernährung hinsichtlich unseres Gesundheitssystems haben würde. Für die folgenden Ausführungen gehen wir von der Zeit nach der Umstellungsphase der Ernährung aus, d.h. eine gut geplante fleischlose Ernährung würde bereits seit einigen Jahren relativ flächendeckend praktiziert. Die erste Konsequenz wäre, dass erheblich weniger Menschen an den oben genannten Krankheiten wie Herzkreislaufkrankheiten, Bluthochdruck, Diabetes Typ 2, Gallensteine, Gicht, Übergewicht und bestimmten Krebsarten leiden würden und bei Krankheitsbehandlungen auch ein geringeres Risiko der Antiobiotikaresistenz bestünde. Damit könnten auch erhebliche Kosten für Behandlungen, Krankenhaus- und Rehabilitationsaufenthalte sowie Medikamente und Pflege eingespart werden, die derzeitig aus dem Auftreten der oben genannten Krankheiten entstehen. Derzeit stirbt in der Europäischen Union (EU) jede fünfte Person an einer kardiovaskulären Krankheit und jeden Tag sterben in der EU 4.500 Menschen an entsprechenden Komplikationen. Die geschätzten Kosten allein aus kardiovaskulären Erkrankungen belaufen sich derzeit auf ca. 500 Mrd. Euro pro Jahr und werden den entsprechenden Prognosen zufolge weiter steigen, da von einer Zunahme der zu Grunde liegenden Krankheiten, ebenso aber auch anderer „wohlstandsbedingter" Krankheiten ausgegangen wird (Assmann 2005). Wie aus diesen Zahlen erkennbar wird, liegen hier allein durch die Umstellung auf eine fleischlose Ernährung erhebliche Einsparungspotenziale vor. Um eine Mangelernährung auszuschließen oder rechtzeitig feststellen und beseitigen zu können[21], könnten Bürgerinnen und Bürger zum Beispiel jährlich ihr Blutbild analysieren lassen und in mehrjäh-

---

21 In einigen Fällen mag die Beseitigung eines festgestellten Nährstoffmangels nur durch Nahrungsergänzungsmittel (so genannte Supplements) behoben werden. Die Kosten hierfür könnten entweder die Krankenversicherungen aus ihren Einsparungen finan-

rigem Turnus an Schulungen zur gesunden veganen Ernährung teilnehmen. Für die Krankenversicherungen ergäbe sich hiermit die Möglichkeit und der Bedarf, sich wesentlich stärker zu Gesundheitskassen und Präventions- und Beratungsinstitutionen[22] zu wandeln als es heute – entgegen diverser Positionierungsversuche der Branche – der Fall ist. Natürlich würden diese Präventionsstrategien auch Kosten verursachen, die jedoch verglichen mit dem erheblichen Einsparungspotenzial durch Krankheitsreduzierung eher gering ausfallen dürften, so dass sich langfristig Kostensenkungen im Gesundheitssystem ergäben. Hieraus ergibt sich in weiterer Konsequenz, dass die Krankenkassenbeiträge gesenkt werden könnten, was zum einen den Bürgerinnen und Bürgern mehr Geld zu Konsum- oder anderen Zwecken zur Verfügung stellen würde, zum anderen aber gleichzeitig auch die Lohnnebenkosten für Angestellte senken würde, was der Wirtschaft in ihren Forderungen nach Attraktivitätssteigerungen des „Standort Deutschlands" entgegen käme.

Eine weitere Konsequenz aus der gesellschaftsweiten Umstellung auf eine Ernährung ohne *tierliche* Produkte und den somit reduzierten Krankheitszahlen wären geringere Fehlzeiten bei der Arbeit, was zu einer höheren Unternehmensproduktivität führen würde und somit der Wirtschaft zugute käme. Gleichzeitig würden auch die Fälle von Arbeitnehmerinnen und Arbeitnehmern sinken, die aufgrund der oben genannten Erkrankungen vorzeitig in Rente müssten. Die Arbeitsfähigkeit würde somit gefördert und bewahrt werden und eine längere Rentenzahlungsdauer durch Frühverrentung würde bei gleichzeitig längerer Zahlung von Beiträgen zur Rentenversicherung verhindert werden.

Natürlich entstünden durch die längere Lebenserwartung von VeganerInnen auch verlängerte Rentenzahlungsdauern. Inwieweit diese durch verlängerte Einzahlungszeiträume durch verminderte Frühverrentungen und Todesfälle ausgeglichen werden würden, ist derzeitig schwierig einzuschätzen; die verlängerte Rentenzahlungsdauer könnte eventuell zu steigenden Beiträgen zur gesetzlichen

---

zieren oder Bürgerinnen und Bürger privat zahlen, da auch sie durch den Kaufverzicht von teuren, tierlichen Produkten Einsparungen haben müssten.

22 Für konkrete Vorschläge zu Umsetzung und Inhalten umfassender Ernährungsberatung – sei es durch Krankenversicherungen oder durch staatliche oder private Organisationen – siehe ADA-Positionspapier (2003: 10). Eine Verpflichtung zu „Maßnahmen zur Erhaltung, Anpassung oder Stärkung [...] gesunder Essgewohnheiten und Nahrungsmittelzubereitung [...]" und „Ermutigungen zu Schritten der Aufklärung, Information und Etikettierung (...)" ist auch in den freiwilligen Leitlinien zur Unterstützung der schrittweisen Verwirklichung des Rechts auf angemessene Nahrung im Rahmen der nationalen Ernährungssicherheit der FAO festgeschrieben (FAO 2004: Leitlinie 10.1 und 10.2).

Rentenversicherung führen, was jedoch möglicherweise durch die sinkenden Beiträge zur Krankenversicherung kompensiert würde. Ob und in welcher Höhe hier letztendlich eine Einsparung auf der Gesamtebene durch eine gesellschaftsweite Umstellung auf eine Ernährung ohne tierliche Produkte entstünden, muss zu diesem Zeitpunkt spekulativ bleiben und wäre auch eine Angelegenheit politischer Entscheidungen.

Doch auch wenn letzten Endes die Einsparungen im Gesundheitssystem durch Mehrkosten im Rentensystem kompensiert würden, bliebe das insgesamt positive Fazit einer gesünderen Gesellschaft mit höherer Lebensqualität, einer durch Krankheitsfälle weniger belasteten Wirtschaft und einer Vermeidung umfassenden tierlichen Leidens.

3.3   Auswirkungen auf neue Wege in der Bekämpfung des Welthungers

Die Allgemeine Erklärung der Menschenrechte besagt, dass „jeder Mensch Anspruch auf eine Lebenshaltung hat, die seine und seiner Familie Gesundheit und Wohlbefinden, einschließlich Nahrung, Kleidung, Wohnung [...] gewährleistet." (Menschenrechte: Artikel 25). Dennoch leiden weltweit täglich über 963 Millionen Menschen auf der Welt an Hunger oder Durst, was etwas jedem siebten Menschen auf diesem Planeten entspricht. Jährlich sterben ca. 8,8 Millionen Menschen an den Folgen ihrer Unterernährung (FAO 2008, UN 2007). Die Bekämpfung des Welthungers ist daher eines der wichtigsten Aufgaben und Ziele der Food and Agriculture Organization der United Nations (FAO). Die FAO hat sich in ihren freiwilligen Leitlinien zur Unterstützung der Verwirklichung des Rechtes auf angemessene Nahrung im Rahmen der nationalen Ernährungssicherheit von 2004 das folgende Ziel gesetzt:

> Die Bekämpfung des Hungers wird in dem vom Ernährungsgipfel festgelegtem Ziel deutlich, die Zahl der unterernährten Menschen spätestens bis zum Jahr 2015 auf die Hälfte des gegenwärtigen Stands zu verringern und [...] den Anteil der Menschen, die Hunger leiden bis zu diesem Zeitpunkt zu halbieren. (FAO 2004: Teil 1, Artikel 1)

Viele Menschen in den westlichen Ländern halten die gegenwärtige Situation des Hungers zwar für tragisch und Hungerbekämpfung für eine wichtige Aufgabe, sind jedoch nicht der Meinung, dass ihr Verhalten – insbesondere ihr Essverhalten – irgendetwas mit dem Hunger in den Ländern der so genannten „Dritten

Welt"[23] zu tun hätte. Diese weit verbreitete Ansicht ist jedoch nicht korrekt. Was also hat der Hunger der „Dritten Welt" mit unserem Essverhalten zu tun? In den westlichen Ländern gehören Fleisch und tierliche Produkte für ca. 90% der Bevölkerung auf den Speiseplan. Viele Menschen verzehren sogar täglich Fleisch, fleischhaltige oder andere tierliche Produkte. Allerdings könnten diese riesigen Fleischmengen ohne massive pflanzliche Futtermittelimporte aus Ländern der „Dritten Welt" und Südamerika nicht produziert werden. 963 Millionen Menschen leiden Hunger, weil ihnen diese pflanzlichen Nahrungsmittel fehlen: Auf den landwirtschaftlichen Flächen dieser Regionen wird zwar pflanzliche Nahrung angebaut, diese werden aber als tierliche Futtermittel in die westlichen Ländern exportiert. Zudem ist Fleischproduktion energetisch gesehen die schlechteste Form der Bodennutzung: Für die Produktion von Fleisch werden sehr große Mengen an Getreide, das Menschen direkt ernähren könnte, an zu schlachtende Tiere verfüttert. 500 Hektar Sojabohnen liefern 562 kg verwertbares Protein, 500 Hektar Reis liefern 469 kg verwertbares Protein, 500 Hektar Mais liefern 505 kg verwertbares Protein und 500 Hektar Weizen bringen 520 kg verwertbares Protein hervor. Verfüttert man jedoch diese 500 Hektar Soja, Reis, Mais und Weizen an Tiere, wie es bei dem gebräuchlichen Kraftfutter üblich ist, erhält man aus dem so „produzierten" Fleisch lediglich 62.5 kg verwertbares Protein – gegenüber 2.056 kg „investiertem" verwertbaren Protein. Es gehen im Durchschnitt also über 90% der verwertbaren Nahrungsenergie beim Umweg über den „Aufbau" eines tierlichen Organismus verloren (DVB 2009: Petition „Lebensmittel gegen Futter" und NEIC 2008: Panel 1).

Zusätzlich gehen durch die Weide- oder Stallhaltung der Tiere weitere wertvolle landwirtschaftliche Anbauflächen verloren. Wenn die Ländern der „ersten" Welt ihren Konsum von mit Getreide gefütterten Tiere um nur 10% senken würden, könnten 64 Mio. Tonnen Weizen für den direkten menschlichen Verbrauch bereitgestellt werden. Dies könnte den aus dem Bevölkerungswachstum entstehenden Mehrbedarf an Nahrungsmittel für mehr als zwei Jahre decken (Stewart 1996; NEIC 2008). Ähnliche Verhältnisse liegen beim Wasserverbrauch vor: Für die „Produktion" nur eines Kilos Rindfleisch werden mindestens 15.000 Liter Wasser verbraucht – für die Produktion eines Kilos Getreide jedoch nur 400-3.000 Liter Wasser.

---

23 Der Begriff „Dritte Welt" ist durchaus umstritten, da er von einem linearen Modernisierungstheoretischen Ansatz ausgeht, der inzwischen als überholt gilt und eine Reihe imperialistische und rassistische Implikationen aufweist. Da wir die Begrifflichkeit hier jedoch aufgrund der gebotenen Kürze nicht weiter diskutieren können, verwenden wir ihn dennoch.

Würde nun also als Reaktion auf die Forschungsergebnisse, dass Tiere geistvolle Lebewesen sind, ein Tötungsverbot von Tieren zu Nahrungsmittelzwecken
erlassen werden, wären in der Bekämpfung des Welthungers ganz neue Wege möglich: Die Chance würde sich drastisch erhöhen, dass ausreichend Nahrungsmittel für alle Menschen zur Verfügung gestellt werden können, dass es ausreichend
Trinkwasser gäbe und dass die Länder, in denen aufgrund von Futtermittelex-
porten die meisten Menschen hungern, sich mit ihren eigenen landwirtschaftlichen Ressourcen ausreichend ernähren könnten. Es würde der Grund entfallen,
der für den Export der dringend benötigten Nahrungsmittel sorgt: Aufgrund der
großen Nachfrage nach tierlichen Futtermitteln werden für den Export der an-
gebauten pflanzlichen Nahrungsmittel höhere Preise durch westliche Nachfrager
– die oft auch noch durch Subventionen unterstützt werden – geboten als sie beim
Verkauf als menschliche Nahrungsmittel an die heimische Bevölkerung erziel-
bar wäre. Da die Länder aufgrund ihrer Armut, ihrer Verschuldung und anderer
Abhängigkeiten von den Industrieländern auf die Erwirtschaftung von Devisen
durch Exporte angewiesen sind, werden die dringend benötigten Nahrungsmittel
als Futtermittel exportiert. Dieses Phänomen würde entfallen, wenn die Nacfra-
ge nach Futtermitteln aufgrund der Einstellung der „Produktion" tierlicher Lebensmittel zum Erliegen käme. Somit würde ein Tötungsverbot von Tieren zu
Nahrungsmittelzwecken der Weltgesellschaft und auch den einzelnen nationalen
Gesellschaften ganz neue Wege eröffnen, gegen den Hunger vorzugehen – ihn gar
zu beseitigen –, ganz wie es die Allgemeine Erklärung der Menschenrechte und
die Freiwilligen Leitlinien der FAO vorsehen. Hierauf weisen auch die Petitionen
„Lebensmittel gegen Futter" und „Abschaffung der Zuschüsse der Europäischen
Union für Fischerei und Viehzucht" (beide NEIC: 2008) hin.
    Eine weitere, direkt für die deutsche Gesellschaft relevante Konsequenz wäre,
dass bei einer erheblichen Reduzierung des Welthungers auch Teile der finanziellen Transfers an ärmere Länder eingespart werden könnten, etwa diejenigen, die
als „Entwicklungshilfe" deklariert werden. Die Entwicklung hätte auch Konsequenzen in Bezug auf den sich abzeichnenden Klimawandel. Die Erwärmung des
Klimas wird naturwissenschaftlichen Prognosen zufolge zu einer Verringerung
der geeigneten Anbauflächen sowie zu einer Erschwerung der Nutzung der weiter bestehenden Flächen führen.[24] Eine Erhöhung der Effizienz im Umgang mit
den vorhandenen Ressourcen, die durch die Produktion pflanzlicher Lebensmit-

---

24 Durch großflächige Überflutungen werden voraussichtlich teilweise ganze Ländern
    unbewohnbar werden, so dass deren Anbauflächen unbrauchbar werden. Weiterhin
    wird der Anbau von Nahrungsmitteln aufgrund höherer Temperaturen schwieriger
    und bewässerungsintensiver.

tel unter Verzicht auf die „Produktion" tierlicher Lebensmittel gefördert würde, würde gleichzeitig auch eine geeignete Maßnahme dafür darstellen, dennoch die Sicherstellung einer ausreichenden Ernährung zu gewährleisten. Je weiter eine Gesellschaft bei ihrer Umstellung auf rein pflanzliche Ernährungsformen bei Eintreten der genannten Konsequenzen des Klimawandels sein wird, desto geringer werden ihre Anpassungsschwierigkeiten ausfallen und desto weniger Nahrungsmittelengpässe werden damit verbunden sein. Eine Umstellung auf pflanzliche Ernährungsstile wäre somit gesellschaftlich von Vorteil, da sie dazu beitragen würde, eine effektive Bekämpfung des Welthungers durch eine bessere Ressourcennutzung zu ermöglichen und negative Auswirkungen eines Klimawandels auf die Nahrungsmittelversorgung abzufedern. Damit könnte sie auch dazu beitragen, die Wahrscheinlichkeit künftiger gesellschaftlicher Unruhen und Kriege um Wasser und Nahrungsmittel erheblich zu reduzieren.

3.4 Auswirkungen auf den Klimawandel durch Verminderung klimarelevanter Gase

Man kann weiter davon ausgehen, dass ein Verbot zur Tötung sogenannter „Nutztiere" dazu beitragen würde, die weltweite Emission klimarelevanter Gase zu reduzieren.

Statistische Klimaaufzeichnungen über die Wetterereignisse gibt es nahe zu für jedes Gebiet auf der Erde. Eine Klimaveränderung kann demnach festgestellt werden, wenn es eine signifikante Veränderung der Messdaten gibt, welche über einen Jahrzehnte oder Jahrhunderte langen Zeitraum erhoben werden. Indikatoren für eine Veränderung des Klimas sind zahlreich: Darunter sind Veränderungen der bodennahen Lufttemperatur, Veränderungen von Gletschern, Intensität und Häufigkeit und die Verteilung bestimmter Wetterereignissen und viele mehr. Ursachen für Klimaveränderungen können externe und interne Ursachen haben. Vom Menschen verursachte Klimaveränderungen werden als externe, anthropogene Klimaveränderungen bezeichnet. Als interne Veränderungen werden Prozesse bezeichnet, die auch ohne die Existenz der Menschen auftreten würden. Der natürliche Treibhauseffekt ist für die Erde immens wichtig. Zu dem natürlichen Treibhauseffekt tragen im Wesentlichen fünf Spurengase bei: Wasserdampf (H_2O), Kohlendioxid (CO_2), Ozon (O_3), Lachgas (N_2O) und Methan (CH_4). Diese Spurengase sorgen dafür, dass sie die Sonnenstrahlung Richtung Erde fast vollständig passieren lassen können und absorbieren die von der Erdoberfläche emittierte Wärme, so dass die langwellige Ausstrahlung in den Weltraum verhindert wird. Dieser Effekt wird als Treibhauseffekt bezeichnet und sorgt dafür, dass es auf der Erde warm bleibt. Die anthropogene Emission klimarelevanter Gase verursacht einen Anstieg der fünf Spurengase in der Atmosphäre und verstärkt ihr Einwirkungspotential auf den Strahlungshaushalt der Erde. Dadurch kann eine erhebliche Störung der Energiebilanz des Planeten (anthropogener Treibhauseffekt) eine Änderung des globalen Klimas verursacht werden (World Watch Institute 2004; Enquete Kommission 1994).

Welcher Zusammenhang besteht nun zwischen anthropogenem Treibhauseffekt bzw. deren Reduzierung und einem Verbot des Tötens von Tieren? Die statistische Zusammenfassung des Ist-Zustandes wird wie folgt angegeben: Methan ist zusammen mit Lachgas ein klimarelevantes Spurengas, welches besonders viel von der Landwirtschaft emittiert wird: 45 % der Gesamtemission von Methan und 63 % der Lachgasemission wurde 2004 in Deutschland durch die Land- und *Vieh*wirtschaft verursacht (WWF 2007: 12; Bericht zur Wirksamkeit des Klimaschutzes in Deutschland bis 2020 des Bundesamtes für Umwelt 2007: 62ff). Diese Methanemission wird durch nahezu 100 % durch Tierhaltung verursacht. Sonstige Methanquellen sind die für Deutschland nicht besonders relevanten Formen des Nassreisanbaus und der Brandrodung. Die Emission von Lachgas wird zu 91 % durch Landbau mit gedüngten und ungedüngten Kulturen und nur zu 9 % durch direkte Tierhaltung verursacht. Hierbei müsste allerdings zusätzlich berücksichtigt werden, wie hoch der Lachgas-Emissionsanteil für die *Nutztier*-Futterproduktion ausfällt, wofür keine konkreten Zahlen vorliegen (WWF 2007: 12). Wesentlich für den Zusammenhang zwischen Klimawandel und Tierhaltung ist außerdem, dass Methan und Lachgas im Vergleich zu Kohlenstoffdioxid unterschiedliche intensive Wirkungen aufweisen: So entspricht eine Tonne Methan 21 Tonnen Kohlenstoffdioxid und eine Tonne Lachgas 310 Tonnen Kohlenstoffdioxid (WWF, 2007: 9).[25] Dies belegt die besondere Wirkung der beiden Gase. Der Methanausstoß der Fermentation bei der Verdauung der Tiere betrug 2004 882,1 Tonnen (wovon 817,1 Tonnen allein auf die Rinderhaltung zurückfallen) – hinzukommen noch 248 Tonnen Wirtschaftsdüngergut, so dass sich insgesamt 1.130,1 Tonnen Methanausstoß ergeben. Durch Tierhaltung emittiertes Lachgas beläuft sich – ohne Einberechnung der Futterproduktion – auf 9,2 Tonnen (WWF 2007: 12).

Allein für Deutschland könnten als Folge eines Verbotes, Tiere zu töten und durch die dadurch bedingte Einstellung der Nutztierhaltung und des Futtermittelanbaus in erheblichem Umfang klimarelevante Spurengase eingespart werden. Dies würde zu einer Verringerung des Treibhauseffektes beitragen.

---

25 Diese Umrechnung erfolgt nach dem Global Warming Potential (GWP 100), siehe auch IPCC 2001

Hinzu käme eine weitere Reduzierung des nicht nur klima- sondern auch gesundheitsschädlichen Ausstoßes von Kohlenstoffdioxid, da durch ein Verbot des Tötens von Tieren auch enorme Transportwege wegfallen würden und dies positiven Einfluss auf den anthropogenen Treibhauseffekt hätte. 1999 lagen die CO_2 Emissionen für den Bereich Verkehr in Deutschland bei ca. 22 % des Gesamtausstoßes (UBA 2003: laut Bayrischen Landesamt für Umwelt). Ein Teil dieses Ausstoßes könnte eingespart werden, da dann auch relevante Transportwege jeglicher Art, die im Zusammenhang mit Tiertötung- und -nutzung stehen, wegfallen würden.

Global gesehen liegt der Ausstoß von Methan bei 330 Millionen Tonnen und bei Lachgas bei 13 Millionen Tonnen im Jahr 2004 (WWF 2007: 8). Soweit die Landwirtschaft und insbesondere die *Nutztier*-Haltung in anderen Ländern ähnliche hohe Anteile an den Methan- und Lachgasemissionen haben wie Deutschland, ergäbe sich hieraus ein gigantisches Einsparungspotential mit positivem Einfluss auf den anthropogenen Treibhauseffekt. Ein Verbot des Tötens von Tieren hätte somit zur Folge, dass der Treibhauseffekt mit seinen problematischen Auswirkungen weniger gravierend ausfiele, insbesondere wenn dieses Verbot global und nicht nur national umgesetzt würde. Für die Gesellschaft würde dies bedeuten, dass Wetterereignisse, die auf eine Erderwärmung zurückzuführen sind, vermindert würden oder gar nicht erst entstünden. Sollte der Menschheit eine Reduktion des Treibhauseffektes nicht gelingen, würden ihr gemäß den Vorhersagen extreme Wetterphänomene wie Stürme, Überflutungen, Regenschauer und Hitzeperioden in stärkerem Ausmaß als bisher bevorstehen. Nicht nur für den Raum Deutschland würde dies im erheblichen Maße zu menschlichem Leid und zu erheblichen Kosten führen, die aus klimabedingten Ereignissen und deren Bekämpfung entstehen. Kosten für Aufräumarbeiten, Wiederaufbau, Versicherungskosten und vieles mehr würden steigen (oder die Leistungen aus Versicherungen werden gestrichen, da das Risiko nicht mehr kalkulierbar ist), wenn Naturkatastrophen in überdurchschnittlichem Maße entstünden. Weiterhin würden Wetterkatastrophen die Seuchengefahr erhöhen und eine Zunahme von Überschwemmungen durch Abschmelzungen der Polkappen bedingen. Allein Europa wurde zwischen 1998 und 2002 von über 100 größeren Überschwemmungen heimgesucht, die rund 700 Todesopfer forderten, die Umsiedlung einer halben Million Menschen notwendig machten und wirtschaftliche Verluste von mindestens 25 Mrd. Euro verursachten (EU-Kommission zum Hochwasserschutz 2004). Eine Milliarde Menschen – ein Sechstel der derzeitigen Weltbevölkerung – sind laut Experten der United Nations University (UNU) von den Gefahren, die durch Hochwasser und Jahrhundertfluten ausgehen bedroht, werden keine entsprechenden Vorbeugungsmaßnahmen getroffen könnte es zu mehr als einer

Verdopplung dieser Zahl innerhalb der nächsten zwei Generationen kommen. Weiter ist der Lebensraum von Menschen und Tieren in bestimmten Gebieten bei weiterem Temperaturanstieg akut bedroht: So ist aus der allgemeinen Presse zu entnehmen, dass es Überflutungsszenarien für Köln oder Szenarien für Trockenphasen für Brandenburg, Berlin und die Küstengebiete schon heute gibt. Tief gelegene Ländern wie zum Beispiel Bangladesh würden vermutlich komplett von der Landkarte verschwinden, sollte die Entwicklung ungebrochen voranschreiben. Weiterhin sind erhebliche Einbußen für die Landwirtschaft und Probleme in der Trinkwasserversorgung aufgrund dieser klimatischen Veränderungen zu erwarten, die die Ernährung der Bevölkerung drastisch erschweren werden. Es ist zwar nicht sicher, ob diese Szenarien wirklich im prognostizierten Umfang eintreten werden. Sicher ist aber, dass bestimmte anthropogene Gase Einfluss auf den Treibhauseffekt haben und dass es eine positive Wirkung auf das Klima hätte, wenn diese durch ein Verbot des Tötens von Tieren reduziert werden können.

4   Fazit

Wir haben in diesem Beitrag aufgezeigt, dass es angesichts neuerer Erkenntnisse der naturwissenschaftlichen Forschung überaus schwierig geworden ist, die sozial konstruierte Trennungslinie zwischen Menschen und Tieren und die in dem Rahmen legitimierte Praxis des Tötens und Verzehrens von sogenannten „Nutztieren" aufrecht zu erhalten. Denn die gängige Legitimation dieser Trennung, die im Wesentlichen auf der Annahme beruht, Menschen verfügten über ‚Geist', Tiere aber nicht, ist längst brüchig geworden. Weiter haben wir analysiert, welche Reaktionen der Gesellschaft auf die Erosion der Trennungslinie am ehesten denkbar sind und welche Konsequenzen es hätte, wenn diese realisiert würden. Wir haben gezeigt, dass man davon ausgehen kann, dass die Gesellschaft am ehesten eine der folgenden Konsequenzen wählt: (1) Den ersatzlosen Wegfall der Legitimationsgrundlage ‚Geist' bei Beibehaltung der menschlichen Herrschaft über Tiere, (2) den Verweis auf eine andere Legitimationsgrundlage und (3) die Anerkennung des ersatzloses Wegfalls der Legitimationsgrundlage ‚Geist', welche in die Änderung von Praxen und Gesetzen zum Umgang mit Tieren mündet. Es erscheint wenig plausibel, wie wir gezeigt haben, dass eine der beiden erstgenannten Alternativen auf längere Sicht hin realisierbar ist. Es ist deshalb denkbar, dass die Gesellschaft langfristig tatsächlich eine Abkehr vom Töten von Nutztieren vornimmt. Wir haben in dem Beitrag mögliche gesellschaftliche Folgen eines solchen Wandels aufgezeigt. Problematisch wäre insbesondere der Verlust an Arbeitsplätze in der Nahrungsmittelbranche, die vermutlich erst mittel- bis langfristig durch eine Neuausrichtung der Branche kompensiert werden könnte. Andere, positiv zu bewertende Folgen eines Verbotes des Tötens von Tieren für die betreffenden Gesellschaften wären jedoch – neben einer Vermeidung tierlichen Leids eine Verbesserung des durchschnittlichen Gesundheitszustands und der Ernährungssituation der (Welt-)Bevölkerung sowie eine Milderung des Treibhauseffektes.

Literatur

ADA American Dietetic Association (2003): Positionspapier Vegetarian Diets, S. 103, 748-765, online abrufbar unter http://www.vegetarierbund.de/gesundheit/studien/72-studien/174-positionspapier-ada-vegetarische-ernaehrung, abgerufen am 06.01.2009 Akademie für Tierschutz (http://poll.tierschutzbund.de/00650.html)
Assmann, G. (2005): Vermeidung von Fehlversorgung durch punktgenaue Präventionsstrategien, Vortrag BayerVital AG, Berlin, 29.06.2005
Baranzke, Heike (2004): Eine kurze Ideengeschichte der Tierliebe, in Tiere. Eine andere Anthropologie, Hrsg. Böhme et al., Böhlau Verlag Köln
Bayrisches Landesamt für Umwelt 2004: Autorin Dr. Katharina Stroh: Treibhausgase
The Bible, New Revised Standard Version with the Apocrypha, 1989, Hendrickson Bibles in Conjunction with Oxford University Press, Oxford
Bürgerliches Gesetzbuch (47. Auflage): Beck Deutscher Taschenbuchverlag, München
Bundesverband der Deutschen Fleischwarenindustrie e.V. unter http://www.bvdf.de
Bund gegen Missbrauch der Tiere (http://www.bmt-tierschutz.de/index.php?Seite=16)
DVB Deutscher Vegetarierbund (2009): www.vegetarierbund.de, abgerufen am 06.01.2009
Deutsches Krebsforschungszentrum Heidelberg (2003): Vegetarier leben länger, Pressemitteilung Nr. 12 vom 06.03.2003 Eidgenössische Ernährungskommission, Bundesamt für Gesundheit (2006): Zusammenfassung des Expertenberichts Gesundheitliche Vor- und Nachteile einer vegetarischen Ernährung, Bern
Enquete Kommission: Schutz der grünen Erde; Klimaschutz durch umweltgerechte Landwirtschaft und Erhalt der Wälder. (1994)
FAO Food and Agriculture Orgaization of the United Nations (2004): Freiwillige Leitlinien der schrittweisen Verwirklichung des Rechts auf angemessene Nahrung im Rahmen der Nationalen Ernährungssicherheit, Text der 127. Tagung des FAO-Rates vom 22. - 27.11.2004
FAO Food and Agriculture Orgaization of the United Nations (2008): Number of hungry people rises to 963 millions, abrufbar unter http://www.fao.org/news/story/en/item/8836/icode/, abgerufen am 12.01.2009
Fisch-Informationszentrum e.V: Daten und Fakten 2010 , Hamburg
Keddy-Hector, A/ Allen, C/ Friend, T.H.: „Cognition in Domestic Pigs: relational Concepts and Error Recognitions", 2000, J. Compend. Psych. (submitted)
Menschenrechte, Allgemeine Erklärung der Menschenrechte (1948), Resolution 217 A (III) vom 10.12.1948
NEIC Nutrition Ecology International Center (2009): Petition Abschaffung der Zuschüsse der Europäischen Union für Fischerei und Viehzucht, abrufbar unter http://www.nutritionecology.org/de/news/petition_cap.html, abgerufen am 06.01.2009

NEIC Nutrition Ecology International Center (2008): Wissenschaftliches Panel 1 Umwelt-
    auswirkungen, abrufbar im Internet unter http://www.nutritionecology.org/de/panel1/
    intro.html, abgerufen am 06.01.2009
NEIC Nutrition Ecology International Center (2008): Wissenschaftliches Panel 3 Miss-
    handlungspathologien, abrufbar im Internet unter http://www.nutritionecology.org/de/
    panel3/index.html, abgerufen am 06.01.2009
NEIC Nutrition Ecology International Center (2008): Wissenschaftliches Panel 8 Tierlei-
    den, abrufbar im Internet unter http://www.nutritionecology.org/de/panel8/intro.html,
    abgerufen am 06.01.2009
NGG Gewerkschaft Nahrung-Genuss-Gaststätten (2010): Branchenbericht 2009 inkl. Ers-
    tes Halbjahr 2010 der Schlacht- und Verarbeitungsbranche; im Internet verfügbar unter
    http://www.ngg.net/branche_betrieb/fleisch/branchen_info/bb_info_fleisch_lang.pdf,
    abgerufen am 26.08.2011
OECD (20011): OECD FAO Agricultural Outlook 2011, online verfügbar unter http://
    www.oecd.org/document/4/0,3746,de_34968570_34968855_40709124_1_1_1_1,00.
    html , abgerufen am 26.08.2011
Petition Lebensmittel gegen Futter (2008), online abrufbar unter www.un.evana.org/in-
    dex.php?lang=de, abgerufen am 06.01.2009
Petrus, Klaus (2001): Schau Papi, der Heinz! Strategien der Verwandlung von Tieren in
    Nahrung, Vortrag auf der Konferenz Fleisch essen. Das gesellschaftliche Mensch-Tier-
    Verhältnis und die Bedeutung von Fleisch, am 01.07.2011 an der Universität Hamburg
Pork Industry Handbook (2002), Purdue University Press, Lafayette, IN oder als Broschüre
    L233 erhältlich unter www.ansi.okstate.edu/exten/swine/L-233.PDF
Buschka, Sonja/ Plichta, Christof/ Rouamba, Jasmine (2007): Ergebnisse neuerer Studien
    zum Geist als behaptete prinzipielle Mensch-Tier-Differenz und deren Konsequenzen,
    Forschungsbericht zum Projektseminar Wandel im Verhältnis der Menschen zu ihren
    Haustieren und neue Tierrechte, Hamburg
Statistisches Bundesamt, BMELV (425)
Stewart, H. (1996): Limit to Growth: Facing Food Scarcity; Canada Earth Saver
Stibbe, Arran (2003): As Charming as a Pig, in Society & Animals, Vol. 11, 4
TierSchG Tierschutzgesetz (2006)
Umweltbundesamt: Bericht Wirksamkeit des Klimaschutzes in Deutschland bis 2020
    (2007)
UN United Nations World Food Programme (2007): Ein Kind, das an Hunger stirbt, wird er-
    mordert, 22.10.2007, abrufbar unter http://www.wfp.org/german/?NodeID=43&k=251,
    abgerufen am 12.01.2009
Waldmann, Annika (2005): Einfluss der veganen Ernährung auf den Gesundheits- und
    Ernährungsstatus. Ergebnisse der Deutschen Vegan-Studie, Zusammenfassung der Dis-
    sertation, Universität Hannover.
Weber, Max (2005): Wirtschaft und Gesellschaft: Grundriss der verstehenden Soziologie,
    3. Auflage, Berlin: Zweitausendundeins
WHO World Health Organisation / FAO Food and Agriculture Organization of the United
    Nations (2002): Diet, Nutrition, and the prevention of chronic diseases, Bericht der ge-
    meinsamen Expertagung von WHO und FAO, 26. April 2002
Wolf, Jean-Claude (2004): Menschen sind Tiere. Über die Schwierigkeit, Tierrechte zu be-
    gründen, in Tiere. Eine andere Anthropologie, Hrsg. Böhme et al., Böhlau Verlag Köln

WWF Deutschland 2007: Autoren: Harald von Witzke, Steffen Noleppa Methan und Lachgas – Die vergessenen Klimagase

WWI World Watch Institute (2004): Meat – Now, it's not personal! World Watch Magazine Juli/August 2004

Herausgeberinnen, Autorinnen und Autoren

Anne Beeger-Naroska, hat an der TU Dresden und der Uni Hamburg studiert. Der soziologische Schwerpunkt ihres Studiums lag im Bereich abweichendes Verhalten und soziale Probleme. Des Weiteren befasste sie sich während ihres Studiums mit Politikwissenschaft, Psychologie und Ethnologie

Sonja Buschka, M.A., studierte Soziologie und Philosophie in Hamburg und Oxford. Sie ist Mitherausgeberin und Mitautorin zweier Aufsätze dieses Bandes sowie Mitgründerin der Group for Society and Animals Studies. Ihre Forschungsinteressen liegen neben der Erforschung des Gesellschafts-Tier-Verhältnisses insbesondere im Bereich Soziale Ungleichheit, Umweltsoziologie und angewandte Ethik. Zur Zeit arbeitet sie an ihrer Promotion über die Strukturen von Gesellschafts-Tier-Verhältnissen im europäischen Vergleich. Ihre Veröffentlichungen umfassen Aufsätze in den Journals *„Aus Politik und Zeitgeschichte"* (2012) und *„Journal for Critical Animal Studies"* (2012) sowie im Sammelband *„Gewalt. Ein interdisziplinäres Handbuch"* (i.E. 2013, Hrsg. Christ/Gudehus).

Julia Gutjahr, Dipl. Soz., studierte Soziologie an der Universität Hamburg. Sie arbeitet seit einigen Jahren wissenschaftlich zum Mensch-Tier-Verhältnis und ist Gründungsmitglied der Group for Society & Animals Studies in Hamburg. Ihre Erkenntnisinteressen liegen hier vor allem auf der Analyse der Mensch-Tier-Beziehung unter dem Aspekt eines Gewalt- und Herrschaftsverhältnisses sowie auf den Zusammenhängen zwischen Mensch-Tier-Verhältnis und Geschlechterverhältnis. Weitere Forschungsinteressen stellen neben der Frauen- und Geschlechterforschung gesellschaftstheoretische Ansätze dar. Zur Zeit bereitet sie ihre Promotion im Bereich Human-Animal Studies vor. Ihre Veröffentlichungen umfassen Aufsätze im Journal *„Aus Politik und Zeitgeschichte"* (2012) sowie im Sammelband *„Gewalt. Ein interdisziplinäres Handbuch"* (i.E. 2013, Hrsg. Christ/ Gudehus).

Judith Muster, Diplom Soziologin, Abschluss in Soziologie, Psychologie, Sozial- und Wirtschaftsgeschichte und Volkskunde an der Universität Hamburg. Ihre Schwerpunkte sind soziologische Kommunikations- und Konflikttheorien sowie sprachliche Gewalt. Zur Zeit arbeitet sie als diskursive Organisationsberaterin in der Nähe von Hamburg.

Birgit Pfau-Effinger. Dr. rer. pol., ist habilitiert und Professorin für Soziologie an der Universität Hamburg. Sie ist Inhaberin des Lehrstuhls für Sozialstrukturanalyse und Direktorin des Centrums für Globalisierung und Governance der Fakultät Wirtschafts- und Sozialwissenschaften, sowie Honorary Professor for Welfare State Studies of the Southern Danish University. Sie wurde auf Vorschlag der DFG 2010 in das Online-Verzeichnis exzellenter Wissenschaftlerinnen im deutschsprachigen Raum (AcademiaNet) aufgenommen. Die Schwerpunkte ihrer Forschung liegen in den Bereichen Theorie und Empirie des Gesellschaftsvergleichs, Verhältnis von Kultur und Institutionen, international vergleichende Forschung zu Wohlfahrtsstaaten, Familienpolitiken, Familienstrukturen und Arbeitsmärkten; informeller Sektor und Illegale Arbeit sowie zur Soziologie der Human-Animal-Relations. Sie war an der Leitung einer Reihe internationaler Forschungsprogramme beteiligt. Ihre Publikationen umfassen zahlreiche englischsprachige Bücher und wissenschaftliche Aufsätze, u.a. in wissenschaftlichen Zeitschriften wie *British Journal of Sociology; British Journal of Industrial Relations; Community, Work & Family, European Journal of Ageing; European Societies; Environment and Planning A; Innovation: The European Journal of Social Science Research; International Journal of Ageing and Later Life; International Journal of Sociology and Social Policy; Journal of Social Policy; Work, Employment and Society; Social Policy & Administration.*

Jasmine Rouamba studiert an der Universität Hamburg Soziologie und Erziehungswissenschaften und ist Mitautorin zweier Aufsätze dieses Bandes. Ihre Erkenntnisinteressen liegen neben Human-Animal-Studies insbesondere in den Bereichen Rassismus- und Migrationsforschung, Umweltpolitik und Introvision.

Achim Sauerberg ist Diplom-Politikwissenschaftler, Freier Journalist und politischer Berater mit Schwerpunkt Mitgliedergewinnung. Ferner ist er als Online-Redakteur bei statista.com und Mitarbeiter im Research-Team von „Die Welt in Zahlen" (Brand eins/statista, jährliches Erscheinen).

Bärbel Schulz ist Diplom-Soziologin und studierte an der Hamburger Universität zudem Politikwissenschaften, Geographie und Psychologie. Ihr soziologischer Schwerpunkt liegt im Bereich Wirtschaft und Betrieb. Dort war sie während ihres Studiums studentische Hilfskraft und anschließend wissenschaftliche Mitarbeiterin.

Marcel Sebastian, M.A., studierte Soziologie, Sozial- und Wirtschaftsgeschichte sowie Gender Studies an der Universität Hamburg. Seine Forschungsinteressen liegen in den Bereichen der Human-Animal-Studies, der Kritischen Theorie der Frankfurter Schule sowie der Forschung zum Nationalsozialismus. Er ist Stipendiat der Heinrich-Böll-Stiftung und promoviert derzeit zum Umgang mit Arbeitsbelastung im Schlachthof unter Berücksichtigung der Mensch-Tier-Beziehung. Seine Veröffentlichungen umfassen Aufsätze in den Journals „Aus Politik und Zeitgeschichte" (2012) und „Journal for Critical Animal Studies" (2012) sowie im Sammelband „Gewalt. Ein interdisziplinäres Handbuch" (i.E. 2013, Hrsg. Christ/Gudehus).

Tom Töpfer, Diplom Soziologe, studierte Soziologie, Politikwissenschaft, Erziehungswissenschaft und Psychologie an der Universität Hamburg und ist Gründungsmitglied der Group for Society and Animals Studies.Er ist wissenschaftlicher Mitarbeiter am Fachbereich Sozialökonomie der Universität Hamburg und promoviert im Bereich der soziologischen Netzwerkforschung.

Maren Westensee ist Absolventin des Studienganges Lehramt an der Oberstufe – Allgemeinbildende Schulen. Im Rahmen ihrer Examensarbeit im Fach Sozialwissenschaften mit Schwerpunkt Soziologie hat sie die soziale Konstruktion des Erziehungsverhältnisses am Beispiel der Erziehung von Kindern und Hunden in der Gegenwartsgesellschaft mittels einer Diskursanalyse untersucht. Sie ist Gründungsmitglied der Group for Society and Animals Studies und plant derzeit ihre Dissertation im Bereich Human-Animal Studies.

Katja Wilkeneit ist Studentin der Soziologie und der Ethnologie an der Universität Hamburg. Sie ist Mitautorin eines Aufsatzes in diesem Band sowie Gründungsmitglied der Group for Society and Animals Studies (GSA) an der Universität Hamburg. Ihre Forschungsinteressen liegen neben der Erforschung des gesellschaftlichen Mensch-Tier-Verhältnisses im Bereich der Stadtforschung und der Analyse sozialer Ungleichheiten. Derzeit bereitet sie ihren Abschluss zur Magistra Artium (M.A.) an der Universität Hamburg vor.

Group for Society and Animals Studies (GSA): Einige der Autorinnen und Autoren dieses Buches haben sich zur Group for Society and Animals Studies zusammen geschlossen, um durch weitergehende Forschung, Tagungen, Workshops und Seminare zur Verankerung einer wissenschaftlichen Diskussion über das Verhältnis der Gesellschaft zu den Tieren in der Soziologie beizutragen. Über die GSA kann auch ein Kontakt zu den Autorinnen und Autoren hergestellt werden.

Postadresse:
Group for Society and Animals Studies
Universität Hamburg
Institut für Soziologie
Allendeplatz 1
20146 Hamburg

eMail: info@gsa-hamburg.org
Homepage: http://www.gsa-hamburg.org

5105203R00164

Printed in Germany
by Amazon Distribution
GmbH, Leipzig